“十二五”普通高等教育本科国家级规划教材
中国科学技术大学国家基础科学人才培养基地物理学丛书
主　编　杨国桢　副主编　程福臻

# 电磁学与电动力学(下册)

(第二版)

胡友秋　程福臻　编著

科学出版社
北　京

## 内 容 简 介

本书是作者在多年教学经验的基础上，将电磁学与电动力学的内容适当贯通，既分阶段，又平滑过渡，由此避免不必要的重复，以利于缩短学时，便于学生掌握. 全书分为上、下两册，本书为下册，主要为电动力学部分，以演绎法为主，从麦克斯韦方程出发，分析静态电磁场，电磁波的激发、辐射、传播，以及与介质相互作用时的反射、折射、散射、吸收，并介绍了电磁学与狭义相对论的关系，让学生理解和掌握狭义相对论.

本书可作为普通高等院校物理或应用物理专业本科生学习电动力学的教材，也可供相关专业的师生参考使用.

**图书在版编目(CIP)数据**

电磁学与电动力学. 下册/胡友秋，程福臻编著. —2版. —北京：科学出版社，2014.6

中国科学技术大学国家基础科学人才培养基地物理学丛书/杨国桢主编
"十二五"普通高等教育本科国家级规划教材
ISBN 978-7-03-041193-8

Ⅰ. ①电… Ⅱ. ①胡… ②程… Ⅲ. ①电磁学-高等学校-教材 ②电动力学-高等学校-教材 Ⅳ. ①O44

中国版本图书馆 CIP 数据核字(2014)第 127715 号

责任编辑：窦京涛 王 刚 / 责任校对：桂伟利
责任印制：吴兆东 / 封面设计：迷底书装

科学出版社 出版
北京东黄城根北街 16 号
邮政编码：100717
http://www.sciencep.com
三河市春园印刷有限公司印刷
科学出版社发行 各地新华书店经销
*
2008年 1 月第 一 版 开本：787×1092 1/16
2014年 6 月第 二 版 印张：18
2025年 5 月第二十次印刷 字数：338 000

**定价：49.00 元**

(如有印装质量问题，我社负责调换)

# 第二版丛书序

2008年这套丛书正式出版，至今使用已五年，回想当初编书动机，有一点值得一提. 我初到中国科学技术大学理学院担任院长，一次拜访吴杭生先生，向他问起科大的特点在哪里，他回答在于它的本科教学，数理基础课教得认真，学生学得努力，特别体现在十年CUSPEA考试（中美联合招收赴美攻读物理博士生考试）中，科大学生表现突出. 接着谈起一所大学对社会最重要的贡献是什么，他认为是培养出优秀的学生，当前特别是培养出优秀的本科生. 这次交谈给了我很深的印象和启示. 后来一些参加过CUSPEA教学的老教师向我提出，编一套科大物理类本科生物理教材，我便欣然同意，并且在大家一致的请求下担任了主编. 我的期望是，通过编写这套丛书将CUSPEA教学的一些成果能保留下来，进而发扬光大.

应该说这套书是在十年CUSPEA班的教学内容与经验基础上发展出来的，它所涵盖的内容有相当的深度与广度，系统性与科学的严谨性突出；另外，注重了普通物理与理论物理的关联与融合、各本书物理内容的相互呼应. 但是，使用了五年后，经过教师的教学实践与学生的互动，发现了一些不尽如人意的地方和错误，这次能纳入"'十二五'普通高等教育本科国家级规划教材"是个很好的修改机会，同时大家也同意出版配套的习题解答，也许更便于校内外的教师选用. 为大学本科生教学做一点贡献是我们的责任，也是我们的荣幸. 盼望更多的使用本套书的老师和同学提出宝贵建议.

杨国桢

2013年10月于合肥

# 第一版丛书序

2008年是中国科学技术大学建校五十周年.值此筹备校庆之际,由几位长年从事基础物理教学的老师建议,编著一套理科基础物理教程,向校庆五十周年献礼.这一建议在理学院很快达成了共识,并受到学校的高度重视和大力支持.随后,理学院立即组织了在理科基础物理教学方面有丰富教学经验的老师,组成了老、中、青相结合的班子,着手编著这套丛书,并以此进一步推动理科基础物理的教学改革与创新.

中国科学技术大学在老一辈物理学家、教育家吴有训先生、严济慈先生、钱临照先生、赵忠尧先生、施汝为先生的亲自带领和指导下,一贯重视基础物理教学,历经五十年如一日的坚持,现已形成良好的教学传统.特别是严济慈和钱临照两位先生在世时身体力行,多年讲授本科生的力学、理论力学、电磁学、电动力学等基础课.他们以渊博的学识、精湛的讲课艺术、高尚的师德,带领出一批又一批杰出的年轻教员,培养了一届又一届优秀学生.这套丛书的作者,应该说都直接或间接受到过两位先生的教诲.出版这套丛书也是表达作者对先生的深深感激和最好纪念.

这套丛书共九本:《力学与理论力学(上、下)》、《电磁学与电动力学(上、下)》、《光学》、《原子物理与量子力学(上、下)》、《热学　热力学与统计物理(上、下)》.每本约40万字,主要是为物理学相关专业本科生编写的,也可供工科专业物理教师参考.每本书的教学学时约为72学时.可以认为,这套丛书系列不仅是普通物理与理论物理横向关联、纵向自洽的基础物理教程,同时更加适合我校理科人才培养的教学安排,并充分考虑了与数学教学的相互配合.因此,在教材的设置上,《力学与理论力学(上、下)》、《电磁学与电动力学(上、下)》中,上册部分分别是普通物理内容,而下册部分为理论物理内容.还要指出的是,在《原子物理与量子力学(上、下)》、《热学　热力学与统计物理(上、下)》中,考虑到普通物理与理论物理内容的界限已不再那样泾渭分明,而比较直接地用现代的、实用的概念、物理图像和理论来阐述,这确实不失为是一种有意义的尝试.

这套丛书在编著过程中,不仅广泛吸取了校内老师的经验,采纳了学生的意见,而且还征求了中国科学院许多相关专家的意见和建议,体现了"所系结合"的特点.同时,还聘请了兄弟院校及校内有丰富教学经验的教授进行双重审稿,期望将其错误概率降至最低.

历经几年，在科学出版社大力支持下，这套丛书终于面世，愿她能在理科教学改革与创新中起到一点作用，成为引玉之砖，共同来促进物理学教学水平的提高及其优秀人才的培养，并望广大师生及有关专家们继续提出宝贵意见和建议，以便改进. 最后，对方方面面为这套丛书编著与出版的完成所付出艰辛努力及其给予关心、帮助的同志表示深切感谢！

中国科学技术大学理学院院长

院士

2007 年 10 月

# 第二版前言

本书自 2008 年 1 月出版以来，一直被选作中国科学技术大学本科电动力学教材之一. 在本书几次重印的过程中，对不时发现的书中笔误和欠妥之处做了更正，这次再版也不例外. 我们不打算一一罗列这些更正，只是就原书第 8 章第 8.2 节所做的改动做出如下特别说明. 该节旨在从狭义相对论的两条基本原理出发导出洛伦兹变换. 在原来的推导中曾经假定:(1)变换为线性变换，(2)与参考系相对运动方向垂直的空间坐标维持不变，与参考系相对运动方向平行的空间坐标和时间坐标的变换与垂直空间坐标无关. 多数电动力学教材均采用类似假定，但给出的理由缺乏说服力. 借这次本书再版的机会，我们在第 8.2 节就变换的线性做了简单解释，指出变换的线性并非时空均匀性的必然结果，也与惯性参考系的含义没有直接关系，而是来自空间坐标的特殊选择. 采用笛卡儿坐标作为空间坐标，惯性参考系之间的变换必然为线性变换. 为避免对变换式的不必要的额外假定，我们从含全部 16 个待定系数的普遍形式出发，推导洛伦兹变换. 不过，为叙述简单和教学方便起见，我们将这一推导过程写入书末附录 3，而在第 8.2 节中仍基本维持原来的推导方法. 有趣的是，从假定的含 4 个待定系数的变换式出发进行推导，我们不必直接使用变换的可倒易性条件，似乎所导出的洛伦兹变换"碰巧"具有可倒易性. 如果保留变换式中全部 16 个系数，最终确定它们的值，则必须使用变换的可倒易性条件. 于是，洛伦兹变换的可倒易性，将作为导出洛伦兹变换的前提之一，而非事后碰巧获得的结果.

虽经多次勘误，仍难免出现错误和疏漏，期盼读者斧正.

胡友秋　程福臻<br>2013 年 12 月于合肥

# 第一版前言

20 世纪 50 年代末期，我们作为怀揣理想抱负和求知欲望的普通高中学生，有幸进入中国科学技术大学深造. 从结束学业到工作至今，转眼已有 40 多年. 在母校校庆五十周年即将来临之际，寻思良久，终于鼓起勇气将所学所教的电动力学的一些经验和体会汇编成书，献给母校，略表心意.

在母校就读期间，我们有幸聆听了严济慈先生先后两个学期有关电磁学和电动力学的授课，同时为他的渊博学识和献身教育事业的精神深深打动. 先生生动、精湛的讲授使我们受益终生.

迄今国内外已经出版的《电动力学》教材不少，各有千秋，使我们受益匪浅. 在编写过程中，我们参考一些教材，加上多年教学经验和体会的积累，结合中国科学技术大学学生的特点，希望能在以下几个方面略具特色：

(1) 基本概念、基本物理图像、基本定律的阐述尽力做到严谨；

(2) 在第 1 章单辟一节，介绍场论和张量分析的基本概念和运算技巧，以提前做好必要的数学准备；

(3) 适当多举例题，帮助学生掌握及应用所学内容；

(4) 内容简练(如静场理论中限于分析二维问题)，尽量避免开设新的窗口，既保证按规定学时完成课程的基本教学任务，又给老师和学生留出一定的发挥空间；

(5) 将狭义相对论放到最后一章，强调电动力学自成体系，狭义相对论则作为其自然延伸和发展；

(6) 加强与前导课程的联系，除了与力学、电磁学和理论力学适当挂钩之外，还增添了静电场热力学和静磁场热力学的内容.

如前所述，本书没有开设新的窗口述及电磁理论的近代发展和应用. 在这一方面，国内外许多教材做了有益尝试. 我们在本书末尾列有参考文献，供教师和学生查考. 电磁理论新的应用层出不穷，我们相信教师会根据需要自行加以跟踪和选择，适当融入教学过程中，以弥补本书内容之局限.

本书内容按 72 学时取材. 考虑到许多高校将电动力学课程的总学时限制在 54 以内，我们在本书目录部分用 * 号标出可略去不讲或视需要部分讲授的内容.

此外,对疑难习题冠以 * 号;在习题部分的末尾,按各节列出教学进度和作业布置,供使用本教材的教师参考.

最后,我们感谢中国科学技术大学电动力学教学组的全体同仁,他们的热情鼓励和反复研讨使得本书的质量不断提升.我们要特别感谢北京大学俞允强教授和中国科学技术大学陈银华教授,他们欣然接受并仔细审阅书稿,提出了许多宝贵意见和建议,给本书增色不少.

由于作者的知识和水平有限,错误和疏漏之处在所难免,期盼读者批评指正.

胡友秋　程福臻

2007 年 9 月于合肥

# 目　　录

本书配套教辅《电磁学与电动力学(第二版)习题解答》，书号：978-7-03-046825-3，定价：33.00 元. 科学出版社电子商务平台购买二维码如下：

扫一扫

# 第 1 章　电磁现象的基本规律

本章综述电磁现象的基本规律，包括描述电磁场属性及其运动的麦克斯韦方程组，以及电磁场和场源载体相互作用的洛伦兹力公式.这些规律作为静电场、静磁场和似稳电磁场实验事实的理论概括和以科学假说方式对一般电磁场的推广，已在电磁学中作了全面透彻的分析；它们将作为电动力学的理论基础，用来分析和揭示电磁场运动及其与场源载体相互作用的特殊规律.我们将剖析这一相互作用过程中所蕴涵的能量、动量和角动量守恒特性，证明麦克斯韦方程组在描述电磁场运动规律方面的完备性.

本章及随后各章涉及大量数学推导，其中用得最多的是场论和张量分析.熟练运用各类数学分析手段，独立完成相关数学推导，是学好电动力学的前提和关键.为了给读者提供必要的数学准备，我们单辟一节，简述场论、张量分析及其相关的数学工具，重点放在使用运算技巧方面，略去严格繁琐的数学论证.

## 1.1　场论和张量分析

### 1.1.1　线性正交坐标变换

物理学中的量均属于张量，其中用得最多的是零阶、一阶和二阶张量.在物理学中，习惯将零阶张量称为标量，将一阶张量称为矢量；对二阶张量，则省去“二阶”两字，直呼其为“张量”.在数学中，张量的定义同坐标变换密切相关，因此我们先从坐标变换谈起.

1. $N$ 维空间的坐标、基矢和位置矢量

下面的讨论将针对较为抽象的多维空间，维数设为 $N$.以往学过的经典物理学量，均属于三维空间的张量，即 $N=3$.在狭义相对论（见第 8 章）中，所有物理量将用四维时空的张量表述，对应 $N=4$.为获得直觉以便于理解，读者可回到自己十分熟悉的三维空间，去理解下面要讲的内容.

在 $N$ 维空间中，引入坐标 $x_i(i=1,2,\cdots,N)$（类比三维空间的直角坐标），相应沿坐标轴方向的单位矢量 $\boldsymbol{e}_i$ 称为基矢，满足如下正交关系：

$$\boldsymbol{e}_i \cdot \boldsymbol{e}_j = \delta_{ij} = \begin{cases} 1, & i = j \\ 0, & i \neq j \end{cases} \tag{1.1.1}$$

其中，$\delta_{ij}$ 为克罗内克符号.由坐标和基矢构成的矢量

$$\boldsymbol{x} = x_i \boldsymbol{e}_i \tag{1.1.2}$$

称为位置矢量，式(1.1.2)中使用了同指标求和法则；除特别声明之外，以下均遵循这一法则.

2. 线性正交坐标变换

在 $N$ 维空间中引入坐标的线性齐次变换

$$x_i' = a_{ij}x_j \tag{1.1.3}$$

其中，$a_{ij}$ 为常数；要求满足如下空间距离不变条件：

$$\sum_{i=1}^{N} x_i'^2 = \sum_{i=1}^{N} x_i^2 \tag{1.1.4}$$

现在分析由系数$\{a_{ij}\}$构成的 $N\times N$ 变换矩阵 $\boldsymbol{A}$ 的特性. 为此，将式(1.1.3)代入式(1.1.4)得

$$\sum_{i=1}^{N} x_i'^2 = a_{ij}x_j a_{il}x_l = a_{ij}a_{il}x_j x_l = \sum_{i=1}^{N} x_i^2$$

由 $x_i$ 的任意性，上述等式成立的充分必要条件为

$$a_{ij}a_{il} = \delta_{jl} \quad 或 \quad \boldsymbol{A}^{\mathrm{T}}\cdot\boldsymbol{A} = \boldsymbol{I} \tag{1.1.5}$$

其中，$\boldsymbol{I}$ 为单位矩阵；T 表示矩阵转置. 式(1.1.5)表明，$\boldsymbol{A}$ 为正交矩阵，相应变换式(1.1.3)称为线性正交变换. 按惯例，在矩阵表示 $\boldsymbol{A}=\{a_{ij}\}$中，元素 $a_{ij}$ 第一下标为行标，第二下标为列标；按“横行竖列”规则排列矩阵元素

$$\boldsymbol{A} = \begin{pmatrix} a_{11} & a_{12} & \cdots & a_{1N} \\ a_{21} & a_{22} & \cdots & a_{2N} \\ \vdots & \vdots & & \vdots \\ a_{N1} & a_{N2} & \cdots & a_{NN} \end{pmatrix}$$

两矩阵相乘时，前导矩阵的第二下标(列标)与后随矩阵的第一下标(行标)求和，对应前导矩阵某行元素与后随矩阵的某列元素的乘积之和. 按此规则，式(1.1.5)中的 $a_{ij}$(对应前导矩阵)应表示为 $\boldsymbol{A}^{\mathrm{T}}=\{a_{ji}\}$，以便将求和下标 $i$ 由原来的行标换为列标.

3. 逆变换公式

将 $a_{il}$ 乘上式(1.1.3)对下标 $i$ 求和，得逆变换公式

$$a_{il}x_i' = a_{il}a_{ij}x_j = \delta_{lj}x_j = x_l$$

推导中用到式(1.1.5). 不妨将求和指标 $i$ 换为 $j$，下标 $l$ 换为 $i$，将上述逆变换公式改写为

$$x_i = a_{ji}x_j' \tag{1.1.6}$$

对式(1.1.6)再用一次条件式(1.1.4)，可证

$$a_{ji}a_{li} = \delta_{jl} \quad 或 \quad \boldsymbol{A}\cdot\boldsymbol{A}^{\mathrm{T}} = \boldsymbol{I} \tag{1.1.7}$$

4. 基矢变换

经变换式(1.1.3)之后，基矢$\{\boldsymbol{e}_i\}$变为$\{\boldsymbol{e}_i'\}$，要求由式(1.1.2)定义的位置矢量

保持不变，即

$$\boldsymbol{x}' = x'_i\boldsymbol{e}'_i = x_j\boldsymbol{e}_j = \boldsymbol{x}$$

将式(1.1.6)代入上式，得

$$x_j\boldsymbol{e}_j = a_{ij}x'_i\boldsymbol{e}_j = x'_i\boldsymbol{e}'_i$$

由 $x'_i$ 的任意性，必有

$$\boldsymbol{e}'_i = a_{ij}\boldsymbol{e}_j \tag{1.1.8}$$

式(1.1.8)即为基矢的变换关系. 由式(1.1.8)可见，基矢满足与坐标同样的变换关系. 变换矩阵第 $i$ 行的元素$(a_{i1}, a_{i2}, \cdots, a_{iN})$代表新基矢 $\boldsymbol{e}'_i$相对原坐标基矢的"方向余弦"(类比三维空间的直角坐标刚性旋转下的基矢变换). 下面验证经变换后的基矢满足正交关系. 由式(1.1.8)、式(1.1.1)和式(1.1.7)得

$$\boldsymbol{e}'_i \cdot \boldsymbol{e}'_j = a_{il}\boldsymbol{e}_l \cdot a_{jk}\boldsymbol{e}_k = a_{il}a_{jk}\boldsymbol{e}_l \cdot \boldsymbol{e}_k = a_{il}a_{jl} = \delta_{ij}$$

证毕.

5. 位移分量的变换和位移矢量

对空间任意两点 $x_i^{(1)}$ 和 $x_i^{(2)}$，定义位移分量 $\mathrm{d}x_i = x_i^{(2)} - x_i^{(1)}$，则由变换式(1.1.3)的线性性质，可知位移分量满足与坐标同样的变换关系

$$\mathrm{d}x'_i = a_{ij}\,\mathrm{d}x_j \tag{1.1.9}$$

同样成立

$$\sum_{i=1}^{N}\mathrm{d}x'^2_i = \sum_{i=1}^{N}\mathrm{d}x_i^2 \tag{1.1.10}$$

它表示任意两点之间的空间间隔也是式(1.1.3)变换下的不变量.

定义位移矢量

$$\mathrm{d}\boldsymbol{x} = \mathrm{d}x_i\boldsymbol{e}_i \tag{1.1.11}$$

易证它也是式(1.1.3)变换下的不变量

$$\mathrm{d}\boldsymbol{x}' = \mathrm{d}x'_i\boldsymbol{e}'_i = a_{ij}\,\mathrm{d}x_j a_{il}\boldsymbol{e}_l = a_{ij}a_{il}\,\mathrm{d}x_j\boldsymbol{e}_l = \delta_{jl}\,\mathrm{d}x_j\boldsymbol{e}_l = \mathrm{d}x_l\boldsymbol{e}_l = \mathrm{d}\boldsymbol{x}$$

推导中用到式(1.1.5). 综上所述，位置矢量和位移矢量在变换式(1.1.3)下具有不变性，尽管它们的分量均会发生变化.

6. 变换矩阵的其他性质

作为正交矩阵，变换矩阵还具有其他一些有用性质. 首先，它的行列式为±1，证明如下：由式(1.1.5)得

$$\det(\boldsymbol{A}^{\mathrm{T}} \cdot \boldsymbol{A}) = \det\boldsymbol{A}^{\mathrm{T}} \cdot \det\boldsymbol{A} = (\det\boldsymbol{A})^2 = 1$$

证毕. $\det\boldsymbol{A}=1$ 的线性正交变换对应坐标轴的刚性旋转，而 $\det\boldsymbol{A}=-1$ 则在刚性旋转的基础上，加上奇数个坐标轴的反转. 每次反转对应变换矩阵相应行的全部元素反号，导致行列式反号. 坐标轴的反转可用来分析动力学过程的可逆性(时间坐标反转)和物理系统的宇称性(三维位置空间坐标反射). 在本课程范围内，我们限于

$$\det\boldsymbol{A} = 1 \tag{1.1.12}$$

的情况,即限于整个坐标架的刚性旋转.

由式(1.1.12)可导出体积元为坐标变换下的不变量

$$\mathrm{d}V' \equiv \prod_{i=1}^{N} \mathrm{d}x'_i = \prod_{i=1}^{N} \mathrm{d}x_i \equiv \mathrm{d}V \tag{1.1.13}$$

证明如下:

$$\mathrm{d}V' = \left| \frac{\partial(x'_1, x'_2, \cdots, x'_N)}{\partial(x_1, x_2, \cdots, x_N)} \right| \mathrm{d}V = |\det\boldsymbol{A}|\,\mathrm{d}V = \mathrm{d}V$$

变换矩阵 $\boldsymbol{A}$ 的另一个性质为:任意元素等于其代数余子式,即

$$a_{ij} = A_{ij} \tag{1.1.14}$$

证明如下:式(1.1.3)为关于 $x_j$ 的 $N$ 元一次代数方程组,由克拉默法则求得方程组的解为

$$x_j = x'_i A_{ij} / \det\boldsymbol{A} = A_{ij} x'_i \quad 或 \quad x_i = A_{ji} x'_j$$

对比式(1.1.6),由 $x'_j$ 的任意性,推得式(1.1.14).

### 1.1.2 张量的定义

由上述线性正交变换的引入过程,可看出空间间隔和体积元只有一个分量,在坐标变换下不变;位置矢量和位移矢量各有 $N$ 个分量,各分量按一定方式发生变化,维持这两个矢量不变. 按这个思路,我们定义 $m(\geqslant 0)$ 阶张量:它包含 $N^m$ 个分量,各分量在线性正交坐标变换下按一定方式发生变化,维持整个张量的不变性. 物理学中被普遍接受的相对性原理,要求物理规律与参考系选择无关. 在第 8 章中将会看到,不同惯性参考系之间的洛伦兹变换,归结为由时间和空间构成的四维空间中的线性正交坐标变换. 因此,将物理量和物理规律写成张量形式,自然为物理规律满足相对性原理提供恰当、简洁的数学表述. 在物理学中,经常遇到的是零阶、一阶和二阶张量,下面分别给出它们的定义.

1. 零阶张量(标量)

仅含一个分量,且在坐标变换式(1.1.3)下维持不变的张量,称为零阶张量,简称标量. 前面提到的空间间距和体积元属于标量.

2. 一阶张量(矢量)

含 $N$ 个分量 $f_i(i=1,2,\cdots,N)$,在坐标变换式(1.1.3)下,各分量按与式(1.1.3)类似的关系

$$f'_i = a_{ij} f_j \tag{1.1.15}$$

进行变换的张量,称为一阶张量,简称矢量. 前面提到的位置矢量和位移矢量均属于矢量. 将矢量用基矢展开

$$\boldsymbol{f} = f_i \boldsymbol{e}_i \tag{1.1.16}$$

它在变换式(1.1.3)下保持不变,证明过程同位移矢量的不变性证明.

3. 二阶张量

含 $N^2$ 个分量 $T_{ij}(i,j=1,2,\cdots,N)$，在坐标变换式(1.1.3)下，按

$$T'_{ij}=a_{im}a_{jn}T_{mn} \tag{1.1.17}$$

进行变换的张量，称为二阶张量. 为叙述简便起见，以下将二阶张量简称为张量. 将张量按并基矢展开

$$\overleftrightarrow{\boldsymbol{T}}=T_{ij}\boldsymbol{e}_i\boldsymbol{e}_j \tag{1.1.18}$$

它在变换式(1.1.3)下维持不变，证明如下：

$$\overleftrightarrow{\boldsymbol{T}}'=T'_{ij}\boldsymbol{e}'_i\boldsymbol{e}'_j=a_{im}a_{jn}T_{mn}a_{il}\boldsymbol{e}_l a_{jk}\boldsymbol{e}_k=\delta_{ml}\delta_{nk}T_{mn}\boldsymbol{e}_l\boldsymbol{e}_k=T_{mn}\boldsymbol{e}_m\boldsymbol{e}_n=\overleftrightarrow{\boldsymbol{T}}$$

推导过程中依次用到式(1.1.17)、式(1.1.8)和式(1.1.5).

在物理学中碰到的一些特殊张量包括以下几种类型：

(1) 对称张量. $T_{ij}=T_{ji}$，共有 $N(N+1)/2$ 个独立分量.

(2) 反对称张量. $T_{ij}=-T_{ji}$，对角分量为零，共有 $N(N-1)/2$ 个独立分量.

(3) 单位张量. 用符号 $\overleftrightarrow{\boldsymbol{I}}$ 表示，分量为 $\delta_{ij}$，对角分量为 1，非对角分量为零.

(4) 并矢. 由两个矢量并列而成，表为

$$T_{ij}=f_i g_j \quad 或 \quad \overleftrightarrow{\boldsymbol{T}}=\boldsymbol{fg} \tag{1.1.19}$$

其中，$\boldsymbol{f}$ 和 $\boldsymbol{g}$ 均为矢量. 由

$$T'_{ij}=f'_i g'_j=a_{im}f_m a_{jn}g_n=a_{im}a_{jn}f_m g_n=a_{im}a_{jn}T_{mn}$$

与变换式(1.1.17)相同，故并矢为张量. 注意，并矢中的两个并列矢量交换次序之后，将不再是原来的并矢，即 $\boldsymbol{fg}\neq\boldsymbol{gf}$. 此外，并矢属于一种特殊的张量，并非任何张量均可写成单个并矢.

以上提到的四类特殊张量所具有的特性在变换式(1.1.3)下将维持不变. 例如，对称张量经变换之后仍具对称性：当 $T_{ij}=T_{ji}$ 时，成立 $T'_{ij}=T'_{ji}$. 特别地，对单位张量，经变换之后仍为单位张量，这意味着单位张量的分量在变换式(1.1.3)下也保持不变，对角分量始终为 1，非对角分量始终为零.

顺便指出，今后我们还会碰到三并矢的情况，它属于三阶张量；这类张量的分量满足如下变换关系：

$$T'_{ijk}=a_{il}a_{jm}a_{kn}T_{lmn} \tag{1.1.20}$$

### 1.1.3 由矢量和张量构成的不变量(标量)

矢量和张量在线性正交坐标变换下不变，但其分量会发生变化. 下面说明，由矢量分量和张量分量可以构成不变量即标量. 在物理学中，这些不变量常常具有明确的物理意义，反映作为矢量或张量的物理量的本质特征. 下面找出这些不变量.

1. 矢量的模

矢量的模的平方定义为各分量的平方和. 对任意矢量 $\boldsymbol{f}$，有

$$\sum_{i=1}^{N}f'^2_i=f'_i f'_i=a_{ij}f_j a_{il}f_l=\delta_{jl}f_j f_l=f_j f_j=\sum_{i=1}^{N}f_i^2$$

因此，模为不变量即标量. 对位置矢量来说，模为离坐标原点的距离；对位移矢量来说，模表示起点和终点之间的间隔. 位置矢量和位移矢量的模不变也就是空间间隔不变，这是除齐次线性之外加在坐标变换上的唯一条件. 据此可以推断，由一般矢量的 $N$ 个分量构成的独立不变量只有一个，就是矢量的模.

2. 张量的基本不变量

张量可以和一个 $N\times N$ 矩阵对应. 相应地，可将张量分量的变换式(1.1.17)写成如下矩阵形式：

$$\boldsymbol{T}'=\boldsymbol{A}\cdot\boldsymbol{T}\cdot\boldsymbol{A}^{\mathrm{T}}=\boldsymbol{A}\cdot\boldsymbol{T}\cdot\boldsymbol{A}^{-1} \tag{1.1.21}$$

式中，$\boldsymbol{A}^{-1}$为变换矩阵 $\boldsymbol{A}$ 的逆矩阵，对正交矩阵成立 $\boldsymbol{A}^{\mathrm{T}}=\boldsymbol{A}^{-1}$（见式(1.1.5)或式(1.1.7)）. 式(1.1.21)为矩阵的相似变换. 矩阵 $\boldsymbol{T}$ 和 $\boldsymbol{T}'$ 为相似矩阵，它们具有相同的本征值，即本征值是坐标变换下的不变量，称为张量的基本不变量. 一个 $N$ 维矩阵存在 $N$ 个本征值. 这告诉我们，张量最多存在 $N$ 个基本不变量，因为矩阵的 $N$ 个本征值当中，有的可能相同，有的可能大小相等、符号相反，有的可能为零. 彼此相等或仅相差一个符号的本征值，只能算一个不变量；零本征值则和矩阵元素没有任何联系，不构成不变量.

为求得张量的基本不变量，我们并不需要真的去计算对应矩阵的本征值，后者很难获得解析结果. 我们可以换一种完全等效的方式来找到张量的全部基本不变量. 为此，写下矩阵 $\boldsymbol{T}$ 的本征方程

$$\det(\boldsymbol{T}-\lambda\boldsymbol{I})=0$$

式中，$\boldsymbol{I}$ 为单位矩阵；$\lambda$ 为本征值. 上述方程为 $\lambda$ 的 $N$ 次代数方程. 为以下叙述方便，将该方程写为 $\eta=-\lambda$ 的 $N$ 次代数方程

$$\eta^N+C_{N-1}\eta^{N-1}+C_{N-2}\eta^{N-2}+\cdots+C_1\eta+C_0=0 \tag{1.1.22}$$

式中，系数 $C_i(i=0,1,\cdots,N-1)$为矩阵元素或对应张量分量的函数. 本征值不变，就是 $\eta$ 不变，也就是式(1.1.22)中出现的系数不变. 因此这 $N$ 个系数可取代本征值，作为张量的基本不变量. 在上述系数中，$C_0$ 等于 $N$ 个本征值的积，即矩阵 $T$ 的行列式；$C_{N-1}$ 等于 $N$ 个本征值的和，即矩阵 $T$ 对角元素之和，又称为矩阵的迹；其余系数 $C_i$ 为删除 $T$ 的 $i$ 个对角元素产生的所有余子式之和.

**例 1.1**

求并矢的基本不变量，说明四维反对称张量基本不变量的个数至多为 2 个.

**解** 考察并矢 $\boldsymbol{fg}$，易证除 $C_{N-1}=\boldsymbol{f}\cdot\boldsymbol{g}$ 之外，其余系数均为零，因此只有一个基本不变量，它为两矢量的标积.

对四维反对称张量，$N=4$，本征方程(1.1.22)中的系数总数为4.因对角分量为零，故 $C_3=0$. 当去掉一个对角元素，其余子式全为三维反对称矩阵的行列式，恒等于零，推得 $C_1=0$. 因此，不为零的系数只剩下 $C_2$ 和 $C_0$，也就是四维反对称张量的基本不变量至多只有2个.

### 1.1.4 三维张量的乘法运算

下面我们转入三维空间，讨论三维张量的代数运算. 除开狭义相对论部分需要引入四维张量之外，电动力学的物理量及其运算全限于三维张量. 引入各类运算的前提是：张量运算的结果仍为张量，只允许阶数发生变化. 对于同阶张量的和差运算，结果显然为同阶张量. 下面我们限于分析张量乘法，分为点乘(标积)和叉乘(矢积)，仅给出运算规则和运算结果，省略有关证明过程.

1. 点乘(标积)

(1) 矢量与矢量点乘，结果为标量：$\boldsymbol{f}\cdot\boldsymbol{g}=f_ig_i$. 矢量间的点乘运算具互易性，成立 $\boldsymbol{f}\cdot\boldsymbol{g}=\boldsymbol{g}\cdot\boldsymbol{f}$.

(2) 矢量与张量点乘，结果为矢量，即

$$(\boldsymbol{f}\cdot\overleftrightarrow{\boldsymbol{T}})_j=f_iT_{ij},\qquad(\overleftrightarrow{\boldsymbol{T}}\cdot\boldsymbol{f})_j=T_{ji}f_i$$

前一式对应矢量点乘张量，求和指标 $i$ 为张量分量的第一指标(行标)；后一式对应张量点乘矢量，求和指标 $i$ 为张量分量的第二指标(列标). 矢量与张量点乘不具互易性，即一般 $\boldsymbol{f}\cdot\overleftrightarrow{\boldsymbol{T}}\neq\overleftrightarrow{\boldsymbol{T}}\cdot\boldsymbol{f}$，但当 $\overleftrightarrow{\boldsymbol{T}}$ 为对称张量时例外，这时成立 $\boldsymbol{f}\cdot\overleftrightarrow{\boldsymbol{T}}=\overleftrightarrow{\boldsymbol{T}}\cdot\boldsymbol{f}$. 特别地，任何矢量与单位张量 $\overleftrightarrow{\boldsymbol{I}}$ 之间的点乘等于矢量本身：$\boldsymbol{f}\cdot\overleftrightarrow{\boldsymbol{I}}=\overleftrightarrow{\boldsymbol{I}}\cdot\boldsymbol{f}=\boldsymbol{f}$.

作为矢量与张量点乘的特例，矢量与并矢点乘结果也为矢量，即

$$\boldsymbol{f}\cdot(\boldsymbol{gh})=(\boldsymbol{f}\cdot\boldsymbol{g})\boldsymbol{h},\qquad(\boldsymbol{gh})\cdot\boldsymbol{f}=\boldsymbol{g}(\boldsymbol{h}\cdot\boldsymbol{f})$$

注意，矢量 $\boldsymbol{f}$ 总是与并矢中与之相邻接的矢量点乘. 交换参与点乘的矢量和并矢的顺序，一般将导致不同的结果.

(3) 张量(并矢)之间的点乘，结果为张量，即

$$(\overleftrightarrow{\boldsymbol{S}}\cdot\overleftrightarrow{\boldsymbol{T}})_{ij}=S_{ik}T_{kj},\qquad(\overleftrightarrow{\boldsymbol{T}}\cdot\overleftrightarrow{\boldsymbol{S}})_{ij}=T_{ik}S_{kj}$$

$$(\boldsymbol{fg})\cdot(\boldsymbol{pq})=(\boldsymbol{g}\cdot\boldsymbol{p})\boldsymbol{fq},\qquad(\boldsymbol{pq})\cdot(\boldsymbol{fg})=(\boldsymbol{q}\cdot\boldsymbol{f})\boldsymbol{pg}$$

重申如下规则：前导张量的第二指标(列标)与后随张量的第一指标(行标)为求和指标，前导并矢的第二个矢量与后随并矢的第一个矢量之间实施点乘. 张量点乘不具互易性，除非其中有一个为单位张量，这时成立 $\overleftrightarrow{\boldsymbol{S}}\cdot\overleftrightarrow{\boldsymbol{I}}=\overleftrightarrow{\boldsymbol{I}}\cdot\overleftrightarrow{\boldsymbol{S}}=\overleftrightarrow{\boldsymbol{S}}$.

(4) 张量与张量双点乘，结果为标量，即

$$\overleftrightarrow{\boldsymbol{S}}:\overleftrightarrow{\boldsymbol{T}}=S_{ij}T_{ji}=\overleftrightarrow{\boldsymbol{T}}:\overleftrightarrow{\boldsymbol{S}}$$

双点乘运算具互易性. 任何张量与单位张量 $\overleftrightarrow{\boldsymbol{I}}$ 之间的双点乘等于张量的迹(张量

对角元素之和):$\overleftrightarrow{\boldsymbol{T}}:\overleftrightarrow{\boldsymbol{I}}=\overleftrightarrow{\boldsymbol{I}}:\overleftrightarrow{\boldsymbol{T}}=\mathrm{Tr}(\overleftrightarrow{\boldsymbol{T}})$;两单位张量的双点乘等于3,两并矢的双点乘为$(\boldsymbol{fg}):(\boldsymbol{pq})=(\boldsymbol{g}\cdot\boldsymbol{p})(\boldsymbol{f}\cdot\boldsymbol{q})$.

2. 叉乘(矢积)

叉乘是对三维张量定义的一种特殊运算. 对两个矢量之间叉乘,大家十分熟悉. 为便于用下标法表述叉乘的定义,引入如下符号:

$$\varepsilon_{ijk}=\boldsymbol{e}_i\cdot(\boldsymbol{e}_j\times\boldsymbol{e}_k)=\begin{cases}1, & \text{下标偶排列}\\ -1, & \text{下标奇排列}\\ 0, & \text{下标出现重复}\end{cases}\qquad(1.1.23)$$

称为交错符号,其中偶排列指的是排列123及其相邻下标实施偶次置换操作后的结果,奇排列指的是排列123的相邻下标实施奇次置换操作后的结果. 容易看出,对两个相邻下标实施一次置换操作,$\varepsilon_{ijk}$反号;$\varepsilon_{ijk}$在奇次置换下标时反号,偶次置换下标时维持不变.

(1)不同基矢之间的叉乘,结果为基矢,即

$$\boldsymbol{e}_j\times\boldsymbol{e}_k=\varepsilon_{ijk}\boldsymbol{e}_i$$

用$\boldsymbol{e}_i$点乘上式,即得交错符号的定义式(1.1.23),说明两式等效. 读者也可以从基矢$(\boldsymbol{e}_1,\boldsymbol{e}_2,\boldsymbol{e}_3)$之间的右手正交关系出发,证明上式成立.

交错符号与克罗内克符号存在如下重要关系:

$$\varepsilon_{ijk}\varepsilon_{imn}=\delta_{jm}\delta_{kn}-\delta_{jn}\delta_{km}$$

证明如下. 利用式(1.1.1)得

$$\begin{aligned}\delta_{jm}\delta_{kn}-\delta_{jn}\delta_{km}&=(\boldsymbol{e}_j\cdot\boldsymbol{e}_m)(\boldsymbol{e}_k\cdot\boldsymbol{e}_n)-(\boldsymbol{e}_j\cdot\boldsymbol{e}_n)(\boldsymbol{e}_k\cdot\boldsymbol{e}_m)\\&=\boldsymbol{e}_j\cdot[\boldsymbol{e}_m(\boldsymbol{e}_k\cdot\boldsymbol{e}_n)-\boldsymbol{e}_n(\boldsymbol{e}_k\cdot\boldsymbol{e}_m)]\\&=\boldsymbol{e}_j\cdot[\boldsymbol{e}_k\times(\boldsymbol{e}_m\times\boldsymbol{e}_n)]\\&=(\boldsymbol{e}_j\times\boldsymbol{e}_k)\cdot(\boldsymbol{e}_m\times\boldsymbol{e}_n)=\varepsilon_{ijk}\boldsymbol{e}_i\cdot\varepsilon_{lmn}\boldsymbol{e}_l\\&=\varepsilon_{ijk}\varepsilon_{lmn}\delta_{il}=\varepsilon_{ijk}\varepsilon_{imn}\end{aligned}$$

证毕. 对于连续出现2次或多次叉乘运算的情况,需要用到上述交错符号与克罗内克符号的关系.

(2) 矢量间的叉乘,结果为矢量,即

$$\boldsymbol{h}=\boldsymbol{f}\times\boldsymbol{g},\qquad h_i=\varepsilon_{ijk}f_jg_k$$

记住上式中求和下标的配置顺序. 叉乘运算不具互易性,交换被运算矢量的顺序将导致结果反号,即

$$\boldsymbol{f}\times\boldsymbol{g}=-\boldsymbol{g}\times\boldsymbol{f}$$

(3) 矢量与张量或张量与矢量叉乘,结果为张量,即

$$\overleftrightarrow{\boldsymbol{S}}=\boldsymbol{f}\times\overleftrightarrow{\boldsymbol{T}},\qquad S_{ij}=\varepsilon_{imn}f_mT_{nj},\qquad\overleftrightarrow{\boldsymbol{R}}=\overleftrightarrow{\boldsymbol{T}}\times\boldsymbol{f},\qquad R_{ij}=\varepsilon_{jmn}T_{im}f_n$$

记住上式中求和下标的配置顺序. 上述运算不具互易性，即一般 $\overleftrightarrow{R}\neq\overleftrightarrow{S}$，除非 $\boldsymbol{T}$ 为单位张量，此时有

$$\boldsymbol{f}\times\overleftrightarrow{\boldsymbol{I}}=\overleftrightarrow{\boldsymbol{I}}\times\boldsymbol{f}=\begin{pmatrix}0 & -f_3 & f_2\\ f_3 & 0 & -f_1\\ -f_2 & f_1 & 0\end{pmatrix}$$

结果为反对称张量. 从上式可看出三维二阶反对称张量与三维矢量之间的对应关系.

对张量为并矢的特殊情况，掌握就近叉乘的法则：

$$\boldsymbol{f}\times(\boldsymbol{gh})=(\boldsymbol{f}\times\boldsymbol{g})\boldsymbol{h},\qquad(\boldsymbol{gh})\times\boldsymbol{f}=\boldsymbol{g}(\boldsymbol{h}\times\boldsymbol{f})$$

### 1.1.5 三维张量微分

定义微分算符

$$\nabla=\boldsymbol{e}_i\frac{\partial}{\partial x_i}\tag{1.1.24}$$

易证它为三维矢量，又称矢量微分算符. 它以三种方式作用于三维张量，即并列、点乘和叉乘，分别求得被作用量的梯度、散度和旋度. 在物理学中，常遇到的包括标量和矢量的梯度，矢量和张量的散度，以及矢量的旋度，其定义如下：

$$\begin{aligned}&\nabla\varphi=\frac{\partial\varphi}{\partial x_i}\boldsymbol{e}_i,\qquad\nabla\boldsymbol{f}=\frac{\partial f_j}{\partial x_i}\boldsymbol{e}_i\boldsymbol{e}_j,\qquad\nabla\cdot\boldsymbol{f}=\frac{\partial f_i}{\partial x_i},\\&\nabla\cdot\overleftrightarrow{\boldsymbol{T}}=\frac{\partial T_{ij}}{\partial x_i}\boldsymbol{e}_j,\qquad\nabla\times\boldsymbol{f}=\varepsilon_{ijk}\frac{\partial f_k}{\partial x_j}\boldsymbol{e}_i\end{aligned}\tag{1.1.25}$$

其中大家对标量梯度 $\nabla\varphi$、矢量散度 $\nabla\cdot\boldsymbol{f}$ 和矢量旋度 $\nabla\times\boldsymbol{f}$ 比较熟悉，它们分别为矢量、标量和矢量. 对于矢量梯度 $\nabla\boldsymbol{f}$ 和张量散度 $\nabla\cdot\overleftrightarrow{\boldsymbol{T}}$ 也许比较陌生，但在尔后的推导中会常常碰到，需要熟悉上述定义，特别是记住求和下标的配置方式.

矢量微分算符的作用对象常常是位置矢量的函数. 设位置矢量为 $\boldsymbol{r}$，其模为 $r=|\boldsymbol{r}|$，下述公式十分有用

$$\begin{aligned}&\nabla r=\frac{\boldsymbol{r}}{r}=\boldsymbol{e}_r,\qquad\nabla f(r)=\frac{\mathrm{d}f}{\mathrm{d}r}\frac{\boldsymbol{r}}{r}=\frac{\mathrm{d}f}{\mathrm{d}r}\boldsymbol{e}_r,\qquad\nabla\boldsymbol{r}=\overleftrightarrow{\boldsymbol{I}},\\&\nabla\cdot\boldsymbol{r}=3,\qquad\nabla\times[f(r)\boldsymbol{r}]=0\end{aligned}\tag{1.1.26}$$

当被作用对象是由标量、矢量、张量及其微分构成的复杂表达式时，我们常常需要将作用结果进行化简或转换成其他便于处理的形式. 采用形如式(1.1.25)的张量微分的下标表示，总可以实现这类化简和转换. 以下简称这种方法为“下标法”. 这类张量表达式的矢量微分运算，也可用另外一种简单而直观的方法进行化简. 该方法基于以下简单规则：矢量微分算符既是微分算符，需作用于张量表达式中的所有对象；它又是矢量，满足矢量运算法则. 我们将这种方法简称为“符号法”. 下面举例说明上述两种方法的应用.

**例 1.2**

证明$\nabla\cdot(\boldsymbol{f}\times\boldsymbol{g})=\boldsymbol{g}\cdot(\nabla\times\boldsymbol{f})-\boldsymbol{f}\cdot(\nabla\times\boldsymbol{g})$.

**证** 用下标法证明如下：

$$\nabla\cdot(\boldsymbol{f}\times\boldsymbol{g})=\frac{\partial}{\partial x_i}(\varepsilon_{ijk}f_jg_k)=\varepsilon_{ijk}\frac{\partial f_j}{\partial x_i}g_k+\varepsilon_{ijk}\frac{\partial g_k}{\partial x_i}f_j$$

$$=g_k\varepsilon_{kij}\frac{\partial f_j}{\partial x_i}-f_j\varepsilon_{jik}\frac{\partial g_k}{\partial x_i}=\boldsymbol{g}\cdot(\nabla\times\boldsymbol{f})-\boldsymbol{f}\cdot(\nabla\times\boldsymbol{g})$$

在推导中用到张量微分的下标表述式(1.1.25)，以及$\varepsilon_{ijk}$在下标偶次置换下不变和奇次置换下反号的性质.本题公式也可用符号法证明.先将算符$\nabla$视为微分算符，将其分别作用在对象$\boldsymbol{f}$和$\boldsymbol{g}$上：

$$\nabla\cdot(\boldsymbol{f}\times\boldsymbol{g})=\nabla_f\cdot(\boldsymbol{f}\times\boldsymbol{g})+\nabla_g\cdot(\boldsymbol{f}\times\boldsymbol{g})$$

其中，下标$f$和$g$指明$\nabla$的作用对象.然后，视带下标的$\nabla$为矢量，按三矢量的混合积公式将上式右边两项分别化为

$$\nabla_f\cdot(\boldsymbol{f}\times\boldsymbol{g})=(\nabla_f\times\boldsymbol{f})\cdot\boldsymbol{g},\qquad \nabla_g\cdot(\boldsymbol{f}\times\boldsymbol{g})=-(\nabla_g\times\boldsymbol{g})\cdot\boldsymbol{f}$$

这时，被作用对象正好处在相应算符后面，可以去掉算符的下标，从而完成公式的证明.

**例 1.3**

证明$\nabla\cdot(\boldsymbol{fgh})=(\nabla\cdot\boldsymbol{f})\boldsymbol{gh}+(\boldsymbol{f}\cdot\nabla\boldsymbol{g})\boldsymbol{h}+\boldsymbol{g}(\boldsymbol{f}\cdot\nabla\boldsymbol{h})$.

**证** 用符号法证明.先将算符$\nabla$视为微分算符，将其分别作用在对象$\boldsymbol{f}$、$\boldsymbol{g}$和$\boldsymbol{h}$上，即

$$\nabla\cdot(\boldsymbol{fgh})=\nabla_f\cdot(\boldsymbol{fgh})+\nabla_g\cdot(\boldsymbol{fgh})+\nabla_h\cdot(\boldsymbol{fgh})$$

然后，视带下标的$\nabla$为矢量，将上式右边各项分别化为

$$\nabla_f\cdot(\boldsymbol{fgh})=(\nabla_f\cdot\boldsymbol{f})\boldsymbol{gh}=(\nabla\cdot\boldsymbol{f})\boldsymbol{gh}$$

$$\nabla_g\cdot(\boldsymbol{fgh})=(\nabla_g\cdot\boldsymbol{f})\boldsymbol{gh}=(\boldsymbol{f}\cdot\nabla_g)\boldsymbol{gh}=(\boldsymbol{f}\cdot\nabla\boldsymbol{g})\boldsymbol{h}$$

$$\nabla_h\cdot(\boldsymbol{fgh})=(\nabla_h\cdot\boldsymbol{f})\boldsymbol{gh}=\boldsymbol{g}(\boldsymbol{f}\cdot\nabla_h)\boldsymbol{h}=\boldsymbol{g}(\boldsymbol{f}\cdot\nabla\boldsymbol{h})$$

代回原式，完成证明.

例 1.2 和例 1.3 均通过给算符加下标来体现它对张量表达式中各个对象的作用.其实，熟练之后，我们可略去给$\nabla$书写下标这一步，直接写出最终结果.在下面例 1.4 中就是这样做的.

**例 1.4**

证明$\nabla\cdot(\boldsymbol{fg}\times\boldsymbol{r})=[\nabla\cdot(\boldsymbol{fg})]\times\boldsymbol{r}+\boldsymbol{g}\times\boldsymbol{f}$，其中$\boldsymbol{r}$为位置矢量.

**证** 我们省去给算符$\nabla$加下标的步骤，直接写下

$$\nabla\cdot(\boldsymbol{fg}\times\boldsymbol{r})=[\nabla\cdot(\boldsymbol{fg})]\times\boldsymbol{r}+\boldsymbol{g}\times(\boldsymbol{f}\cdot\nabla\boldsymbol{r})$$

其中等号右边第二项化为

$$\boldsymbol{g}\times(\boldsymbol{f}\cdot\nabla\boldsymbol{r})=\boldsymbol{g}\times(\boldsymbol{f}\cdot\overleftrightarrow{\boldsymbol{I}})=\boldsymbol{g}\times\boldsymbol{f}$$

证毕.

对含一般二阶张量的微分运算，似乎用下标法更为直接、自然，下面举个例子予以说明.

**例 1.5**

证明$\nabla(\overleftrightarrow{\boldsymbol{T}}:\nabla\boldsymbol{E})=\overleftrightarrow{\boldsymbol{T}}:\nabla\nabla\boldsymbol{E}$，式中$\overleftrightarrow{\boldsymbol{T}}$为常张量，$\boldsymbol{E}$满足$\nabla\times\boldsymbol{E}=0$.

**证** 采用下标法，即

$$\nabla(\overleftrightarrow{\boldsymbol{T}}:\nabla\boldsymbol{E})=\boldsymbol{e}_k\frac{\partial}{\partial x_k}\left(T_{ij}\frac{\partial E_i}{\partial x_j}\right)=T_{ij}\frac{\partial}{\partial x_k}\left(\frac{\partial E_i}{\partial x_j}\right)\boldsymbol{e}_k=T_{ij}\frac{\partial}{\partial x_j}\left(\frac{\partial E_i}{\partial x_k}\right)\boldsymbol{e}_k$$

$$=T_{ij}\frac{\partial}{\partial x_j}\left(\frac{\partial E_k}{\partial x_i}\right)\boldsymbol{e}_k=\overleftrightarrow{\boldsymbol{T}}:\nabla\nabla\boldsymbol{E}$$

证毕. 第四步推导用到条件$\partial E_i/\partial x_k=\partial E_k/\partial x_i$，即$\nabla\times\boldsymbol{E}=0$.

### *1.1.6 正交曲线坐标系

以上提到的坐标系对应三维空间的直角坐标系，坐标变换对应坐标轴的刚性旋转，变换矩阵为线性正交矩阵. 为便于处理弯曲界面的边值关系和弯曲边界的边界条件，需要在三维空间引入坐标曲面. 如果三簇坐标曲面之间彼此正交，则构成正交曲线坐标系.

以下用$(u_1,u_2,u_3)$表示正交曲线坐标，用$(\boldsymbol{e}_1,\boldsymbol{e}_2,\boldsymbol{e}_3)$表示对应基矢；用$(x,y,z)$表示直角坐标，用$(\boldsymbol{e}_x,\boldsymbol{e}_y,\boldsymbol{e}_z)$表示对应基矢. 由于$(u_1,u_2,u_3)$为直角坐标$(x,y,z)$的非线性函数，我们不能写出类似式(1.1.3)的线性关系，基矢$(\boldsymbol{e}_1,\boldsymbol{e}_2,\boldsymbol{e}_3)$也与空间坐标有关. 然而，对空间某固定点来说，基矢$(\boldsymbol{e}_1,\boldsymbol{e}_2,\boldsymbol{e}_3)$仍对应原直角坐标基矢$(\boldsymbol{e}_x,\boldsymbol{e}_y,\boldsymbol{e}_z)$的一个旋转. 两组基矢之间仍满足类似于式(1.1.8)的变换关系，相应变换系数构成的变换矩阵仍为正交矩阵；不同的只是变换系数将因点而异，与坐标有关. 以常用的圆柱坐标$(\rho,\phi,z)$和球坐标$(r,\theta,\phi)$为例，对应的基矢分别为$(\boldsymbol{e}_\rho,\boldsymbol{e}_\phi,\boldsymbol{e}_z)$和$(\boldsymbol{e}_r,\boldsymbol{e}_\theta,\boldsymbol{e}_\phi)$，它们与直角坐标基矢$(\boldsymbol{e}_x,\boldsymbol{e}_y,\boldsymbol{e}_z)$之间的变换关系为

$$\begin{pmatrix} \boldsymbol{e}_\rho \\ \boldsymbol{e}_\phi \\ \boldsymbol{e}_z \end{pmatrix} = \begin{pmatrix} \cos\phi & \sin\phi & 0 \\ -\sin\phi & \cos\phi & 0 \\ 0 & 0 & 1 \end{pmatrix} \begin{pmatrix} \boldsymbol{e}_x \\ \boldsymbol{e}_y \\ \boldsymbol{e}_z \end{pmatrix} \tag{1.1.27}$$

$$\begin{pmatrix} \boldsymbol{e}_x \\ \boldsymbol{e}_y \\ \boldsymbol{e}_z \end{pmatrix} = \begin{pmatrix} \cos\phi & -\sin\phi & 0 \\ \sin\phi & \cos\phi & 0 \\ 0 & 0 & 1 \end{pmatrix} \begin{pmatrix} \boldsymbol{e}_\rho \\ \boldsymbol{e}_\phi \\ \boldsymbol{e}_z \end{pmatrix} \tag{1.1.28}$$

$$\begin{pmatrix} \boldsymbol{e}_r \\ \boldsymbol{e}_\theta \\ \boldsymbol{e}_\phi \end{pmatrix} = \begin{pmatrix} \sin\theta\cos\phi & \sin\theta\sin\phi & \cos\theta \\ \cos\theta\cos\phi & \cos\theta\sin\phi & -\sin\theta \\ -\sin\phi & \cos\phi & 0 \end{pmatrix} \begin{pmatrix} \boldsymbol{e}_x \\ \boldsymbol{e}_y \\ \boldsymbol{e}_z \end{pmatrix} \tag{1.1.29}$$

$$\begin{pmatrix} \boldsymbol{e}_x \\ \boldsymbol{e}_y \\ \boldsymbol{e}_z \end{pmatrix} = \begin{pmatrix} \sin\theta\cos\phi & \cos\theta\cos\phi & -\sin\phi \\ \sin\theta\sin\phi & \cos\theta\sin\phi & \cos\phi \\ \cos\theta & -\sin\theta & 0 \end{pmatrix} \begin{pmatrix} \boldsymbol{e}_r \\ \boldsymbol{e}_\theta \\ \boldsymbol{e}_\phi \end{pmatrix} \tag{1.1.30}$$

容易验证，对应的变换矩阵仍为正交矩阵. 在该正交变换下，标量仍保持不变，矢量

$$\boldsymbol{f} = f_i \boldsymbol{e}_i = f_1 \boldsymbol{e}_1 + f_2 \boldsymbol{e}_2 + f_3 \boldsymbol{e}_3 \tag{1.1.31}$$

的三个分量与直角坐标分量$(f_x, f_y, f_z)$之间仍满足与式(1.1.15)类似的变换关系；张量

$$\overleftrightarrow{\boldsymbol{T}} = T_{ij} \boldsymbol{e}_i \boldsymbol{e}_j \tag{1.1.32}$$

的九个分量与直角坐标分量之间仍满足与式(1.1.17)类似的变换关系. 这说明，前面通过线性正交变换定义的标量、矢量和张量的概念，张量的代数运算公式，以及诸如例 1.2～例 1.5 导出的一类微分运算公式，在正交曲线坐标系下仍然有效. 唯一需要修改的是式(1.1.24)和式(1.1.25)①. 所作的修改涉及两个方面：一是弧元表达式，对应三个曲线坐标的弧元为

$$\mathrm{d}s_1 = h_1 \mathrm{d}u_1, \qquad \mathrm{d}s_2 = h_2 \mathrm{d}u_2, \qquad \mathrm{d}s_3 = h_3 \mathrm{d}u_3 \tag{1.1.33}$$

式中，$h_1$、$h_2$ 和 $h_3$ 为拉梅系数，一般是坐标的函数. 常用的直角坐标系、圆柱坐标系和球坐标系的拉梅系数列于表 1.1 中. 从上述弧元公式出发，可构成正交曲线坐标系下的面元和体积元公式，即

$$\mathrm{d}\sigma_1 = h_2 h_3 \mathrm{d}u_2 \mathrm{d}u_3, \qquad \mathrm{d}\sigma_2 = h_1 h_3 \mathrm{d}u_1 \mathrm{d}u_3, \qquad \mathrm{d}\sigma_3 = h_1 h_2 \mathrm{d}u_1 \mathrm{d}u_2 \tag{1.1.34}$$

$$\mathrm{d}V = h_1 h_2 h_3 \mathrm{d}u_1 \mathrm{d}u_2 \mathrm{d}u_3 \tag{1.1.35}$$

二是微分运算不仅作用于张量分量，而且也作用于基矢和拉梅系数.

---

① 在例 1.2 中介绍的“下标法”，曾用到式(1.1.25)，意味着有关微分运算公式是在直角坐标系下完成的. 可以证明，由“下标法”导出的微分运算公式一旦被最终写成三维张量形式，它就在任何坐标系下成立.

表 1.1 三种常用坐标系的拉梅系数

| 坐标系 | 直角坐标系 | 圆柱坐标系 | 球坐标系 |
|---|---|---|---|
| $u_1,u_2,u_3$ | $x,y,z$ | $\rho,\phi,z$ | $r,\theta,\phi$ |
| $h_1$ | 1 | 1 | 1 |
| $h_2$ | 1 | $\rho$ | $r$ |
| $h_3$ | 1 | 1 | $r\sin\theta$ |

有关正交曲线坐标系下的梯度、散度和旋度表达式，可从这些矢量微分运算的原始定义出发，利用上述弧元、面元和体积元表达式导出. 结果为

$$\nabla\varphi=\frac{1}{h_1}\frac{\partial\varphi}{\partial u_1}\boldsymbol{e}_1+\frac{1}{h_2}\frac{\partial\varphi}{\partial u_2}\boldsymbol{e}_2+\frac{1}{h_3}\frac{\partial\varphi}{\partial u_3}\boldsymbol{e}_3 \tag{1.1.36}$$

$$\nabla\cdot\boldsymbol{f}=\frac{1}{h_1h_2h_3}\left[\frac{\partial}{\partial u_1}(h_2h_3f_1)+\frac{\partial}{\partial u_2}(h_1h_3f_2)+\frac{\partial}{\partial u_3}(h_1h_2f_3)\right] \tag{1.1.37}$$

$$\begin{aligned}\nabla\times\boldsymbol{f}=&\frac{1}{h_2h_3}\left[\frac{\partial}{\partial u_2}(h_3f_3)-\frac{\partial}{\partial u_3}(h_2f_2)\right]\boldsymbol{e}_1\\&+\frac{1}{h_3h_1}\left[\frac{\partial}{\partial u_3}(h_1f_1)-\frac{\partial}{\partial u_1}(h_3f_3)\right]\boldsymbol{e}_2\\&+\frac{1}{h_1h_2}\left[\frac{\partial}{\partial u_1}(h_2f_2)-\frac{\partial}{\partial u_2}(h_1f_1)\right]\boldsymbol{e}_3\end{aligned} \tag{1.1.38}$$

令 $\boldsymbol{f}=\nabla\varphi$，将式(1.1.36)代入式(1.1.37)，求得

$$\nabla^2\varphi=\frac{1}{h_1h_2h_3}\left[\frac{\partial}{\partial u_1}\left(\frac{h_2h_3}{h_1}\frac{\partial\varphi}{\partial u_1}\right)+\frac{\partial}{\partial u_2}\left(\frac{h_3h_1}{h_2}\frac{\partial\varphi}{\partial u_2}\right)+\frac{\partial}{\partial u_3}\left(\frac{h_1h_2}{h_3}\frac{\partial\varphi}{\partial u_3}\right)\right] \tag{1.1.39}$$

从这些通式出发，按表 1.1 给出的拉梅系数，可分别写出三个坐标系中的矢量微分表达式(圆柱坐标和球坐标下的结果列于书末附录中).

### 1.1.7 高斯公式、斯托克斯公式和格林公式

在场论中熟知的高斯公式和斯托克斯公式如下：

$$\oiint_S\boldsymbol{A}\cdot\mathrm{d}\boldsymbol{\sigma}=\iiint_V\nabla\cdot\boldsymbol{A}\mathrm{d}V\quad 或\quad \oiint_S\mathrm{d}\boldsymbol{\sigma}\cdot\boldsymbol{A}=\iiint_V\mathrm{d}V\nabla\cdot\boldsymbol{A} \tag{1.1.40}$$

$$\oint_C\boldsymbol{A}\cdot\mathrm{d}\boldsymbol{l}=\iint_\Sigma(\nabla\times\boldsymbol{A})\cdot\mathrm{d}\boldsymbol{\sigma}\quad 或\quad \oint_C\mathrm{d}\boldsymbol{l}\cdot\boldsymbol{A}=\iint_\Sigma(\mathrm{d}\boldsymbol{\sigma}\times\nabla)\cdot\boldsymbol{A} \tag{1.1.41}$$

其中，$\boldsymbol{A}$ 为任意矢量；$S$ 为体积 $V$ 的边界，为一闭合曲面，俗称高斯面；$C$ 为曲面 $\Sigma$ 的边界，为闭合曲线.

将“$\cdot\boldsymbol{A}$”从式(1.1.40)和式(1.1.41)的第二式中左右两边消去，形式地将它们写为如下算符等式：

$$\oiint_S\mathrm{d}\boldsymbol{\sigma}=\iiint_V\mathrm{d}V\nabla \tag{1.1.42}$$

$$\oint_C \mathrm{d}\boldsymbol{l} = \iint_\Sigma \mathrm{d}\boldsymbol{\sigma} \times \nabla \tag{1.1.43}$$

将上述算符等式以任何方式作用于任何对象，可获得更多的积分恒等式. 例如，直接作用于标量 $\varphi$，按叉乘方式作用于矢量 $\boldsymbol{A}$，以及按点乘方式作用于张量 $\overleftrightarrow{\boldsymbol{T}}$，将分别导致如下积分恒等式：

$$\oiint_S \varphi \mathrm{d}\boldsymbol{\sigma} = \iiint_V \nabla\varphi \mathrm{d}V, \qquad \oint_C \varphi \mathrm{d}\boldsymbol{l} = -\iint_\Sigma \nabla\varphi \times \mathrm{d}\boldsymbol{\sigma} \tag{1.1.44}$$

$$\oiint_S \mathrm{d}\boldsymbol{\sigma} \times \boldsymbol{A} = \iiint_V \nabla \times \boldsymbol{A} \mathrm{d}V, \qquad \oint_C \mathrm{d}\boldsymbol{l} \times \boldsymbol{A} = \iint_\Sigma (\mathrm{d}\boldsymbol{\sigma} \times \nabla) \times \boldsymbol{A} \tag{1.1.45}$$

$$\oiint_S \mathrm{d}\boldsymbol{\sigma} \cdot \overleftrightarrow{\boldsymbol{T}} = \iiint_V \nabla \cdot \overleftrightarrow{\boldsymbol{T}} \mathrm{d}V, \qquad \oint_C \mathrm{d}\boldsymbol{l} \cdot \overleftrightarrow{\boldsymbol{T}} = \iint_\Sigma \mathrm{d}\boldsymbol{\sigma} \cdot (\nabla \times \overleftrightarrow{\boldsymbol{T}}) \tag{1.1.46}$$

当然，上述积分恒等式仍然需要证明，因为作为出发点的算符等式只是从原高斯公式和斯托克斯公式推测出来的. 采用常矢量点乘法，很容易证明上述积分恒等式成立.

**例 1.6**

用常矢量点乘法证明式(1.1.44).

**证** 用任意常矢量 $\boldsymbol{c}$ 点乘式(1.1.44)的第一式得

$$\boldsymbol{c} \cdot \oiint_S \varphi \mathrm{d}\boldsymbol{\sigma} = \oiint_S \varphi \boldsymbol{c} \cdot \mathrm{d}\boldsymbol{\sigma} = \iiint_V \nabla \cdot (\varphi \boldsymbol{c}) \mathrm{d}V = \boldsymbol{c} \cdot \iiint_V \nabla\varphi \mathrm{d}V$$

由 $\boldsymbol{c}$ 的任意性，推出式(1.1.44)的第一式. 对于第二式，有

$$\boldsymbol{c} \cdot \oint_C \varphi \mathrm{d}\boldsymbol{l} = \oint_C \varphi \boldsymbol{c} \cdot \mathrm{d}\boldsymbol{l} = \iint_\Sigma [\nabla \times (\varphi \boldsymbol{c})] \cdot \mathrm{d}\boldsymbol{\sigma} = -\boldsymbol{c} \cdot \iint_\Sigma \nabla\varphi \times \mathrm{d}\boldsymbol{\sigma}$$

同样由 $\boldsymbol{c}$ 的任意性，推出式(1.1.44)的第二式.

从高斯公式(1.1.40)出发，可直接得出如下格林公式.

1. 第一格林公式

$$\oiint_S \psi \nabla\varphi \cdot \mathrm{d}\boldsymbol{\sigma} = \iiint_V (\psi \nabla^2 \varphi + \nabla\psi \cdot \nabla\varphi) \mathrm{d}V \tag{1.1.47}$$

其中，$\varphi$ 和 $\psi$ 均为任意标函数.

2. 第二格林公式

$$\oiint_S (\psi \nabla\varphi - \varphi \nabla\psi) \cdot \mathrm{d}\boldsymbol{\sigma} = \iiint_V (\psi \nabla^2 \varphi - \varphi \nabla^2 \psi) \mathrm{d}V \tag{1.1.48}$$

3. 第三格林公式

$$\oiint_S \varphi \nabla\varphi \cdot \mathrm{d}\boldsymbol{\sigma} = \iiint_V [\varphi \nabla^2 \varphi + (\nabla\varphi)^2] \mathrm{d}V \tag{1.1.49}$$

一个与时间无关的矢量场 $\boldsymbol{A}$ 满足如下唯一性定理：给定某单连通解域 $V$ 内矢量场的散度和旋度，以及边界 $S$ 上的法向分量，该矢量场被唯一确定. 该唯一性定理可用反证法和第三格林公式给予证明.

设有两个解：$\boldsymbol{A}_1$ 和 $\boldsymbol{A}_2$，令 $\boldsymbol{a}=\boldsymbol{A}_2-\boldsymbol{A}_1$，则成立

$$\nabla\cdot\boldsymbol{a}=0,\qquad \nabla\times\boldsymbol{a}=0,\qquad a_n\,|_S=0$$

由$\nabla\times\boldsymbol{a}=0$，在单连通解域中(参见第3章3.4节)可将 $\boldsymbol{a}$ 表为某标函数的梯度，即 $\boldsymbol{a}=\nabla\varphi$，代入$\nabla\cdot\boldsymbol{a}=0$，得$\nabla^2\varphi=0$. 于是由式(1.1.49)有

$$\iiint_V(\nabla\varphi)^2\mathrm{d}V=\oint\!\!\!\oint_S\varphi\nabla\varphi\cdot\mathrm{d}\boldsymbol{\sigma}\quad 或\quad \iiint_V\boldsymbol{a}^2\mathrm{d}V=\oint\!\!\!\oint_S\varphi a_n\mathrm{d}\sigma=0$$

据此推得 $\boldsymbol{a}=0$. 证毕.

### 1.1.8 δ 函数

在电动力学中，只要场源大小、线径或厚度远小于考察距离，就可对场源采用点源、线源或面元近似. 为描述这些场源的密度分布，需引入 $\delta$ 函数. 关于 $\delta$ 函数的定义和基本性质，在数学中均有严格分析[①]. 下面仅从本课程的需要出发，对 $\delta$ 函数的定义和性质作一简介.

1. 一维 $\delta$ 函数的定义

具有如下性质：

$$\delta(x-x_0)=\begin{cases}\infty, & x=x_0\\ 0, & x\neq x_0\end{cases}\tag{1.1.50}$$

$$\int_a^b\delta(x-x_0)\mathrm{d}x=\begin{cases}1, & x_0\in(a,b)\\ 0, & x_0\notin(a,b)\end{cases}\tag{1.1.51}$$

的函数 $\delta(x-x_0)$，称为一维 $\delta$ 函数.

2. 一维 $\delta$ 函数的其他性质

利用 $\delta$ 函数的定义，可证

$$\delta(x-x_0)=\delta(x_0-x),\qquad \delta[\alpha(x-x_0)]=|\,\alpha\,|^{-1}\delta(x-x_0)\tag{1.1.52}$$

$$\delta(f(x))=\sum_i|\,(\mathrm{d}f/\mathrm{d}x)_{x=x_i}\,|^{-1}\delta(x-x_i)\tag{1.1.53}$$

$$\int_a^b f(x)\delta(x-x_0)\mathrm{d}x=f(x_0),\qquad x_0\in(a,b)\tag{1.1.54}$$

其中，$\alpha$ 为任意非零常数；$f(x)$为任意函数；$x_i$ 为 $f(x)$的简单零点；该处 $\mathrm{d}f/\mathrm{d}x\neq 0$. 将等式两边对 $x$ 积分，引入适当的积分元替换，可证明式(1.1.52)和式(1.1.53)成立；运用积分中值定理，可证明式(1.1.54)成立.

3. 三维 $\delta$ 函数

具有如下性质：

$$\delta(\boldsymbol{r}-\boldsymbol{r}_0)=\begin{cases}\infty, & \boldsymbol{r}=\boldsymbol{r}_0\\ 0, & \boldsymbol{r}\neq\boldsymbol{r}_0\end{cases}\tag{1.1.55}$$

---

① 复旦大学数学系，数学物理方法，上海科技出版社，1960(6.2节).

$$\iiint \delta(\boldsymbol{r}-\boldsymbol{r}_0)\mathrm{d}V = 1 \tag{1.1.56}$$

的函数 $\delta(\boldsymbol{r}-\boldsymbol{r}_0)$,称为三维 $\delta$ 函数,其中 $\boldsymbol{r}$ 为三维空间的位置矢量,$\boldsymbol{r}_0$ 位于式(1.1.56)体积分域以内.对任意函数 $f(\boldsymbol{r})$,成立

$$\iiint f(\boldsymbol{r})\delta(\boldsymbol{r}-\boldsymbol{r}_0)\mathrm{d}V = f(\boldsymbol{r}_0) \tag{1.1.57}$$

对于位于 $\boldsymbol{r}_0$ 的点电荷 $q$,其体电荷密度可用三维 $\delta$ 函数表示

$$\rho(\boldsymbol{r}) = q\delta(\boldsymbol{r}-\boldsymbol{r}_0) \tag{1.1.58}$$

在直角坐标$(x,y,z)$下,三维 $\delta$ 函数等于三个一维 $\delta$ 函数的乘积,即

$$\delta(\boldsymbol{r}-\boldsymbol{r}_0) = \delta(x-x_0)\delta(y-y_0)\delta(z-z_0) \tag{1.1.59}$$

下面证明三维 $\delta$ 函数的一个常用表达式

$$\delta(\boldsymbol{r}-\boldsymbol{r}_0) = -\frac{1}{4\pi}\nabla^2\frac{1}{|\boldsymbol{r}-\boldsymbol{r}_0|} \tag{1.1.60}$$

对 $\boldsymbol{r}\neq\boldsymbol{r}_0$,有

$$\nabla^2\frac{1}{|\boldsymbol{r}-\boldsymbol{r}_0|} = -\nabla\cdot\left(\frac{\boldsymbol{r}-\boldsymbol{r}_0}{|\boldsymbol{r}-\boldsymbol{r}_0|^3}\right) = \frac{3(\boldsymbol{r}-\boldsymbol{r}_0)^2}{|\boldsymbol{r}-\boldsymbol{r}_0|^5} - \frac{3}{|\boldsymbol{r}-\boldsymbol{r}_0|^3} = 0$$

与三维 $\delta$ 函数性质式(1.1.55)一致.在 $\boldsymbol{r}=\boldsymbol{r}_0$ 处,上述微分失去定义,但可以计算它的体积分.取球形体积,球心位于 $\boldsymbol{r}_0$,半径为 $a$,将式(1.1.60)右边过该体积积分,利用高斯公式算得结果为

$$-\frac{1}{4\pi}\iiint_{|\boldsymbol{r}-\boldsymbol{r}_0|\leqslant a}\nabla^2\frac{1}{|\boldsymbol{r}-\boldsymbol{r}_0|}\mathrm{d}V = \frac{1}{4\pi}\iiint_{|\boldsymbol{r}-\boldsymbol{r}_0|\leqslant a}\nabla\cdot\frac{\boldsymbol{r}-\boldsymbol{r}_0}{|\boldsymbol{r}-\boldsymbol{r}_0|^3}\mathrm{d}V$$

$$= \frac{1}{4\pi}\oiint_{|\boldsymbol{r}-\boldsymbol{r}_0|=a}\frac{(\boldsymbol{r}-\boldsymbol{r}_0)\cdot\mathrm{d}\boldsymbol{\sigma}}{|\boldsymbol{r}-\boldsymbol{r}_0|^3} = \frac{1}{4\pi}\oiint\mathrm{d}\Omega = 1$$

正好对应三维 $\delta$ 函数的性质式(1.1.56).证毕.

## 1.2 电磁场的数学描述

对电磁场的描述涉及两个方面:一是引入描述电磁场的物理量;二是给出这些物理量满足的方程.这些问题已在电磁学中得到解决,下面重述有关结果.

### 1.2.1 麦克斯韦方程组

电磁场用电场强度矢量 $\boldsymbol{E}(\boldsymbol{r},t)$和磁感应强度矢量 $\boldsymbol{B}(\boldsymbol{r},t)$描述,它们满足

$$\nabla\times\boldsymbol{E} = -\frac{\partial\boldsymbol{B}}{\partial t} \tag{1.2.1}$$

$$\nabla\cdot\boldsymbol{E} = \rho/\varepsilon_0 \tag{1.2.2}$$

$$\nabla\times\boldsymbol{B} = \mu_0\boldsymbol{j} + \varepsilon_0\mu_0\frac{\partial\boldsymbol{E}}{\partial t} \tag{1.2.3}$$

$$\nabla\cdot\boldsymbol{B} = 0 \tag{1.2.4}$$

其中，$\rho$ 为电荷密度；$\boldsymbol{j}$ 为电流密度，二者以场源的角色出现；$\varepsilon_0$ 和 $\mu_0$ 分别为真空的介电常量和磁导率. $\varepsilon_0$ 和 $\mu_0$ 同时出现，与单位制（国际单位制）选择有关. 有趣的是，二者产生一个重要的普适常数

$$c=\frac{1}{\sqrt{\varepsilon_0\mu_0}} \tag{1.2.5}$$

即电磁波或光波在真空中的传播速度.

上述方程由麦克斯韦于 1864 年建立，后人以他的名字命名. 在建立这组方程时，麦克斯韦将前人总结出来的静场（不随时间变化）和似稳场（随时间缓慢变化）实验规律推广至一般电磁场，同时加上了涡旋电场和位移电流两条假设. 上述推广和假设是否成立，需要由麦克斯韦方程组作出新的理论预言，并对这些预言进行实验证明之后，才能作出结论. 从麦克斯韦方程组出发作出的最重要预言是电磁波的存在，该预言被赫兹实验证实（1887 年）. 1901 年，列别捷夫通过实验证实了光压的存在. 这些关键性的实验，以及随后的大量实验证据，使得麦克斯韦电磁理论最终被人们普遍接受，构成电磁现象的基本规律.

### 1.2.2 关于场源

方程式（1.2.2）和式（1.2.3）中涉及的场源 $\rho$ 和 $\boldsymbol{j}$，如果事先给定的话，则问题归结为已知场源分布求解电磁场，属于纯电动力学问题. 在 1.5 节将证明，这时麦克斯韦方程组是完备的，由它唯一决定了电磁场的运动规律. 然而，实际情况是，场源 $\rho$ 和 $\boldsymbol{j}$ 要满足一定的约束条件. 此外，它们和电磁场之间存在相互作用，不能独立给定. 从这个意义上说，麦克斯韦方程组是不封闭的，还需要另一组方程确定场源的运动规律.

1. 电荷守恒方程

对式（1.2.2）求时间偏导数，对式（1.2.3）求散度，从中消去 $\boldsymbol{E}$ 和 $\boldsymbol{B}$，求得场源满足的约束条件

$$\frac{\partial\rho}{\partial t}+\nabla\cdot\boldsymbol{j}=0 \tag{1.2.6}$$

只有满足该约束条件的 $\rho$ 和 $\boldsymbol{j}$，才可以作为与麦克斯韦方程组自洽的场源. 式（1.2.6）就是熟知的电荷守恒方程.

上述推演过程容易产生一种误解，似乎电荷守恒方程是麦克斯韦方程的一个推论. 其实，电荷守恒方程应被视为一条独立于电磁理论的普遍规律. 它的发现先于麦克斯韦电磁理论，曾作为麦克斯韦引入位移电流假设的前提. 以后我们会提到，在微观领域，麦克斯韦电磁理论失效，必须代之以量子理论，但电荷守恒仍然成立. 此外，在分析场源的时空分布及其演化规律的时候，电荷守恒方程将作为基本方程之一. 只有在和麦克斯韦方程打交道时，电荷守恒方程才表现为对场源的约束条件.

2. 洛伦兹力公式

对速度为 $\boldsymbol{v}$ 的点电荷 $q$ 的作用力 $\boldsymbol{F}$,以及对 $\rho$ 和 $\boldsymbol{j}$ 代表的宏观电荷、电流分布的作用力密度 $\boldsymbol{f}$ 由洛伦兹力公式描述

$$\boldsymbol{F} = q(\boldsymbol{E} + \boldsymbol{v} \times \boldsymbol{B}) \tag{1.2.7}$$

$$\boldsymbol{f} = \rho\boldsymbol{E} + \boldsymbol{j} \times \boldsymbol{B} \tag{1.2.8}$$

电磁场的作用将影响场源的运动状态和时空分布,而场源分布的变化又会改变电磁场.因此,洛伦兹力公式是联系电磁场和场源载体运动的桥梁.

场源载体或为单个带电粒子,或为大量粒子构成的连续介质.彻底解决电磁场和场源载体之间的相互作用和运动规律,需要联立求解麦克斯韦方程和场源载体的运动方程,这超出了电动力学课程的范围.本书把电磁场问题局限在纯电动力学范畴,仅涉及以下三种类型:①计算给定场源的电磁场,略去场对场源的反作用;②假定场源载体处于静止状态,通过电磁性能方程对场源和电磁场的相互作用进行宏观描述,在此基础上计算电磁场;③对介质采用单粒子模型,在时谐电磁场和周期粒子运动的框架下分析电磁波和介质的相互作用.

### 1.2.3 电磁性能方程

在电磁学和电动力学课程中,总是设法在场源和电场、磁场之间建立一种简单的关系,旨在使麦克斯韦方程组闭合.这种关系基于对电磁场和作为场源载体的介质的宏观描述.为实现这类宏观描述,通常将场源分为两个部分:自由电荷和束缚电荷,以及由它们的运动形成的传导电流和束缚电流.自由电荷被认为是脱离原子束缚的带电粒子,一般可在原子间自由运动;而束缚电荷则被约束在原子内部.与此相应,将电荷密度和电流密度分别划分为两个部分,即

$$\rho = \rho_0 + \rho', \qquad \boldsymbol{j} = \boldsymbol{j}_0 + \boldsymbol{j}' \tag{1.2.9}$$

其中,下标 0 表示自由电荷和传导电流密度,撇号表示束缚电荷和束缚电流密度.在不考虑电离和复合的条件下,它们分别满足电荷守恒方程

$$\frac{\partial \rho_0}{\partial t} + \nabla \cdot \boldsymbol{j}_0 = 0 \tag{1.2.10}$$

$$\frac{\partial \rho'}{\partial t} + \nabla \cdot \boldsymbol{j}' = 0 \tag{1.2.11}$$

1. 极化强度和磁化强度

对于束缚电荷和束缚电流,可引入介质的极化强度 $\boldsymbol{P}$ 和磁化强度 $\boldsymbol{M}$ 进行宏观描述.对于静电场和静磁场的情况,在电磁学中已经得到如下关系:

$$\rho' = -\nabla \cdot \boldsymbol{P}, \qquad \boldsymbol{j}' = \nabla \times \boldsymbol{M}$$

对于随时间变化的情况,上述关系违反电荷守恒方程(1.2.11),需要进行修正.类似电磁学中引入位移电流使电荷守恒方程满足的做法,可在束缚电流上加上由极化强度的时间变化作出的贡献,将上式修改为

$$\rho' = -\nabla \cdot \boldsymbol{P}, \qquad \boldsymbol{j}' = \nabla \times \boldsymbol{M} + \frac{\partial \boldsymbol{P}}{\partial t} \tag{1.2.12}$$

不难验证，修改后的束缚场源满足式(1.2.11). 于是，式(1.2.12)将作为束缚场源静场结果向一般情况的推广，新增加的束缚电流 $\partial \boldsymbol{P}/\partial t$ 称之为极化电流，而 $\nabla \times \boldsymbol{M}$ 则称为磁化电流. 将该式代入式(1.2.2)和式(1.2.3)得

$$\nabla \cdot \boldsymbol{D} = \rho_0 \tag{1.2.13}$$

$$\nabla \times \boldsymbol{H} = \boldsymbol{j}_0 + \frac{\partial \boldsymbol{D}}{\partial t} \tag{1.2.14}$$

其中，

$$\boldsymbol{D} = \varepsilon_0 \boldsymbol{E} + \boldsymbol{P} \tag{1.2.15}$$

$$\boldsymbol{H} = \frac{1}{\mu_0}\boldsymbol{B} - \boldsymbol{M} \tag{1.2.16}$$

为辅助矢量，分别称为电位移矢量和磁场强度.

2. 电磁性能方程

至此，我们的讨论是相当普遍的，未曾涉及介质的具体性质. 下一步希望建立束缚场源和电磁场之间的关系，也就是辅助矢量 $\boldsymbol{D}$、$\boldsymbol{H}$ 和 $\boldsymbol{E}$、$\boldsymbol{B}$ 之间的关系，即

$$\boldsymbol{D} = \boldsymbol{D}(\boldsymbol{E}, \boldsymbol{B}), \qquad \boldsymbol{H} = \boldsymbol{H}(\boldsymbol{E}, \boldsymbol{B}) \tag{1.2.17}$$

上述关系被称为电磁性能方程.

电磁学和电动力学课程几乎完全限于讨论线性各向同性介质. 在这种情况下，电磁性能方程为线性代数关系. 对宏观静止介质有

$$\boldsymbol{D} = \varepsilon \boldsymbol{E}, \qquad \boldsymbol{H} = \frac{1}{\mu}\boldsymbol{B} \tag{1.2.18}$$

其中，$\varepsilon$ 为介电常量；$\mu$ 为磁导率. 除特别声明，本书限于讨论分区均匀介质，即假定 $\varepsilon$ 和 $\mu$ 在各个分区中为常数.

当然，还存在更加复杂的情况. 例如，对于运动介质，式(1.2.18)仅在相对介质静止的参考系中成立. 要由它导出实验室坐标系中的电磁性能方程，必须按狭义相对论规定的方式实施变换. 如果介质的运动速度远低于光速，则可获得如下结果(见8.5节例8.7)：

$$\boldsymbol{D} = \varepsilon \boldsymbol{E} + \left(\varepsilon - \frac{1}{\mu c^2}\right) \boldsymbol{v} \times \boldsymbol{B}$$

$$\boldsymbol{H} = \frac{1}{\mu}\boldsymbol{B} + \left(\varepsilon - \frac{1}{\mu c^2}\right) \boldsymbol{v} \times \boldsymbol{E}$$

另一种复杂情况是色散介质. 我们仍维持线性近似，但 $\boldsymbol{D}$、$\boldsymbol{H}$ 和 $\boldsymbol{E}$、$\boldsymbol{B}$ 之间的关系不是简单的代数关系，而是微分关系. 在多数情况下，仅涉及对时间的微分. 这时，借助傅里叶变换，可将微分关系转化为形如式(1.2.18)的代数关系，但介电常量和磁导率为复数量：它们既可以与频率有关，导致电磁波的色散；也可以出现虚

部，导致介质对电磁波的吸收. 在 7.3 节讨论电磁波和介质的相互作用时，我们将碰到这种情况.

其他复杂情况还包括各向异性、非线性和非单值性. 对各向异性介质，介电常量和磁导率为张量；对非线性介质，介电常量和磁导率与电磁场有关. 铁电体存在电滞效应，铁磁体存在磁滞效应，相应 $\boldsymbol{D}$、$\boldsymbol{H}$ 和 $\boldsymbol{E}$、$\boldsymbol{B}$ 之间存在非线性、非单值关系. 对于这种情况，我们不作深入分析，只是从电磁场热力学的角度简述它的某些有趣特性，分别参见 2.5 节和 3.5 节.

### 1.2.4 导体中的自由电荷和传导电流

顾名思义，传导电流存在于导体中. 自由电荷则既可出现于导体中，也可以因摩擦起电、电离或电荷附着等效应存在于绝缘体中. 下面我们限于分析导体中的自由电荷和传导电流.

对各向同性导体内部，传导电流和电场之间满足欧姆定律

$$\boldsymbol{j}_0 = \sigma \boldsymbol{E} \tag{1.2.19}$$

其中，$\sigma$ 为电导率. 至于导体内的自由电荷分布，我们在电磁学中曾就稳恒电场情况，得出均匀导体内自由电荷密度为零的结论. 下面将说明，在多数情况下，该结论对于均匀导体中的随时间变化的电磁场也近似成立. 为此，取 $\varepsilon=\varepsilon_0$，将式(1.2.18)代入式(1.2.13)，得 $\nabla \cdot \boldsymbol{E}=\rho_0/\varepsilon_0$. 将式(1.2.19)代入式(1.2.10)得

$$\frac{\partial \rho_0}{\partial t} + \sigma \nabla \cdot \boldsymbol{E} = \frac{\partial \rho_0}{\partial t} + \frac{\sigma}{\varepsilon_0}\rho_0 = 0$$

对时间积分，求得上式的解为

$$\rho_0(\boldsymbol{r},t) = \rho_0(\boldsymbol{r})e^{-t/\tau}, \qquad \tau = \varepsilon_0/\sigma$$

其中，$\rho_0(\boldsymbol{r})$ 为初始自由电荷密度分布. 上式表明，导体中的自由电荷密度将随时间指数衰减. 通常导体的电导率位于 $10^6 \sim 10^8\,\mathrm{S\cdot m^{-1}}$，据此求得电荷密度的衰减时间常数 $\tau=10^{-17}\sim10^{-19}\,\mathrm{s}$，它对应 X 射线和伽马射线的周期. 对于频率远低于 X 射线和伽马射线频率的电磁波，在导体内自由电荷密度近似为零. 因此，同稳恒电场情况一样，电荷只分布于均匀导体表面.

对于交变电磁场中的良导体，通常采用理想导体近似，即假定 $\sigma\to\infty$. 此时，由导体内电流密度处处有限的正则条件和欧姆定律，可知导体内电场为零，相应电荷密度自动消失. 对于理想导体内部，式(1.2.1)化为

$$\frac{\partial \boldsymbol{B}}{\partial t} = 0$$

导体内的磁场将不随时间变化. 关于这一性质，人们常常直观地说：磁场被“冻结”在理想导体中. 特别地，对于理想导体内部的初始磁场为零的情况，体内的磁场将始终为零. 在这种情况下，导体内的电流密度也处处为零，电流只能分布于理想导体表面.

尽管物理机制有别，超导体的性质与初始磁场为零的理想导体类似：超导体所具有的彻底的抗电性和抗磁性，使得导体内部电场和磁场均等于零．与此相应，超导体内部的电荷和电流消失，它们仅分布于超导体表面的薄层中．

## 1.3 边值关系

在实际问题中，解域内可能会出现介质界面，其上电磁场出现间断，微分形式的麦克斯韦方程中出现的空间导数失去意义．这时，我们必须从麦克斯韦方程的积分形式出发，分析间断面附近电磁场的特性．

### 1.3.1 麦克斯韦方程的积分形式

由上节结果，通过引入辅助矢量 $\boldsymbol{D}$ 和 $\boldsymbol{H}$ 之后，麦克斯韦方程组被写成如下微分形式：

$$\nabla\times\boldsymbol{E}=-\frac{\partial\boldsymbol{B}}{\partial t} \tag{1.3.1}$$

$$\nabla\times\boldsymbol{H}=\boldsymbol{j}_0+\frac{\partial\boldsymbol{D}}{\partial t} \tag{1.3.2}$$

$$\nabla\cdot\boldsymbol{D}=\rho_0 \tag{1.3.3}$$

$$\nabla\cdot\boldsymbol{B}=0 \tag{1.3.4}$$

其中，$\rho_0$ 为自由电荷密度；$\boldsymbol{j}_0$ 为传导电流密度，满足电荷守恒方程

$$\frac{\partial\rho_0}{\partial t}+\nabla\cdot\boldsymbol{j}_0=0 \tag{1.3.5}$$

在形式上，我们可从上述麦克斯韦方程的微分形式出发，对任意非闭合曲面 $\Sigma$ 积分式(1.3.1)和式(1.3.2)，对任意体积 $V$ 积分式(1.3.3)和式(1.3.4)，然后分别利用斯托克斯公式和高斯公式，将这些微分方程化为积分形式

$$\oint_C\boldsymbol{E}\cdot\mathrm{d}\boldsymbol{l}=-\frac{\mathrm{d}}{\mathrm{d}t}\iint_\Sigma\boldsymbol{B}\cdot\mathrm{d}\boldsymbol{\sigma} \tag{1.3.6}$$

$$\oint_C\boldsymbol{H}\cdot\mathrm{d}\boldsymbol{l}=\iint_\Sigma\boldsymbol{j}_0\cdot\mathrm{d}\boldsymbol{\sigma}+\frac{\mathrm{d}}{\mathrm{d}t}\iint_\Sigma\boldsymbol{D}\cdot\mathrm{d}\boldsymbol{\sigma} \tag{1.3.7}$$

$$\oiint_S\boldsymbol{D}\cdot\mathrm{d}\boldsymbol{\sigma}=\iiint_V\rho_0\mathrm{d}V \tag{1.3.8}$$

$$\oiint_S\boldsymbol{B}\cdot\mathrm{d}\boldsymbol{\sigma}=0 \tag{1.3.9}$$

其中，$C$ 为曲面 $\Sigma$ 的周线，为闭合曲线；$S$ 为体积 $V$ 的边界，为闭合曲面．然而，这种在微分和积分形式之间的转换和等效性的前提是：电磁场在解域内处处连续可微．如果解域内存在电磁场的间断面，则在间断面上，微分形式失效，可是积分形式仍然有效．从这个意义上说，麦克斯韦方程的积分形式比微分形式更加普遍，它同时允许连续可微的电磁场解和具若干间断面的电磁场解．在电磁学中，我们从电磁实

验规律推演出来的电磁场的高斯定理和环路定理正好与麦克斯韦方程的积分形式相对应. 从实际问题出发,具有间断面的电磁场解是有意义的,我们将接受积分形式的麦克斯韦方程作为描述电磁场运动的基本规律. 在实际操作时,对于间断面以外的连续区,采用微分形式,以便于求解;在间断面上,采用积分形式,据此列出间断面两侧电磁场满足的衔接条件,也就是下面即将提到的边值关系.

### 1.3.2 边值关系

从积分形式的麦克斯韦方程出发,可导出介质界面上电磁场满足的边值关系. 在电磁学中,曾就静场情况分别导出静电场和静磁场的边值关系. 当时的做法是:对于式(1.3.6)和式(1.3.7),选取如图 1.1(a)所示的扁闭合回路 $C$;对于式(1.3.8)和式(1.3.9),选取如图 1.1(b)所示的扁柱面 $S$;然后让回路 $C$ 和柱面 $S$ 横越界面的跨度趋于零,分别求得 $\boldsymbol{E}$、$\boldsymbol{H}$ 切向分量和 $\boldsymbol{D}$、$\boldsymbol{B}$ 法向分量满足的边值关系. 对随时间变化的电磁场,差别仅在于式(1.3.6)右边出现的过曲面 $\Sigma$ 的磁通量的时间导数项和式(1.3.7)右边出现的过曲面 $\Sigma$ 的电位移矢量通量的时间导数项. 随着 $C$ 所围曲面 $\Sigma$ 的面积趋于零,这两项通量消失,对边值关系没有影响. 因此,静场满足的边值关系可以照搬到随时间变化的电磁场.

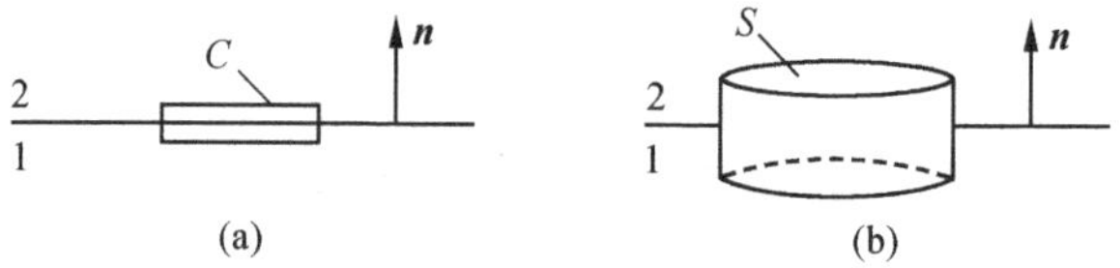


图 1.1

由电磁学的结果,直接写出电磁场的边值关系如下:

$$\boldsymbol{n}\times(\boldsymbol{E}_2-\boldsymbol{E}_1)=0 \tag{1.3.10}$$

$$\boldsymbol{n}\times(\boldsymbol{H}_2-\boldsymbol{H}_1)=\boldsymbol{i}_0 \tag{1.3.11}$$

$$\boldsymbol{n}\cdot(\boldsymbol{D}_2-\boldsymbol{D}_1)=\boldsymbol{\sigma}_0 \tag{1.3.12}$$

$$\boldsymbol{n}\cdot(\boldsymbol{B}_2-\boldsymbol{B}_1)=0 \tag{1.3.13}$$

其中,下标 1 和 2 表示界面两侧;$\boldsymbol{n}$ 为界面法线方向的单位矢量,自 1 侧指向 2 侧,如图 1.1 所示;$\boldsymbol{i}_0$ 为传导电流面密度;$\boldsymbol{\sigma}_0$ 为自由电荷面密度. 前者限于理想导体界面;对绝缘介质界面和一般有限电导率导体界面,$\boldsymbol{i}_0$ 为零,式(1.3.11)化为齐次边值关系

$$\boldsymbol{n}\times(\boldsymbol{H}_2-\boldsymbol{H}_1)=0 \tag{1.3.14}$$

面电荷可出现于导体(包括理想导体或超导体)界面上. 对绝缘介质界面,$\sigma_0$ 一般取为零,式(1.3.12)化为齐次边值关系

$$\boldsymbol{n}\cdot(\boldsymbol{D}_2-\boldsymbol{D}_1)=0 \tag{1.3.15}$$

电荷守恒方程(1.3.5)的积分形式如下:

$$\frac{\mathrm{d}}{\mathrm{d}t}\iiint_V \rho_0\,\mathrm{d}V+\oiint_S \boldsymbol{j}_0\cdot\mathrm{d}\boldsymbol{\sigma}=0 \tag{1.3.16}$$

相应推得电流密度法向分量满足的边值关系

$$\boldsymbol{n}\cdot(\boldsymbol{j}_{02}-\boldsymbol{j}_{01})=-\frac{\partial\sigma_0}{\partial t} \tag{1.3.17}$$

将上述边值关系与对应微分形式的方程比较，我们会发现如下有趣的规律：只要从微分方程中删去场量的时间导数项，将矢量微分算符$\nabla$代之以$\boldsymbol{n}$，将场矢量换为2侧值与1侧值之差，将体源$\rho_0$、$\boldsymbol{j}_0$代之以面源$\sigma_0$、$\boldsymbol{i}_0$，就可直接写出微分方程所对应的边值关系.

**例 1.7**

求绝缘介质界面的束缚电荷和束缚电流面密度.

**解** 写下束缚电荷和束缚电流与极化强度和磁化强度的微分关系(见1.2节式(1.2.12))

$$\rho'=-\nabla\cdot\boldsymbol{P},\qquad \boldsymbol{j}'=\nabla\times\boldsymbol{M}+\frac{\partial\boldsymbol{P}}{\partial t}$$

从上述方程出发，按上述规则删去$\partial\boldsymbol{P}/\partial t$，将矢量微分算符$\nabla$代之以$\boldsymbol{n}$，将$\boldsymbol{P}$换为$\boldsymbol{P}_2-\boldsymbol{P}_1$，将$\boldsymbol{M}$换为$\boldsymbol{M}_2-\boldsymbol{M}_1$，将体源$\rho'$、$\boldsymbol{j}'$代之以面源$\sigma'$、$\boldsymbol{i}'$，写出极化强度和磁化强度的边值关系如下：

$$\boldsymbol{n}\cdot(\boldsymbol{P}_2-\boldsymbol{P}_1)=-\sigma',\qquad \boldsymbol{n}\times(\boldsymbol{M}_2-\boldsymbol{M}_1)=\boldsymbol{i}' \tag{1.3.18}$$

从这些边值关系出发，只要求得界面两侧的极化强度和磁化强度，就可计算界面上的束缚电荷和束缚电流面密度.

以上我们提到齐次和非齐次边值关系，这种划分对于分区介质中电磁场的求解具有重要意义. 齐次边值关系直接用于求解，非齐次边值关系的作用则取决于界面场源是否事先给定. 对于界面场源面密度事先给定的情形，相应的非齐次边值关系将和齐次边值关系一道用于求解. 反之，若界面场源为待求量(多数分区均匀介质问题属于这类情况)，非齐次边值关系与求解过程无关，只是事后用来从求得的电磁场解计算界面上的场源面密度. 对于这一结论，我们将在以后电磁场求解过程中再次强调并作出具体说明.

### 1.3.3 边值关系和边界条件

如上所述，边值关系来自电磁场基本规律的积分形式，它是该规律在间断面上的体现. 连续场区的微分形式的麦克斯韦方程和间断面上的边值关系一道，共同确定带间断面的电磁场解.

另外，为实现电磁场解的唯一性，我们需要在解域边界加上适当的约束条件，称为边界条件. 因此，边值关系和边界条件之间在物理上存在本质区别. 边界条件虽然是外加的，但应与基本方程和边值关系保持自洽. 以标定边界面上的法向磁感应强度为例,应保证通过边界的静磁通为零,以与式(1.3.9)一致.在以后相关章节我们将就边界条件的标定作出具体说明.

## 1.4 电磁场的能量、动量和角动量

电磁场具有物质的普遍属性:能量、动量和角动量.电磁场运动和其他物质运动之间的相互转化,通过这些普遍属性实现定量描述,且满足相关守恒定理.本节将从分析电磁力的功、冲量和冲量矩出发,导出电磁场的能量、动量和角动量的表达式及相关守恒定理.对于存在线性介质的情形,出于实际应用的目的,我们将分析对自由电荷和传导电流的电磁力的功、冲量和冲量矩,并给出相关的守恒定理及其成立条件.在本节末尾,将给出电磁场的热力学方程.

### 1.4.1 电磁场对带电体的力和功率

带电体所受的电磁力由洛伦兹力公式表述.带电体由正、负带电粒子构成,两种粒子的运动速度可以不同.为计算电磁力的功率,有必要将带电体的宏观电荷分布划分为两个部分:一部分来自带正电的粒子,其宏观电荷密度为 $\rho_+$,宏观速度为 $\boldsymbol{v}_+$;另一部分来自带负电的粒子,其宏观电荷密度为 $\rho_-$,宏观速度为 $\boldsymbol{v}_-$.净电荷密度和电流密度为两部分贡献之和,即

$$\rho=\rho_+ + \rho_-,\qquad \boldsymbol{j}=\rho_+\boldsymbol{v}_+ + \rho_-\boldsymbol{v}_- \tag{1.4.1}$$

分别计算两部分的受力再求和,得

$$\boldsymbol{f}_+=\rho_+(\boldsymbol{E}+\boldsymbol{v}_+\times\boldsymbol{B}),\qquad \boldsymbol{f}_-=\rho_-(\boldsymbol{E}+\boldsymbol{v}_-\times\boldsymbol{B}) \tag{1.4.2}$$

$$\boldsymbol{f}=\boldsymbol{f}_+ + \boldsymbol{f}_- = \rho\boldsymbol{E}+\boldsymbol{j}\times\boldsymbol{B} \tag{1.4.3}$$

后者与洛伦兹力公式一致.

下一步计算电磁力的功率密度

$$p=\boldsymbol{f}_+\cdot\boldsymbol{v}_+ + \boldsymbol{f}_-\cdot\boldsymbol{v}_- = \rho_+\boldsymbol{v}_+\cdot\boldsymbol{E}+\rho_-\boldsymbol{v}_-\cdot\boldsymbol{E}=\boldsymbol{j}\cdot\boldsymbol{E} \tag{1.4.4}$$

式(1.4.4)的推导过程表明,仅电场对运动电荷做功,磁力不做功.不作形如式(1.4.1)的分解,很难简单地由式(1.4.3)导出式(1.4.4).值得提醒注意的是:电荷密度 $\rho$ 来自全部带电粒子的贡献,不作"自由"、"束缚"之分;电流密度 $\boldsymbol{j}$ 来自全部运动带电粒子的贡献,没有"传导"、"束缚"之别.因此,由式(1.4.4)表示的功率密度,不能简单地理解为焦耳功率密度,后者限于电导率有限的载流导体中.

### 1.4.2 电磁场的能量及能量守恒定理

我们从麦克斯韦方程出发,对电磁力的功率密度进行适当的数学变换.为此,重抄麦克斯韦方程如下:

$$\nabla\times\boldsymbol{E}=-\frac{\partial\boldsymbol{B}}{\partial t} \tag{1.4.5}$$

$$\nabla\cdot\boldsymbol{E}=\rho/\varepsilon_0 \tag{1.4.6}$$

$$\nabla \times \boldsymbol{B} = \mu_0 \boldsymbol{j} + \varepsilon_0 \mu_0 \frac{\partial \boldsymbol{E}}{\partial t} \tag{1.4.7}$$

$$\nabla \cdot \boldsymbol{B} = 0 \tag{1.4.8}$$

依次利用式(1.4.7)和式(1.4.5),可将功率密度化为

$$\begin{aligned}
\boldsymbol{j} \cdot \boldsymbol{E} &= \frac{1}{\mu_0}(\nabla \times \boldsymbol{B}) \cdot \boldsymbol{E} - \varepsilon_0 \frac{\partial \boldsymbol{E}}{\partial t} \cdot \boldsymbol{E} \\
&= \frac{1}{\mu_0} \nabla \cdot (\boldsymbol{B} \times \boldsymbol{E}) + \frac{1}{\mu_0}(\nabla \times \boldsymbol{E}) \cdot \boldsymbol{B} - \varepsilon_0 \frac{\partial \boldsymbol{E}}{\partial t} \cdot \boldsymbol{E} \\
&= -\frac{1}{\mu_0} \nabla \cdot (\boldsymbol{E} \times \boldsymbol{B}) - \frac{\partial}{\partial t}\left(\frac{\varepsilon_0 E^2}{2} + \frac{B^2}{2\mu_0}\right)
\end{aligned}$$

$$\boldsymbol{j} \cdot \boldsymbol{E} = -\frac{\partial w}{\partial t} - \nabla \cdot \boldsymbol{S} \tag{1.4.9}$$

其中,

$$w = \frac{\varepsilon_0 E^2}{2} + \frac{B^2}{2\mu_0} \tag{1.4.10}$$

$$\boldsymbol{S} = \frac{1}{\mu_0} \boldsymbol{E} \times \boldsymbol{B} \tag{1.4.11}$$

下面我们对式(1.4.9)的物理含义作些剖析. 式中各项是针对某单位体积而言的. 如前所述,左边项 $\boldsymbol{j} \cdot \boldsymbol{E}$ 表示电磁场对单位体积内的带电体做功的功率. 将该项与右边第一项$(-\partial w/\partial t)$关联起来,后者自然地被解释为单位体积电磁能的减小率,于是我们将式(1.4.10)确定的 $w$ 称为电磁能量密度. 右边第二项为 $\boldsymbol{S}$ 的散度反号. 数学中定义的矢量散度,表示自单位体积流出的矢量通量,反号则表示流入. 因此,$(-\nabla \cdot \boldsymbol{S})$自然地被解释为单位时间流入单位体积的电磁能量,于是我们将式(1.4.11)定义的 $\boldsymbol{S}$ 称为电磁能流密度,又称坡印亭矢量. 将式(1.4.9)改写为

$$-\frac{\partial w}{\partial t} = \boldsymbol{j} \cdot \boldsymbol{E} + \nabla \cdot \boldsymbol{S} \tag{1.4.12}$$

则更便于叙述它的物理意义:对单位体积而言,电磁场对带电体的做功功率与单位时间流出的电磁能量之和等于电磁能的减小率. 式(1.4.9)或式(1.4.12)就是电磁场能量守恒定理,又称为坡印亭定理.

考虑空间任意体积 $V$,其边界为 $S$. 将式(1.4.12)过该体积积分,利用高斯公式,可将坡印亭定理化为如下积分形式:

$$-\frac{\mathrm{d}}{\mathrm{d}t}\iiint_V w \mathrm{d}V = \iiint_V \boldsymbol{j} \cdot \boldsymbol{E} \mathrm{d}V + \oiint_S \boldsymbol{S} \cdot \mathrm{d}\boldsymbol{\sigma} \tag{1.4.13}$$

它表示体积 $V$ 内电磁能的减小率等于电磁场对 $V$ 内带电体的做功功率与单位时间从 $V$ 内流出的电磁能量之和. 若体积 $V$ 包含全部带电体,则带电体的机械能 $W_m$ 的增量等于电磁力做功,即

$$\frac{\mathrm{d}W_m}{\mathrm{d}t} = \iiint_V \boldsymbol{j} \cdot \boldsymbol{E} \mathrm{d}V \tag{1.4.14}$$

将式(1.4.14)代入式(1.4.13)，得

$$\frac{\mathrm{d}W_m}{\mathrm{d}t}+\frac{\mathrm{d}}{\mathrm{d}t}\iiint_V w\mathrm{d}V=-\oint_S \boldsymbol{S}\cdot\mathrm{d}\boldsymbol{\sigma} \tag{1.4.15}$$

式(1.4.15)表示，全部带电体的机械能和 $V$ 内电磁能之和的增加率等于单位时间内流入 $V$ 的电磁能量.

值得提起注意的是，只是坡印亭矢量 $\boldsymbol{S}$ 的散度出现在方程(1.4.12)中. 这意味着，在 $\boldsymbol{S}$ 上加上任意矢量的旋度，对坡印亭定理不会带来物理后果. 因此，有理由对由式(1.4.11)定义的 $\boldsymbol{S}$ 的真实物理含义提出怀疑：它是否真的表示电磁能流密度呢？对于随时间变化的电磁场，人们通常赋予 $\boldsymbol{S}$ 以确定意义，即用它表示电磁能流密度. 例如，在第 4 章讨论电磁波的传播时，我们将用 $\boldsymbol{S}$ 表示平面电磁波的能流密度，据此分析电磁波在介质或导体表面的反射和折射；在第 5、6 章讨论电磁波的辐射时，我们将用 $\boldsymbol{S}$ 描述辐射功率的角分布. 这种用法是否恰当，需要并且可以通过实验进行验证. 有趣的是，从狭义相对论角度，为保证坡印亭定理在所有惯性参考系中具有同样的形式，电磁能流密度被唯一地确定为式(1.4.11)，参见第 8 章8.5 节.

### 1.4.3 电磁场的动量及动量守恒定理

电磁场对带电体的冲量，同样可以经由麦克斯韦方程进行转换. 将式(1.4.6)和式(1.4.7)代入式(1.4.3)，得

$$\boldsymbol{f}=[\nabla\cdot(\varepsilon_0\boldsymbol{E})]\boldsymbol{E}+\left[\nabla\times\left(\frac{\boldsymbol{B}}{\mu_0}\right)-\frac{\partial(\varepsilon_0\boldsymbol{E})}{\partial t}\right]\times\boldsymbol{B} \tag{1.4.16}$$

由

$$\begin{aligned}(\nabla\times\boldsymbol{B})\times\boldsymbol{B}&=\boldsymbol{B}\cdot\nabla\boldsymbol{B}-(\nabla\boldsymbol{B})\cdot\boldsymbol{B}\\&=\nabla\cdot(\boldsymbol{B}\boldsymbol{B})-(\nabla\cdot\boldsymbol{B})\boldsymbol{B}-\frac{1}{2}\nabla\cdot(B^2\overleftrightarrow{\boldsymbol{I}})\\&=\nabla\cdot\left(\boldsymbol{B}\boldsymbol{B}-\frac{1}{2}B^2\overleftrightarrow{\boldsymbol{I}}\right)-(\nabla\cdot\boldsymbol{B})\boldsymbol{B}\\(\nabla\times\boldsymbol{E})\times\boldsymbol{E}&=\boldsymbol{E}\cdot\nabla\boldsymbol{E}-(\nabla\boldsymbol{E})\cdot\boldsymbol{E}\\&=\nabla\cdot\left(\boldsymbol{E}\boldsymbol{E}-\frac{1}{2}E^2\overleftrightarrow{\boldsymbol{I}}\right)-(\nabla\cdot\boldsymbol{E})\boldsymbol{E}\end{aligned}$$

再利用式(1.4.8)和式(1.4.5)导出

$$(\nabla\times\boldsymbol{B})\times\boldsymbol{B}=\nabla\cdot\left(\boldsymbol{B}\boldsymbol{B}-\frac{1}{2}B^2\overleftrightarrow{\boldsymbol{I}}\right)$$

$$(\nabla\cdot\boldsymbol{E})\boldsymbol{E}=\nabla\cdot\left(\boldsymbol{E}\boldsymbol{E}-\frac{1}{2}E^2\overleftrightarrow{\boldsymbol{I}}\right)+\frac{\partial\boldsymbol{B}}{\partial t}\times\boldsymbol{E}$$

将上述结果代入式(1.4.16)，得

$$\boldsymbol{f}=-\frac{\partial\boldsymbol{g}}{\partial t}-\nabla\cdot\overleftrightarrow{\boldsymbol{T}} \tag{1.4.17}$$

其中，

$$\boldsymbol{g}=\varepsilon_0\boldsymbol{E}\times\boldsymbol{B}=\frac{1}{c^2}\boldsymbol{S},\quad c=\frac{1}{\sqrt{\varepsilon_0\mu_0}} \tag{1.4.18}$$

$$\overset{\leftrightarrow}{\boldsymbol{T}}=w\overset{\leftrightarrow}{\boldsymbol{I}}-\varepsilon_0\boldsymbol{EE}-\frac{1}{\mu_0}\boldsymbol{BB} \tag{1.4.19}$$

下面我们对式(1.4.17)的物理含义作些剖析.式中各项是针对某单位体积而言的.左边项 $\boldsymbol{f}$ 表示电磁力密度，即单位时间对单位体积内的带电体的冲量.将该项与右边第一项($-\partial\boldsymbol{g}/\partial t$)关联起来，后者自然地被解释为单位体积电磁动量的减小率，于是我们将式(1.4.18)确定的 $\boldsymbol{g}$ 称为电磁动量密度.右边第二项为 $\overset{\leftrightarrow}{\boldsymbol{T}}$ 的散度反号，表示单位时间流入单位体积的电磁动量，于是我们将式(1.4.19)定义的 $\overset{\leftrightarrow}{\boldsymbol{T}}$ 称为电磁动量流密度，它为张量.若将式(1.4.17)改写为

$$-\frac{\partial\boldsymbol{g}}{\partial t}=\boldsymbol{f}+\nabla\cdot\overset{\leftrightarrow}{\boldsymbol{T}} \tag{1.4.20}$$

则更便于叙述它的物理意义：在单位时间内，电磁场对单位体积内的带电体的冲量与流出该体积的电磁动量之和等于电磁动量密度的减小率.式(1.4.17)或式(1.4.20)就是电磁场动量守恒定理.

同样，对给定边界为 $S$ 的体积 $V$，可将式(1.4.20)化为积分形式

$$-\frac{\mathrm{d}}{\mathrm{d}t}\iiint_V\boldsymbol{g}\,\mathrm{d}V=\iiint_V\boldsymbol{f}\,\mathrm{d}V+\oiint_S\mathrm{d}\boldsymbol{\sigma}\cdot\overset{\leftrightarrow}{\boldsymbol{T}} \tag{1.4.21}$$

它表示体积 $V$ 内电磁动量的减小率等于单位时间内电磁场对 $V$ 内带电体的冲量与从 $V$ 内流出的电磁动量之和.对于体积 $V$ 包含全部带电体的情形，带电体的机械动量 $\boldsymbol{G}_m$ 的增量等于电磁力的冲量，即

$$\frac{\mathrm{d}\boldsymbol{G}_m}{\mathrm{d}t}=\iiint_V\boldsymbol{f}\,\mathrm{d}V \tag{1.4.22}$$

将式(1.4.22)代入式(1.4.21)，得

$$\frac{\mathrm{d}\boldsymbol{G}_m}{\mathrm{d}t}+\frac{\mathrm{d}}{\mathrm{d}t}\iiint_V\boldsymbol{g}\,\mathrm{d}V=-\oiint_S\mathrm{d}\boldsymbol{\sigma}\cdot\overset{\leftrightarrow}{\boldsymbol{T}} \tag{1.4.23}$$

式(1.4.23)表示，全部带电体的机械动量和 $V$ 内电磁动量之和的增加率等于单位时间流入 $V$ 内的电磁动量.

与坡印亭矢量类似，电磁动量流密度张量也存在不确定性：可以在 $\overset{\leftrightarrow}{\boldsymbol{T}}$ 上加上任意张量的旋度，对电磁场动量守恒定理不会带来物理后果.不过对于随时间变化的电磁场，如在第 4 章讨论的电磁波和第 5、6 章讨论的辐射场，人们赋予 $\overset{\leftrightarrow}{\boldsymbol{T}}$ 以确定意义，即用它表示电磁动量流密度.这种做法的恰当性需要并且可以通过实验加以验证.同样有趣的是，从狭义相对论角度，为保证电磁动量守恒定理式(1.4.20)在所有惯性参考系中具有同样的形式，电磁动量流密度被唯一地确定为式(1.4.19)，参见第 8 章 8.5 节.

### 1.4.4 电磁场的角动量及角动量守恒定理

将位置矢量 $\boldsymbol{r}$ 叉乘电磁场的动量守恒定理式(1.4.20)得

$$-\frac{\partial(\boldsymbol{r}\times\boldsymbol{g})}{\partial t}=\boldsymbol{r}\times\boldsymbol{f}+\boldsymbol{r}\times(\nabla\cdot\boldsymbol{T}) \tag{1.4.24}$$

下面设法将式(1.4.24)右边第二项化为散度项. 为此，先利用 1.1 节例 1.4 的结果，令 $\boldsymbol{f}=\varphi\boldsymbol{F}$，$\boldsymbol{g}=\boldsymbol{G}$，得

$$\boldsymbol{r}\times\nabla\cdot(\varphi\boldsymbol{F}\boldsymbol{G})=-\nabla\cdot(\varphi\boldsymbol{F}\boldsymbol{G}\times\boldsymbol{r})+\varphi\boldsymbol{G}\times\boldsymbol{F} \tag{1.4.25}$$

由式(1.4.19)可知，张量 $\overleftrightarrow{\boldsymbol{T}}$ 恰好就是 $\varphi\boldsymbol{F}\boldsymbol{G}$ 这类并矢的线性组合(注意，单位张量 $\overleftrightarrow{\boldsymbol{I}}=\boldsymbol{e}_1\boldsymbol{e}_1+\boldsymbol{e}_2\boldsymbol{e}_2+\boldsymbol{e}_3\boldsymbol{e}_3$)，且每个并矢均满足 $\boldsymbol{F}=\boldsymbol{G}$，上式右边第二项为零，成立

$$\boldsymbol{r}\times\nabla\cdot\overleftrightarrow{\boldsymbol{T}}=-\nabla\cdot(\overleftrightarrow{\boldsymbol{T}}\times\boldsymbol{r})$$

于是式(1.4.24)化为

$$-\frac{\partial\boldsymbol{l}}{\partial t}=\boldsymbol{r}\times\boldsymbol{f}+\nabla\cdot\overleftrightarrow{\boldsymbol{R}} \tag{1.4.26}$$

其中，

$$\boldsymbol{l}=\boldsymbol{r}\times\boldsymbol{g} \tag{1.4.27}$$

$$\overleftrightarrow{\boldsymbol{R}}=-\overleftrightarrow{\boldsymbol{T}}\times\boldsymbol{r} \tag{1.4.28}$$

分别称为电磁角动量密度和电磁角动量流密度. 式(1.4.26)的物理意义是：在单位时间内，电磁场对单位体积内的带电体的冲量矩与流出该体积的电磁角动量之和等于电磁角动量密度的减小率. 式(1.4.26)是电磁场角动量守恒定理的微分形式，同样可写出它的积分形式如下：

$$-\frac{\mathrm{d}}{\mathrm{d}t}\iiint_V\boldsymbol{l}\,\mathrm{d}V=\iiint_V\boldsymbol{r}\times\boldsymbol{f}\,\mathrm{d}V+\oiint_S\mathrm{d}\boldsymbol{\sigma}\cdot\overleftrightarrow{\boldsymbol{R}} \tag{1.4.29}$$

它表示体积 $V$ 内电磁角动量的减小率等于单位时间内电磁场对 $V$ 内带电体的冲量矩与从 $V$ 内流出的电磁角动量之和. 对于体积 $V$ 包含全部带电体的情形，带电体的机械角动量 $\boldsymbol{L}_m$ 的增量等于电磁力的冲量矩，即

$$\frac{\mathrm{d}\boldsymbol{L}_m}{\mathrm{d}t}=\iiint_V\boldsymbol{r}\times\boldsymbol{f}\,\mathrm{d}V \tag{1.4.30}$$

将式(1.4.30)代入式(1.4.29)，得

$$\frac{\mathrm{d}\boldsymbol{L}_m}{\mathrm{d}t}+\frac{\mathrm{d}}{\mathrm{d}t}\iiint_V\boldsymbol{l}\,\mathrm{d}V=-\oiint_S\mathrm{d}\boldsymbol{\sigma}\cdot\overleftrightarrow{\boldsymbol{R}} \tag{1.4.31}$$

式(1.4.31)表示，全部带电体的机械角动量和 $V$ 内电磁角动量之和的增加率等于单位时间流入 $V$ 内的电磁角动量.

### *1.4.5 电磁场-介质系统的能量、动量和角动量分析

前面从对全部电荷和电流的电磁力的功、冲量和冲量矩的分析出发，导出电磁场能量、动量和角动量的表达式及相关守恒定理. 在电动力学的实际问题中，通常

自由电荷和传导电流被导体所携带，而绝缘介质则提供束缚场源. 在前面的分析中，作为电磁场的作用对象，绝缘介质提供的束缚场源也被包含其中. 然而，在许多实际问题中，我们能直接(如通过电池)搬运的是导体中的自由电荷，绝缘介质中出现的束缚场源则是在电磁场的建立过程中自动形成的. 因此，计算电磁场对自由电荷和传导电流所做的功、所施加的冲量和冲量矩，并建立相应的能量、动量和角动量守恒定理，将具有重要的实用价值. 下面将会看到这一愿望并非总能实现；只有对介质的性质作出特别限制，才能如愿以偿.

如果将束缚场源从总场源中提取出来，麦克斯韦方程组中的式(1.4.6)和式(1.4.7)将代之以(见1.2节)

$$\nabla \cdot \boldsymbol{D} = \rho_0 \tag{1.4.32}$$

$$\nabla \times \boldsymbol{H} = \boldsymbol{j}_0 + \frac{\partial \boldsymbol{D}}{\partial t} \tag{1.4.33}$$

其中，

$$\boldsymbol{D} = \varepsilon_0 \boldsymbol{E} + \boldsymbol{P} \tag{1.4.34}$$

$$\boldsymbol{H} = \frac{1}{\mu_0}\boldsymbol{B} - \boldsymbol{M} \tag{1.4.35}$$

余下两个方程式(1.4.5)和式(1.4.8)维持不变. 从这些方程出发，我们可分析电磁场对自由电荷和传导电流的携带者的功率、冲量和冲量矩.

就电磁场对自由电荷和传导电流的功率密度和力密度所做的数学推导，与前面关于电磁场对总电荷、总电流的功率密度和力密度的推导类似，下面仅给出最终结果

$$p_0 = \boldsymbol{j}_0 \cdot \boldsymbol{E} = -\boldsymbol{E} \cdot \frac{\partial \boldsymbol{D}}{\partial t} - \boldsymbol{H} \cdot \frac{\partial \boldsymbol{B}}{\partial t} - \nabla \cdot (\boldsymbol{E} \times \boldsymbol{H}) \tag{1.4.36}$$

$$\begin{aligned} \boldsymbol{f}_0 &= \rho_0 \boldsymbol{E} + \boldsymbol{j}_0 \times \boldsymbol{B} \\ &= -\frac{\partial(\boldsymbol{D} \times \boldsymbol{B})}{\partial t} + \nabla \cdot (\boldsymbol{DE} + \boldsymbol{BH}) - (\nabla \boldsymbol{E}) \cdot \boldsymbol{D} - (\nabla \boldsymbol{H}) \cdot \boldsymbol{B} \end{aligned} \tag{1.4.37}$$

要将式(1.4.36)和式(1.4.37)分别化成与式(1.4.9)和式(1.4.17)类似的形式，必须对介质的电磁特性加上必要的假定.

1. 能量守恒定理

我们先来分析式(1.4.36). 不难看出，对满足(使用同下标求和法则)

$$D_i = \varepsilon_{ij} E_j, \qquad B_i = \mu_{ij} H_j \tag{1.4.38}$$

的线性无色散、无损耗介质①，成立

---

① 实际介质常具有色散和损耗，其介电常量和磁导率与频率有关(色散)，且可能出现虚部(损耗). 这种情况下的坡印亭定理参见 L. D. Landao, E. M. Lifshitz, L. P. Pitaevskii, Electrodynamics of Continuous Media, 2nd ed., 世界图书出版公司, 1999, §80；或 J. D. Jackson, 经典电动力学, 高等教育出版社, 北京, 2002, §6.8. 对于可忽略损耗的线性色散介质中的单色平面电磁波的传播问题，例如，第4章提到的电磁波的反射和折射问题，本小节介绍的能量定理仍然适用.

$$\boldsymbol{E}\cdot\frac{\partial\boldsymbol{D}}{\partial t}=E_i\frac{\partial D_i}{\partial t}=\varepsilon_{ij}E_i\frac{\partial E_j}{\partial t}=\varepsilon_{ji}E_i\frac{\partial E_j}{\partial t}=D_j\frac{\partial E_j}{\partial t}=\boldsymbol{D}\cdot\frac{\partial\boldsymbol{E}}{\partial t}$$

$$\boldsymbol{H}\cdot\frac{\partial\boldsymbol{B}}{\partial t}=\mu_{ij}H_i\frac{\partial H_j}{\partial t}=\mu_{ji}H_i\frac{\partial H_j}{\partial t}=B_j\frac{\partial H_j}{\partial t}=\boldsymbol{B}\cdot\frac{\partial\boldsymbol{H}}{\partial t}$$

推导中用了介质的线性和介电常量、磁导率张量的对称性质(第 2 章 2.5 节和第 3 章 3.5 节将对此分别给出证明). 注意，介电常量和磁导率可与空间位置有关，即介质可以是非均匀的. 对这类介质，能将式(1.4.36)化作类似于式(1.4.9)的形式

$$\boldsymbol{j}_0\cdot\boldsymbol{E}=-\frac{\partial w_0}{\partial t}-\nabla\cdot\boldsymbol{S}_0 \tag{1.4.39}$$

式中，

$$w_0=\frac{1}{2}(\boldsymbol{D}\cdot\boldsymbol{E}+\boldsymbol{B}\cdot\boldsymbol{H}) \tag{1.4.40}$$

$$\boldsymbol{S}_0=\boldsymbol{E}\times\boldsymbol{H} \tag{1.4.41}$$

对照针对式(1.4.9)的物理分析，我们可将 $w_0$ 和 $\boldsymbol{S}_0$ 分别称为能量密度和能流密度. 不过，$w_0$ 和 $\boldsymbol{S}_0$ 与式(1.4.9)中的 $w$ 和 $\boldsymbol{S}$ 不同，它们包含介质极化和磁化带来的贡献. 将式(1.4.34)和式(1.4.35)代入式(1.4.40)，得

$$w_0=w+\frac{1}{2}\boldsymbol{P}\cdot\boldsymbol{E}-\frac{1}{2}\boldsymbol{M}\cdot\boldsymbol{B} \tag{1.4.42}$$

式(1.4.42)等号右边后两项与介质的极化和磁化有关，分别称为极化能密度和磁化能密度. 极化能和磁化能由介质微观粒子之间或内部的相互作用决定；从宏观电磁理论的角度，它们属于非电磁能. 与 $w_0$ 计入介质极化、磁化能量的贡献类似，由式(1.4.41)确定的能流密度 $\boldsymbol{S}_0$ 也包含来自介质极化和磁化引入的贡献，不仅仅限于电磁能流. 对真空中的电磁场，成立 $w_0=w$ 和 $\boldsymbol{S}_0=\boldsymbol{S}$. 在以后各章，我们统一用式(1.4.40)定义的 $w_0$ 和由式(1.4.41)定义的 $\boldsymbol{S}_0$ 表示真空或线性无色散、无损耗介质中的电磁能量密度和能流密度，且去掉下标 0. 相应，后者仍称为坡印亭矢量，式(1.4.39)仍称为坡印亭定理. 式(1.4.39)的积分形式如下：

$$\iiint_V\boldsymbol{j}_0\cdot\boldsymbol{E}\mathrm{d}V=-\frac{\mathrm{d}}{\mathrm{d}t}\iiint_V w_0\mathrm{d}V-\oiint_S\boldsymbol{S}_0\cdot\mathrm{d}\boldsymbol{\sigma} \tag{1.4.43}$$

式中，$V$ 为空间任意体积；$S$ 是它的边界. 若将介质的极化能和磁化能从式(1.4.14)定义的机械能中剔除，即令

$$\frac{\mathrm{d}W_m}{\mathrm{d}t}=\iiint_V\boldsymbol{j}_0\cdot\boldsymbol{E}\mathrm{d}V \tag{1.4.44}$$

则可将式(1.4.43)改写成

$$\frac{\mathrm{d}W_m}{\mathrm{d}t}+\frac{\mathrm{d}}{\mathrm{d}t}\iiint_V w_0\mathrm{d}V=-\oiint_S\boldsymbol{S}_0\cdot\mathrm{d}\boldsymbol{\sigma} \tag{1.4.45}$$

2. 动量守恒定理

下面分析，在什么情况下能将式(1.4.37)写成类似于式(1.4.17)的形式，从而

获得介质中电磁场的动量守恒定理. 其中的关键在于:如何将该式右边的最后两项化为散度形式. 为此,假定介质为均匀线性介质,即介电常量和磁导率张量与空间位置无关. 这时成立

$$(\nabla \boldsymbol{E}) \cdot \boldsymbol{D} = \boldsymbol{e}_i \frac{\partial E_j}{\partial x_i} D_j = \boldsymbol{e}_i \frac{\partial(\varepsilon_{kj} E_j)}{\partial x_i} E_k = \boldsymbol{e}_i \frac{\partial D_k}{\partial x_i} E_k = (\nabla \boldsymbol{D}) \cdot \boldsymbol{E}$$

推导中也用到介电常量和磁导率张量的对称性质. 有

$$(\nabla \boldsymbol{E}) \cdot \boldsymbol{D} = \frac{1}{2} \nabla (\boldsymbol{D} \cdot \boldsymbol{E}) = \frac{1}{2} \nabla \cdot [(\boldsymbol{D} \cdot \boldsymbol{E}) \overleftrightarrow{\boldsymbol{I}}]$$

类似有

$$(\nabla \boldsymbol{H}) \cdot \boldsymbol{B} = \frac{1}{2} \nabla (\boldsymbol{B} \cdot \boldsymbol{H}) = \frac{1}{2} \nabla \cdot [(\boldsymbol{B} \cdot \boldsymbol{H}) \overleftrightarrow{\boldsymbol{I}}]$$

于是可将式(1.4.37)化为与式(1.4.17)类似的形式

$$\boldsymbol{f}_0 = -\frac{\partial \boldsymbol{g}_0}{\partial t} - \nabla \cdot \overleftrightarrow{\boldsymbol{T}}_0 \tag{1.4.46}$$

式中,

$$\boldsymbol{g}_0 = \boldsymbol{D} \times \boldsymbol{B} \tag{1.4.47}$$

$$\overleftrightarrow{\boldsymbol{T}}_0 = w_0 \overleftrightarrow{\boldsymbol{I}} - \boldsymbol{DE} - \boldsymbol{BH} \tag{1.4.48}$$

类比式(1.4.17)的物理分析,我们可将 $\boldsymbol{g}_0$ 和 $\overleftrightarrow{\boldsymbol{T}}_0$ 分别称为电磁动量密度和电磁动量流密度. 当然,它们包含由介质极化和磁化引入的贡献,理由与前面对电磁能量和电磁能流的分析类似,不作赘述. 注意,动量守恒定理(1.4.46)和关于动量密度和动量流密度的定义式(1.4.47)和式(1.4.48),仅对线性均匀介质成立. 式(1.4.46)的积分形式如下:

$$\iiint_V \boldsymbol{f}_0 \mathrm{d}V = -\frac{\mathrm{d}}{\mathrm{d}t} \iiint_V \boldsymbol{g}_0 \mathrm{d}V - \oiint_S \mathrm{d}\boldsymbol{\sigma} \cdot \overleftrightarrow{\boldsymbol{T}}_0 \tag{1.4.49}$$

式中,$V$ 为空间任意体积;$S$ 是它的边界. 若将与介质的极化和磁化有关的动量从式(1.4.22)定义的机械动量中剔除,即令

$$\frac{\mathrm{d}\boldsymbol{G}_m}{\mathrm{d}t} = \iiint_V \boldsymbol{f}_0 \mathrm{d}V \tag{1.4.50}$$

则可将式(1.4.49)改写成

$$\frac{\mathrm{d}\boldsymbol{G}_m}{\mathrm{d}t} + \frac{\mathrm{d}}{\mathrm{d}t} \iiint_V \boldsymbol{g}_0 \mathrm{d}V = -\oiint_S \mathrm{d}\boldsymbol{\sigma} \cdot \overleftrightarrow{\boldsymbol{T}}_0 \tag{1.4.51}$$

3. 角动量守恒定理

将位置矢量叉乘式(1.4.46)左右两边,得

$$\boldsymbol{r} \times \boldsymbol{f}_0 = -\frac{\partial(\boldsymbol{r} \times \boldsymbol{g}_0)}{\partial t} - \boldsymbol{r} \times \nabla \cdot \overleftrightarrow{\boldsymbol{T}}_0 \tag{1.4.52}$$

式中,$\boldsymbol{g}_0$ 和 $\overleftrightarrow{\boldsymbol{T}}_0$ 由式(1.4.47)和式(1.4.48)表示. 由式(1.4.25)可知,为将式

(1.4.52)右边第二项化为散度形式，要求 $\boldsymbol{D}/\!/\boldsymbol{E}$ 和 $\boldsymbol{B}/\!/\boldsymbol{H}$，这相当于要求介质各向同性，介电常量和磁导率均为标量. 因此，对均匀线性各向同性介质，成立如下角动量守恒定理：

$$-\frac{\partial \boldsymbol{l}_0}{\partial t}=\boldsymbol{r}\times\boldsymbol{f}_0+\nabla\cdot\overleftrightarrow{\boldsymbol{R}}_0 \tag{1.4.53}$$

式中，

$$\boldsymbol{l}_0=\boldsymbol{r}\times\boldsymbol{g}_0 \tag{1.4.54}$$

$$\overleftrightarrow{\boldsymbol{R}}_0=-\overleftrightarrow{\boldsymbol{T}}_0\times\boldsymbol{r} \tag{1.4.55}$$

分别为电磁角动量密度和角动量流密度，它们包含由介质极化和磁化引入的贡献. 式(1.4.53)的积分形式如下：

$$\iiint_V\boldsymbol{r}\times\boldsymbol{f}_0\mathrm{d}V=-\frac{\mathrm{d}}{\mathrm{d}t}\iiint_V\boldsymbol{l}_0\mathrm{d}V-\oiint_S\mathrm{d}\boldsymbol{\sigma}\cdot\overleftrightarrow{\boldsymbol{R}}_0 \tag{1.4.56}$$

式中，$V$ 为空间任意体积；$S$ 是它的边界. 若将与介质的极化和磁化有关的角动量从式(1.4.30)定义的机械动量中剔除，即令

$$\frac{\mathrm{d}\boldsymbol{L}_m}{\mathrm{d}t}=\iiint_V\boldsymbol{r}\times\boldsymbol{f}_0\mathrm{d}V \tag{1.4.57}$$

则可将式(1.4.56)改写成

$$\frac{\mathrm{d}\boldsymbol{L}_m}{\mathrm{d}t}+\frac{\mathrm{d}}{\mathrm{d}t}\iiint_V\boldsymbol{l}_0\mathrm{d}V=-\oiint_S\mathrm{d}\boldsymbol{\sigma}\cdot\overleftrightarrow{\boldsymbol{R}}_0 \tag{1.4.58}$$

### *1.4.6 线性各向同性介质界面上的能量、动量守恒关系

本书限于分析分区均匀线性各向同性无色散、无损耗介质，允许存在介质界面，界面两侧介质的电磁性能参数(介电常量、磁导率和电导率)出现跳变. 依据前面对电磁场-介质系统能量和动量守恒的分析结果，可以导出界面上的能量、动量守恒关系.

能量守恒关系的推导比较简单. 从推广了的坡印亭定理的积分形式(1.4.43)出发，取 $S$ 为图 1.1(b)所示的扁柱面，立即得到坡印亭矢量 $\boldsymbol{S}_0$ 满足的边值关系，即跨越界面的能量守恒关系

$$\boldsymbol{n}\cdot(\boldsymbol{S}_{02}-\boldsymbol{S}_{01})=0 \tag{1.4.59}$$

式(1.4.59)表明，界面两侧的法向电磁能流密度相等，即从 1 侧流入界面的能流，等于自界面流入 2 侧的能流.

相比之下，动量守恒关系的推导要复杂一些. 我们不能简单地从动量守恒定理的积分形式(1.4.49)出发，因为它仅对均匀介质成立. 目前讨论介质界面，涉及一个厚度无限薄的非均匀过渡层，显然属于非均匀介质. 因此，我们只能从原始公式(1.4.37)出发. 对非均匀线性各向同性介质，容易证明

$$(\nabla\boldsymbol{E})\cdot\boldsymbol{D}=\frac{1}{2}\nabla\cdot[(\boldsymbol{D}\cdot\boldsymbol{E})\overleftrightarrow{\boldsymbol{I}}]-\frac{1}{2}E^2\nabla\varepsilon$$

$$(\nabla \boldsymbol{H}) \cdot \boldsymbol{B} = \frac{1}{2} \nabla \cdot [(\boldsymbol{B} \cdot \boldsymbol{H}) \overleftrightarrow{\boldsymbol{I}}] + \frac{1}{2} B^2 \nabla \frac{1}{\mu}$$

代入式(1.4.37)得

$$\boldsymbol{f}_0 - \frac{1}{2} E^2 \nabla \varepsilon + \frac{1}{2} B^2 \nabla \frac{1}{\mu} = -\frac{\partial \boldsymbol{g}_0}{\partial t} - \nabla \cdot \overleftrightarrow{\boldsymbol{T}}_0 \tag{1.4.60}$$

式中，$\boldsymbol{f}_0$ 为对自由电荷和传导电流的洛伦兹力密度；$\boldsymbol{g}_0$ 和 $\overleftrightarrow{\boldsymbol{T}}_0$ 分别由式(1.4.47)和式(1.4.48)给出，仍分别表示电磁动量密度和电磁动量流密度. 式(1.4.60)被视为均匀介质中的电磁动量守恒定理式(1.4.46)向非均匀介质的推广. 将式(1.4.60)与式(1.4.46)比较，左边的作用力密度多出两项，与介质的非均匀性有关. 注意，式(1.4.60)右边表示的电磁动量的变化，包括了介质极化和磁化的贡献. 因此，所附加的两项力密度也应与介质的极化和磁化有关. 以下我们将式(1.4.60)左边统一视为电磁场对介质的力的体密度①，记为 $\boldsymbol{f}=\mathrm{d}\boldsymbol{F}/\mathrm{d}V$. 将式(1.4.60)对跨界面的扁柱面(见图1.1(b))积分，左边的力的体密度转化为面密度，相应求得与其对应的边值关系为

$$-\boldsymbol{n} \cdot (\overleftrightarrow{\boldsymbol{T}}_{02} - \overleftrightarrow{\boldsymbol{T}}_{01}) = \frac{\mathrm{d}\boldsymbol{F}}{\mathrm{d}\sigma} \tag{1.4.61}$$

其中，$\mathrm{d}\boldsymbol{F}/\mathrm{d}\sigma$ 为单位面积界面所受的力. 我们通常关心它的法向分量，即作用在界面上的压强 $p=\mathrm{d}F_n/\mathrm{d}\sigma$. 将 $\boldsymbol{n}$ 点乘式(1.4.61)得

$$p = \boldsymbol{nn} : (\overleftrightarrow{\boldsymbol{T}}_{01} - \overleftrightarrow{\boldsymbol{T}}_{02}) \tag{1.4.62}$$

在4.2节，我们将利用边值关系式(1.4.59)和式(1.4.62)，对电磁波在介质界面上的反射和折射现象进行能量和动量分析. 注意，式(1.4.59)虽然为齐次边值关系，但并不独立，它可由切向电磁场的边值关系式(1.3.10)和式(1.3.14)导出. 换言之，它也只具有事后用来进行能量分析的功能.

### *1.4.7 电磁场热力学方程

对于任意介质与电磁场构成的系统，一般不能简单地将外界克服电磁力搬运自由电荷所做的功与某种特定形式的能量变化相联系. 在这种情况下，我们可以采用热力学方法进行处理. 由热力学第一定律(即能量守恒定律)，对经历准静态过程的均匀系统，其内能的增量 $\mathrm{d}U$ 等于自外界流入系统的热量 $\delta Q$ 与外界对系统所做的功 $\delta A$ 之和，即

$$\mathrm{d}U = \delta Q + \delta A \tag{1.4.63}$$

其中，符号 d 表示内能增量与过程无关，数学上表示系统状态的单值函数 $U$ 的全

① 有关介质受力是一个十分复杂的问题，涉及介电常量和磁导率的热力学性质，对此本书不作讨论. 感兴趣的读者可参阅如下专著：L. D. Landau, E. M. Lifshitz, L. P. Pitaevskii, Electrodynamics of Continuous Media, 2nd ed.，世界图书出版公司，1999，§15，§16 和 §35.

微分；符号 δ 表示热量输入和做功与过程有关，一般不能表达为全微分形式. 热力学中常将式(1.4.63)改写成单位体积的形式，相应内能、热量和做功均针对单位体积进行定义. 在这种约定下，式(1.4.63)中的 $\delta A$ 表示外界对系统单位体积所做的元功，它与电磁力做功符号相反. 对目前的介质-电磁场系统来说，由式(1.4.36)可得

$$\delta A = -p_0 \mathrm{d}t = \boldsymbol{E} \cdot \mathrm{d}\boldsymbol{D} + \boldsymbol{H} \cdot \mathrm{d}\boldsymbol{B} \tag{1.4.64}$$

以上我们略去了式(1.4.36)中的能流项，它对应系统的电磁辐射损失. 对随时间缓慢变化的电磁场，该项一般可以忽略. 将式(1.4.34)和式(1.4.35)代入式(1.4.64)，得

$$\delta A = \mathrm{d}\left(\frac{\varepsilon_0 E^2}{2} + \frac{B^2}{2\mu_0}\right) + \boldsymbol{E} \cdot \mathrm{d}\boldsymbol{P} - \boldsymbol{M} \cdot \mathrm{d}\boldsymbol{B} \tag{1.4.65}$$

式(1.4.65)中等号右边各项分别表示单位体积的电磁能增量、电磁场对介质的极化元功和磁化元功. 在目前情况下，内能中包括电磁能. 通常将后者从内能中删除，余下部分作为内能，以至式(1.4.63)化为

$$\mathrm{d}U = \delta Q + \boldsymbol{E} \cdot \mathrm{d}\boldsymbol{P} - \boldsymbol{M} \cdot \mathrm{d}\boldsymbol{B} \tag{1.4.66}$$

上述方程即为电磁场热力学方程.

由于历史的原因，人们早先认为磁场的源头为磁荷，将对单位磁荷的磁力定义为磁场强度 $\boldsymbol{H}$，相应磁能密度定义为 $\mu_0 H^2/2$. 由式(1.4.35)得

$$\mathrm{d}\left(\frac{B^2}{2\mu_0}\right) = \mathrm{d}\left(\frac{\mu_0 H^2}{2}\right) + \mathrm{d}\left(\frac{\mu_0 M^2}{2}\right) + \mathrm{d}(\mu_0 \boldsymbol{H} \cdot \boldsymbol{M}) \tag{1.4.67a}$$

$$\boldsymbol{M} \cdot \mathrm{d}\boldsymbol{B} = \mathrm{d}\left(\frac{\mu_0 M^2}{2}\right) + \mathrm{d}(\mu_0 \boldsymbol{H} \cdot \boldsymbol{M}) - \mu_0 \boldsymbol{H} \cdot \mathrm{d}\boldsymbol{M} \tag{1.4.67b}$$

将式(1.4.67)代入式(1.4.65)，得

$$\delta A = \mathrm{d}\left(\frac{\varepsilon_0 E^2}{2} + \frac{\mu_0 H^2}{2}\right) + \boldsymbol{E} \cdot \mathrm{d}\boldsymbol{P} + \mu_0 \boldsymbol{H} \cdot \mathrm{d}\boldsymbol{M} \tag{1.4.68}$$

在磁荷观点下，式(1.4.68)中右边各项分别表示单位体积的电磁能增量、电磁场对介质的极化元功和磁化元功. 若将式(1.4.68)右边第一项从内能增量中剔除，则可将式(1.4.63)写为

$$\mathrm{d}U = \delta Q + \boldsymbol{E} \cdot \mathrm{d}\boldsymbol{P} + \mu_0 \boldsymbol{H} \cdot \mathrm{d}\boldsymbol{M} \tag{1.4.69}$$

将式(1.4.69)与式(1.4.66)相比，一个视磁化元功为 $\mu_0 \boldsymbol{H} \cdot \mathrm{d}\boldsymbol{M}$，另一个视磁化元功为 $-\boldsymbol{M} \cdot \mathrm{d}\boldsymbol{B}$，这一差别归咎于对磁场场源的看法不同，即电流观点和磁荷观点；由式(1.4.67b)可见，这两个磁化元功之间的差为全微分，该全微分项可并入内能的全微分. 因此，选择式(1.4.66)或式(1.4.69)作为出发方程，对电磁场中介质的热力学性质的分析和热力学关系的推导不会带来任何影响. 换句话说，两式完全等

效. 不过,在热力学中,经常使用的是式(1.4.69). 在随后的两章,我们将在静电能和磁能的分析中,举例说明热力学方程(1.4.69)的某些简单应用.

## 1.5 麦克斯韦方程组的完备性

### 1.5.1 完备性的含义

麦克斯韦方程组作为对电磁场运动规律的数学描述,应当是全面的. 换句话说,由它完全确定了电磁场的运动规律.

另外,电磁场并非孤立存在,它会同带电体发生相互作用. 对电磁场-带电体系统而言,其完整描述不仅涉及电磁场的运动规律,而且涉及电磁场和带电体的相互作用(由洛伦兹力公式表述),以及带电体本身的运动规律,单有麦克斯韦方程显然不够. 我们这里谈的麦克斯韦方程组的完备性,限于已知电荷、电流分布时的电磁场运动规律. 在讲述和论证这一完备性时,应当排除电磁场对带电体运动的影响. 为此,我们假定:(1)给定场源 $\rho(\boldsymbol{r},t)$ 和 $\boldsymbol{j}(\boldsymbol{r},t)$;(2)给定电磁场的初始状态,即给定 $\boldsymbol{E}(\boldsymbol{r},0)$ 和 $\boldsymbol{B}(\boldsymbol{r},0)$;(3)适当标定解域边界的边界条件,以此代表解域外部未知场源的全部影响. 在这些假定之下,麦克斯韦方程组的完备性归结为它的初边值问题的解的唯一性.

### 1.5.2 电磁场解的唯一性定理

对给定的 $\rho(\boldsymbol{r},t)$ 和 $\boldsymbol{j}(\boldsymbol{r},t)$,满足麦克斯韦方程组

$$\nabla\times\boldsymbol{E}=-\frac{\partial\boldsymbol{B}}{\partial t}\tag{1.5.1}$$

$$\nabla\cdot\boldsymbol{E}=\rho/\varepsilon_0\tag{1.5.2}$$

$$\nabla\times\boldsymbol{B}=\mu_0\boldsymbol{j}+\varepsilon_0\mu_0\frac{\partial\boldsymbol{E}}{\partial t}\tag{1.5.3}$$

$$\nabla\cdot\boldsymbol{B}=0\tag{1.5.4}$$

给定的初始条件

$$\boldsymbol{E}\big|_{t=0}=\boldsymbol{E}_0(\boldsymbol{r}),\quad \boldsymbol{B}\big|_{t=0}=\boldsymbol{B}_0(\boldsymbol{r})\tag{1.5.5}$$

和边界条件(下标 $\tau$ 表示切向分量)

$$\boldsymbol{E}_\tau\big|_S=\boldsymbol{E}_S\quad 或\quad \boldsymbol{B}_\tau\big|_S=\boldsymbol{B}_S\tag{1.5.6}$$

的解 $\boldsymbol{E}(\boldsymbol{r},t)$ 和 $\boldsymbol{B}(\boldsymbol{r},t)$,如果存在的话,一定是唯一的.

**证明** 用反证法证明. 如果不唯一,不妨设有两个解,$(\boldsymbol{E}_1,\boldsymbol{B}_1)$ 和 $(\boldsymbol{E}_2,\boldsymbol{B}_2)$. 令 $\boldsymbol{E}=\boldsymbol{E}_1-\boldsymbol{E}_2$,$\boldsymbol{B}=\boldsymbol{B}_1-\boldsymbol{B}_2$,则 $\boldsymbol{E}$ 和 $\boldsymbol{B}$ 满足场源为零($\rho=0$,$\boldsymbol{j}=0$)的麦克斯韦方程,且初值和边值均为零,即

$$\boldsymbol{E}\big|_{t=0}=0,\quad \boldsymbol{B}\big|_{t=0}=0\tag{1.5.7}$$

$$\boldsymbol{E}_\tau\big|_S=0\quad 或\quad \boldsymbol{B}_\tau\big|_S=0\tag{1.5.8}$$

$\boldsymbol{E}$ 和 $\boldsymbol{B}$ 同样满足坡印亭定理(见式(1.4.13))

$$\iiint_V \boldsymbol{j}\cdot\boldsymbol{E}\mathrm{d}V+\frac{\mathrm{d}}{\mathrm{d}t}\iiint_V w\mathrm{d}V=-\oiint_S \boldsymbol{S}\cdot\mathrm{d}\boldsymbol{\sigma} \tag{1.5.9}$$

其中，

$$w=\frac{\varepsilon_0 E^2}{2}+\frac{B^2}{2\mu_0} \tag{1.5.10}$$

$$\boldsymbol{S}=\frac{1}{\mu_0}\boldsymbol{E}\times\boldsymbol{B} \tag{1.5.11}$$

由 $\boldsymbol{j}=0$，可知式(1.5.9)左边第一项为零. 由式(1.5.8)，可知坡印亭矢量 $\boldsymbol{S}$ 在边界上的法向分量为零，以至于式(1.5.9)右边的面积分消失. 将式(1.5.10)代入式(1.5.9)左边第二项，得

$$\frac{\mathrm{d}}{\mathrm{d}t}\iiint_V\left(\frac{\varepsilon_0 E^2}{2}+\frac{B^2}{2\mu_0}\right)\mathrm{d}V=0 \tag{1.5.12}$$

由式(1.5.7)可知，式(1.5.12)体积分的初值为零，因而始终为零. 由于被积函数恒正，故有$\boldsymbol{E}=\boldsymbol{B}=0$，两组解完全相同. 证毕.

### 1.5.3 几点说明

(1)对于线性无色散、无损耗介质，对给定的自由电荷和传导电流分布，以及如下电磁场的初边条件：

$$\boldsymbol{E}\,|_{t=0}=\boldsymbol{E}_0(\boldsymbol{r}),\boldsymbol{H}\,|_{t=0}=\boldsymbol{H}_0(\boldsymbol{r})$$

$$\boldsymbol{E}_\tau\,|_S=\boldsymbol{E}_S \quad 或 \quad \boldsymbol{H}_\tau\,|_S=\boldsymbol{H}_S$$

同样可从相关的坡印亭定理(见式(1.4.43)、式(1.4.40)和式(1.4.41))出发，证明电磁场解的唯一性定理. 在证明过程中，对各向同性介质要用到介电常量和磁导率为正标量的条件，对各向异性介质要用到介电常量和磁导率为正定张量(即对称张量，且其对应矩阵的本征值全为正数)的条件，这些条件是满足的. 我们把有关证明留给有兴趣的读者去完成(见习题 1.18).

(2) 对静场问题，定解问题由初边值问题蜕化为纯边值问题，有关唯一性定理需另作讨论，参见第 2 章 2.1 节和第 3 章 3.1 节.

(3) 在上述唯一性定理的表述和证明过程中，我们默认电磁场解存在. 其实，如果定解条件定得过于苛刻，解可能不存在. 例如，如果在边界上标定 $\boldsymbol{E}$ 的切向分量的同时，再对它的法向分量任意加以标定，将导致无解. 当然，在前述我们认为“合适”的边界条件下，电磁场解是否存在，也需要加以证明. 令人遗憾的是，从数学角度很难给出一般证明. 因此，解的存在性问题，常常需要通过具体问题的求解去事后解决. 以下两种情况的解显然存在：(a)无限解域电磁场的初值问题，在无限远处满足正则条件($\boldsymbol{E}|_\infty\to0,\boldsymbol{B}|_\infty\to0$)，我们将在第 5 章给出它的电磁场解；(b)由理想导体板构成的有限边界，其上满足 $\boldsymbol{E}_\tau|_S=0$，我们将在第 4 章就谐振腔和波导管问题给出电磁场解.

# 第2章 静电场

对复杂问题，总是先讨论简单情况，再转入一般情况. 对于电磁场问题来说，最简单情况莫过于假定 $\partial/\partial t=0$，即限于静场. 此时，电场和磁场去耦，麦克斯韦方程分为两组：一组描述静电场，另一组描述静磁场，将分别在本章和第 3 章进行讨论. 此外，为便于解析分析，我们限于分区均匀线性各向同性介质，包括真空.

同样的内容在电磁学中已经涉及，但受到教材篇幅和数学工具的牵制，不得不限于讨论较为简单的静场，且回避了某些深层次问题. 在电动力学课程中，将使用场论分析、数理方程等数学工具，处理更为复杂的静场问题. 此外，电磁学中曾回避了一些问题. 例如，对一些重要结论，包括静场的唯一性定理、静电场的高斯定理和环路定理与库仑定律的等效性、静磁场的高斯定理和环路定理与毕奥-萨伐尔定律的等效性等，只是直接加以引述，未曾给出严格证明. 在电动力学中，我们将严格证明这些结论. 对于静场的能量，我们也将进行更为深入的分析.

## 2.1 基本方程和唯一性定理

我们限于讨论分区均匀线性各向同性电介质的情况.

### 2.1.1 基本方程

对各区介质，从麦克斯韦方程组出发，可直接写下静电场的基本方程如下：

$$\nabla\times\boldsymbol{E}=0 \tag{2.1.1}$$

$$\nabla\cdot\boldsymbol{D}=\rho_0 \tag{2.1.2}$$

$$\boldsymbol{D}=\varepsilon\boldsymbol{E} \tag{2.1.3}$$

其中，$\boldsymbol{E}$ 为电场强度；$\boldsymbol{D}$ 为电位移矢量；$\rho_0$ 为自由电荷密度；$\varepsilon$ 为介电常量. 各区的介电常量均匀，但不同区域的介电常量可取不同数值.

### 2.1.2 静电势及其微分方程

式(2.1.1)表明，静电场 $\boldsymbol{E}$ 为无旋场，可将它表示为某个标量 $\varphi$ 的负梯度

$$\boldsymbol{E}=-\nabla\varphi \tag{2.1.4}$$

其中，$\varphi$ 称为静电势.

将式(2.1.3)和式(2.1.4)代入式(2.1.2)，对分区均匀介质情况，各区均有

$$\nabla^2\varphi=-\frac{\rho_0}{\varepsilon} \tag{2.1.5}$$

式(2.1.5)为泊松方程，当 $\rho_0=0$ 时，方程转化为齐次，称为拉普拉斯方程.

### 2.1.3 边值关系

对介质界面，我们用下标 1 和 2 表示界面两侧，$\boldsymbol{n}$ 表示界面法线方向的单位矢量，自 1 侧指向 2 侧；$\sigma_0$ 表示自由电荷面密度，限于导体界面. 由 1.3 节结果，成立如下边值关系：

$$\boldsymbol{n}\times(\boldsymbol{E}_2-\boldsymbol{E}_1)=0 \tag{2.1.6}$$

$$\boldsymbol{n}\cdot(\boldsymbol{D}_2-\boldsymbol{D}_1)=\sigma_0 \tag{2.1.7}$$

对于电介质界面，一般假定 $\sigma_0=0$，式(2.1.7)化为齐次边值关系，将和式(2.1.6)一道用于静电场求解. 当 $\sigma_0\neq 0$ 时，式(2.1.7)的使用依 $\sigma_0$ 是否已知而定. 若 $\sigma_0$ 被事先给定，则式(2.1.7)将直接用于求解；若 $\sigma_0$ 为待求量，则式(2.1.7)用于事后计算界面上的 $\sigma_0$ 值. 对导体边界，导体内部(设为 1 侧)电场为零，则由式(2.1.7)得 $\sigma_0=D_{2n}\equiv D_n$，它被用来事后根据算得的导体表面的 $D_n$ 确定 $\sigma_0$.

边值关系(2.1.6)和(2.1.7)可等价地转化为电势 $\varphi$ 的边值关系. 首先，由界面电场处处有限的条件，界面两侧的电势应当在界面上连续，否则将导致界面上的法向电场趋于无限. 于是成立

$$\varphi_1=\varphi_2 \tag{2.1.8}$$

由式(2.1.8)可知，电势的切向导数也是连续的，从而电场的切向分量连续，即边值关系(2.1.6)自动成立. 至于边值关系(2.1.7)，可按下述方式直接转嫁到 $\varphi$ 上：

$$\varepsilon_1\frac{\partial\varphi_1}{\partial n}-\varepsilon_2\frac{\partial\varphi_2}{\partial n}=\sigma_0 \tag{2.1.9}$$

本章限于电介质界面，$\sigma_0=0$. 一旦出现导体，其表面将构成静电场的边界. 由边值关系(2.1.6)，立即得到该边界解域一侧的电场切向分量为零，即导体表面为等电势面.

### 2.1.4 定解条件

对方程(2.1.5)，除给定解域内各区的自由电荷分布和介电常量之外，还必须加上适当的约束条件，才能保证静电场的解存在并且唯一. 这些条件统称为定解条件.

首先，如果解域存在有限边界，需要在边界上对电场或电势加上一定的约束条件，这些条件属于边界条件. 对无限解域，相应边界条件代之以无限远处的渐近条件. 按边界条件是否存在不含电场和电势的非齐次项来区分，又可将它划分为非齐次边界条件和齐次边界条件. 由于边界条件的选择与解的存在与否和唯一性密切相关，我们将在下面讨论唯一性定理时作出具体说明.

其次，除开边界条件之外，对解本身还应加上所谓“正则”条件. 这些条件包括电场或电势处处有限，且是空间位置的单值函数. 当然，如果对小带电体使用点电荷或线电荷近似的话，点电荷和线电荷所处位置的电场或电势将不受此类限制. 上

述正则条件被视为理所当然，一般不显含在静电场的唯一性定理之中，但在具体求解过程中必不可少. 以下因循惯例，在关于唯一性定理的叙述中，只提边界条件.

边界条件的标定一般需要满足三个原则：第一，所标定的物理量应具可测性，使得对应的边值问题具有实用价值；第二，边界条件应与基本方程和边值关系自洽；第三，边界条件应提得适当，确保解唯一存在. 下面将对这三个方面的问题作出具体说明.

### 2.1.5 静电场的唯一性定理

在1.1节中，我们曾提到与时间无关的矢量场的唯一性定理：只要给定矢量场的旋度和散度，以及解域边界上的法向分量，该矢量场的解唯一. 这一定理适合各类静矢量场，静电场也不例外. 可是，对静电场来说，该唯一性定理需要进行修正和推广，理由如下：一方面，我们直接求解电势，而不是电场，边界条件和唯一性定理应针对电势提出；另一方面，给定边界电场法向分量只是一种可能的选择，还存在其他可能性.

在唯一性定理的通常表述中，总是事先给定边界条件. 在这种表述下，读者很难理解以下问题：所提边界条件的依据是什么？这些条件是否过分而导致相应边值问题无解？是否存在其他边界条件，也能实现解的唯一性？其实，关于唯一性定理的思考常常是颠倒过来的：先假定解唯一，看需要加上什么边界条件. 这种方式符合人们的思维逻辑，也便于理解边界条件的来历，是否恰当，以及可能出现的各种方案. 下面就按这一思路介绍唯一性定理及相关的边界条件.

设静电场的解域为$V$，边界为$S$，其中填满分区均匀各向同性电介质. 设各介质区的体积为$V_i$，边界为$S_i$；相邻介质区之间的界面为$S_{ij}$，即$S_i$和$S_j$的重叠部分. 给定$V$内的自由电荷分布，在$S$上给定怎样的边界条件，才能保证静电场解唯一？

对于线性偏微分方程定解问题的唯一性分析，几乎毫无例外地采用反证法，即假定有两个解，证明它们的差恒等于零. 按照这种方法，对满足基本方程(2.1.5)，边值关系(2.1.8)和(2.1.9)以及适当边界条件的静电势定解问题，我们假定存在两个解，分别记为$\varphi_1$和$\varphi_2$. 令$\Phi=\varphi_1-\varphi_2$，利用上述基本方程和边值关系可分别导出(假定介质界面上$\sigma_0=0$)

$$\nabla^2\Phi = 0 \tag{2.1.10}$$

$$\Phi_i\big|_{S_{ij}} = \Phi_j\big|_{S_{ij}}, \qquad \varepsilon_i\frac{\partial\Phi_i}{\partial n}\bigg|_{S_{ij}} = \varepsilon_j\frac{\partial\Phi_j}{\partial n}\bigg|_{S_{ij}} \tag{2.1.11}$$

由式(2.1.11)可进一步导出

$$\varepsilon_i\left(\Phi_i\frac{\partial\Phi_i}{\partial n}\right)_{S_{ij}} = \varepsilon_j\left(\Phi_j\frac{\partial\Phi_j}{\partial n}\right)_{S_{ij}} \tag{2.1.12}$$

将第三格林公式用于第$i$介质区，得

$$\oint\!\!\!\oint_{S_i}\varepsilon_i\Phi\nabla\Phi\cdot\mathrm{d}\boldsymbol{\sigma} = \iiint_{V_i}\varepsilon_i(\nabla\Phi)^2\mathrm{d}V + \iiint_{V_i}\varepsilon_i\Phi\nabla^2\Phi\mathrm{d}V$$

式中等号右边第二项由式(2.1.10)证其消失，据此求得

$$\iiint_{V_i} \varepsilon_i (\nabla \Phi)^2 \mathrm{d}V = \oiint_{S_i} \varepsilon_i \Phi \nabla \Phi \cdot \mathrm{d}\boldsymbol{\sigma}$$

将上式对各介质区求和，左边化为被积式对解域 $V$ 的体积分，右边在介质界面上的面积分因式(2.1.12)双双抵消，只剩下边界 $S$ 对面积分的贡献. 于是最终求得

$$\iiint_V \varepsilon (\nabla \Phi)^2 \mathrm{d}V = \oiint_S \varepsilon \Phi \frac{\partial \Phi}{\partial n} \mathrm{d}\sigma \tag{2.1.13}$$

其中边界 $S$ 的法向指向解域外部. 至此问题变得十分明了：只要设法使式(2.1.13)右边的面积分消失，则推得 $V$ 内 $\nabla \Phi$ 处处为零，从而得出静电场解唯一的结论. 注意，对于式(2.1.13)右边的面积分，边界 $S$ 可与多种介质毗邻，即介电常量 $\varepsilon$ 可沿 $S$ 变化，一般不能提出积分号外.

下面需要回答的问题是：至少应提出何种边界条件，才能确保式(2.1.13)右边的面积分为零？"至少"一词旨在避免提出过分的边界条件，导致解不存在. 当然，即便达到"至少"的要求，是否能确保解的存在，仍然不得而知. 关于解的存在性的数学证明非常困难，一般需要在求解过程中加以解决. 我们满足于相信，只要"至少"的要求得以满足，解肯定存在；如果提出过多的边界条件，则解的存在性一般将会受到破坏. 下面我们就来一一分析边界条件的各种可能方案.

1. 第一类边界条件

作为一种可能方案，我们给定边界 $S$ 上的电势分布，即

$$\varphi|_S = f \tag{2.1.14}$$

其中，$f$ 为边界 $S$ 上的任意函数. 这类边界条件称为第一类边界条件，相应的边值问题称为第一类边值问题. 这时有 $\Phi|_S = 0$，式(2.1.13)右边的面积分消失. 特别地，对于由单个或多个导体表面构成的边界，$f$ 为给定常数，其数值可通过外接电池加以控制.

从表面上看，标定边界电势与标定边界切向电场等效，因为由给定的电势分布可以算出对应的切向电场

$$\boldsymbol{E}_\tau = -(\nabla \varphi)_\tau \tag{2.1.15}$$

其实不然. 按式(2.1.15)算出的切向电场，对位于边界上的任意闭合回路，自动满足静电场的环路定理，而任意给定的边界电场切向分量则不见得满足. 换句话说，静电场的无旋性给边界上的电场切向分量加上了某种约束条件，对它不能任意给定. 综上所述，给定边界上的电场切向分量与式(2.1.14)并不完全等效，属于一种"过分"边界条件，一般会破坏解的存在性.

2. 第二类边界条件

我们也可以标定电势在边界上的法向(指向解域外部)导数

$$\left.\frac{\partial \varphi}{\partial n}\right|_S = g \tag{2.1.16}$$

其中，$g$ 为边界 $S$ 上的任意函数. 这类边界条件称为第二类边界条件，对应第二类边值问题. 这时有$(\partial\Phi/\partial n)_S=0$，式(2.1.13)右边的面积分消失. 式(2.1.16)与给定边界上的法向电场强度等效.

前面提过，边界条件应与基本方程和边值关系自洽，这给式(2.1.16)右边的函数 $g$ 加上了一定限制. 为给出这一限制的数学表述，我们将式(2.1.2)对解域 $V$ 做体积分，利用式(2.1.3)和高斯公式得

$$-\oiint_S \varepsilon \frac{\partial\varphi}{\partial n}\mathrm{d}\sigma=\iiint_V \rho_0 \mathrm{d}V$$

或

$$\oiint_S \varepsilon g\,\mathrm{d}\sigma=-\iiint_V \rho_0 \mathrm{d}V \tag{2.1.17}$$

式(2.1.17)代表基本方程给函数 $g$ 加上的约束条件. 如果该条件被违反，则解的存在性被破坏. 提醒读者注意的是，以上条件只适合有限解域即 $S$ 有限的情形. 对于含有限内边界的无限解域，式(2.1.17)化为

$$\oiint_S \varepsilon g\,\mathrm{d}\sigma+\oiint_\infty \varepsilon \frac{\partial\varphi}{\partial n}\mathrm{d}\sigma=-\iiint_V \rho_0 \mathrm{d}V$$

其中，$S$ 表示解域内边界，左边第二项为无限远处电场对面积分的贡献. 该项的贡献由最终电场解决定，使得上述条件自动满足. 因此，在这种情况下，对内边界 $S$ 的电场法向分量可以进行任意标定，不受式(2.1.17)制约.

3. 混合边界条件

将边界 $S$ 随意划分为若干部分，分别标定第一类和第二类边界条件，同样可实现解的唯一性. 这类边界条件称为混合边界条件，对应混合边值问题.

4. 解域内存在导体的情形

解域内存在导体的情形在实际问题中常常出现. 此时，各导体表面构成解域的内边界. 由于导体表面为等势面，很自然标定第一类边界条件，即给定各导体的电势. 然而，只有对外接电池或接地的导体才能这样标定. 对电势无法由外界控制的导体来说，能控制的量为带电量. 给定一个导体的电量，相当于给定

$$\oiint_S \varepsilon \frac{\partial\varphi}{\partial n}\mathrm{d}\sigma=Q_0 \tag{2.1.18}$$

其中，$Q_0$ 为导体的带电量. 注意，作为内边界的导体表面的法线方向，按规定指向解域外部即导体内部，以至式(2.1.18)右边没有负号.

下面的问题是，式(2.1.18)能否确保解的唯一性？ 由式(2.1.18)可知

$$\oiint_S \varepsilon \frac{\partial\Phi}{\partial n}\mathrm{d}\sigma=0 \tag{2.1.19}$$

其中，$\Phi$ 为两个满足条件式(2.1.18)的两个电势解之差. 由导体表面为等势面的条件，成立

$$\Phi|_S=\Phi_0$$

其中，$\Phi_0$ 为常数. 为何该常数不是零？因为我们给定的是条件式(2.1.18)，而非导体的电势；如果说存在两个解的话，它们在导体表面的电势一般允许为不同的常数，即应允许 $\Phi_0$ 为非零常数. 这时，式(2.1.13)右边的面积分化为

$$\oint\!\!\!\oint_S \varepsilon\Phi\frac{\partial\Phi}{\partial n}\mathrm{d}\sigma=\Phi_0\oint\!\!\!\oint_S \varepsilon\frac{\partial\Phi}{\partial n}\mathrm{d}\sigma$$

再由式(2.1.19)可知该面积分消失，从而实现了解的唯一性.

综上所述，对导体提供的解域边界，可视具体情况，或标定边界电势，或标定导体电量，二者均可，但不能同时标定电势和电量，否则将形成过标定而导致无解.

由唯一性定理，我们可以用尝试法求解静电场问题，即猜测解的数学形式，然后利用边值关系和边界条件确定猜解中的待定参数. 一旦解被确定下来，就可判定猜解为真解. 在电磁学中介绍的分区均匀介质中静电场的解法和电像法，就属于这类猜解法，它们均以唯一性定理作为理论依据.

## 2.2 分离变量法

从本节开始，介绍静电场问题的典型解法，包括求解拉普拉斯方程边值问题的分离变量法、求解泊松方程边值问题的格林函数法和计算小带电体远处电场的泰勒展开法. 这些方法作为电磁学已做过介绍的解题方法的重要补充，要求运用场论分析和数理方程方面的数学工具. 尚未具备相关数学知识的读者将面临一定困难；也许他们需要在学到相关数学知识之后，重新温习和熟练掌握静电场的这些解法.

### 2.2.1 由泊松方程到拉普拉斯方程

我们需要求解的方程为电势 $\varphi'$ 满足的泊松方程

$$\nabla^2\varphi'=-\frac{\rho_0}{\varepsilon}\tag{2.2.1}$$

由电磁学的结果，库仑势

$$\varphi_0=\frac{1}{4\pi\varepsilon}\iiint\frac{\rho_0(\boldsymbol{r}')}{|\boldsymbol{r}-\boldsymbol{r}'|}\mathrm{d}V'$$

是该方程的一个特解. 只要令 $\varphi'=\varphi+\varphi_0$，就可将式(2.2.1)化为 $\varphi$ 的拉普拉斯方程

$$\nabla^2\varphi=0\tag{2.2.2}$$

相应对 $\varphi'$ 的边值关系和边界条件也可转换至 $\varphi$. 因此，只需掌握拉普拉斯方程边值问题的解法，就可以完成一般静电场问题的求解.

拉普拉斯方程的常用解法之一是分离变量法. 该方法的实质是将偏微分方程化成若干个常微分方程进行求解. 以下为叙述简便起见，我们限于讨论二维问题，即电势只是两个坐标的函数.

### 2.2.2 直角坐标下二维问题的分离变量解

对直角坐标$(x,y,z)$下的二维问题，设电势与$z$无关，式(2.2.2)化为

$$\frac{\partial^2\varphi}{\partial x^2}+\frac{\partial^2\varphi}{\partial y^2}=0 \tag{2.2.3}$$

我们尝试求形如

$$\varphi(x,y)=X(x)Y(y) \tag{2.2.4}$$

的特解.将式(2.2.4)代入式(2.2.3)，得

$$Y\frac{\mathrm{d}^2X}{\mathrm{d}x^2}+X\frac{\mathrm{d}^2Y}{\mathrm{d}y^2}=0$$

再被$XY$除，求得

$$\frac{1}{X}\frac{\mathrm{d}^2X}{\mathrm{d}x^2}+\frac{1}{Y}\frac{\mathrm{d}^2Y}{\mathrm{d}y^2}=0 \tag{2.2.5}$$

注意，式(2.2.5)左边两项依次为$x$和$y$的单变量函数，故式(2.2.5)成立的充分必要条件是各项分别为常数，且互相抵消，亦即

$$\frac{1}{X}\frac{\mathrm{d}^2X}{\mathrm{d}x^2}=-\alpha^2,\qquad \frac{1}{Y}\frac{\mathrm{d}^2Y}{\mathrm{d}y^2}=\alpha^2 \tag{2.2.6}$$

其中，$\alpha^2$为实数，可正可负；相应$\alpha$可以为实数，也可以为虚数.经过上述分离变量处理，原拉普拉斯方程被分解为两个常微分方程.其中$\alpha$的值需要由齐次边界条件确定.

暂时跳过$\alpha$的确定问题，先来求解常微分方程(2.2.6)，其解为

$$X_\alpha=a_\alpha\sin\alpha x+b_\alpha\cos\alpha x=a'_\alpha e^{i\alpha x}+b'_\alpha e^{-i\alpha x} \tag{2.2.7}$$

$$Y_\alpha=c_\alpha e^{\alpha y}+d_\alpha e^{-\alpha y}=c'_\alpha\sinh\alpha y+d'_\alpha\cosh\alpha y \tag{2.2.8}$$

其中，$a_\alpha,b_\alpha,a'_\alpha,b'_\alpha,c_\alpha,d_\alpha,c'_\alpha,d'_\alpha$为常数.注意，上述两式中写出的两种形式的解彼此等效(实际上还可写出其他等效形式)，视具体情况作出合适选择.于是，我们求得式(2.2.3)的一个特解$\varphi_\alpha=X_\alpha Y_\alpha$.

为满足边值关系、边界条件和正则条件，我们将各种可能的特解进行叠加.当分别取式(2.2.7)和式(2.2.8)的第一个等式，相应的叠加结果为

$$\varphi=\sum\nolimits_\alpha(a_\alpha\sin\alpha x+b_\alpha\cos\alpha x)(c_\alpha e^{\alpha y}+d_\alpha e^{-\alpha y}) \tag{2.2.9}$$

其中各系数由边值关系和边界条件确定.

**例 2.1**

如图2.1所示，电场局限于由间距为$a$的两个半无限平行导体平板和与之垂直、宽度为$a$的无限长导体端板构成的区域中，端板和平行板之间彼此绝缘.将两平行导体平板接地，端板加上电势$V_0$，求该区域内的电势分布.

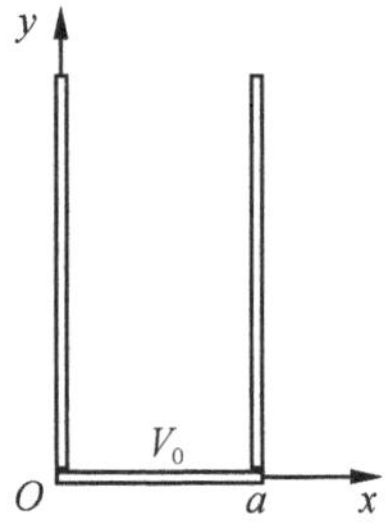

图 2.1

**解** 采用如图 2.1 所示的直角坐标,电势 $\varphi$ 仅与 $x$ 和 $y$ 有关,属于二维问题,解由式(2.2.9)表示.本问题的边界条件为

$$\varphi|_{x=0}=\varphi|_{x=a}=0,\qquad \varphi|_{y=0}=V_0,\qquad \varphi|_{y\to\infty}=0$$

其中,第三个条件表示无限远的正则条件.由第一个条件(属于齐次边界条件)得

$$\alpha=\frac{n\pi}{a}\quad(n=1,2,\cdots),\qquad b_\alpha=0$$

由第三个条件得 $c_\alpha=0$;将 $d_\alpha$ 并入系数 $a_\alpha$ 之中,不妨取 $d_\alpha=1$.最后,由第二个条件确定系数 $a_\alpha$ 或 $a_n$

$$\varphi|_{y=0}=\sum_{n=1}^{\infty}a_n\sin(n\pi x/a)=V_0$$

上式为正弦级数,其展开系数计算公式为

$$a_n=\frac{2}{a}\int_0^a V_0\sin(n\pi x/a)\mathrm{d}x=\begin{cases}4V_0/(n\pi), & n\text{ 为奇数}\\ 0, & n\text{ 为偶数}\end{cases}$$

至此求得电势的表达式如下:

$$\varphi=\frac{4V_0}{\pi}\sum_{n=1}^{\infty}\frac{1}{2n-1}\sin\left[\frac{(2n-1)\pi x}{a}\right]\mathrm{e}^{-\frac{2n-1}{a}\pi y}$$

### 2.2.3 圆柱坐标下二维问题的分离变量解

在圆柱坐标$(\rho,\phi,z)$下,设电势与 $z$ 无关,式(2.2.2)化为

$$\frac{1}{\rho}\frac{\partial}{\partial\rho}\left(\rho\frac{\partial\varphi}{\partial\rho}\right)+\frac{1}{\rho^2}\frac{\partial^2\varphi}{\partial\phi^2}=0 \tag{2.2.10}$$

其分离变量解设为

$$\varphi(\rho,\phi)=R(\rho)\Phi(\phi) \tag{2.2.11}$$

将式(2.2.11)代入式(2.2.10),求得 $R$ 和 $\Phi$ 各自分别满足的线性齐次常微分方程如下:

$$\frac{1}{\rho}\frac{\mathrm{d}}{\mathrm{d}\rho}\left(\rho\frac{\mathrm{d}R}{\mathrm{d}\rho}\right)=\frac{m^2}{\rho^2}R \tag{2.2.12}$$

$$\frac{\mathrm{d}^2\Phi}{\mathrm{d}\phi^2}=-m^2\Phi \tag{2.2.13}$$

其中,$m^2$ 为实常数,$m$ 的值由齐次边界条件或正则条件确定.易求得式(2.2.12)和式(2.2.13)的解为

$$R_m=\begin{cases}a_0+b_0\ln\rho, & m=0\\ a_m\rho^m+b_m\rho^{-m}, & m\neq0\end{cases}$$

$$\Phi_m=\begin{cases}c_0+d_0\phi, & m=0\\ c_m\cos m\phi+d_m\sin m\phi, & m\neq0\end{cases}$$

在此基础上,可将电势表为如下形式:

$$\varphi=(a_0+b_0\ln\rho)(c_0+d_0\phi)+\sum_{m\neq 0}(a_m\rho^m+b_m\rho^{-m})(c_m\cos m\phi+d_m\sin m\phi) \qquad (2.2.14)$$

其中各系数由边值关系和边界条件确定.

如果坐标 $\phi$ 在 $0\sim 2\pi$ 变化,则为实现电势的单值性(属于正则条件),要求 $\Phi$ 为 $\phi$ 的周期函数,周期为 $2\pi$. 于是,$m$ 必须是整数. 在利用式(2.2.14)时,应取 $d_0=0$,求和指标 $m$ 可限于正整数.

**例 2.2**

半径为 $a$ 的无限长导体圆柱置于均匀电场 $\boldsymbol{E}_0$ 中,该电场与圆柱轴线垂直,单位长度圆柱所带电荷为 $\lambda$. 设柱外为真空,求空间电势分布.

**解** 如图 2.2 所示,取圆柱坐标系,$z$ 轴沿导体圆柱轴线,$x$ 轴与 $\boldsymbol{E}_0$ 平行,方位角 $\phi$ 自 $x$ 轴起算. 本问题待求电势与 $z$ 无关,其解由式(2.2.14)表示. 下面分析边界条件. 题目给定单位长度导体圆柱的带电量,等效如下条件(见式(2.1.18)):

$$\varepsilon_0 a\int_0^{2\pi}\frac{\partial\varphi}{\partial\rho}\mathrm{d}\phi=-\lambda \qquad (2.2.15)$$

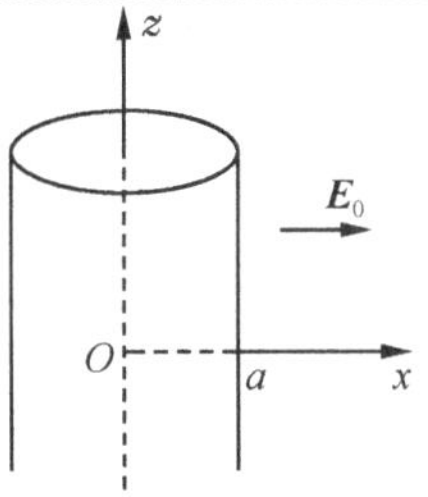


图 2.2

注意,以上将法向导数改为关于 $\rho$ 的偏导数时,按法向指向导体内部的规定,已经在等式右边加上负号. 另外,导体表面($\rho=a$)应为等势面. 对无限远,因存在均匀电场 $\boldsymbol{E}_0$,以及由无穷长直带电导线(相对无限远处而言,无穷长柱可近似处理为无穷长直线)产生的电势,电势的渐近值应为 $-E_0\rho\cos\phi$ 与正比于 $\ln\rho$ 的项之和.

由上述定解条件,我们尝试取式(2.2.14)右边第一项和 $m=1$ 项之和,并取 $d_0=d_1=0$,不妨设 $c_0=c_1=1$,$a_0=-b_0\ln\rho_0$,结果为

$$\varphi=b_0\ln(\rho/\rho_0)+(a_1\rho+b_1\rho^{-1})\cos\phi$$

其中,共三个待定系数,加上一个无关紧要、具长度量纲的常数 $\rho_0$,后者对电场不会带来任何影响. 下面由前述定解条件确定这些系数. 首先,由无限远的渐近条件,可定出 $a_1=-E_0$. 其次,由导体表面为等势面的条件得 $b_1=-a_1a^2=E_0a^2$. 最后,由条件式(2.2.15),求得 $b_0=-\lambda/(2\pi\varepsilon_0)$. 至此三个待定系数全部确定,求得导体圆柱外面的电势分布如下:

$$\varphi=\frac{\lambda}{2\pi\varepsilon_0}\ln\left(\frac{\rho_0}{\rho}\right)-E_0\rho\cos\phi+\frac{E_0a^2}{\rho}\cos\phi$$

其中,常数 $\rho_0$ 可通过适当选取电势零点予以确定.

### 2.2.4 球坐标下二维问题的分离变量解

在球坐标$(r,\theta,\phi)$下,设电势与 $\phi$ 无关,式(2.2.2)化为

$$\frac{1}{r^2}\frac{\partial}{\partial r}\left(r^2\frac{\partial\varphi}{\partial r}\right)+\frac{1}{r^2\sin\theta}\frac{\partial}{\partial\theta}\left(\sin\theta\frac{\partial\varphi}{\partial\theta}\right)=0 \tag{2.2.16}$$

其分离变量解设为

$$\varphi(r,\theta)=R(r)\Theta(\theta) \tag{2.2.17}$$

将式(2.2.17)代入式(2.2.16)，求得 $R$ 和 $\Theta$ 各自分别满足的线性齐次常微分方程如下：

$$\frac{\mathrm{d}}{\mathrm{d}r}\left(r^2\frac{\mathrm{d}R}{\mathrm{d}r}\right)=n(n+1)R \tag{2.2.18}$$

$$\frac{1}{\sin\theta}\frac{\mathrm{d}}{\mathrm{d}\theta}\left(\sin\theta\frac{\mathrm{d}\Theta}{\mathrm{d}\theta}\right)=-n(n+1)\Theta \tag{2.2.19}$$

其中，$n$ 为实常数，其值由齐次边界条件或正则条件确定. 对于球外全空间解域，$\theta$ 在 $0\sim\pi$ 间取值；为保证式(2.2.19)的解处处有限，即满足正则条件，要求 $n$ 为非负整数. 此时求得式(2.2.18)和式(2.2.19)的解为

$$R_n=a_nr^n+b_nr^{-(n+1)}$$

$$\Theta_n=P_n(\cos\theta)=\frac{1}{2^nn!}\left(\frac{\mathrm{d}^n}{\mathrm{d}x^n}[(x^2-1)^n]\right)_{x=\cos\theta} \tag{2.2.20}$$

$P_n(\cos\theta)$称为勒让德多项式. 在此基础上，可将电势表为如下形式：

$$\varphi=\sum_{n=0}^{\infty}[a_nr^n+b_nr^{-(n+1)}]P_n(\cos\theta) \tag{2.2.21}$$

其中各系数由边值关系和边界条件确定.

对于较为简单的问题，我们只需取式(2.2.21)中头几项就够了. 由式(2.2.20)求得头三个勒让德多项式($n=0,1,2$)的表达式如下：

$$P_0(\cos\theta)=1,\qquad P_1(\cos\theta)=\cos\theta,\qquad P_2(\cos\theta)=\frac{1}{2}(3\cos^2\theta-1)$$

不难验证，它们均满足式(2.2.19).

**例 2.3**

半径为 $a$，介电常量为 $\varepsilon$ 的均匀介质球，置于均匀电场 $\boldsymbol{E}_0$ 之中，球外真空，求空间电势和电场分布.

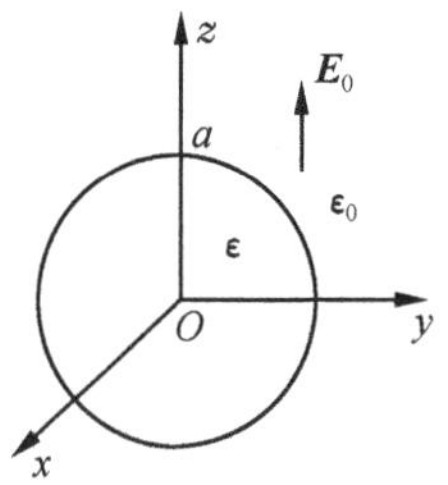


图 2.3

**解** 采用球坐标$(r,\theta,\phi)$，原点取在球心，$z$ 轴与外电场 $\boldsymbol{E}_0$ 平行，如图 2.3 所示. 本问题待求电势与 $\phi$ 无关，其解由式(2.2.21)表示，我们尝试取和式中的头两项($n=0,1$). 解域分为球内和球外两个部分，电势分别记为 $\varphi_1$ 和 $\varphi_2$. 对于球内，利用电势有限的正则条件，可断定 $b_0=b_1=0$，电势为

$$\varphi_1=a_0+a_1r\cos\theta \tag{2.2.22}$$

对于球外，各项均予保留，相关系数加上撇号以示区别

$$\varphi_2 = a'_0 + a'_1 r\cos\theta + \frac{b'_0}{r} + \frac{b'_1}{r^2}\cos\theta \tag{2.2.23}$$

下面由无限远的渐近条件和球面($r=a$)上的边值关系确定系数.

首先,无限远为均匀电场,电势的渐近表达式为 $\varphi_0 - E_0 r\cos\theta$,其中 $\varphi_0$ 为任意常数,不妨取该常数为零,则由无限远的渐近条件定出式(2.2.23)中的系数 $a'_0 = \varphi_0 = 0$ 和 $a'_1 = -E_0$.

其次,在球面上,边值关系式(2.1.8)和式(2.1.9)($\sigma_0 = 0$)成立,即

$$\varphi_1\big|_{r=a} = \varphi_2\big|_{r=a}, \qquad \varepsilon\frac{\partial\varphi_1}{\partial r}\bigg|_{r=a} = \varepsilon_0\frac{\partial\varphi_2}{\partial r}\bigg|_{r=a}$$

将式(2.2.22)和式(2.2.23)代入上式,得

$$a_0 + a_1 a\cos\theta = -E_0 a\cos\theta + \frac{b'_0}{a} + \frac{b'_1}{a^2}\cos\theta$$

$$\varepsilon a_1\cos\theta = -\varepsilon_0\left(E_0\cos\theta + \frac{b'_0}{a^2} + \frac{2b'_1}{a^3}\cos\theta\right)$$

将上述两式重新整理,得

$$\left(a_1 a + E_0 a - \frac{b'_1}{a^2}\right)\cos\theta = -a_0 + \frac{b'_0}{a}$$

$$\left(\varepsilon a_1 + \varepsilon_0 E_0 + \frac{2\varepsilon_0 b'_1}{a^3}\right)\cos\theta = -\frac{\varepsilon_0 b'_0}{a^2}$$

两式成立的充分必要条件是左右两边分别为零,共得四个等式,正好用来唯一确定四个系数 $a_0$,$a_1$,$b'_0$和 $b'_1$.结果为

$$a_0 = b'_0 = 0, \qquad a_1 = -\frac{3\varepsilon_0 E_0}{\varepsilon + 2\varepsilon_0}, \qquad b'_1 = \frac{(\varepsilon - \varepsilon_0)E_0 a^3}{\varepsilon + 2\varepsilon_0}$$

至此求得全部系数,代回式(2.2.22)和式(2.2.23),求得球内外电势分布如下:

$$\varphi = \begin{cases} -\dfrac{3\varepsilon_0 E_0 r\cos\theta}{\varepsilon + 2\varepsilon_0}, & r \leqslant a \\ -E_0 r\cos\theta + \dfrac{(\varepsilon - \varepsilon_0)E_0 a^3\cos\theta}{(\varepsilon + 2\varepsilon_0)r^2}, & r > a \end{cases} \tag{2.2.24}$$

相应的电场分布为

$$\boldsymbol{E} = \begin{cases} \boldsymbol{E}_1 = \dfrac{3\varepsilon_0 \boldsymbol{E}_0}{\varepsilon + 2\varepsilon_0}, & r \leqslant a \\ \boldsymbol{E}_2 = \boldsymbol{E}_0 - \dfrac{\boldsymbol{p}}{4\pi\varepsilon_0 r^3} + \dfrac{3\boldsymbol{p}\cdot\boldsymbol{r}}{4\pi\varepsilon_0 r^5}\boldsymbol{r}, & r > a \end{cases} \tag{2.2.25}$$

其中,

$$\boldsymbol{p} = \frac{4\pi a^3}{3}\boldsymbol{P}, \qquad \boldsymbol{P} = (\varepsilon - \varepsilon_0)\boldsymbol{E}_1 = \frac{3\varepsilon_0(\varepsilon - \varepsilon_0)}{\varepsilon + 2\varepsilon_0}\boldsymbol{E}_0 \tag{2.2.26}$$

式中,$\boldsymbol{P}$ 为介质球的极化强度;$\boldsymbol{p}$ 为介质球的电偶极矩.

以上结果表明，球内的电场为均匀场，介质球处于均匀极化状态；球外的电场为极化介质球所产生的偶极子场和外部均匀场的合成场．如果视介质球为具均匀极化强度 $\boldsymbol{P}$ 的永电体，则由它单独产生的电场可由式(2.2.25)给出的电场减去外场 $\boldsymbol{E}_0$ 获得，结果为

$$\boldsymbol{E}=\begin{cases}-\dfrac{\boldsymbol{P}}{3\varepsilon_0}, & r\leqslant a\\ -\dfrac{\boldsymbol{p}}{4\pi\varepsilon_0 r^3}+\dfrac{3\boldsymbol{p}\cdot\boldsymbol{r}}{4\pi\varepsilon_0 r^5}\boldsymbol{r}, & r>a\end{cases} \tag{2.2.27}$$

其中，$\boldsymbol{p}=4\pi a^3\boldsymbol{P}/3$ 为永电体球的电偶极矩．

在结束本节之前，提醒读者注意三个问题：第一，选择坐标系的依据来自解域边界和介质界面的几何形状，通常限于正交曲线坐标系．并非所有正交曲线坐标系都能进行变量分离．已经证明，能进行变量分离的正交曲线坐标系很多，其中包括上面提到的直角坐标系、圆柱坐标系和球坐标系①．第二，以上针对二维问题写出的电势表达式(2.2.9)、式(2.2.14)和式(2.2.21)，或针对三维问题写出的更为复杂的级数或积分形式的电势表达式，被暗中假定为相应问题的通解，它们能满足任意给定的边界条件．这相当于要求，由分离变量求出的全部特解必须是“完备”的．此外，为确定通解中出现的系数，还要求各特解之间满足一定的“正交”关系．也就是说，全部特解必须构成解空间的正交完备集合．关于这些问题的讨论和证明，属于数学物理方程课程的内容．第三，分离变量法不仅仅限于求解拉普拉斯方程，它适用于各类线性齐次偏微分方程．例如，第 4 章将要讨论的定态波动方程或亥姆霍兹方程，也会用到分离变量法进行求解．

## *2.3　格林函数法

格林函数法是求解泊松方程的一种十分有效的数学方法．它将静电场解写成与静电库仑定律类似的积分形式，直接由解域内的电荷分布和边界条件计算电场．从获得的电场的积分表达式出发，还能揭示静电场的某些有趣性质．

### 2.3.1　定解问题

如 2.1 节所述，对线性均匀各向同性电介质，电势满足如下泊松方程：

$$\nabla^2\varphi=-\frac{1}{\varepsilon}\rho_0(\boldsymbol{r}) \tag{2.3.1}$$

现对上述方程提出第一类和第二类边值问题，即分别给定解域边界 $S$ 上的电势及其法向导数

$$\varphi\,|_S=f \tag{2.3.2}$$

① 参见：P. M. Morse and H. Feshbach, Methods of Theoretical Physics, 2 Pts., McGraw-Hill, New York, 1953；或 P. Moon and D. E. Spencer, Field Theory Handbook, Springer Verlag, 1961.

$$\left.\frac{\partial\varphi}{\partial n}\right|_S = g \tag{2.3.3}$$

其中,法向 $\boldsymbol{n}$ 指向解域外部.

对第二类边值问题作如下说明.当解域有限时,第二类边界条件应满足约束条件(2.1.17),即

$$\oiint_S \varepsilon g\,\mathrm{d}\sigma = -\iiint_V \rho_0\,\mathrm{d}V$$

当解域延伸至无限远但存在下边界(如球外无限空间或平面上方的半无限空间)时,边界 $S$ 仅表示解域的下边界,上述约束条件不复存在.在以下叙述中,我们将第二类边值问题限于带下边界的无限解域情况,相应边界条件(2.3.3)仅加在下边界上,且函数 $g$ 可任意标定,不受任何限制.

### 2.3.2 格林函数

1. 定义

满足方程

$$\nabla^2 G(\boldsymbol{r};\boldsymbol{r}') = -\frac{1}{\varepsilon}\delta(\boldsymbol{r}-\boldsymbol{r}') \tag{2.3.4}$$

和边界条件

$$G(\boldsymbol{r};\boldsymbol{r}')\,|_{r\in S} = 0 \tag{2.3.5}$$

的 $G(\boldsymbol{r};\boldsymbol{r}')$,称为第一类边值问题的格林函数.式(2.3.4)中的 $\delta(\boldsymbol{r}-\boldsymbol{r}')$ 为 $\delta$ 函数,它表示位于 $\boldsymbol{r}'$ 的单位点电荷所对应的电荷密度.若将边界条件(2.3.5)换成

$$\left.\frac{\partial G(\boldsymbol{r};\boldsymbol{r}')}{\partial n}\right|_{r\in S} = 0 \tag{2.3.6}$$

则相应 $G(\boldsymbol{r};\boldsymbol{r}')$ 称为第二类边值问题的格林函数.如前所述,我们将此类边值问题的解域限于带下边界的无限解域.

格林函数有明显的物理意义,它表示在特定边界条件的约束下,位于 $\boldsymbol{r}'$ 的单位点电荷(及其在边界上的感应电荷)在解域内产生的电场.

2. 格林函数的对称性

以上定义的格林函数具有对称性,即成立

$$G(\boldsymbol{r};\boldsymbol{r}') = G(\boldsymbol{r}';\boldsymbol{r}) \tag{2.3.7}$$

证明如下.由第二格林公式

$$\iiint_V (\psi\nabla^2\varphi - \varphi\nabla^2\psi)\,\mathrm{d}V = \oiint_S \left(\psi\frac{\partial\varphi}{\partial n} - \varphi\frac{\partial\psi}{\partial n}\right)\mathrm{d}\sigma \tag{2.3.8}$$

令 $\psi = G(\boldsymbol{r};\boldsymbol{r}')$,$\varphi = G(\boldsymbol{r};\boldsymbol{r}'')$,则由式(2.3.4)导出式(2.3.8)的左右两边分别为

$$\begin{aligned}\text{左边} &= -\frac{1}{\varepsilon}\iiint_V G(\boldsymbol{r};\boldsymbol{r}')\delta(\boldsymbol{r}-\boldsymbol{r}'')\,\mathrm{d}V + \frac{1}{\varepsilon}\iiint_V G(\boldsymbol{r};\boldsymbol{r}'')\delta(\boldsymbol{r}-\boldsymbol{r}')\,\mathrm{d}V \\ &= -\frac{1}{\varepsilon}[G(\boldsymbol{r}'';\boldsymbol{r}') - G(\boldsymbol{r}';\boldsymbol{r}'')]\end{aligned}$$

$$右边=\oiint_S\left[G(\boldsymbol{r};\boldsymbol{r}')\frac{\partial G(\boldsymbol{r};\boldsymbol{r}'')}{\partial n}-G(\boldsymbol{r};\boldsymbol{r}'')\frac{\partial G(\boldsymbol{r};\boldsymbol{r}')}{\partial n}\right]\mathrm{d}\sigma$$

如能证明式(2.3.8)右边为零，则$G(\boldsymbol{r}'';\boldsymbol{r}')=G(\boldsymbol{r}';\boldsymbol{r}'')$；鉴于$\boldsymbol{r}''$和$\boldsymbol{r}'$同为任意位置矢量，即证得式(2.3.7)成立. 下面给出证明.

由式(2.3.5)或式(2.3.6)可知

$$G(\boldsymbol{r};\boldsymbol{r}')_{r\in S}=G(\boldsymbol{r};\boldsymbol{r}'')_{r\in S}=0$$

或

$$\left.\frac{\partial G(\boldsymbol{r};\boldsymbol{r}')}{\partial n}\right|_{r\in S}=\left.\frac{\partial G(\boldsymbol{r};\boldsymbol{r}'')}{\partial n}\right|_{r\in S}=0$$

均能保证式(2.3.8)右边消失. 证毕.

格林函数的对称性是十分有趣的“互易原理”的一种体现：将源点和场点互换位置，得到完全相同的结果. 说得具体一点，就是位于甲地的点电荷在乙地产生的电场，正好等于位于乙地的同一点电荷在甲地产生的电场. 此外，所确定的格林函数是否具备对称性，也是检验结果是否正确的一个重要判据.

### 2.3.3 格林函数法

现在回到本节一开始提到的泊松方程(2.3.1)的两类边值问题. 将式(2.3.4)～式(2.3.6)中的$\boldsymbol{r}$和$\boldsymbol{r}'$互换，同时将矢量微分算符$\nabla$改为$\nabla'$，$\partial/\partial n$改为$\partial/\partial n'$，得

$$\nabla'^2G(\boldsymbol{r}';\boldsymbol{r})=-\frac{1}{\varepsilon}\delta(\boldsymbol{r}'-\boldsymbol{r}) \qquad (2.3.4')$$

$$G(\boldsymbol{r}';\boldsymbol{r})\big|_{r'\in S}=0 \qquad (2.3.5')$$

$$\left.\frac{\partial G(\boldsymbol{r}';\boldsymbol{r})}{\partial n'}\right|_{r'\in S}=0 \qquad (2.3.6')$$

与此同时，将第二格林公式写成如下形式：

$$\iiint_V(\psi\nabla'^2\varphi-\varphi\nabla'^2\psi)\mathrm{d}V'=\oiint_S\left(\psi\frac{\partial\varphi}{\partial n'}-\varphi\frac{\partial\psi}{\partial n'}\right)\mathrm{d}\sigma' \qquad (2.3.9)$$

令$\varphi$为待求电势，$\psi=G(\boldsymbol{r}';\boldsymbol{r})$，并利用式(2.3.1)和式(2.3.4′)，将上式左、右两边分别化为

$$\begin{aligned}左边&=-\frac{1}{\varepsilon}\iiint_V\rho_0(\boldsymbol{r}')G(\boldsymbol{r}';\boldsymbol{r})\mathrm{d}V'+\frac{1}{\varepsilon}\iiint_V\varphi(\boldsymbol{r}')\delta(\boldsymbol{r}'-\boldsymbol{r})\mathrm{d}V'\\&=\frac{1}{\varepsilon}\varphi(\boldsymbol{r})-\frac{1}{\varepsilon}\iiint_V\rho_0(\boldsymbol{r}')G(\boldsymbol{r}';\boldsymbol{r})\mathrm{d}V'\end{aligned}$$

$$右边=\oiint_S\left(G(\boldsymbol{r}';\boldsymbol{r})\frac{\partial\varphi(\boldsymbol{r}')}{\partial n'}-\varphi(\boldsymbol{r}')\frac{\partial G(\boldsymbol{r}';\boldsymbol{r})}{\partial n'}\right)\mathrm{d}\sigma'$$

据此推得

$$\begin{aligned}\varphi(\boldsymbol{r})=&\iiint_V\rho_0(\boldsymbol{r}')G(\boldsymbol{r}';\boldsymbol{r})\mathrm{d}V'\\&+\varepsilon\oiint_S\left(G(\boldsymbol{r}';\boldsymbol{r})\frac{\partial\varphi(\boldsymbol{r}')}{\partial n'}-\varphi(\boldsymbol{r}')\frac{\partial G(\boldsymbol{r}';\boldsymbol{r})}{\partial n'}\right)\mathrm{d}\sigma'\end{aligned} \qquad (2.3.10)$$

式(2.3.10)只能称为电势的形式解，理由如下：要计算该式右边第二项面积分，要求同时给定边界 $S$ 上的电势及其法向导数. 根据静电场的唯一性定理，只需标定其中之一，就可获得唯一解. 换句话说，边界上的电势和它的法向导数之间彼此相关，不能独立标定. 因此，式(2.3.10)只是反映了空间某点电势 $\varphi(\boldsymbol{r})$ 和边值 $\varphi_S$、$(\partial\varphi/\partial n)_S$ 之间的某种隐函数关系，并非实际边值问题的解.

为求得实际边值问题的电势解，我们需要将格林函数的边值代入式(2.3.10). 例如，将式(2.3.5′)代入式(2.3.10)，就获得第一类边值问题的解

$$\varphi(\boldsymbol{r}) = \iiint_V \rho_0(\boldsymbol{r}')G(\boldsymbol{r}';\boldsymbol{r})\mathrm{d}V' - \varepsilon \oiint_S \varphi(\boldsymbol{r}') \frac{\partial G(\boldsymbol{r}';\boldsymbol{r})}{\partial n'}\mathrm{d}\sigma' \qquad (2.3.11)$$

其中，$G(\boldsymbol{r}';\boldsymbol{r})$ 为第一类边值问题的格林函数. 另外，若将式(2.3.6′)代入式(2.3.10)，就获得第二类边值问题的解

$$\varphi(\boldsymbol{r}) = \iiint_V \rho_0(\boldsymbol{r}')G(\boldsymbol{r}';\boldsymbol{r})\mathrm{d}V' + \varepsilon \oiint_S \frac{\partial \varphi(\boldsymbol{r}')}{\partial n'} G(\boldsymbol{r}';\boldsymbol{r})\mathrm{d}\sigma' \qquad (2.3.12)$$

其中，$G(\boldsymbol{r}';\boldsymbol{r})$ 为第二类边值问题的格林函数；$S$ 为延伸至无限远的解域的下边界. 按式(2.3.11)或式(2.3.12)直接计算相应边值问题的解，称为格林函数法.

仔细考察式(2.3.11)和式(2.3.12)中的体积分项，会觉得十分别扭：按式(2.3.4′)，$G(\boldsymbol{r}';\boldsymbol{r})$ 表示在给定齐次边界条件下，位于 $\boldsymbol{r}$ 处的单位点电荷(及其在边界上的感应电荷)对 $\boldsymbol{r}'$ 处电势的贡献，而理应位于 $\boldsymbol{r}$ 处的源电荷 $\rho_0(\boldsymbol{r}')\mathrm{d}V'$ 却处在 $\boldsymbol{r}'$ 的位置上！二者相乘究竟是何意义，物理上很难理解. 这个问题可通过格林函数的对称性质得到解决. 为此，交换格林函数两个宗量的位置，将式(2.3.11)和式(2.3.12)改写成

$$\varphi(\boldsymbol{r}) = \iiint_V \rho_0(\boldsymbol{r}')G(\boldsymbol{r};\boldsymbol{r}')\mathrm{d}V' - \varepsilon \oiint_S \varphi(\boldsymbol{r}') \frac{\partial G(\boldsymbol{r};\boldsymbol{r}')}{\partial n'}\mathrm{d}\sigma' \qquad (2.3.11')$$

$$\varphi(\boldsymbol{r}) = \iiint_V \rho_0(\boldsymbol{r}')G(\boldsymbol{r};\boldsymbol{r}')\mathrm{d}V' + \varepsilon \oiint_S \frac{\partial \varphi(\boldsymbol{r}')}{\partial n'} G(\boldsymbol{r};\boldsymbol{r}')\mathrm{d}\sigma' \qquad (2.3.12')$$

经修改之后，$\boldsymbol{r}$ 表示格林函数的场点，$\boldsymbol{r}'$ 表示格林函数的源点，上述由格林函数表示的电势解中的体积分部分，自然地体现了静电场的叠加原理. 值得提起注意的是，在式(2.3.11)和式(2.3.12)中，体积分部分表示齐次边界条件下非齐次方程(泊松方程)的解，而面积分部分则表示非齐次边界条件下齐次方程(拉普拉斯方程)的解，二者之和构成原定解问题的解，即给定电荷分布和边界条件时的电势解.

### 2.3.4 格林函数及格林函数法应用举例

格林函数法的关键在于确定格林函数. 最为直接的办法是求解格林函数对应的边值问题. 由于源项为点电荷，边界条件为齐次，求解格林函数较之直接求解任意电荷分布和非齐次边界条件下的静电场边值问题来得容易. 这样求得的格林函数一般为级数形式. 对于某些具简单几何形状的边界，可用电像法直接求出格林函

数. 下面列举的几种典型的格林函数，或可直接写出，或可通过电像法简单导出. 对所有情况，均假定解域内填满线性均匀各向同性电介质.

1. 无限空间的格林函数

对无限空间，电势解除在无限远处满足正则条件之外，不存在任何边界条件；相应的格林函数也是如此，它简单地等于单位点电荷的电势，即

$$G(\boldsymbol{r};\boldsymbol{r}') = \frac{1}{4\pi\varepsilon R} \tag{2.3.13}$$

其中，

$$R = |\boldsymbol{r}-\boldsymbol{r}'| = [(x-x')^2+(y-y')^2+(z-z')^2]^{1/2} \tag{2.3.14}$$

该格林函数显然满足方程(2.3.4)和无限远的正则条件($G|_{r\to\infty}\to 0$)，且显然相对 $\boldsymbol{r}$ 和 $\boldsymbol{r}'$ 对称. 这时，式(2.3.11)和式(2.3.12)右边的面积分不复存在，留下一个同样的体积分

$$\varphi(\boldsymbol{r}) = \frac{1}{4\pi\varepsilon}\iiint_V \frac{\rho_0(\boldsymbol{r}')}{R}\mathrm{d}V' \tag{2.3.15}$$

式(2.3.15)即为电磁学中库仑电势积分. 这里我们由静电场方程导出了库仑定律，而在电磁学中则由库仑定律导出静电场的高斯定理和环路定理，即静电场方程. 这说明，在静电学范围内，库仑定律同叠加原理一道与静电场方程彼此等效.

2. 半无限空间的格林函数

如图 2.4 所示，取直角坐标系，解域 $V$ 为 $z\geqslant 0$，下边界 $S$ 为 $z=0$ 平面. 利用电像法，可直接求得第一、二类边值问题的格林函数. 下面设 $\boldsymbol{r}(z\geqslant 0)$ 为场点，$\boldsymbol{r}'(z'>0)$ 为源点，$\boldsymbol{r}''(x''=x', y''=y', z''=-z')$ 为像点，则第一、二类边值问题的格林函数分别为

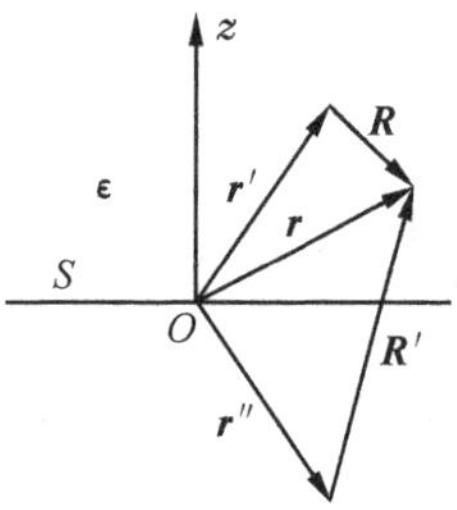

图 2.4

$$G_1(\boldsymbol{r};\boldsymbol{r}') = \frac{1}{4\pi\varepsilon}\left(\frac{1}{R}-\frac{1}{R'}\right) \tag{2.3.16}$$

$$G_2(\boldsymbol{r};\boldsymbol{r}') = \frac{1}{4\pi\varepsilon}\left(\frac{1}{R}+\frac{1}{R'}\right) \tag{2.3.17}$$

其中，

$$R = |\boldsymbol{r}-\boldsymbol{r}'| = [(x-x')^2+(y-y')^2+(z-z')^2]^{1/2}$$

$$R' = |\boldsymbol{r}-\boldsymbol{r}''| = [(x-x')^2+(y-y')^2+(z+z')^2]^{1/2}$$

不难验证，$G_1$ 和 $G_2$ 在解域内满足方程(2.3.4)，且分别满足边界条件式(2.3.5)和式(2.3.6). 此外，它们显然相对 $\boldsymbol{r}$ 和 $\boldsymbol{r}'$ 对称.

下面分别计算 $G_1$ 法向导数和 $G_2$ 的边值，以便代入式(2.3.11)和式(2.3.12)，获得第一类和第二类边值问题的解. 由式(2.3.16)和式(2.3.17)得

$$\left.\frac{\partial G_1}{\partial n'}\right|_{z'=0}=-\left.\frac{\partial G_1}{\partial z'}\right|_{z'=0}=-\frac{z}{2\pi\varepsilon[(x-x')^2+(y-y')^2+z^2]^{3/2}}$$

$$G_2\mid_{z'=0}=\frac{1}{2\pi\varepsilon[(x-x')^2+(y-y')^2+z^2]^{1/2}}$$

分别代入式(2.3.11)和式(2.3.12),得

$$\varphi(\boldsymbol{r})=\frac{1}{4\pi\varepsilon}\iiint\limits_{z'>0}\rho_0(x',y',z')\left(\frac{1}{R}-\frac{1}{R'}\right)\mathrm{d}x'\mathrm{d}y'\mathrm{d}z' + \frac{z}{2\pi}\int_{-\infty}^{\infty}\int_{-\infty}^{\infty}\frac{\varphi(x',y')\mathrm{d}x'\mathrm{d}y'}{[(x-x')^2+(y-y')^2+z^2]^{3/2}} \tag{2.3.18}$$

$$\varphi(\boldsymbol{r})=\frac{1}{4\pi\varepsilon}\iiint\limits_{z'>0}\rho_0(x',y',z')\left(\frac{1}{R}+\frac{1}{R'}\right)\mathrm{d}x'\mathrm{d}y'\mathrm{d}z' - \frac{1}{2\pi}\int_{-\infty}^{\infty}\int_{-\infty}^{\infty}\left.\frac{\partial\varphi(\boldsymbol{r}')}{\partial z'}\right|_{z'=0}\frac{\mathrm{d}x'\mathrm{d}y'}{[(x-x')^2+(y-y')^2+z^2]^{1/2}} \tag{2.3.19}$$

注意,在推导式(2.3.19)右边面积分的过程中,用到关系 $\mathrm{d}n'=-\mathrm{d}z'$ 或 $(\partial\varphi/\partial n')_{z'=0}=-(\partial\varphi/\partial z')_{z'=0}$.

**例 2.4**

如图 2.5 所示,半径为 $a$ 的圆周将无限导体平板切割为彼此绝缘的两个部分,圆内电势为 $V_0$,圆外电势为零,求上半空间(真空)的电势分布,给出远处($r\gg a$)电势的近似结果(精确至$(a/r)$二级小).

**解** 取圆心为坐标原点,$z$ 轴与导体平板垂直,解域为 $z\geqslant 0$. 题目给定下边界($z=0$)电势,属于第一类边值问题,其电势解由式(2.3.18)表示. 考虑到本问题具轴对称性,采用圆柱坐标$(\rho,\phi,z)$取代直角坐标比较方便,成立

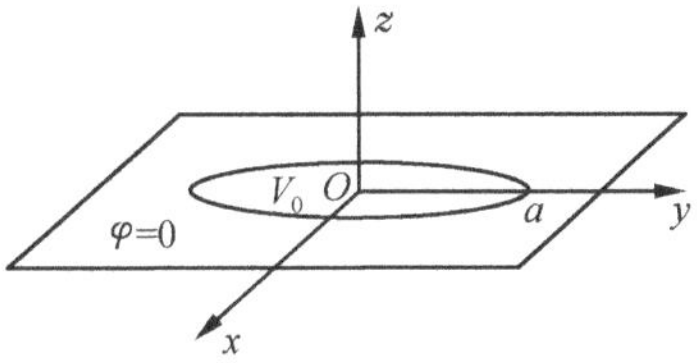


图 2.5

$$(x-x')^2+(y-y')^2=\rho^2+\rho'^2-2\rho\rho'\cos(\phi-\phi')$$

$$\mathrm{d}x'\mathrm{d}y'=\rho'\mathrm{d}\rho'\mathrm{d}\phi',\qquad \varphi(x',y')=\varphi(\rho')=\begin{cases}V_0, & \rho'\leqslant a\\ 0, & \rho'>a\end{cases}$$

在解域内无自由电荷,式(2.3.18)化为

$$\varphi(\boldsymbol{r})=\frac{V_0 z}{2\pi}\int_0^a\rho'\mathrm{d}\rho'\int_0^{2\pi}\frac{\mathrm{d}\phi'}{[\rho^2+z^2+\rho'^2-2\rho\rho'\cos(\phi-\phi')]^{3/2}}$$

上式对 $\phi'$ 积分之后,结果与 $\phi$ 无关,这一结论可以通过积分变元替换 $\phi'-\phi=u$, $\mathrm{d}\phi'=\mathrm{d}u$,以及积分区间$(0,2\pi)$正好为余弦函数的周期去证明. 因此,电势也与方位角 $\phi$ 无关;不妨取 $\phi=0$,将上式写成

$$\varphi(\boldsymbol{r}) = \frac{V_0 z}{2\pi}\int_0^a \rho' \mathrm{d}\rho' \int_0^{2\pi} \frac{\mathrm{d}\phi'}{(\rho^2 + z^2 + \rho'^2 - 2\rho\rho'\cos\phi')^{3/2}}$$

在 $\rho^2+z^2 \gg a^2$ 的近似下，将上式中的被积式作泰勒展开，保留 $\rho'$ 的二级小量，得

$$\begin{aligned}&\frac{1}{(\rho^2 + z^2 + \rho'^2 - 2\rho\rho'\cos\phi')^{3/2}}\\ &= \frac{1}{(\rho^2+z^2)^{3/2}}\left(1+\frac{\rho'^2 - 2\rho\rho'\cos\phi'}{\rho^2+z^2}\right)^{-3/2}\\ &\approx \frac{1}{(\rho^2+z^2)^{3/2}}\left(1-\frac{3}{2}\,\frac{\rho'^2-2\rho\rho'\cos\phi'}{\rho^2+z^2}+\frac{15\rho^2\rho'^2\cos^2\phi'}{2(\rho^2+z^2)^2}\right)\end{aligned}$$

代入原式积分，得

$$\varphi(\rho,z) \approx \frac{V_0 a^2 z}{2(\rho^2+z^2)^{3/2}} - \frac{3V_0 a^4 z}{8(\rho^2+z^2)^{5/2}} + \frac{15V_0\rho^2 a^4 z}{16(\rho^2+z^2)^{7/2}}$$

3. 球外无限空间的第一类边值问题的格林函数和电势解

对于球外无限空间，无简单方法求得第二类边值问题的格林函数. 我们限于讨论第一类边值问题的格林函数，它可以用电像法求得(可参见电磁学中介绍的电像法). 如图 2.6 所示：设球面半径为 $a$，采用球坐标$(r,\theta,\phi)$系，原点位于球心；令场点、源点和像点的位置矢量分别为 $\boldsymbol{r}$、$\boldsymbol{r}'$ 和 $\boldsymbol{r}''$(源点和像点的球心距离满足 $r''=a^2/r'$)，则球外空间第一类边值问题的格林函数为

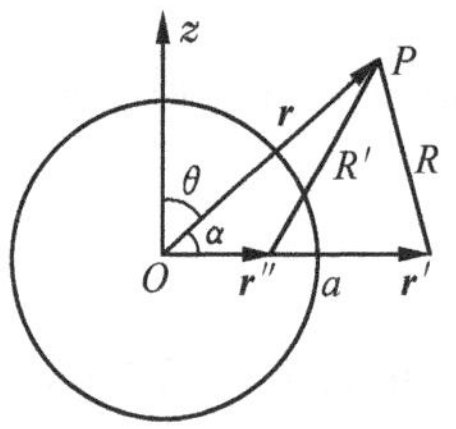


图 2.6

$$G(\boldsymbol{r};\boldsymbol{r}') = \frac{1}{4\pi\varepsilon}\left(\frac{1}{R} - \frac{1}{R''}\right) \tag{2.3.20}$$

其中，

$$R = |\,\boldsymbol{r} - \boldsymbol{r}'\,| = (r^2 + r'^2 - 2rr'\cos\alpha)^{1/2} \tag{2.3.21}$$

$$\cos\alpha = \frac{\boldsymbol{r}\cdot\boldsymbol{r}'}{rr'} = \cos\theta\cos\theta' + \sin\theta\sin\theta'\cos(\phi-\phi') \tag{2.3.22}$$

$$R' = |\,\boldsymbol{r} - \boldsymbol{r}''\,| = \left(r^2 + \frac{a^4}{r'^2} - \frac{2ra^2}{r'}\cos\alpha\right)^{1/2} \tag{2.3.23}$$

$$R'' = \frac{r'R'}{a} = \left(a^2 + \frac{r^2 r'^2}{a^2} - 2rr'\cos\alpha\right)^{1/2} \tag{2.3.24}$$

注意，$R$ 和 $R''$ 均关于 $\boldsymbol{r}$ 和 $\boldsymbol{r}'$ 对称，故由式(2.3.20)表示的格林函数 $G$ 也具对称性. 不难验证，该格林函数满足式(2.3.4)和式(2.3.5). 在边界上，

$$\left.\frac{\partial G}{\partial n'}\right|_{r'=a} = -\left.\frac{\partial G}{\partial r'}\right|_{r'=a} = \frac{a^2 - r^2}{4\pi\varepsilon a(r^2 + a^2 - 2ar\cos\alpha)^{3/2}}$$

第一类边值问题的解由式(2.3.11)给出. 将有关结果代入该式得

$$\begin{aligned}\varphi(\boldsymbol{r}) =& \frac{1}{4\pi\varepsilon}\iiint_{r'>a}\rho_0(\boldsymbol{r}')\left(\frac{1}{R} - \frac{1}{R''}\right)\mathrm{d}V'\\ &+ \frac{a(r^2-a^2)}{4\pi}\int_0^{2\pi}\mathrm{d}\phi'\int_0^{\pi}\frac{\varphi(\theta',\phi')\sin\theta'\mathrm{d}\theta'}{(r^2+a^2-2ar\cos\alpha)^{3/2}}\end{aligned} \tag{2.3.25}$$

4. 球内空间的第一类边值问题的格林函数和电势解

对于球内第一类边值问题，格林函数也为式(2.3.20)，只需对式(2.3.25)作如下修改：(1)体积分域改为球内；(2)因成立 $\partial/\partial n'=\partial/\partial r'$，面积分应予反号. 经修改之后，得球内第一类边值问题的电势解如下：

$$\varphi(\boldsymbol{r})=\frac{1}{4\pi\varepsilon}\iiint_{r'<a}\rho_0(\boldsymbol{r}')\left(\frac{1}{R}-\frac{1}{R''}\right)\mathrm{d}V' + \frac{a(a^2-r^2)}{4\pi}\int_0^{2\pi}\mathrm{d}\phi'\int_0^{\pi}\frac{\varphi(\theta',\phi')\sin\theta'\mathrm{d}\theta'}{(r^2+a^2-2ar\cos\alpha)^{3/2}} \qquad (2.3.26)$$

**例 2.5**

半径为 $a$ 的导体球壳被切成两半，彼此绝缘，分别加上电势 $\pm V_0$，置于真空中. 证明远距离的电场为偶极子场，并给出电偶极矩的表达式.

**解** 本问题属于球外空间第一类边值问题. 取球坐标，原点位于球心，$z$ 轴与切割面垂直，由负 $V_0$ 半球指向正 $V_0$ 半球；球外电势由式(2.3.25)给出. 在 $r\gg a$ 的近似下，有

$$\frac{r^2-a^2}{(r^2+a^2-2ar\cos\alpha)^{3/2}}\approx\frac{r^2}{(r^2-2ar\cos\alpha)^{3/2}}\approx\frac{1}{r}\left(1+\frac{3a}{r}\cos\alpha\right)$$

代入式(2.3.25)得($\rho_0=0$)

$$\varphi=\frac{a}{4\pi r}\int_0^{2\pi}\mathrm{d}\phi'\int_0^{\pi}\varphi(\theta',\phi')\sin\theta'\mathrm{d}\theta'+\frac{3a^2}{4\pi r^2}\int_0^{2\pi}\mathrm{d}\phi'\int_0^{\pi}\varphi(\theta',\phi')\cos\alpha\sin\theta'\mathrm{d}\theta'$$

式中 $\cos\alpha$ 由式(2.3.22)表示. 将边值代入上式之后，可证右边第一项为零，第二项的贡献为

$$\frac{3a^2V_0}{4\pi r^2}\left\{\int_0^{2\pi}\mathrm{d}\phi'\int_0^{\pi/2}[\cos\theta\cos\theta'+\sin\theta\sin\theta'\cos(\phi-\phi')]\sin\theta'\mathrm{d}\theta' - \int_0^{2\pi}\mathrm{d}\phi'\int_{\pi/2}^{\pi}[\cos\theta\cos\theta'+\sin\theta\sin\theta'\cos(\phi-\phi')]\sin\theta'\mathrm{d}\theta'\right\}$$

$$=\frac{3a^2V_0\cos\theta}{2r^2}=\frac{\boldsymbol{p}\cdot\boldsymbol{r}}{4\pi\varepsilon_0 r^3},\qquad \boldsymbol{p}=6\pi\varepsilon_0 a^2V_0\boldsymbol{e}_z$$

远处近似为偶极子场，$\boldsymbol{p}$ 为等效偶极矩.

5. 格林函数法的其他应用

从格林函数法得到的电势积分表达式出发，可得出电势分布特征的某些有趣结论，而不必知道解的细节. 下面举例说明这类应用.

**例 2.6**

证明：对于无源空间任意球面，球面上电势的平均值等于球心电势.

**证** 不妨设球面半径为 $a$，取球心为坐标原点. 利用式(2.3.26)和无源条件求得球心($\boldsymbol{r}=0$)电势与球面电势分布的关系为

$$\varphi(0)=\frac{a^3}{4\pi}\int_0^{2\pi}\mathrm{d}\phi'\int_0^{\pi}\frac{\varphi(\theta',\phi')\sin\theta'\mathrm{d}\theta'}{a^3}=\frac{1}{4\pi a^2}\oiint_{r'=a}\varphi(\theta',\phi')\mathrm{d}\sigma'$$

证毕. 顺便指出，上述结论的一个重要推论是，无源空间的电势分布不可能存在极值点.

**例 2.7**

由导体板围成的立方体真空解域，六个侧面彼此绝缘，其中一个侧面电势为 $V_0$，其余侧面接地，求解域中心的电势.

**解** 乍看起来，本题似乎应该用分离变量法，由得到的解去确定解域中心的电势. 其实，从格林函数法获得的电势积分表达式出发，巧妙利用问题的对称性质，将使计算过程变得非常简单. 我们取立方体中心为坐标原点，由第一类边值问题的电势解(2.3.11)，写出中心电势与侧面电势的关系

$$\varphi(0)=-\varepsilon_0\oiint_S\varphi(\boldsymbol{r}')\frac{\partial G(\boldsymbol{r}';0)}{\partial n'}\mathrm{d}\sigma'=-\varepsilon_0\sum_{i=1}^{6}V_i\iint_{S_i}\frac{\partial G(\boldsymbol{r}';0)}{\partial n'}\mathrm{d}\sigma'$$

其中，$S_i$ 表示第 $i$ 个侧面；$V_i$ 为其电势. 我们虽然未获得格林函数的具体表达式，但由对称性可以判断：上式右边和式中的面积分应与侧面编号无关. 于是有

$$\begin{aligned}\iint_{S_i}\frac{\partial G(\boldsymbol{r}';0)}{\partial n'}\mathrm{d}\sigma'&=\frac{1}{6}\oiint_S\frac{\partial G(\boldsymbol{r}';0)}{\partial n'}\mathrm{d}\sigma'\\&=\frac{1}{6}\iiint_V\nabla'^2G(\boldsymbol{r}';0)\mathrm{d}V'=-\frac{1}{6\varepsilon_0}\end{aligned}$$

在推导过程中用到高斯公式、式(2.3.4′)和 $\delta$ 函数的积分性质. 由上述关系，最终求得中心电势为

$$\varphi(0)=\frac{1}{6}\sum_{i=1}^{6}V_i=\frac{1}{6}V_0$$

## 2.4 多极子电场

对分子、原子和原子核等微观带电体，人们不能测量其内部的电荷分布，故无法通过求解泊松方程或利用库仑定律去直接计算空间电场，二者均需事先给定电荷分布. 对于这些微观带电粒子，只能根据它们在远处激发的电场的特性，去反推电荷分布的整体特征参数，如粒子总电荷、电偶极矩和多极矩. 反过来，知道了粒子电荷分布的一些主要整体特征参数，可直接计算粒子激发的电场，以及它们在外电

场中所受的作用. 本节将粒子电场进行多极展开，直接用粒子电荷、偶极矩和多极矩等进行参数表述，采用的数学工具为泰勒展开.

### 2.4.1 小带电体静电场的多极展开

利用 2.3 节的结果，给定的电荷密度分布在真空中的电势为

$$\varphi(\boldsymbol{r}) = \frac{1}{4\pi\varepsilon_0}\iiint \frac{\rho(\boldsymbol{r}')}{R}\mathrm{d}V' \tag{2.4.1}$$

其中，

$$R = |\boldsymbol{r}-\boldsymbol{r}'| = [(x-x')^2+(y-y')^2+(z-z')^2]^{1/2} \tag{2.4.2}$$

由 $R$ 关于位置矢量 $\boldsymbol{r}$ 和 $\boldsymbol{r}'$ 的对称性，对任意函数 $f(R)$，成立：

$$\begin{aligned}&\nabla' f(R) = -\nabla f(R), \qquad \nabla'\nabla' f(R) = \nabla\nabla f(R)\\ &[\nabla' f(R)]_{r'=0} = -\nabla f(r), \qquad [\nabla'\nabla' f(R)]_{r'=0} = \nabla\nabla f(r)\end{aligned} \tag{2.4.3}$$

其中，$\nabla$ 和 $\nabla'$ 为矢量微分算符，分别作用于 $\boldsymbol{r}$ 和 $\boldsymbol{r}'$.

即便给定电荷密度分布，式(2.4.1)的体积分一般也得不到解析结果. 积分计算的难度在于积分变数包含在分母 $R$ 之中. 通常的简化途径是采用远场近似，对 $1/R$ 进行泰勒展开.

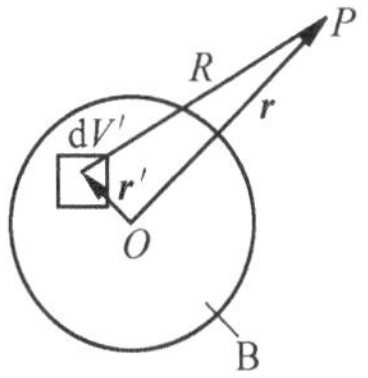


图 2.7

如图 2.7 所示，在带电体 B 内任取一点 $O$ 作为参考点，并取该点为坐标原点，位置矢量 $\boldsymbol{r}$ 和 $\boldsymbol{r}'$ 分别代表场点和源点. 设场点 $P$ 远离带电体，满足 $r \gg r'$. 以坐标原点为参考点，以 $\boldsymbol{r}'$ 为小参数，将 $1/R$ 作泰勒展开. 为表述方便起见，我们启用符号($x_1'$，$x_2'$，$x_3'$)取代($x'$，$y'$，$z'$)，仅保留至二级小，将展开结果表示为

$$\begin{aligned}\frac{1}{R} &\approx \frac{1}{r} + \sum_{i=1}^{3} x_i'\left[\frac{\partial}{\partial x_i'}\left(\frac{1}{R}\right)\right]_{r'=0} + \frac{1}{2}\sum_{i=1}^{3}\sum_{j=1}^{3} x_i'x_j'\left[\frac{\partial^2}{\partial x_i'\partial x_j'}\left(\frac{1}{R}\right)\right]_{r'=0}\\ &= \frac{1}{r} + \boldsymbol{r}'\cdot\left(\nabla'\frac{1}{R}\right)_{r'=0} + \frac{1}{2}\boldsymbol{r}'\boldsymbol{r}' : \left[\nabla'\nabla'\left(\frac{1}{R}\right)\right]_{r'=0}\end{aligned}$$

利用式(2.4.3)，上式化为

$$\frac{1}{R} \approx \frac{1}{r} - \boldsymbol{r}'\cdot\nabla\frac{1}{r} + \frac{1}{2}\boldsymbol{r}'\boldsymbol{r}' : \nabla\nabla\frac{1}{r} \tag{2.4.4}$$

由

$$\nabla\frac{1}{r} = -\frac{\boldsymbol{r}}{r^3}, \qquad -\boldsymbol{r}'\cdot\nabla\frac{1}{r} = \frac{\boldsymbol{r}\cdot\boldsymbol{r}'}{r^3}$$

$$\nabla\nabla\frac{1}{r} = -\nabla\frac{\boldsymbol{r}}{r^3} = \frac{3\boldsymbol{r}\boldsymbol{r}}{r^5} - \frac{\nabla\boldsymbol{r}}{r^3} = \frac{1}{r^5}(3\boldsymbol{r}\boldsymbol{r} - r^2\overleftrightarrow{\boldsymbol{I}}) = \frac{1}{r^3}(3\boldsymbol{e}_r\boldsymbol{e}_r - \overleftrightarrow{\boldsymbol{I}})$$

$$\begin{aligned}\boldsymbol{r}'\boldsymbol{r}' : \nabla\nabla\frac{1}{r} &= \frac{\boldsymbol{r}'\boldsymbol{r}'}{r^3} : (3\boldsymbol{e}_r\boldsymbol{e}_r - \overleftrightarrow{\boldsymbol{I}}) = \frac{1}{r^3}(3\boldsymbol{e}_r\boldsymbol{e}_r : \boldsymbol{r}'\boldsymbol{r}' - r'^2)\\ &= \frac{1}{r^3}(3\boldsymbol{e}_r\boldsymbol{e}_r : \boldsymbol{r}'\boldsymbol{r}' - r'^2\boldsymbol{e}_r\boldsymbol{e}_r : \overleftrightarrow{\boldsymbol{I}}) = \frac{1}{r^3}\boldsymbol{e}_r\boldsymbol{e}_r : (3\boldsymbol{r}'\boldsymbol{r}' - r'^2\overleftrightarrow{\boldsymbol{I}})\end{aligned}$$

可将式(2.4.4)改写成

$$\frac{1}{R}\approx\frac{1}{r}+\frac{\boldsymbol{r}\cdot\boldsymbol{r}'}{r^3}+\frac{1}{2r^3}\boldsymbol{e}_r\boldsymbol{e}_r:(3\boldsymbol{r}'\boldsymbol{r}'-r'^2\overleftrightarrow{\boldsymbol{I}})\tag{2.4.5}$$

将式(2.4.4)和式(2.4.5)分别代入式(2.4.1)之后,$\boldsymbol{r}$ 和 $\boldsymbol{e}_r$ 可提出积分号外,得

$$\varphi\approx\frac{1}{4\pi\varepsilon_0}\left(\frac{Q}{r}-\boldsymbol{p}\cdot\nabla\frac{1}{r}+\frac{1}{2}\overleftrightarrow{\boldsymbol{D}}':\nabla\nabla\frac{1}{r}\right)\tag{2.4.6}$$

$$\varphi\approx\frac{1}{4\pi\varepsilon_0}\left(\frac{Q}{r}+\frac{\boldsymbol{p}\cdot\boldsymbol{e}_r}{r^2}+\frac{1}{2r^3}\overleftrightarrow{\boldsymbol{D}}:\boldsymbol{e}_r\boldsymbol{e}_r\right)\tag{2.4.7}$$

其中,

$$Q=\iiint\rho(\boldsymbol{r}')\mathrm{d}V'\tag{2.4.8}$$

$$\boldsymbol{p}=\iiint\rho(\boldsymbol{r}')\boldsymbol{r}'\mathrm{d}V'\tag{2.4.9}$$

$$\overleftrightarrow{\boldsymbol{D}}'=\iiint\rho(\boldsymbol{r}')\boldsymbol{r}'\boldsymbol{r}'\mathrm{d}V'\tag{2.4.10}$$

$$\overleftrightarrow{\boldsymbol{D}}=\iiint\rho(\boldsymbol{r}')(3\boldsymbol{r}'\boldsymbol{r}'-r'^2\overleftrightarrow{\boldsymbol{I}})\mathrm{d}V'\tag{2.4.11}$$

分别为带电体的零阶矩(总电量)、一阶矩(偶极矩)、二阶矩和四极矩.其中,二阶矩和四极矩均为对称张量,二者之间存在如下关系:

$$\overleftrightarrow{\boldsymbol{D}}=3\overleftrightarrow{\boldsymbol{D}}'-\mathrm{Tr}(\overleftrightarrow{\boldsymbol{D}}')\overleftrightarrow{\boldsymbol{I}}\tag{2.4.12}$$

其中等号右边第一项显而易见,第二项来自

$$\mathrm{Tr}(\overleftrightarrow{\boldsymbol{D}}')=\overleftrightarrow{\boldsymbol{I}}:\overleftrightarrow{\boldsymbol{D}}'=\iiint\rho(\boldsymbol{r}')\boldsymbol{r}'\boldsymbol{r}':\overleftrightarrow{\boldsymbol{I}}\mathrm{d}V'=\iiint\rho(\boldsymbol{r}')r'^2\mathrm{d}V'$$

容易验证,$\overleftrightarrow{\boldsymbol{D}}$ 为无迹张量:$\mathrm{Tr}(\overleftrightarrow{\boldsymbol{D}})=0$.

电势展开式(2.4.7)中的头两项分别对应点电荷和电偶极子的电势

$$\varphi_0=\frac{Q}{4\pi\varepsilon_0 r}\tag{2.4.13}$$

$$\varphi_1=\frac{\boldsymbol{p}\cdot\boldsymbol{r}}{4\pi\varepsilon_0 r^3}\tag{2.4.14}$$

其电场表达式分别为

$$\boldsymbol{E}_0=-\nabla\varphi_0=\frac{Q\boldsymbol{r}}{4\pi\varepsilon_0 r^3}\tag{2.4.15}$$

$$\boldsymbol{E}_1=-\nabla\varphi_1=-\frac{\boldsymbol{p}}{4\pi\varepsilon_0 r^3}+\frac{3(\boldsymbol{p}\cdot\boldsymbol{r})\boldsymbol{r}}{4\pi\varepsilon_0 r^5}\tag{2.4.16}$$

在推导式(2.4.16)过程中用到等式

$$\nabla\left(\frac{\boldsymbol{p}\cdot\boldsymbol{r}}{r^3}\right)=\frac{1}{r^3}(\nabla\boldsymbol{r})\cdot\boldsymbol{p}+(\boldsymbol{p}\cdot\boldsymbol{r})\nabla\frac{1}{r^3}=\frac{\boldsymbol{p}}{r^3}-\frac{3(\boldsymbol{p}\cdot\boldsymbol{r})\boldsymbol{r}}{r^5}$$

电势展开式(2.4.6)或式(2.4.7)中的第三项代表四极子场,其电势表达式分别为

$$\varphi_2 = \frac{1}{8\pi\varepsilon_0}\overleftrightarrow{D}' : \nabla\nabla\frac{1}{r} = \frac{1}{8\pi\varepsilon_0 r^3}\overleftrightarrow{D}' : (3e_r e_r - \overleftrightarrow{I}) \tag{2.4.17}$$

$$\varphi_2 = \frac{1}{8\pi\varepsilon_0 r^3}\overleftrightarrow{D} : e_r e_r \tag{2.4.18}$$

两式彼此等效. 由 $\overleftrightarrow{I} : (3e_r e_r - \overleftrightarrow{I}) = 0$，可见 $\overleftrightarrow{D}'$的迹对电势无贡献，可将式(2.4.17)中的 $\overleftrightarrow{D}'$换成 $\overleftrightarrow{D}/3$，不会给结果带来任何影响

$$\varphi_2 = \frac{1}{24\pi\varepsilon_0}\overleftrightarrow{D} : \nabla\nabla\frac{1}{r} \tag{2.4.19}$$

从式(2.4.18)出发，可求得对应电场为

$$\begin{aligned} E_2 &= -\nabla\varphi_2 = -\frac{1}{8\pi\varepsilon_0}\left(\nabla\frac{1}{r^5}\right)\overleftrightarrow{D} : rr - \frac{1}{8\pi\varepsilon_0 r^5}\nabla(\overleftrightarrow{D} : rr) \\ &= \frac{5(\overleftrightarrow{D} : rr)r}{8\pi\varepsilon_0 r^7} - \frac{r\cdot\overleftrightarrow{D} + \overleftrightarrow{D}\cdot r}{8\pi\varepsilon_0 r^5} = \frac{5(\overleftrightarrow{D} : rr)r}{8\pi\varepsilon_0 r^7} - \frac{r\cdot\overleftrightarrow{D}}{4\pi\varepsilon_0 r^5} \end{aligned} \tag{2.4.20}$$

推导中用到 $\overleftrightarrow{D}$ 的对称性和

$$\begin{aligned} \nabla(\overleftrightarrow{D} : rr) &= e_k\frac{\partial}{\partial x_k}(D_{ij}x_j x_i) = e_k D_{ij}(\delta_{jk}x_i + \delta_{ik}x_j) \\ &= e_k(D_{ik}x_i + D_{kj}x_j) = r\cdot\overleftrightarrow{D} + \overleftrightarrow{D}\cdot r \end{aligned}$$

现在我们解释一下用 $\overleftrightarrow{D}$ 取代二阶矩 $\overleftrightarrow{D}'$作为带电体的四极矩的理由. 首先，通过对比式(2.4.18)和式(2.4.17)，可见用 $\overleftrightarrow{D}$ 表示的四极子场具有较为简单的数学形式. 其次，同为对称张量，$\overleftrightarrow{D}'$有 6 个独立分量，而无迹张量 $\overleftrightarrow{D}$ 只有 5 个独立分量. 当适当选择坐标系实现对称张量对角化时，独立分量的数目分别降至 3 和 2，以至用 $\overleftrightarrow{D}$ 取代 $\overleftrightarrow{D}'$后，需要计算的分量由 3 个减少至 2 个，可显著节约计算量. 最后，也许是最重要的理由在于，四极矩更为确切地反映了四极子场的物理本质. 例如，对一个球对称电荷分布的带电体而言，按式(2.4.10)和式(2.4.11)，$\overleftrightarrow{D}'$和 $\overleftrightarrow{D}$ 均为对角张量，但 $\overleftrightarrow{D}'$的对角元素不为零，而 $\overleftrightarrow{D}$ 的对角元素全为零. 我们知道，球对称电荷在球外的电场与位于球心的点电荷等效，不产生偶极子场、四极子场和更高阶的多极子场. 它的四极矩为零，恰当地反映了这一物理结果. 这时的二阶矩却不为零，说明用二阶矩表述四极子的特性不如用四极矩合理，尽管将该二阶矩代入式(2.4.17)后也会获得零电势的正确结果.

我们注意到，直接由式(2.4.1)算得的电势，在非场源区满足拉普拉斯方程. 下面要问：经多极展开之后，所得到的各阶多极子电势是否也在非场源区满足拉普拉斯方程呢？回答是肯定的. 我们可以从已经求得的各阶多极子电势表达式出发，直接证明它们满足拉普拉斯方程. 我们也可以采取一种更为简便的方法，直接从展开式(2.4.4)出发，利用恒等式 $\nabla^2(1/r) = 0 (r \neq 0)$，以及将算符 $\nabla^2$ 与算符 $r'\cdot\nabla$ 交换顺序直接作用在因子 $1/r$ 之上，从而证明各阶多极子电势均满足拉普拉斯方程.

### 2.4.2 参考点选择的影响

以上对小带电体在远处的电势进行多极展开时,参考点可任意选择,使得带电体的各阶矩具有一定程度的任意性.为分析参考点选择对各阶矩的影响,我们假定将参考点从 $O$ 点移至 $O_1$ 点,对应的位移矢量为 $\boldsymbol{r}_0$,见图 2.8.仍取原参考点 $O$ 为坐标原点,电荷密度仍表为 $\boldsymbol{r}'$ 的函数,即 $\rho=\rho(\boldsymbol{r}')$;在展开式(2.4.4)和式(2.4.5)中的出现的 $\boldsymbol{r}'$,则应换成 $\boldsymbol{r}_1'=\boldsymbol{r}'-\boldsymbol{r}_0$,出现的 $\boldsymbol{r}$ 应换成 $\boldsymbol{r}_1=\boldsymbol{r}-\boldsymbol{r}_0$.与此相应,在式(2.4.9)和式(2.4.10)被积式中单独出现的 $\boldsymbol{r}'$,应换成 $\boldsymbol{r}_1'=\boldsymbol{r}'-\boldsymbol{r}_0$.此时,由式(2.4.8)确定的电量 $Q$ 不受影响.由式(2.4.9)确定的一阶矩或偶极矩变为

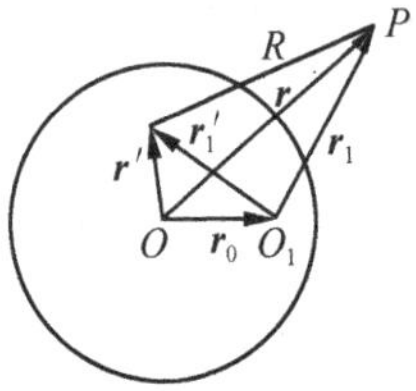


图 2.8

$$\boldsymbol{p}_1=\iiint\rho(\boldsymbol{r}')(\boldsymbol{r}'-\boldsymbol{r}_0)\mathrm{d}V'=\boldsymbol{p}-Q\boldsymbol{r}_0$$

只有当 $Q=0$ 时,才不受影响.由式(2.4.10)确定的二阶矩变为

$$\overleftrightarrow{\boldsymbol{D}}_1'=\iiint\rho(\boldsymbol{r}')(\boldsymbol{r}'-\boldsymbol{r}_0)(\boldsymbol{r}'-\boldsymbol{r}_0)\mathrm{d}V'=\overleftrightarrow{\boldsymbol{D}}'-\boldsymbol{p}\boldsymbol{r}_0-\boldsymbol{r}_0\boldsymbol{p}+Q\boldsymbol{r}_0\boldsymbol{r}_0$$

只有当 $Q$ 和 $\boldsymbol{p}$ 同时为零时,才不受影响,相应由式(2.4.12)确定的四极矩也不受影响.可以一般地证明,对直到 $n$ 阶矩为零的带电体,$(n+1)$阶矩将不受参考点选择的影响.随着阶数的增加,多极矩的电势随距离衰减加快,通常只需考虑小带电体的最低阶矩对电势的贡献,它的数值与参考点选择无关.此外,当移动参考点时,将同时改变考察点 $P$ 相对参考点的位置矢量 $\boldsymbol{r}_1$,后者将取代 $\boldsymbol{r}$,出现在前述电势的多极展开式中.与此相应,各阶矩对电势的相对贡献也会发生变化,但不会影响电势多极展开式(2.4.6)和式(2.4.7)的有效性.一般来说,我们将参考点选在带电体的中心位置.

### 2.4.3 点电荷丛的多极矩

对若干个点电荷构成的带电系统,设第 $i$ 个电荷的电量为 $q_i$,相对参考点的位置矢量为 $\boldsymbol{r}_i$,则各阶矩的积分定义式(2.4.8)~式(2.4.11)分别化为

$$Q=\sum_i q_i \tag{2.4.21}$$

$$\boldsymbol{p}=\sum_i q_i\boldsymbol{r}_i \tag{2.4.22}$$

$$\overleftrightarrow{\boldsymbol{D}}'=\sum_i q_i\boldsymbol{r}_i\boldsymbol{r}_i \tag{2.4.23}$$

$$\overleftrightarrow{\boldsymbol{D}}=\sum_i q_i(3\boldsymbol{r}_i\boldsymbol{r}_i-r_i^2\overleftrightarrow{\boldsymbol{I}}) \tag{2.4.24}$$

式中的求和遍及所有点电荷.

### 2.4.4 四极矩及四极子电势计算举例

对电量和偶极矩的计算比较简单,相应点电荷和偶极子的电势在电磁学中已

经作过讨论.下面限于四极矩及其电势的计算.原子核一类微观带电粒子具有确定的宇称,即相对坐标反射的对称性,导致电偶极矩为零,所产生的电场近似由单极子场和四极子场叠加而成.因此,电四极矩是反映这类微观粒子电磁特性的重要参数.

**例 2.8**

计算图2.9所示的点电荷丛的四极矩及其电势.

**解** 系统包含4个点电荷,电量分别为$\pm q$,全部位于$z$轴上,坐标分别为$z=\pm(l+d)/2$和$\pm(l-d)/2$.易证系统的总电量和偶极矩为零,最低阶非零矩为四极矩,它与参考点选择无关.不妨取坐标原点$O$作参考点,该点处于点电荷丛的中心位置.由于全部电荷位于$z$轴上,四极矩只有对角分量,且成立

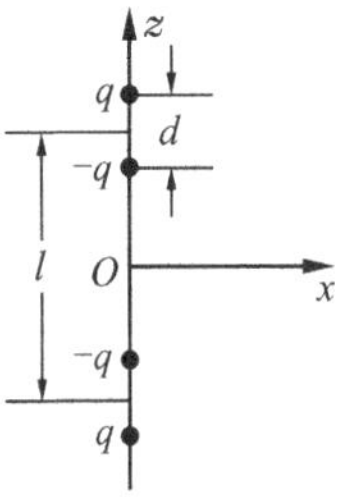

图 2.9

$$D_{11}=D_{22},\qquad D_{11}+D_{22}+D_{33}=0,\qquad D_{11}=-D_{33}/2$$

只需计算$D_{33}$.由式(2.4.24)得

$$D_{33}=\sum_i q_i(3z_i^2-z_i^2)=2\sum_i q_i z_i^2$$

$$=2q\left[\frac{(l+d)^2}{4}-\frac{(l-d)^2}{4}-\frac{(l-d)^2}{4}+\frac{(l+d)^2}{4}\right]=4qld$$

据此求得$D_{11}=D_{22}=-2qld$.代入式(2.4.18)得

$$\varphi_2=\frac{1}{8\pi\varepsilon_0 r^5}\overleftrightarrow{\boldsymbol{D}}:\boldsymbol{rr}=\frac{2qld}{8\pi\varepsilon_0 r^5}(-x^2-y^2+2z^2)$$

$$=\frac{qld}{4\pi\varepsilon_0 r^3}(3\cos^2\theta-1)$$

式中,$\theta$为考察点矢径与$z$轴之间的夹角.

**例 2.9**

对于非球对称原子核,人们常采用具有均匀电荷分布的旋转椭球加以逼近.设原子核电量为$Q$,沿对称轴方向的半轴为$b$,垂直方向的半轴为$a$,求原子核的四极矩和总电势.

**解** 取圆柱坐标$(\rho,\phi,z)$,坐标原点位于原子核中心,$z$轴沿对称轴方向,则用来逼近原子核的旋转椭球满足如下方程:

$$(\rho/a)^2+(z/b)^2=1$$

椭球体积为$4\pi a^2b/3$,电荷密度为$\rho_0=3Q/(4\pi a^2 b)$.由电荷分布的对称性质,可判断四极矩只有对角分量,且$D_{11}=D_{22}=-D_{33}/2$,只需计算$D_{33}$.由式(2.4.11)得

$$D_{33}=\rho_0\iiint(3z^2-r^2)\mathrm{d}V=2\rho_0\int_0^{2\pi}\mathrm{d}\phi\int_0^b\mathrm{d}z\int_0^{a\sqrt{b^2-z^2}/b}\rho(2z^2-\rho^2)\mathrm{d}\rho$$

$$=\frac{8\pi a^2 b\rho_0}{15}(b^2-a^2)=\frac{2Q}{5}(b^2-a^2)$$

代入式(2.4.18)得四极子电势

$$\varphi_2=\frac{1}{8\pi\varepsilon_0 r^5}\overleftrightarrow{\boldsymbol{D}}:\boldsymbol{rr}=\frac{1}{8\pi\varepsilon_0 r^5}(D_{11}x^2+D_{22}y^2+D_{33}z^2)$$

$$=\frac{D_{33}}{16\pi\varepsilon_0 r^5}(-\rho^2+2z^2)=\frac{Q(b^2-a^2)}{40\pi\varepsilon_0 r^3}(3\cos^2\theta-1)$$

加上单极子电势，求得原子核产生的总电势为

$$\varphi=\frac{Q}{4\pi\varepsilon_0}\left[\frac{1}{r}+\frac{b^2-a^2}{10r^3}(3\cos^2\theta-1)\right]$$

式中，$\theta$ 为考察点矢径与 $z$ 轴之间的夹角.

### *2.4.5 电多极子在外电场中所受的力和力矩

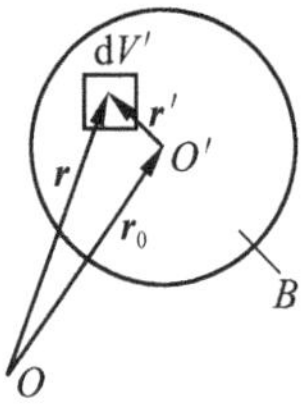


图 2.10

利用泰勒展开法不仅可以计算小带电体在远处的电场，而且可以计算它在外电场中所受的力和力矩. 如图 2.10 所示，采用两个坐标系：一个用来描述外电场 $\boldsymbol{E}_e$ 的空间分布，它以空间任意点 $O$ 为原点，相应的位置矢量为 $\boldsymbol{r}$，$\boldsymbol{E}_e=\boldsymbol{E}_e(\boldsymbol{r})$；另一个用来描述带电体的电荷分布，其原点 $O'$ 取在带电体上，相应的位置矢量为 $\boldsymbol{r}'$，带电体的电荷密度为 $\rho(\boldsymbol{r}')$. 设以 $O$ 为起点、$O'$ 为终点的矢量为 $\boldsymbol{r}_0$，成立 $\boldsymbol{r}=\boldsymbol{r}_0+\boldsymbol{r}'$. 带电体所受的力和力矩的表达式如下：

$$\boldsymbol{F}=\iiint\rho(\boldsymbol{r}')\boldsymbol{E}_e(\boldsymbol{r})\mathrm{d}V' \tag{2.4.25}$$

$$\boldsymbol{M}=\iiint\rho(\boldsymbol{r}')\boldsymbol{r}'\times\boldsymbol{E}_e(\boldsymbol{r})\mathrm{d}V' \tag{2.4.26}$$

其中，体积分对 $\boldsymbol{r}'$ 进行，力矩以 $O'$ 为参考点. 下面使用小带电体近似，将 $\boldsymbol{E}_e(\boldsymbol{r})$ 相对参考点 $O'$ 作泰勒展开

$$\boldsymbol{E}_e(\boldsymbol{r})\approx\boldsymbol{E}_e(\boldsymbol{r}_0)+\boldsymbol{r}'\cdot[\nabla\boldsymbol{E}_e(\boldsymbol{r})]_{\boldsymbol{r}=\boldsymbol{r}_0}+\frac{1}{2}\boldsymbol{r}'\boldsymbol{r}':[\nabla\nabla\boldsymbol{E}_e(\boldsymbol{r})]_{\boldsymbol{r}=\boldsymbol{r}_0}$$

$$=\boldsymbol{E}_e(\boldsymbol{r}_0)+\boldsymbol{r}'\cdot\nabla_0\boldsymbol{E}_e(\boldsymbol{r}_0)+\frac{1}{2}\boldsymbol{r}'\boldsymbol{r}':\nabla_0\nabla_0\boldsymbol{E}_e(\boldsymbol{r}_0) \tag{2.4.27}$$

推导中用到算符等式 $\nabla=\nabla_0$. 将式(2.4.27)代入式(2.4.25)，得

$$\boldsymbol{F}\approx Q\boldsymbol{E}_e(\boldsymbol{r}_0)+\boldsymbol{p}\cdot\nabla_0\boldsymbol{E}_e(\boldsymbol{r}_0)+\frac{1}{2}\overleftrightarrow{\boldsymbol{D}}':\nabla_0\nabla_0\boldsymbol{E}_e(\boldsymbol{r}_0)$$

其中，$Q$、$\boldsymbol{p}$ 和 $\overleftrightarrow{\boldsymbol{D}}'$ 分别为带电体的电量、偶极矩和二阶矩. 于是，我们可分别写出点电荷、电偶极子和电四极子在外电场中的受力公式. 为表述简便起见，不妨略去矢

量微分算符和位置矢量的下标 0(相应 $\boldsymbol{E}_e$ 将作为 $\boldsymbol{r}$ 的函数),结果如下:

$$\boldsymbol{F}_0 = Q\boldsymbol{E}_e, \qquad \boldsymbol{F}_1 = \boldsymbol{p}\cdot\nabla\boldsymbol{E}_e \tag{2.4.28}$$

$$\boldsymbol{F}_2 = \frac{1}{2}\overset{\leftrightarrow}{\boldsymbol{D}}' : \nabla\nabla\boldsymbol{E}_e = \frac{1}{6}\overset{\leftrightarrow}{\boldsymbol{D}} : \nabla\nabla\boldsymbol{E}_e \tag{2.4.29}$$

在推导式(2.4.29)的后一等式的过程中,用到外电场的旋度和散度在带电体内为零的性质,具体体现在下述推导中:

$$\overset{\leftrightarrow}{\boldsymbol{I}} : \nabla\nabla\boldsymbol{E}_e = \nabla^2\boldsymbol{E}_e = -\nabla\times(\nabla\times\boldsymbol{E}_e) + \nabla(\nabla\cdot\boldsymbol{E}_e) = 0$$

它导致二阶矩 $\overset{\leftrightarrow}{\boldsymbol{D}}'$ 的迹对电四极子受力的贡献为零.

将式(2.4.27)代入式(2.4.26),求得的力矩为如下三项之和:

$$\boldsymbol{M}_1 = \iiint\rho(\boldsymbol{r}')\boldsymbol{r}'\times\boldsymbol{E}_e(\boldsymbol{r}_0)\mathrm{d}V' \tag{2.4.30}$$

$$\boldsymbol{M}_2 = \iiint\rho(\boldsymbol{r}')\boldsymbol{r}'\times[\boldsymbol{r}'\cdot\nabla_0\boldsymbol{E}_e(\boldsymbol{r}_0)]\mathrm{d}V' \tag{2.4.31}$$

$$\boldsymbol{M}_3 = \frac{1}{2}\iiint\rho(\boldsymbol{r}')\boldsymbol{r}'\times[\boldsymbol{r}'\boldsymbol{r}' : \nabla_0\nabla_0\boldsymbol{E}_e(\boldsymbol{r}_0)]\mathrm{d}V' \tag{2.4.32}$$

其中体积分对 $\boldsymbol{r}'$ 进行. 由式(2.4.30)和式(2.4.31)求得结果为

$$\boldsymbol{M}_1 = \boldsymbol{p}\times\boldsymbol{E}_e \tag{2.4.33}$$

$$\boldsymbol{M}_2 = (\overset{\leftrightarrow}{\boldsymbol{D}}'\cdot\nabla)\times\boldsymbol{E}_e = \nabla\cdot(\overset{\leftrightarrow}{\boldsymbol{D}}'\times\boldsymbol{E}_e) \tag{2.4.34}$$

分别是电偶极子和电四极子受的力矩. 式(2.4.34)可由第 1 章 1.1 节介绍的"下标法"或"符号法"证明,其中要用到 $\overset{\leftrightarrow}{\boldsymbol{D}}'$ 为常对称张量的条件. 顺便指出,式(2.4.32)表示电八极子受的力矩;既然我们对电多极子的讨论限于四极子,对它不作进一步分析. 由 $(\overset{\leftrightarrow}{\boldsymbol{I}}\cdot\nabla)\times\boldsymbol{E}_e = \nabla\times\boldsymbol{E}_e = 0$,可知二阶矩 $\overset{\leftrightarrow}{\boldsymbol{D}}'$ 的迹对电四极子所受力矩的贡献为零,因此可用 $\overset{\leftrightarrow}{\boldsymbol{D}}/3$ 取代 $\overset{\leftrightarrow}{\boldsymbol{D}}'$,将式(2.4.34)改写为

$$\boldsymbol{M}_2 = \frac{1}{3}(\overset{\leftrightarrow}{\boldsymbol{D}}\cdot\nabla)\times\boldsymbol{E}_e = \frac{1}{3}\nabla\cdot(\overset{\leftrightarrow}{\boldsymbol{D}}\times\boldsymbol{E}_e) \tag{2.4.35}$$

## *2.5 静 电 能

关于静电能,电磁学曾经从静电力做功出发,推得用电势表达的静电能公式;通过对平行板电容器静电能的分析,将静电能公式改写为直接用场表示的形式. 我们这里单辟一节重新讨论静电场的静电能,针对线性介质中的静电场,以一种更为严格的方式导出直接用场表示的静电能公式及能量守恒关系,举例说明由静电能变化求功的计算方法,介绍一般均匀介质中的静电场热力学的基本方程及其简单应用.

### 2.5.1 静电能基本公式

1. 推导过程

在移动自由电荷建立电场的过程中,被移动的电荷会产生随时间变化的电磁

场.严格的能量分析应当从第1章1.4节的一般能量守恒关系出发,在静电场近似下进行简化,最终获得电磁学中的结果.

对于线性介质,第1章1.4节导出如下能量守恒关系:

$$\frac{\mathrm{d}W_m}{\mathrm{d}t}+\frac{\mathrm{d}}{\mathrm{d}t}\iiint_V w\mathrm{d}V=-\oint\!\!\!\oint_S \boldsymbol{S}\cdot\mathrm{d}\boldsymbol{\sigma} \tag{2.5.1}$$

其中,$W_m$ 为机械能;$w$ 和 $\boldsymbol{S}$ 分别为电磁能量密度和能流密度,其表达式如下:

$$w=\frac{1}{2}(\boldsymbol{D}\cdot\boldsymbol{E}+\boldsymbol{B}\cdot\boldsymbol{H}) \tag{2.5.2}$$

$$\boldsymbol{S}=\boldsymbol{E}\times\boldsymbol{H} \tag{2.5.3}$$

下面采用静电场近似,目的之一在于从式(2.5.1)中略去右边的面积分项,该项表示由电磁辐射引起的能量损失;目的之二在于从总电磁能变化中略去磁场的贡献,从而系统电磁能的变化归结为电场能的变化.为实现第一个目标,只需假定自由电荷的移动过程为准静态,电荷的加速度很小,以至辐射损失可以忽略不计(见第6章).为实现第二个目标,只需假定电荷的始末态处于静止,相应电流和磁场均为零.取 $V$ 为全空间,将机械能的减小等效地说成是外界对电场做功,功率等于机械能的时间衰减率,即 $P'=-\mathrm{d}W_m/\mathrm{d}t$.这时,式(2.5.1)简化为

$$\frac{\mathrm{d}W}{\mathrm{d}t}=P' \quad 或 \quad \Delta W=A' \tag{2.5.4}$$

其中,

$$W=\frac{1}{2}\iiint\boldsymbol{D}\cdot\boldsymbol{E}\mathrm{d}V \tag{2.5.5}$$

$W$ 为系统静电能;$\Delta W$ 表示静电能的增量;$A'$为外界对静电系统做功.通过计算系统静电能的增量,可以直接求出外界对系统所做的功,而不必涉及过程细节,从而大大简化计算.

与式(2.5.5)对应的能量密度为 $w=\boldsymbol{D}\cdot\boldsymbol{E}/2$,它包括两项:

$$w=\frac{1}{2}\boldsymbol{D}\cdot\boldsymbol{E}=\frac{1}{2}\varepsilon_0E^2+\frac{1}{2}\boldsymbol{P}\cdot\boldsymbol{E} \tag{2.5.6}$$

第一项为静电能密度,第二项为线性介质的极化能密度(见第1章1.4节).

2. 静电能公式的转换

在电磁学中,直接导出的电场能量密度用电势表示,与式(2.5.5)对应的公式为

$$W=\frac{1}{2}\iiint\rho_0\varphi\mathrm{d}V \tag{2.5.7}$$

利用静电场方程和高斯公式,可由式(2.5.5)导出式(2.5.7),步骤如下.由

$$\begin{aligned}\frac{1}{2}\iiint\boldsymbol{D}\cdot\boldsymbol{E}\mathrm{d}V&=-\frac{1}{2}\iiint\boldsymbol{D}\cdot\nabla\varphi\mathrm{d}V=-\frac{1}{2}\iiint\nabla\cdot(\varphi\boldsymbol{D})\mathrm{d}V+\frac{1}{2}\iiint\varphi\nabla\cdot\boldsymbol{D}\mathrm{d}V\\&=\frac{1}{2}\iiint\rho_0\varphi\mathrm{d}V-\frac{1}{2}\oint\!\!\!\oint\varphi\boldsymbol{D}\cdot\mathrm{d}\boldsymbol{\sigma}\end{aligned}$$

其中积分域为全空间. 由无限远的正则条件，上式右边的面积分项为零，从而由式(2.5.5)推得式(2.5.7). 注意，式(2.5.7)中的 $\rho_0$ 为自由电荷密度，$\varphi$ 为总电势；后者由自由电荷及可能出现的束缚和感应电荷共同产生.

**例 2.10**

将电量为 $e$ 的带电粒子从无限远移至内径为 $R$、厚度为 $t$、电量为 $Q$ 的空心导体球壳的球心位置，求外界做功.

**解** 系统的始态由无限远离的带电粒子和带电导体球壳组成，其能量为带电粒子静电能 $W_e$ 和带电导体球壳静电能之和. 对于孤立带电导体球壳，电荷将均匀分布于其外表面(半径为 $R+t$)，其静电能易于计算. 最终求得系统初始能量为

$$W_0 = W_e + \frac{Q^2}{8\pi\varepsilon_0(R+t)}$$

系统末态由位于球心的带电粒子和带电导体球壳构成，二者产生的电势分别设为 $\varphi_1$ 和 $\varphi_2$，总电势为 $\varphi=\varphi_1+\varphi_2$. 由对称性，可判断带电导体球壳电荷均匀分布在内、外表面上，电量分别为 $-e$ 和 $Q+e$；电势只是离球心距离的函数. 系统末态能量为

$$\begin{aligned} W &= \frac{1}{2}\iiint \rho_0\varphi \mathrm{d}V = \frac{1}{2}\iiint(\rho_{01}+\rho_{02})(\varphi_1+\varphi_2)\mathrm{d}V \\ &= \frac{1}{2}\iiint \rho_{01}\varphi_1 \mathrm{d}V + \frac{1}{2}\iiint \rho_{01}\varphi_2 \mathrm{d}V + \frac{1}{2}\iiint \rho_{02}\varphi \mathrm{d}V \\ &= W_e + \frac{1}{2}e\varphi_2(0) + \frac{1}{2}Q\varphi(R) \end{aligned}$$

在推导中，假定带电粒子的电荷密度分布 $\rho_{01}$ 及其电势 $\varphi_1$ 不受带电导体球壳的影响，其静电能仍为 $W_e$，对应上式右边第一项. 第二项涉及的前提是：带电粒子线度远小于导体球壳内径，导体球壳在粒子处产生的电势近似在球心取值. 第三项的推导基于导体球壳的等势性. 下面的任务是计算总电势的径向分布. 一个简便的方法是运用电场的高斯定理计算电场 $\boldsymbol{E}=E\boldsymbol{e}_r$，然后积分求电势 $\varphi$. 结果为

$$E = \begin{cases} \dfrac{Q+e}{4\pi\varepsilon_0 r^2}, & r \geqslant R+t \\ 0, & R \leqslant r < R+t \\ \dfrac{e}{4\pi\varepsilon_0 r^2}, & r < R \end{cases}$$

$$\varphi = \begin{cases} \dfrac{Q+e}{4\pi\varepsilon_0 r}, & r \geqslant R+t \\ \dfrac{Q+e}{4\pi\varepsilon_0(R+t)}, & R \leqslant r < R+t \\ \dfrac{Q+e}{4\pi\varepsilon_0(R+t)} + \dfrac{e(R-r)}{4\pi\varepsilon_0 Rr}, & r < R \end{cases}$$

由上式求得导体球壳在球内($r<R$)产生的电势为常数

$$\varphi_2=\varphi-\varphi_1=\frac{Q+e}{4\pi\varepsilon_0(R+t)}+\frac{e(R-r)}{4\pi\varepsilon_0 Rr}-\frac{e}{4\pi\varepsilon_0 r}$$

$$=\frac{Q+e}{4\pi\varepsilon_0(R+t)}-\frac{e}{4\pi\varepsilon_0 R}$$

该常数即为 $\varphi_2(0)$；同时求得 $r=R$ 处的总电势为

$$\varphi(R)=\frac{Q+e}{4\pi\varepsilon_0(R+t)}$$

由上述结果求得末态能量 $W$，并最终求得外界做功

$$A'=W-W_0=\frac{e}{8\pi\varepsilon_0}\left(\frac{2Q+e}{R+t}-\frac{e}{R}\right)$$

## 例 2.11

将半径为 $a$、介电常量为 $\varepsilon$ 的小介质球从无限远移至外场 $\boldsymbol{E}_0$ 中，求外界做功.

**解** 本题与上题的区别在于，移入外电场中的介质球将出现束缚电荷，但这不影响我们使用式(2.5.4)计算外界做功. 从表面上看，计算系统的能量及其增量，需要知道激发外场的自由电荷分布；题目只是给定外电场 $\boldsymbol{E}_0$，并未给定对应的自由电荷分布，计算无法进行下去. 其实，我们并不需要知道与外场相关的自由电荷的确切分布，只要明确该分布不因介质球的移入而出现任何改变即可. 题目虽然未指明，但隐含这一假定. 不妨设产生外场的自由电荷分布由密度 $\rho_0$ 表示，相应的电势为 $\varphi_0$，其静电能为

$$W_0=\frac{1}{2}\iiint\rho_0\varphi_0\,\mathrm{d}V$$

位于无限远的介质球处于未极化状态，其静电能为零，于是 $W_0$ 也代表系统的初始静电能. 设介质球的极化电荷密度为 $\rho_1$，由它产生的电势为 $\varphi_1$，则系统末态静电能为

$$W=\frac{1}{2}\iiint\rho_0(\varphi_0+\varphi_1)\,\mathrm{d}V=W_0+\frac{1}{2}\iiint\rho_0\varphi_1\,\mathrm{d}V$$

为了计算上式右边第二项，可利用电势的库仑积分表达式证明下述对易关系：

$$\frac{1}{2}\iiint\rho_0\varphi_1\,\mathrm{d}V=\frac{1}{2}\iiint\rho_1\varphi_0\,\mathrm{d}V$$

然后，由介质球的极化强度 $\boldsymbol{P}$ 算得束缚体电荷密度 $\rho_1=-\nabla\cdot\boldsymbol{P}$ 和束缚面电荷密度 $\sigma_1=\boldsymbol{n}\cdot\boldsymbol{P}$，于是有

$$\frac{1}{2}\iiint_{r\leqslant a}\rho_1\varphi_0\,\mathrm{d}V=\frac{1}{2}\oiint_{r=a}\varphi_0\boldsymbol{P}\cdot\mathrm{d}\boldsymbol{\sigma}-\frac{1}{2}\iiint_{r<a}\varphi_0\,\nabla\cdot\boldsymbol{P}\mathrm{d}V$$

$$=\frac{1}{2}\iiint_{r<a}[\nabla\cdot(\varphi_0\boldsymbol{P})-\varphi_0\,\nabla\cdot\boldsymbol{P}]\mathrm{d}V=\iiint_{r<a}\frac{\boldsymbol{P}}{2}\cdot\nabla\varphi_0\,\mathrm{d}V$$

$$= \frac{1}{2}\nabla\varphi_0 \cdot \iiint_{r<a} \boldsymbol{P}\mathrm{d}V \approx -\frac{1}{2}\boldsymbol{p}\cdot\boldsymbol{E}_0$$

其中，$\boldsymbol{p}$ 为介质球的电偶极矩，推导中用到高斯公式和小球近似. 由 2.2 节例 2.3 的结果

$$\boldsymbol{p} = \frac{4\pi a^3}{3}\boldsymbol{P} = \frac{4\pi\varepsilon_0(\varepsilon-\varepsilon_0)a^3}{\varepsilon+2\varepsilon_0}\boldsymbol{E}_0$$

求得外界做功为

$$A' = W - W_0 = -\frac{2\pi\varepsilon_0(\varepsilon-\varepsilon_0)a^3}{\varepsilon+2\varepsilon_0}E_0^2$$

该功为负，表明介质球被外电场吸入其中.

### 2.5.2 小带电体在外电场中的静电能

当系统由场源给定的外电场和处在其中的、电荷分布不变的带电体所构成时，外电场的静电能和带电体自身的静电能将固定不变，带电体的位置移动仅仅导致它和外场之间的相互作用能发生变化. 在这种情况下，可将这一相互作用能定义为带电体在外电场中的静电能. 由电磁学的结果，该静电能用带电体的电荷密度 $\rho$ 和外电场的电势 $\varphi_e$ 表示

$$W = \iiint \rho(\boldsymbol{r}')\varphi_e(\boldsymbol{r})\mathrm{d}V' \tag{2.5.8}$$

其中，$\boldsymbol{r}'$ 和 $\boldsymbol{r}$ 的定义见 2.4 节的图 2.10：$\boldsymbol{r}'$ 为相对带电体内参考点 $O'$ 的位置矢量，$\boldsymbol{r}$ 为相对坐标原点 $O$ 的位置矢量，$\boldsymbol{r}=\boldsymbol{r}_0+\boldsymbol{r}'$，$\boldsymbol{r}_0$ 是以 $O$ 为起点、$O'$ 为终点的矢量. 下面使用小带电体近似. 仿照 2.4 节的做法，将电势 $\varphi_e(\boldsymbol{r})$ 相对参考点 $O'$ 作泰勒展开（比较式(2.4.27)）：

$$\begin{aligned}\varphi_e(\boldsymbol{r}) &\approx \varphi_e(\boldsymbol{r}_0) + \boldsymbol{r}'\cdot[\nabla\varphi_e(\boldsymbol{r})]_{\boldsymbol{r}=\boldsymbol{r}_0} + \frac{1}{2}\boldsymbol{r}'\boldsymbol{r}' : [\nabla\nabla\varphi_e(\boldsymbol{r})]_{\boldsymbol{r}=\boldsymbol{r}_0} \\ &= \varphi_e(\boldsymbol{r}_0) + \boldsymbol{r}'\cdot\nabla_0\varphi_e(\boldsymbol{r}_0) + \frac{1}{2}\boldsymbol{r}'\boldsymbol{r}' : \nabla_0\nabla_0\varphi_e(\boldsymbol{r}_0)\end{aligned}$$

代入式(2.5.8)得

$$W \approx Q\varphi_e(\boldsymbol{r}_0) + \boldsymbol{p}\cdot\nabla_0\varphi_e(\boldsymbol{r}_0) + \frac{1}{2}\overleftrightarrow{\boldsymbol{D}}' : \nabla_0\nabla_0\varphi_e(\boldsymbol{r}_0) \tag{2.5.9}$$

其中，$Q$、$\boldsymbol{p}$ 和 $\overleftrightarrow{\boldsymbol{D}}'$ 分别为带电体的电量、电偶极矩和二阶矩，其定义见 2.4 节式(2.4.8)～式(2.4.10). 式(2.5.9)右边头两项分别代表点电荷和电偶极子在外电场中的静电能

$$W_0 = Q\varphi_e \tag{2.5.10}$$

$$W_1 = -\boldsymbol{p}\cdot\boldsymbol{E}_e \tag{2.5.11}$$

它们已在电磁学中提到过. 下面着重分析式(2.5.9)右边第三项. 注意到

$$\overleftrightarrow{\boldsymbol{D}} = 3\overleftrightarrow{\boldsymbol{D}}' - \mathrm{Tr}(\overleftrightarrow{\boldsymbol{D}}')\overleftrightarrow{\boldsymbol{I}}$$

$$\overleftrightarrow{\boldsymbol{I}} : \nabla_0\nabla_0\varphi_e(\boldsymbol{r}_0) = \nabla_0^2\varphi_e(\boldsymbol{r}_0)$$

同时假定带电体所在位置不存在外场场源，即 $\nabla_0^2\varphi_e(\boldsymbol{r}_0)=0$，则式(2.5.9)第三项可

等效地写为

$$W_2 = -\frac{1}{2}\overleftrightarrow{D}' : \nabla \boldsymbol{E}_e = -\frac{1}{6}\overleftrightarrow{D} : \nabla \boldsymbol{E}_e \tag{2.5.12}$$

其中，已将$\nabla_0$的下标 0 略去，相应 $\boldsymbol{E}_e$ 被视为 $\boldsymbol{r}$ 的函数；$W_2$ 表示四极子在外场中的静电能．有趣的是，四极子只有在非均匀电场中才具有静电能．该能量可用微波技术进行测量，从而确定原子核的四极矩．

顺便指出，由式(2.4.25)表示的力和由本节式(2.5.8)表示的静电能之间满足如下关系：

$$\boldsymbol{F} = -\nabla_0 W \tag{2.5.13}$$

这对应力学中的虚功原理．直接将式(2.5.8)对 $\boldsymbol{r}_0$ 进行梯度运算，即可证明式(2.5.13)．与此相应，2.4 节导出的点电荷、电偶极子和电四极子的受力公式(2.4.28)和式(2.4.29)，可分别由它们各自在外电场中的静电能的负梯度求得，即(以下将$\nabla_0$略写为$\nabla$)

$$\boldsymbol{F}_0 = -\nabla W_0 = Q\boldsymbol{E}_e, \qquad \boldsymbol{F}_1 = -\nabla W_1 = \boldsymbol{p}\cdot\nabla\boldsymbol{E}_e$$

$$\boldsymbol{F}_2 = -\nabla W_2 = \frac{1}{2}\overleftrightarrow{D}' : \nabla\nabla\boldsymbol{E}_e = \frac{1}{6}\overleftrightarrow{D} : \nabla\nabla\boldsymbol{E}_e$$

在以上推导中用到外电场在带电体内的旋度为零的性质．说具体一点，即

$$\nabla(\boldsymbol{p}\cdot\boldsymbol{E}_e) = \boldsymbol{p}\cdot\nabla\boldsymbol{E}_e + \boldsymbol{p}\times(\nabla\times\boldsymbol{E}_e) = \boldsymbol{p}\cdot\nabla\boldsymbol{E}_e$$

$$\nabla(\overleftrightarrow{D} : \nabla\boldsymbol{E}_e) = \overleftrightarrow{D} : \nabla\nabla\boldsymbol{E}_e$$

后一式的证明见第 1 章 1.1 节例 1.5．

### 2.5.3 静电场热力学

在以上关于静电能的分析中假定介质线性．对非线性介质，按式(2.5.2)定义的电磁能密度和按式(2.5.6)定义的静电能密度均失去意义．在这种情况下，我们需要从热力学定律出发进行能量分析，属于静电场热力学的讨论范围．

由第 1 章 1.4 节的一般结果，可直接写出静电场热力学的基本方程．对具有单位体积的不可压缩的静电均匀系统，成立

$$\mathrm{d}U = \delta Q + \boldsymbol{E}\cdot\mathrm{d}\boldsymbol{P} \tag{2.5.14}$$

其中，$U$ 为内能；$Q$ 为热量；$\boldsymbol{E}\cdot\mathrm{d}\boldsymbol{P}$ 为电场对介质做的极化元功．对可逆过程，成立 $\delta Q = T\mathrm{d}S$($T$ 为温度，$S$ 为熵)，式(2.5.14)化为

$$\mathrm{d}U = T\mathrm{d}S + \boldsymbol{E}\cdot\mathrm{d}\boldsymbol{P} \tag{2.5.15}$$

下面举例说明热力学方程(2.5.14)和热力学方程(2.5.15)的应用．

**例 2.12**

计算各向同性铁电体的电滞损耗，证明电滞回线只可能逆时针运行．

**解** 各向同性铁电体的极化沿图 2.11 所示的电滞回线逆时针运行，属于非线性不可逆过程，应从式(2.5.14)出发进行能量分析. 当系统经历绝热过程($\delta Q=0$)沿回线运行一周，电场做的极化功将全部转化为系统的内能即热能，称为电滞损耗. 由式(2.5.14)取 $\delta Q=0$，且沿电滞回线运行方向积分一周得

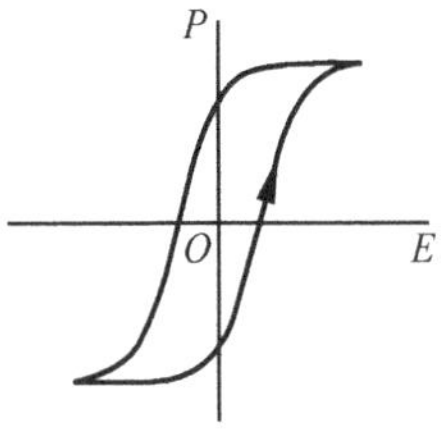

图 2.11

$$\oint \mathrm{d}U=\oint \boldsymbol{E}\cdot \mathrm{d}\boldsymbol{P}=\oint E\mathrm{d}P>0 \qquad (2.5.16)$$

该积分为正，表示电场做功转化为热能. 如果电滞回线沿顺时针方向运行一周，则上述积分为负，表示系统通过热能的减少全部用来做功；或者说，从单一热源取热，全部转化为功. 这直接违反热力学第二定律. 因此，电滞回线必须像图 2.11 所示的那样逆时针运行，不可能找到电滞回线顺时针运行的铁电体.

众所周知，线性各向异性电介质的介电常量为对称张量，相应极化率张量也为对称张量，即

$$P_i=\varepsilon_0\sum_{j=1}^{3}\chi_{ij}E_j,\qquad \chi_{ij}=\chi_{ji} \qquad (2.5.17)$$

这一结论属于理论预言而非实验结果，证明如下.

**例 2.13**

证明线性各向异性电介质的介电常量为对称张量.

**解** 引入热力学函数

$$\widetilde{U}=U-\boldsymbol{P}\cdot\boldsymbol{E},\qquad \mathrm{d}\widetilde{U}=\mathrm{d}U-\boldsymbol{P}\cdot\mathrm{d}\boldsymbol{E}-\boldsymbol{E}\cdot\mathrm{d}\boldsymbol{P} \qquad (2.5.18)$$

将式(2.5.15)代入式(2.5.18)，得

$$\mathrm{d}\widetilde{U}=T\mathrm{d}S-\boldsymbol{P}\cdot\mathrm{d}\boldsymbol{E} \qquad (2.5.19)$$

$\widetilde{U}$ 为 $S$ 和 $\boldsymbol{E}$ 的态函数，$\mathrm{d}\widetilde{U}$ 为全微分，即

$$\mathrm{d}\widetilde{U}=\frac{\partial\widetilde{U}}{\partial S}\mathrm{d}S+\sum_{i=1}^{3}\frac{\partial\widetilde{U}}{\partial E_i}\mathrm{d}E_i$$

对比上式和式(2.5.19)得

$$T=\frac{\partial\widetilde{U}}{\partial S},\qquad P_i=-\frac{\partial\widetilde{U}}{\partial E_i}\quad(i=1,2,3) \qquad (2.5.20)$$

由式(2.5.17)的第一式求得

$$\chi_{ij}=\frac{1}{\varepsilon_0}\frac{\partial P_i}{\partial E_j} \qquad (2.5.21)$$

将式(2.5.20)的第二式代入式(2.5.21)，由混合偏导数次序的可交换性，立即证得极化率张量的对称性，相应的介电常量也为对称张量.

# 第3章 静磁场

静磁场属于无散场.和作为无旋场的静电场相比,它构成另一个极端:其散度为零,但旋度一般不为零;后者正比于电流密度.与此相应,静磁场的解法与静电场的解法存在重要区别,是静场解法的重要补充.本章从内容编排方面,静磁场和静电场几乎一一对应,在学习中应注意进行对比.

## 3.1 基本方程和唯一性定理

### 3.1.1 基本方程

对分区均匀线性各向同性磁介质,静磁场的基本方程如下:

$$\nabla \times \boldsymbol{H} = \boldsymbol{j}_0 \tag{3.1.1}$$

$$\nabla \cdot \boldsymbol{B} = 0 \tag{3.1.2}$$

$$\boldsymbol{B} = \mu \boldsymbol{H} \tag{3.1.3}$$

其中,$\boldsymbol{H}$ 为磁场强度;$\boldsymbol{B}$ 为磁感应强度;$\mu$ 为磁导率;$\boldsymbol{j}_0$ 为传导电流密度,满足约束条件$\nabla \cdot \boldsymbol{j}_0=0$.各区的磁导率均匀,但不同区域的磁导率可取不同的数值.

### 3.1.2 磁矢势及其微分方程

由式(3.1.2),可将 $\boldsymbol{B}$ 表示为某个矢量 $\boldsymbol{A}$ 的旋度

$$\boldsymbol{B} = \nabla \times \boldsymbol{A} \tag{3.1.4}$$

其中,$\boldsymbol{A}$ 称为磁矢势.与静电场引入的电势比较,$\boldsymbol{A}$ 具有更大的任意性;它可以加上任意标函数的梯度,对 $\boldsymbol{B}$ 毫无影响.在1.1节我们曾经证明,一个矢量场由它的旋度和散度,加上适当的边界条件唯一确定.式(3.1.4)只是规定了 $\boldsymbol{A}$ 的旋度.因此,我们可以任意规定 $\boldsymbol{A}$ 的散度.每一种规定称为一种"规范",相应的 $\boldsymbol{A}$ 的散度方程称为规范条件.一种最简单的规范条件为

$$\nabla \cdot \boldsymbol{A} = 0 \tag{3.1.5}$$

下面将会看到,该条件大大简化了 $\boldsymbol{A}$ 的微分方程.

将式(3.1.3)代入式(3.1.1),对分区均匀介质情况,各区均有

$$\nabla \times \boldsymbol{B} = \mu \boldsymbol{j}_0 \tag{3.1.6}$$

再将式(3.1.4)代入,并利用矢量恒等式

$$\nabla \times (\nabla \times \boldsymbol{A}) = \nabla (\nabla \cdot \boldsymbol{A}) - \nabla^2 \boldsymbol{A}$$

和规范条件式(3.1.5),求得 $\boldsymbol{A}$ 满足如下微分方程:

$$\nabla^2 \boldsymbol{A} = -\mu \boldsymbol{j}_0 \tag{3.1.7}$$

式(3.1.7)为矢量泊松方程.尽管在推导过程中用到规范条件(3.1.5),但该方程的解不一定满足规范条件.因此,在求得式(3.1.7)的解后,必须从中挑出满足式(3.1.5)的解,才能作为静磁场的解.

基于以下两点理由,我们一般不去求解磁矢势微分方程的边值问题.首先,式(3.1.7)和原方程(3.1.1)相比,阶数由一阶增至二阶,但因变量个数却不曾减少,导致求解难度大为增加.这与静电场引入电势的情况形成鲜明对照:微分方程的阶数虽然增加一阶,但因变量只有电势一个标函数.其次,磁矢势本身不具备可测性,在解域边界上对其进行标定缺乏物理依据和实用价值.

那么,人们不禁要问:引入磁矢势以及导出它满足的微分方程究竟有什么理论意义和实用价值?我们对这个问题的回答是肯定的,理由如下:首先,我们可以避开边值问题,即将解域拓宽至充满均匀各向同性介质的无限空间.在这种情况下,我们可求得满足微分方程(3.1.7)和约束条件(3.1.5)的解,实现由给定的传导电流分布直接计算磁矢势.关于这一点,下面将作详细讨论,并在3.3节给出计算实例.其次,理论研究经常限于二维二分量问题:在特定坐标系①中,磁场只是两个坐标的函数(二维),且只存在两个分量,分别与该两个坐标方向平行(二分量).对于这类二维二分量问题,可选择磁矢势的方向与第三个坐标(习惯上称为“可忽略”坐标)方向平行,使其只有一个分量.这时,条件(3.1.5)自动满足,式(3.1.7)约化为标量方程,便于求解,在3.2节将给出求解实例.此外,该磁矢势分量具有明确的物理意义,它在不同位置之间的差值与磁通量相关.因此,对该分量的边值进行直接标定,或通过给定的磁场法向分量的边值简单换算该分量的边值,均具有明显的物理意义和实用价值.关于这一点,我们也将在3.2节进行分析.对于一般的三维问题,有时也可以将磁矢势用一个或两个标函数表示,实现类似简化,对此本书不作讨论.最后,将电磁矢势和标势向随时间变化的电磁场推广之后(见第5章5.1节),由它们构成的四维时空的四维电磁势矢量,将在洛伦兹变换下协变,从而为实现电动力学的相对论表述提供方便(见第8章8.5节).在量子力学中,粒子在电磁场中的动力学性质由电磁势表示,而不直接用电磁场.因此,电磁势的引入也为从经典物理过渡到量子物理作了铺垫.

### 3.1.3 无限均匀线性各向同性磁介质中的磁矢势解

下面求无限均匀线性各向同性磁介质情况下式(3.1.7)的解.为此,在直角坐标下将式(3.1.7)分解为三个分量方程.不难看出,各分量方程均与静电势满足的标量泊松方程形式相同.受无限均匀各向同性电介质中电势解的启发(见第2章2.3节),可直接写出式(3.1.7)的解如下:

---

① 这里提的特定坐标系,指的是至少具有一个“可忽略”坐标的曲线坐标系.具体到正交曲线坐标系,要求它的三个拉梅系数均与可忽略坐标无关.这类坐标系包括具平移对称的坐标系(如直角坐标系和各类柱坐标系)、具旋转对称的坐标系(如圆柱坐标系和球坐标系)等,详见:J. W. Edenstrasser, J. Plasma Phys., 24, 515, 1980.

$$\boldsymbol{A}=\frac{\mu}{4\pi}\iiint\frac{\boldsymbol{j}_0(\boldsymbol{r}')\mathrm{d}V'}{|\boldsymbol{r}-\boldsymbol{r}'|} \tag{3.1.8}$$

其中，$\boldsymbol{r}$ 和 $\boldsymbol{r}'$ 分别为场点和源点的位置矢量，积分过场源所在区域进行. 显然，式(3.1.8)给出的 $\boldsymbol{A}$ 满足式(3.1.7)，但这还不够，还必须证明 $\boldsymbol{A}$ 满足规范条件(3.1.5). 理由在于，只有式(3.1.5)满足，才能由式(3.1.7)反推式(3.1.6)；否则的话，式(3.1.8)将不代表磁矢势解. 通过如下矢量运算，可以完成这一证明

$$\begin{aligned}\nabla\cdot\boldsymbol{A}&=\frac{\mu}{4\pi}\iiint\nabla\cdot\frac{\boldsymbol{j}_0(\boldsymbol{r}')}{|\boldsymbol{r}-\boldsymbol{r}'|}\mathrm{d}V'=\frac{\mu}{4\pi}\iiint\boldsymbol{j}_0(\boldsymbol{r}')\cdot\nabla\frac{1}{|\boldsymbol{r}-\boldsymbol{r}'|}\mathrm{d}V'\\&=-\frac{\mu}{4\pi}\iiint\boldsymbol{j}_0(\boldsymbol{r}')\cdot\nabla'\frac{1}{|\boldsymbol{r}-\boldsymbol{r}'|}\mathrm{d}V'=-\frac{\mu}{4\pi}\iiint\nabla'\cdot\frac{\boldsymbol{j}_0(\boldsymbol{r}')}{|\boldsymbol{r}-\boldsymbol{r}'|}\mathrm{d}V'\\&=-\frac{\mu}{4\pi}\oiint\frac{j_{0n}\mathrm{d}\sigma}{|\boldsymbol{r}-\boldsymbol{r}'|}=0\end{aligned}$$

在上述推导中，依次用到 $\nabla=-\nabla'$、$\nabla'\cdot\boldsymbol{j}_0(\boldsymbol{r}')=0$、高斯公式和场源区域边界上电流密度法向分量为零的条件.

在电磁学中曾经学过的毕奥-萨伐尔定律被写成如下积分形式：

$$\boldsymbol{B}=\frac{\mu}{4\pi}\iiint\frac{\boldsymbol{j}_0(\boldsymbol{r}')\times(\boldsymbol{r}-\boldsymbol{r}')}{|\boldsymbol{r}-\boldsymbol{r}'|^3}\mathrm{d}V' \tag{3.1.9}$$

由式(3.1.8)应当能够导出式(3.1.9)，从而达到由静磁场方程出发导出毕奥-萨伐尔定律的目的. 为此，我们直接对式(3.1.8)实施旋度运算

$$\begin{aligned}\nabla\times\boldsymbol{A}&=\frac{\mu}{4\pi}\iiint\nabla\times\frac{\boldsymbol{j}_0(\boldsymbol{r}')}{|\boldsymbol{r}-\boldsymbol{r}'|}\mathrm{d}V'=\frac{\mu}{4\pi}\iiint\nabla\frac{1}{|\boldsymbol{r}-\boldsymbol{r}'|}\times\boldsymbol{j}_0(\boldsymbol{r}')\mathrm{d}V'\\&=\frac{\mu}{4\pi}\iiint\frac{\boldsymbol{j}_0(\boldsymbol{r}')\times(\boldsymbol{r}-\boldsymbol{r}')}{|\boldsymbol{r}-\boldsymbol{r}'|^3}\mathrm{d}V'\end{aligned}$$

上式即式(3.1.9). 在电磁学中由毕奥-萨伐尔定律导出静磁场方程，以上则完成了反向推导，说明在静磁学范围内，二者之间完全等效.

### 3.1.4 边值关系

对介质界面，我们用下标 1 和 2 表示界面两侧，$\boldsymbol{n}$ 为界面法线方向的单位矢量，自 1 侧指向 2 侧；$\boldsymbol{i}_0$ 为传导电流面密度，限于超导体和理想导体界面. 由第 1 章 1.3 节结果，成立如下边值关系：

$$\boldsymbol{n}\cdot(\boldsymbol{B}_2-\boldsymbol{B}_1)=0 \tag{3.1.10}$$

$$\boldsymbol{n}\times(\boldsymbol{H}_2-\boldsymbol{H}_1)=\boldsymbol{i}_0 \tag{3.1.11}$$

对于绝缘介质界面，$\boldsymbol{i}_0=0$，式(3.1.11)化为齐次边值关系. 注意，仅齐次边值关系直接用于静磁场求解，而非齐次边值关系一般用来事后计算界面上的传导面电流密度. 只有当 $\boldsymbol{i}_0$ 被事先给定，式(3.1.11)才被直接用于求解.

边值关系(3.1.10)和(3.1.11)可等价地转化为 $\boldsymbol{A}$ 的边值关系. 首先，仿照 1.3

节的推导方法,我们从式(3.1.4)和式(3.1.5)的积分形式

$$\oint \boldsymbol{A} \cdot \mathrm{d}\boldsymbol{l} = \iint \boldsymbol{B} \cdot \mathrm{d}\boldsymbol{\sigma}, \qquad \oiint \boldsymbol{A} \cdot \mathrm{d}\boldsymbol{\sigma} = 0$$

和 $\boldsymbol{B}$ 处处有限的正则条件出发,可分别导出 $\boldsymbol{A}$ 的切向分量和法向分量连续,即

$$\boldsymbol{A}_1 = \boldsymbol{A}_2 \tag{3.1.12}$$

由式(3.1.12)可导出式(3.1.10). 为此,在界面某点两侧各取一个形状大小相同、与界面平行的小闭合回路 $C_1$ 和 $C_2$,所围面积同为 $\Delta S$,则由式(3.1.4)得

$$\boldsymbol{n} \cdot \boldsymbol{B}_1 = \lim_{\Delta S \to 0} \frac{1}{\Delta S} \oint_{C_1} \boldsymbol{A}_1 \cdot \mathrm{d}\boldsymbol{l}, \qquad \boldsymbol{n} \cdot \boldsymbol{B}_2 = \lim_{\Delta S \to 0} \frac{1}{\Delta S} \oint_{C_2} \boldsymbol{A}_2 \cdot \mathrm{d}\boldsymbol{l}$$

再由式(3.1.12)立即推得式(3.1.10). 至于边值关系(3.1.11),可按下述方式直接转嫁到 $\boldsymbol{A}$ 上:

$$\boldsymbol{n} \times \left( \frac{1}{\mu_2} \nabla \times \boldsymbol{A}_2 - \frac{1}{\mu_1} \nabla \times \boldsymbol{A}_1 \right) = \boldsymbol{i}_0 \tag{3.1.13}$$

### 3.1.5 边界条件和唯一性定理

对存在有限边界的单连通域(参见第 3.4.1 小节脚注)中的静磁场问题,边界条件一般只有一种选择,那就是给定边界上磁感应强度的法向分量

$$B_n |_S = g \tag{3.1.14}$$

其中函数 $g$ 要与磁场无散条件自洽,满足

$$\oiint_S g \, \mathrm{d}\sigma = 0 \tag{3.1.15}$$

即通过边界的净磁通为零. 于是,静磁场的唯一性定理就是 1.1 节介绍的一般矢量场(与时间无关)的唯一性定理,不必另作说明.

在实际静磁场问题中,经常遇到的是两类边界:一类是超导体或初始磁场为零的理想导体表面. 在这类导体内部,磁场恒为零,由边值关系(3.1.10)立即推断 $g=0$,自动满足约束条件(3.1.15). 另一类是地球或太阳表面,其法向磁场分布可通过磁强计或磁像仪进行测量. 不过,由于测量误差,所获得的 $g$ 往往不能精确满足约束条件(3.1.15);需要对 $g$ 的测量结果实施适当修正,使式(3.1.15)满足,再进行磁场计算.

## *3.2 二维二分量问题

在电磁学中,大家已经掌握了静磁场某些简单问题的解法. 本节和 3.3 节、3.4 节将对静磁场的解法作进一步介绍.

本节限于分析二维二分量问题. 如上节所述,对这类问题,磁矢势仅有一个分量,且具有明显的物理意义. 因此,我们可以构建并求解磁矢势微分方程的边值问题. 由于磁矢势只有一个分量,上述求解将大为简化.

### 3.2.1 二维二分量静磁场的定解问题

为简单起见,我们限于具平移对称的直角坐标系$(x,y,z)$和圆柱坐标系$(\rho,\phi,$

$z$)下的二维二分量问题,磁场与坐标 $z$ 无关,且与该坐标方向垂直;电流密度和磁矢势只有 $z$ 分量,可表为

$$\boldsymbol{j}_0 = j_0\boldsymbol{e}_z, \qquad \boldsymbol{A} = A\boldsymbol{e}_z \tag{3.2.1}$$

式中,$j_0$ 和 $A$ 只是 $x$ 和 $y$ 或 $\rho$ 和 $\phi$ 的函数;$\boldsymbol{e}_z$ 为沿 $z$ 轴的单位矢量. 由 $\partial A/\partial z=0$,可知规范条件 $\nabla\cdot\boldsymbol{A}=0$ 和 $\boldsymbol{A}$ 法向分量(恒等于零)连续的条件自动满足.

将式(3.2.1)代入式(3.1.4)和式(3.1.7),分别求得磁场表达式

$$\boldsymbol{B} = \nabla A\times\boldsymbol{e}_z = \frac{\partial A}{\partial y}\boldsymbol{e}_x - \frac{\partial A}{\partial x}\boldsymbol{e}_y = \frac{1}{\rho}\frac{\partial A}{\partial\phi}\boldsymbol{e}_\rho - \frac{\partial A}{\partial\rho}\boldsymbol{e}_\phi \tag{3.2.2}$$

以及 $A$ 满足的方程

$$\nabla^2 A = \frac{\partial^2 A}{\partial x^2} + \frac{\partial^2 A}{\partial y^2} = \frac{1}{\rho}\frac{\partial}{\partial\rho}\left(\rho\frac{\partial A}{\partial\rho}\right) + \frac{1}{\rho^2}\frac{\partial^2 A}{\partial\phi^2} = -\mu j_0 \tag{3.2.3}$$

式中,$\mu$ 为磁导率.

为表述边值关系和边界条件方便起见,在界面上引入如下局地正交坐标系:三个基矢分别为单位法向矢量 $\boldsymbol{e}_n$、单位切向矢量 $\boldsymbol{e}_\tau$ 和 $\boldsymbol{e}_z$,三者构成右手正交关系[①]. 设 $\mathrm{d}n$ 和 $\mathrm{d}\tau$ 表示沿法向和切向方向的弧元,则式(3.2.2)可改写为

$$\boldsymbol{B} = \frac{\partial A}{\partial\tau}\boldsymbol{e}_n - \frac{\partial A}{\partial n}\boldsymbol{e}_\tau \tag{3.2.4}$$

在上述表述下,边值关系(3.1.12)和(3.1.13)化为

$$A_1 = A_2 \tag{3.2.5}$$

$$\frac{1}{\mu_2}\left(\frac{\partial A}{\partial n}\right)_2 - \frac{1}{\mu_1}\left(\frac{\partial A}{\partial n}\right)_1 = -i_0 \tag{3.2.6}$$

式中,$i_0$ 为面电流密度,沿 $z$ 轴方向. 对普通导体界面或磁介质界面,$i_0=0$,式(3.2.6)化为齐次边值关系

$$\frac{1}{\mu_2}\left(\frac{\partial A}{\partial n}\right)_2 - \frac{1}{\mu_1}\left(\frac{\partial A}{\partial n}\right)_1 = 0 \tag{3.2.7}$$

该条件和式(3.2.5)一道,直接用于静磁场求解. 对超导体和理想导体边界,导体一侧(设为1侧)磁场为零,式(3.2.6)化为

$$\frac{1}{\mu}\left(\frac{\partial A}{\partial n}\right)_S = -i_0 \tag{3.2.8}$$

式中法向指向解域内部. 该边值关系维持非齐次形式,事后用来确定导体表面的面电流密度,在求解过程中不必使用. 当 $\boldsymbol{i}_0\neq 0$ 时,式(3.2.6)的使用依 $\boldsymbol{i}_0$ 是否已知而定. 若 $\boldsymbol{i}_0$ 被事先给定,则式(3.2.6)将直接用于求解;若 $\boldsymbol{i}_0$ 为待求量,则式(3.2.6)用于事后计算界面上的 $\boldsymbol{i}_0$ 值.

下面考虑边界条件. 对于目前讨论的二维问题,解域边界为平行于 $z$ 轴的柱面或平面,它与 $z=0$ 面的交线设为 $C$,由它构成二维问题的边界线. 对于超导体和理想导

---

① 对直角坐标系,可取 $(\boldsymbol{e}_n, \boldsymbol{e}_\tau)=(\boldsymbol{e}_x, \boldsymbol{e}_y)$,对圆柱坐标系可取 $(\boldsymbol{e}_n, \boldsymbol{e}_\tau)=(\boldsymbol{e}_\rho, \boldsymbol{e}_\phi)$.

体边界，解域一侧的磁感应强度的法向分量为零. 由式(3.2.4)可知，$\partial A/\partial \tau|_C=0$，即$A$在边界上等于常数. 这一性质与静电场中导体表面为等电势面的性质对应. 对于其余情况，一般给定边界上(限于单连通域)磁感应强度的法向分量. 由式(3.2.4)可知，这相当于给定

$$B_n|_C=\left.\frac{\partial A}{\partial \tau}\right|_C=g(\tau) \tag{3.2.9}$$

其中，$g(\tau)$必须满足约束条件(3.1.15)；在目前情况下，该条件等效于

$$\oint_C g(\tau)\mathrm{d}\tau=0 \tag{3.2.10}$$

将条件(3.2.9)转嫁到$A$上得

$$A|_C=\int g(\tau)\mathrm{d}\tau\equiv A_C(\tau) \tag{3.2.11}$$

不难看出，边值$A_C(\tau)$具有明显的物理意义：它在边界上任意两点之差$A_C(\tau_2)-A_C(\tau_1)$，表示穿越该两点之间、沿$z$轴方向单位长度边界面的磁通量. 边界条件(3.2.11)与静电场情况下标定电势的边值相对应. 特别地，在超导体或初始磁场为零的理想导体表面，成立$B_n=0$，以至由式(3.2.11)推得该表面上的$A$为常数.

与静电场中给定导体电量对应，在静磁场情况可以标定超导体或初始磁场为零的理想导体柱的总电流强度$I_0$. 这时，由式(3.2.4)和

$$\oint_C \boldsymbol{H}\cdot\mathrm{d}\boldsymbol{l}=\oint_C\frac{1}{\mu}B_\tau\mathrm{d}\tau=-\oint_C\frac{1}{\mu}\frac{\partial A}{\partial n}\mathrm{d}\tau=I_0$$

推得边界条件如下：

$$\oint_C\frac{1}{\mu}\frac{\partial A}{\partial n}\mathrm{d}\tau=-I_0 \tag{3.2.12}$$

上述条件与静电场情况下给定孤立导体的电量的情况相对应. 对于这种情况，可以证明，如果解域(可以是多连通域)内静磁场解存在，则一定唯一(参见习题3.5).

### 3.2.2 二维二分量静磁场问题求解举例

综上所述，$A$满足的微分方程、边值关系和边界条件与静电场情况下电势满足的微分方程、边值关系和边界条件一一对应，具有相同的数学形式. 因此，对于二维二分量静磁场问题，我们完全可以照搬静电场问题的解法.

**例 3.1**

半径为$a$、电流强度为$I_0$的长圆柱超导体，置于均匀外磁场$\boldsymbol{B}_0$中，外场方向与柱轴垂直，求柱外空间(真空)的磁场.

**解** 采用圆柱坐标系$(\rho,\phi,z)$，$z$轴与导体轴线重合，外场位于$\phi=0$即$x$轴方向，如图3.1所示. 本题属于二维二分量问题，磁矢势可表为$\boldsymbol{A}=A\boldsymbol{e}_z$，$A$满足二维拉普拉斯方程. 采用分离变量法求解，通解为(见第2章2.2节式(2.2.14))

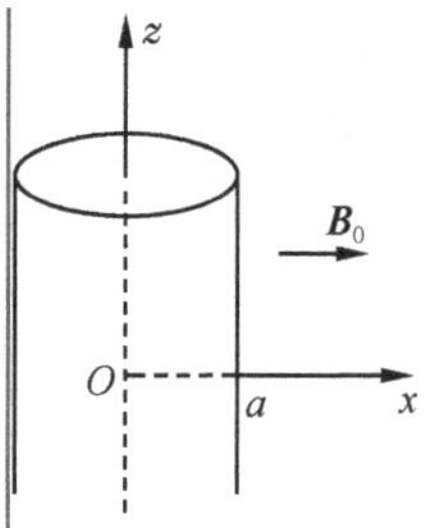


图 3.1

$$A=(a_0+b_0\ln\rho)(c_0+d_0\phi)$$
$$+\sum_{m\neq 0}(a_m\rho^m+b_m\rho^{-m})(c_m\cos m\phi+d_m\sin m\phi) \quad (3.2.13)$$

其中，$m$ 为正整数，有关系数由边值关系和边界条件确定.

题目给定超导体的电流强度，给圆柱表面（$\rho=a$）加上如下边界条件（由式(3.2.12)取 $\mathrm{d}n=\mathrm{d}\rho$，$\mathrm{d}\tau=\rho\,\mathrm{d}\phi$，$C$ 为半径 $a$ 的圆周）：

$$\int_C\frac{\partial A}{\partial\rho}\rho\,\mathrm{d}\phi=\int_0^{2\pi}\left(\frac{\partial A}{\partial\rho}\right)_{\rho=a}a\,\mathrm{d}\phi=-\mu_0I_0 \quad (3.2.14)$$

此外，沿圆柱表面 $A$ 应为常数. 对无限远，因存在磁场 $\boldsymbol{B}_0=B_0\boldsymbol{e}_x$，以及由无穷长直线电流（相对无限远处而言，无穷长柱可近似处理为无穷长直线）产生的磁场，$A$ 的渐近值应为 $B_0y=B_0\rho\sin\phi$ 与正比于 $\ln\rho$ 的项之和.

根据这些定解条件，我们尝试选取式(3.2.13)中 $m=0$ 和 1 的项，取 $d_0=c_1=0$，且不妨设 $c_0=d_1=1$，$a_0=-b_0\ln\rho_0$，得到如下结果：

$$A=b_0\ln(\rho/\rho_0)+(a_1\rho+b_1\rho^{-1})\sin\phi$$

其中共三个待定系数，加上一个无关紧要、具长度量纲的常数 $\rho_0$.

下面由前述定解条件确定系数. 首先，由无限远的渐近条件，可定出 $a_1=B_0$. 其次，由圆柱表面 $A$ 为常数的条件得 $b_1=-a_1a^2=-B_0a^2$. 最后，由条件(3.2.14)求得 $b_0=-\mu_0I_0/(2\pi)$. 至此，三个待定系数全部被确定，求得导体圆柱外面的 $A$ 分布如下：

$$A=\frac{\mu_0I_0}{2\pi}\ln\left(\frac{\rho_0}{\rho}\right)+B_0\rho\sin\phi-\frac{B_0a^2}{\rho}\sin\phi$$

其中，常数 $\rho_0$ 可通过适当选取 $A$ 的零点予以确定. 例如，若取圆柱表面为零点，则定出 $\rho_0=a$，上式化为

$$A=\frac{\mu_0I_0}{2\pi}\ln\left(\frac{a}{\rho}\right)+B_0\rho\sin\phi-\frac{B_0a^2}{\rho}\sin\phi$$

由 $A$ 求得磁场分量如下：

$$B_\rho=\frac{1}{\rho}\frac{\partial A}{\partial\phi}=B_0\left(1-\frac{a^2}{\rho^2}\right)\cos\phi$$

$$B_\phi=-\frac{\partial A}{\partial\rho}=\frac{\mu_0I_0}{2\pi\rho}-B_0\left(1+\frac{a^2}{\rho^2}\right)\sin\phi$$

## 3.3 从磁矢势出发计算磁场

在电磁学中，曾由毕奥-萨伐尔定律直接计算给定电流的磁场. 引入磁矢势之

后，我们可先按式(3.1.8)，即

$$\boldsymbol{A}=\frac{\mu}{4\pi}\iiint\frac{\boldsymbol{j}_0(\boldsymbol{r}')\mathrm{d}V'}{|\boldsymbol{r}-\boldsymbol{r}'|} \tag{3.3.1}$$

计算矢势，然后由 $\boldsymbol{B}=\nabla\times\boldsymbol{A}$ 计算磁场. 一般来说，既然式(3.3.1)仍为矢量积分，这种做法不会带来多大简化. 可是，对于二维二分量问题，磁矢势 $\boldsymbol{A}$ 只有一个分量，计算量将大为减少. 圆环电流磁场的计算就属于这类问题. 此外，当计算小载流导体在远处的磁场时，我们可以通过泰勒展开简化式(3.3.1)中的积分计算，实现静磁场的多极展开.

### 3.3.1 圆环电流的磁场

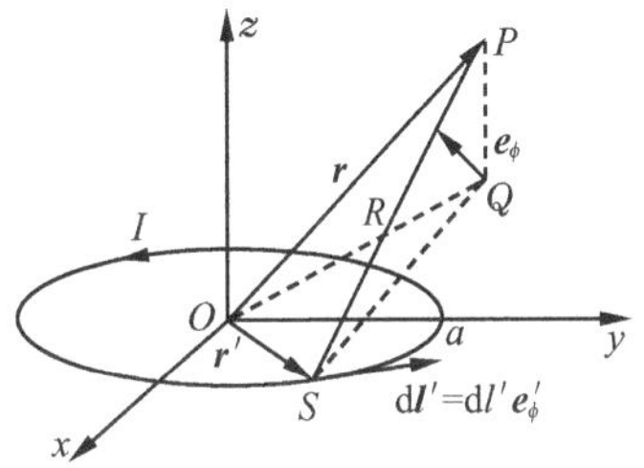


图 3.2

如图 3.2 所示，设圆环半径为 $a$，电流强度为 $I$. 取圆柱坐标$(\rho,\phi,z)$，坐标原点位于圆心，$z$ 轴垂直于圆环所在平面，方向与电流方向成右手螺旋关系. 设考察点 $P$ 的位置矢量为 $\boldsymbol{r}(\rho,\phi,z)$，位于圆环上的任意源点 $S$ 的位置矢量为 $\boldsymbol{r}'(a,\phi',0)$，$P$ 点在 $x$-$y$ 平面的投影为 $Q$. 考察直角三角形 $PQS$，成立

$$\overline{PS}=R,\qquad \overline{PQ}=z,\qquad \overline{SQ}=[a^2+\rho^2-2\rho a\cos(\phi-\phi')]^{1/2}$$

上面第 3 式来自对三角形 $OQS$ 的分析. 于是，考察点 $P$ 和源点 $S$ 之间的距离 $R$ 为

$$\begin{aligned}R&=|\boldsymbol{r}-\boldsymbol{r}'|=(\overline{SQ}^2+\overline{PQ}^2)^{1/2}\\&=[a^2+\rho^2+z^2-2\rho a\cos(\phi-\phi')]^{1/2}\end{aligned}$$

此外，式(3.3.1)被积式中的体电流元化为线电流元

$$\boldsymbol{j}_0(\boldsymbol{r}')\mathrm{d}V'=I\mathrm{d}\boldsymbol{l}'=I\mathrm{d}l'\boldsymbol{e}_\phi'=Ia\,\mathrm{d}\phi'\boldsymbol{e}_\phi'$$

将上述结果代入式(3.3.1)，得

$$\boldsymbol{A}=\frac{\mu Ia}{4\pi}\int_0^{2\pi}\frac{\boldsymbol{e}_\phi'\mathrm{d}\phi'}{[a^2+\rho^2+z^2-2\rho a\cos(\phi-\phi')]^{1/2}} \tag{3.3.2}$$

我们已经判定本问题属于旋转对称坐标系中的二维二分量问题，方位方向(即 $\boldsymbol{e}_\phi$ 方向)磁场分量为零，$\boldsymbol{A}$ 只有方位分量. 从简单的对称性分析，可证由式(3.3.2)表示的 $\boldsymbol{A}$ 只有方位分量，上述判断正确. 下面对 $\boldsymbol{A}$ 只有方位分量的结论作出解析证明. 由 $\boldsymbol{e}_z\cdot\boldsymbol{e}_\phi'=0$，可知 $A_z=\boldsymbol{e}_z\cdot\boldsymbol{A}=0$. 再由

$$\boldsymbol{e}_\rho\cdot\boldsymbol{e}_\phi'=(\boldsymbol{e}_\phi\times\boldsymbol{e}_z)\cdot\boldsymbol{e}_\phi'=(\boldsymbol{e}_\phi'\times\boldsymbol{e}_\phi)\cdot\boldsymbol{e}_z=\sin(\phi-\phi')$$

$$\begin{aligned}\boldsymbol{e}_\rho\cdot\boldsymbol{A}&=\frac{\mu Ia}{4\pi}\int_0^{2\pi}\frac{\sin(\phi-\phi')\mathrm{d}\phi'}{[a^2+\rho^2+z^2-2\rho a\cos(\phi-\phi')]^{1/2}}\\&=\frac{\mu I}{4\pi\rho}\int_0^{2\pi}\frac{\mathrm{d}}{\mathrm{d}\phi'}[a^2+\rho^2+z^2-2\rho a\cos(\phi-\phi')]^{1/2}\mathrm{d}\phi'=0\end{aligned}$$

可知 $A_\rho=0$. 证毕. 下面计算磁矢势仅有的方位分量. 由式(3.3.2)得

$$A_\phi = \boldsymbol{e}_\phi \cdot \boldsymbol{A} = \frac{\mu I a}{4\pi}\int_0^{2\pi} \frac{\cos(\phi - \phi')\mathrm{d}\phi'}{[a^2 + \rho^2 + z^2 - 2\rho a\cos(\phi - \phi')]^{1/2}}$$

做积分元变换 $\phi' - \phi \to \phi'$，可将上述积分化为

$$A_\phi = \frac{\mu I a}{4\pi(\rho^2 + z^2)^{1/2}}\int_0^{2\pi} \frac{\cos\phi'\mathrm{d}\phi'}{\left(1 + \frac{a^2 - 2\rho a\cos\phi'}{\rho^2 + z^2}\right)^{1/2}} \tag{3.3.3}$$

式(3.3.3)与 $\phi$ 无关，与二维问题的判断一致. 式(3.3.3)中的积分可表为椭圆积分. 如果关心远处的场，即假定

$$a^2 \ll \rho^2 + z^2 = r^2$$

可采用泰勒展开将被积式化简. 取至一级小量，结果为

$$A_\phi \approx \frac{\mu I a}{4\pi(\rho^2 + z^2)^{1/2}}\int_0^{2\pi}\left(1 + \frac{\rho a\cos\phi'}{\rho^2 + z^2}\right)\cos\phi'\mathrm{d}\phi'$$

被积式中括号中第一项对积分的贡献为零，第二项的贡献为

$$A_\phi = \frac{\mu I a^2 \rho}{4(\rho^2 + z^2)^{3/2}} = \frac{\mu I a^2 \sin\theta}{4r^2} \tag{3.3.4}$$

或写成

$$\boldsymbol{A} = A_\phi \boldsymbol{e}_\phi = \frac{\mu \boldsymbol{m} \times \boldsymbol{r}}{4\pi r^3} \tag{3.3.5}$$

其中，

$$\boldsymbol{m} = \pi a^2 I \boldsymbol{e}_z = IS\boldsymbol{e}_z \tag{3.3.6}$$

$S$ 为圆环面积，$\boldsymbol{m}$ 为圆环电流的磁矩. 由

$$\nabla \times \left(\boldsymbol{m} \times \frac{\boldsymbol{r}}{r^3}\right) = \boldsymbol{m}\nabla \cdot \frac{\boldsymbol{r}}{r^3} - \boldsymbol{m} \cdot \nabla \frac{\boldsymbol{r}}{r^3} = -\frac{\boldsymbol{m} \cdot \nabla \boldsymbol{r}}{r^3} - \left(\boldsymbol{m} \cdot \nabla \frac{1}{r^3}\right)\boldsymbol{r}$$
$$= -\frac{\boldsymbol{m}}{r^3} + \frac{3(\boldsymbol{m} \cdot \boldsymbol{r})\boldsymbol{r}}{r^5}$$

求得圆环电流在远处的磁场表达式如下：

$$\boldsymbol{B} = -\frac{\mu \boldsymbol{m}}{4\pi r^3} + \frac{3\mu(\boldsymbol{m} \cdot \boldsymbol{r})\boldsymbol{r}}{4\pi r^5} \tag{3.3.7}$$

该磁场称为磁偶极子场.

### 3.3.2 任意小载流导体在远处的磁场

对于小载流导体在远处产生的磁场，可从式(3.3.1)出发，仿照第 2 章 2.4 节的做法，将被积式作泰勒展开. 将坐标原点取在载流导体上，以它为参考点将 $1/|\boldsymbol{r} - \boldsymbol{r}'|$ 做泰勒展开，仅保留至一级小量

$$\frac{1}{|\boldsymbol{r} - \boldsymbol{r}'|} \approx \frac{1}{r} - \boldsymbol{r}' \cdot \nabla \frac{1}{r} = \frac{1}{r} + \frac{\boldsymbol{r}' \cdot \boldsymbol{e}_r}{r^2} \tag{3.3.8}$$

将式(3.3.8)代入式(3.3.1)，得

$$\boldsymbol{A}=\frac{\mu}{4\pi r}\iiint \boldsymbol{j}_0(\boldsymbol{r}')\mathrm{d}V'+\frac{\mu}{4\pi r^2}\boldsymbol{e}_r\cdot\iiint \boldsymbol{r}'\boldsymbol{j}_0(\boldsymbol{r}')\mathrm{d}V' \tag{3.3.9}$$

先来计算式(3.3.9)等号右边第一项. 由$\nabla'\cdot\boldsymbol{j}_0(\boldsymbol{r}')=0$得

$$\nabla'\cdot(\boldsymbol{j}_0\boldsymbol{r}')=(\nabla'\cdot\boldsymbol{j}_0)\boldsymbol{r}'+\boldsymbol{j}_0\cdot\nabla'\boldsymbol{r}'=\boldsymbol{j}_0$$

$$\iiint \boldsymbol{j}_0(\boldsymbol{r}')\mathrm{d}V'=\iiint \nabla'\cdot[\boldsymbol{j}_0(\boldsymbol{r}')\boldsymbol{r}']\mathrm{d}V'=\oiint_S \boldsymbol{r}'j_{0n}\mathrm{d}\sigma$$

上式中面积分的积分域 $S$ 为载流导体边界,该处 $j_{0n}=0$,故面积分为零,即

$$\iiint \boldsymbol{j}_0(\boldsymbol{r}')\mathrm{d}V'=0 \tag{3.3.10}$$

于是式(3.3.9)等号右边第一项为零. 再考察该式右边第二项. 由

$$\begin{aligned}\nabla'\cdot(\boldsymbol{j}_0\boldsymbol{r}'\boldsymbol{r}')&=(\nabla'\cdot\boldsymbol{j}_0)\boldsymbol{r}'\boldsymbol{r}'+(\boldsymbol{j}_0\cdot\nabla'\boldsymbol{r}')\boldsymbol{r}'+\boldsymbol{r}'(\boldsymbol{j}_0\cdot\nabla'\boldsymbol{r}')\\&=\boldsymbol{j}_0\boldsymbol{r}'+\boldsymbol{r}'\boldsymbol{j}_0\end{aligned}$$

得

$$\begin{aligned}\iiint(\boldsymbol{j}_0\boldsymbol{r}'+\boldsymbol{r}'\boldsymbol{j}_0)\mathrm{d}V'&=\iiint \nabla'\cdot(\boldsymbol{j}_0\boldsymbol{r}'\boldsymbol{r}')\mathrm{d}V'\\&=\oiint j_{0n}\boldsymbol{r}'\boldsymbol{r}'\mathrm{d}\sigma'=0\end{aligned} \tag{3.3.11}$$

于是有

$$\begin{aligned}\boldsymbol{e}_r\cdot\iiint \boldsymbol{r}'\boldsymbol{j}_0\mathrm{d}V'&=\boldsymbol{e}_r\cdot\frac{1}{2}\iiint(\boldsymbol{r}'\boldsymbol{j}_0-\boldsymbol{j}_0\boldsymbol{r}')\mathrm{d}V'\\&=\frac{1}{2}\iiint \boldsymbol{e}_r\times(\boldsymbol{j}_0\times\boldsymbol{r}')\mathrm{d}V'=\frac{1}{2}\left(\iiint(\boldsymbol{r}'\times\boldsymbol{j}_0)\mathrm{d}V'\right)\times\boldsymbol{e}_r\end{aligned}$$

代入式(3.3.9)得

$$\boldsymbol{A}=\frac{\mu\boldsymbol{m}\times\boldsymbol{r}}{4\pi r^3} \tag{3.3.12}$$

式中,

$$\boldsymbol{m}=\frac{1}{2}\iiint \boldsymbol{r}'\times\boldsymbol{j}_0(\boldsymbol{r}')\mathrm{d}V' \tag{3.3.13}$$

为小载流导体的磁矩. 对圆环电流,由式(3.3.13)算得 $\boldsymbol{m}=IS\boldsymbol{e}_z$,与式 (3.3.6)一致. 既然式(3.3.12)与式(3.3.5)相同,对应的磁场表达式便与式(3.3.7)相同.

顺便指出,由式(3.3.13)确定的磁矩与参考点的选择无关. 例如,若参考点不选在坐标原点,而是选在 $\boldsymbol{r}_0$ 处,则式(3.3.13)被积式中单独出现的 $\boldsymbol{r}'$代之$\boldsymbol{r}'-\boldsymbol{r}_0$,此时有

$$\boldsymbol{m}'=\frac{1}{2}\iiint(\boldsymbol{r}'-\boldsymbol{r}_0)\times\boldsymbol{j}_0(\boldsymbol{r}')\mathrm{d}V'=\boldsymbol{m}-\boldsymbol{r}_0\times\frac{1}{2}\iiint \boldsymbol{j}_0(\boldsymbol{r}')\mathrm{d}V'$$

由式(3.3.10)得 $\boldsymbol{m}'=\boldsymbol{m}$. 此外,在泰勒展开式(3.3.8)中已经略去的二级小量对应磁四极子场,它很少被用到,本书不予讨论.

### 3.3.3 磁偶极子在外磁场中所受的力和力矩

利用泰勒展开法不仅可以计算小载流导体在远处的磁场，而且可以计算它在外磁场 $\boldsymbol{B}_e$ 中所受的力和力矩，有关出发公式如下：

$$\boldsymbol{F}=\iiint \boldsymbol{j}_0(\boldsymbol{r}')\times\boldsymbol{B}_e(\boldsymbol{r})\mathrm{d}V' \tag{3.3.14}$$

$$\boldsymbol{M}=\iiint \boldsymbol{r}'\times[\boldsymbol{j}_0(\boldsymbol{r}')\times\boldsymbol{B}_e(\boldsymbol{r})]\mathrm{d}V' \tag{3.3.15}$$

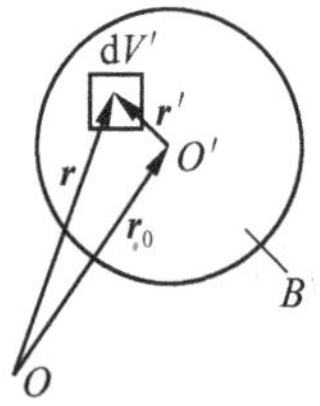

图 3.3

其中，$\boldsymbol{r}'$和 $\boldsymbol{r}$ 的定义见图 3.3. 图 3.3 中 $O$ 为坐标原点；$O'$为载流导体 $B$ 内任意一点，相对 $O$ 点的位移矢量为 $\boldsymbol{r}_0$. 下面使用小载流导体近似. 将 $\boldsymbol{B}_e(\boldsymbol{r})$相对参考点 $O'$作泰勒展开

$$\boldsymbol{B}_e(\boldsymbol{r})\approx\boldsymbol{B}_e(\boldsymbol{r}_0)+\boldsymbol{r}'\cdot\nabla_0\boldsymbol{B}_e(\boldsymbol{r}_0) \tag{3.3.16}$$

代入式(3.3.14)，由式(3.3.10)可证第一项对力没有贡献，第二项的贡献为(略写矢量微分符号的下标 0)

$$\begin{aligned}\iiint \boldsymbol{j}_0\times(\boldsymbol{r}'\cdot\nabla\boldsymbol{B}_e)\mathrm{d}V' &= \left(\iiint \mathrm{d}V'\boldsymbol{j}_0\boldsymbol{r}'\cdot\nabla\right)\times\boldsymbol{B}_e\\ &=\frac{1}{2}\left[\iiint \mathrm{d}V'(\boldsymbol{j}_0\boldsymbol{r}'-\boldsymbol{r}'\boldsymbol{j}_0)\cdot\nabla\right]\times\boldsymbol{B}_e\\ &=\frac{1}{2}\left[\iiint \mathrm{d}V'(\boldsymbol{r}'\times\boldsymbol{j}_0)\times\nabla\right]\times\boldsymbol{B}_e\\ &=\frac{1}{2}\left[\left(\iiint \boldsymbol{r}'\times\boldsymbol{j}_0\mathrm{d}V'\right)\times\nabla\right]\times\boldsymbol{B}_e=(\boldsymbol{m}\times\nabla)\times\boldsymbol{B}_e\\ &=\nabla(\boldsymbol{m}\cdot\boldsymbol{B}_e)-\boldsymbol{m}(\nabla\cdot\boldsymbol{B}_e)=\nabla(\boldsymbol{m}\cdot\boldsymbol{B}_e)\end{aligned}$$

推导中依次用到式(3.3.11)、式(3.3.13)和$\nabla\cdot\boldsymbol{B}_e=0$；矢量算符$\nabla$仅作用于 $\boldsymbol{B}_e$，它被看成普通矢量参与代数运算，使推导变得简单明了. 此外，由恒等式

$$\boldsymbol{m}\times(\nabla\times\boldsymbol{B}_e)=\nabla(\boldsymbol{m}\cdot\boldsymbol{B}_e)-\boldsymbol{m}\cdot\nabla\boldsymbol{B}_e=0$$

最终将磁偶极子在外磁场中的受力表示为

$$\boldsymbol{F}=\nabla(\boldsymbol{m}\cdot\boldsymbol{B}_e)=\boldsymbol{m}\cdot\nabla\boldsymbol{B}_e \tag{3.3.17}$$

它与电偶极子在外电场中的受力公式具有类似的数学形式.

下面计算力矩. 将式(3.3.16)代入式(3.3.15)，第一项的贡献为

$$\iiint \boldsymbol{r}'\times(\boldsymbol{j}_0\times\boldsymbol{B}_e)\mathrm{d}V'=\iiint \boldsymbol{j}_0\boldsymbol{r}'\cdot\boldsymbol{B}_e\mathrm{d}V'-\boldsymbol{B}_e\iiint \boldsymbol{j}_0\cdot\boldsymbol{r}'\mathrm{d}V'$$

上式右边第一项为

$$\begin{aligned}\iiint \boldsymbol{j}_0\boldsymbol{r}'\cdot\boldsymbol{B}_e\mathrm{d}V' &=\frac{1}{2}\iiint(\boldsymbol{j}_0\boldsymbol{r}'-\boldsymbol{r}'\boldsymbol{j}_0)\cdot\boldsymbol{B}_e\mathrm{d}V'\\ &=\frac{1}{2}\iiint(\boldsymbol{r}'\times\boldsymbol{j}_0)\times\boldsymbol{B}_e\mathrm{d}V'=\boldsymbol{m}\times\boldsymbol{B}_e\end{aligned}$$

第二项中的积分为

$$\iiint \boldsymbol{j}_0 \cdot \boldsymbol{r}' \mathrm{d}V' = \iiint (\boldsymbol{j}_0 \cdot \nabla' \boldsymbol{r}') \cdot \boldsymbol{r}' \mathrm{d}V' = \frac{1}{2}\iiint \boldsymbol{j}_0 \cdot \nabla' r'^2 \mathrm{d}V'$$
$$= \frac{1}{2}\iiint \nabla' \cdot (r'^2 \boldsymbol{j}_0) \mathrm{d}V' = \frac{1}{2}\oiint r'^2 j_{0n} \mathrm{d}\sigma = 0$$

于是,我们求得磁偶极子在外磁场中受的力矩为

$$\boldsymbol{M} = \boldsymbol{m} \times \boldsymbol{B}_e \tag{3.3.18}$$

此式和电偶极子在外电场中的力矩公式(2.4.33)具有类似的数学形式.

展开式(3.3.16)第二项对应的力矩为外磁场对磁四极子的力矩,对其不作讨论.

## 3.4 磁标势法

除了某些特殊情况外,从矢势出发计算磁场一般相当困难.静磁场之所以不能像静电场那样引入标势,是因为磁场强度的旋度一般不为零.在实际问题中,我们经常碰到在考察空间不出现传导电流的情况,或者我们可以将传导电流所在区域从解域中挖走,从而使磁场强度的旋度在解域内处处为零.对这种情况,可以引入标势,达到简化磁场计算的目的.相应的求解磁场的方法称为磁标势法.

### 3.4.1 磁标势的引入、相关方程和边值关系

在没有传导电流的空间,磁场满足的基本方程和边值关系为

$$\nabla \times \boldsymbol{H} = 0 \tag{3.4.1}$$

$$\nabla \cdot \boldsymbol{B} = 0 \tag{3.4.2}$$

$$\boldsymbol{B} = \mu_0(\boldsymbol{H} + \boldsymbol{M}) \tag{3.4.3}$$

$$\boldsymbol{n} \times (\boldsymbol{H}_2 - \boldsymbol{H}_1) = 0 \tag{3.4.4}$$

$$\boldsymbol{n} \cdot (\boldsymbol{B}_2 - \boldsymbol{B}_1) = 0 \tag{3.4.5}$$

由磁场强度的旋度为零,可将它表示为某标量的负梯度

$$\boldsymbol{H} = -\nabla \varphi_m \tag{3.4.6}$$

其中,$\varphi_m$ 为磁标势.从数学分析角度,要求 $\varphi_m$ 为位置空间的单值函数.为实现这一要求,解域应当选为不含传导电流的单连通域①,避免回路 $C$ 与任何电流相互环绕,以确保磁场强度沿该解域内任意闭合回路 $C$ 的积分为零,即

$$\oint_C \boldsymbol{H} \cdot \mathrm{d}\boldsymbol{l} = 0$$

方程(3.4.1)~方程(3.4.3)并不闭合,其中所含的介质磁化强度待标定.为简

① 单连通域指的是,域内任何闭合回路可无限缩小成一个点.例如,一闭合球面以外的空间属于单连通域.某闭合环面以外的空间属于复连通域,因为与该环相互缠绕的闭合回路,在不穿越环面的条件下无法缩小成一个点.

单起见,我们限于讨论两种简单介质,即分区均匀线性各向同性磁介质和磁化强度不随外加磁场改变的永久磁铁.

(1) 对分区均匀线性各向同性磁介质,式(3.4.3)代之以

$$\boldsymbol{B} = \mu \boldsymbol{H} \tag{3.4.7}$$

其中,磁导率 $\mu$ 为分区常数.将式(3.4.7)和式(3.4.6)代入式(3.4.2),得

$$\nabla \cdot \boldsymbol{H} = 0 \tag{3.4.8}$$

$$\nabla^2 \varphi_m = 0 \tag{3.4.9}$$

仿照第2章2.1节的推导步骤,可将边值关系(3.4.4)和(3.4.5)转嫁至磁标势上,结果为

$$\varphi_{m1} = \varphi_{m2} \tag{3.4.10}$$

$$\mu_1 \frac{\partial \varphi_{m1}}{\partial n} = \mu_2 \frac{\partial \varphi_{m2}}{\partial n} \tag{3.4.11}$$

(2) 对磁化强度不随外加磁场改变的永久磁铁,应使用普遍关系(3.4.3)取代式(3.4.7),相应式(3.4.8)和式(3.4.9)修改为

$$\nabla \cdot \boldsymbol{H} = \rho_m / \mu_0 \tag{3.4.12}$$

$$\nabla^2 \varphi_m = -\rho_m / \mu_0 \tag{3.4.13}$$

其中,

$$\rho_m = -\mu_0 \nabla \cdot \boldsymbol{M} \tag{3.4.14}$$

为"磁荷"密度.对于永久磁铁界面,通过推导与式(3.4.14)对应的磁化强度的边值关系,可求得面磁荷密度为

$$\sigma_m = -\mu_0 \boldsymbol{n} \cdot (\boldsymbol{M}_2 - \boldsymbol{M}_1) \tag{3.4.15}$$

其中,法向 $\boldsymbol{n}$ 由1侧指向2侧;$\boldsymbol{M}_1$ 和 $\boldsymbol{M}_2$ 为两侧永久磁铁的磁化强度.边值关系(3.4.10)不变,但式(3.4.11)应代之以磁感应强度法向分量连续的条件 $\boldsymbol{n} \cdot (\boldsymbol{H}_2 - \boldsymbol{H}_1) = -\boldsymbol{n} \cdot (\boldsymbol{M}_2 - \boldsymbol{M}_1)$ 或

$$\frac{\partial \varphi_{m2}}{\partial n} - \frac{\partial \varphi_{m1}}{\partial n} = -\frac{\sigma_m}{\mu_0} \tag{3.4.16}$$

对分区均匀线性各向同性磁介质的情况,求解过程中不直接涉及磁化强度 $\boldsymbol{M}$,它事后由 $\boldsymbol{M} = \chi_m \boldsymbol{H}$ 求得;对于永久磁铁的情况,磁化强度 $\boldsymbol{M}$ 事先给定,并假定它不受外加磁场之影响.对于其他给定磁介质磁化规律的情况(参见习题3.8),可从给定的磁化规律出发,由 $\boldsymbol{B}$ 的法向分量连续导出 $\boldsymbol{H}$ 法向分量(对应 $\partial \varphi_m / \partial n$)满足的边值关系,以此取代式(3.4.16).

### 3.4.2 磁标势法与静电场解法的对应关系

引入磁标势之后,相应静磁场问题和静电场问题存在密切的对应关系.表3.1将上述两种情况的基本方程与静电场对应方程进行了比较.除了静电场情况允许自由电荷密度 $\rho_0$ 出现,而静磁场不存在自由磁荷(即所谓"磁单极子")之外,静磁场方程与静电场方程具有相同的数学形式.因此,我们可以运用静电场问题的各种

解法，去求解对应的静磁场问题. 实际上，已经获得的静电场解，按表 3.2 进行符号替换，即可得到相应静磁场问题的解.

**表 3.1　分区均匀各向同性介质和永电、磁体中的静电场和静磁场方程**

| 矢量场 | 静电场 | 静磁场 |
|---|---|---|
| 旋度方程 | $\nabla\times\boldsymbol{E}=0$ | $\nabla\times\boldsymbol{H}=0$ |
| 散度方程(各向同性介质) | $\nabla\cdot\boldsymbol{E}=0$ | $\nabla\cdot\boldsymbol{H}=0$ |
| 散度方程(永电体,永磁体) | $\nabla\cdot\boldsymbol{E}=\rho/\varepsilon_0$ | $\nabla\cdot\boldsymbol{H}=\rho_m/\mu_0$ |
| 电荷、磁荷密度 | $\rho=\rho_0-\nabla\cdot\boldsymbol{P}$ | $\rho_m=-\mu_0\nabla\cdot\boldsymbol{M}$ |
| 性能方程(各向同性介质) | $\boldsymbol{D}=\varepsilon\boldsymbol{E}$ | $\boldsymbol{B}=\mu\boldsymbol{H}$ |
| 电磁极化强度 | $\boldsymbol{P}=\boldsymbol{D}-\varepsilon_0\boldsymbol{E}$ | $\mu_0\boldsymbol{M}=\boldsymbol{B}-\mu_0\boldsymbol{H}$ |

**表 3.2　电学量和磁学量的对应关系**

| 电学量 | $\boldsymbol{E}$ | $\boldsymbol{D}$ | $\varphi$ | $\rho$ | $\sigma$ | $\varepsilon$ | $\varepsilon_0$ | $\boldsymbol{P}$ | $\boldsymbol{p}$ |
|---|---|---|---|---|---|---|---|---|---|
| 磁学量 | $\boldsymbol{H}$ | $\boldsymbol{B}$ | $\varphi_m$ | $\rho_m$ | $\sigma_m$ | $\mu$ | $\mu_0$ | $\mu_0\boldsymbol{M}$ | $\mu_0\boldsymbol{m}$ |

### 3.4.3　磁标势法应用举例

下面举例说明磁标势法的应用.

**例 3.2**

半径为 $a$、磁导率为 $\mu$ 的均匀介质球置于均匀磁场 $\boldsymbol{B}_0$ 之中，球外真空，求空间磁标势和磁场分布.

**解**　本静磁场问题与第 2 章 2.2 节例 2.3 的静电场问题对应，该问题的电势和电场分布如下：

$$\varphi=\begin{cases}-\dfrac{3\varepsilon_0E_0r\cos\theta}{\varepsilon+2\varepsilon_0}, & r\leqslant a\\[2ex] -E_0r\cos\theta+\dfrac{(\varepsilon-\varepsilon_0)E_0a^3\cos\theta}{(\varepsilon+2\varepsilon_0)r^2}, & r>a\end{cases}$$

$$\boldsymbol{E}=\begin{cases}\boldsymbol{E}_1=\dfrac{3\varepsilon_0\boldsymbol{E}_0}{\varepsilon+2\varepsilon_0}, & r\leqslant a\\[2ex] \boldsymbol{E}_2=\boldsymbol{E}_0-\dfrac{\boldsymbol{p}}{4\pi\varepsilon_0r^3}+\dfrac{3\boldsymbol{p}\cdot\boldsymbol{r}}{4\pi\varepsilon_0r^5}\boldsymbol{r}, & r>a\end{cases}$$

$$\boldsymbol{p}=\frac{4\pi a^3}{3}\boldsymbol{P},\qquad \boldsymbol{P}=(\varepsilon-\varepsilon_0)\boldsymbol{E}_1=\frac{3\varepsilon_0(\varepsilon-\varepsilon_0)}{\varepsilon+2\varepsilon_0}\boldsymbol{E}_0$$

按表 3.2 进行符号替换，同时将 $\boldsymbol{E}_0$ 换为 $\boldsymbol{H}_0=\boldsymbol{B}_0/\mu_0$，获得本问题的磁标势和磁场强度如下：

$$\varphi_m=\begin{cases}-\dfrac{3B_0r\cos\theta}{\mu+2\mu_0}, & r\leqslant a\\[2ex] -\dfrac{B_0r}{\mu_0}\cos\theta+\dfrac{(\mu-\mu_0)B_0a^3\cos\theta}{\mu_0(\mu+2\mu_0)r^2}, & r>a\end{cases}\tag{3.4.17}$$

$$\boldsymbol{H}=\begin{cases}\boldsymbol{H}_1=\dfrac{3\boldsymbol{B}_0}{\mu+2\mu_0}, & r\leqslant a\\[2ex] \boldsymbol{H}_2=\dfrac{\boldsymbol{B}_0}{\mu_0}-\dfrac{\boldsymbol{m}}{4\pi r^3}+\dfrac{3\boldsymbol{m}\cdot\boldsymbol{r}}{4\pi r^5}\boldsymbol{r}, & r>a\end{cases}\tag{3.4.18}$$

$$\boldsymbol{m}=\frac{4\pi a^3}{3}\boldsymbol{M},\quad \boldsymbol{M}=\frac{(\mu-\mu_0)\boldsymbol{H}_1}{\mu_0}=\frac{3(\mu-\mu_0)}{\mu_0(\mu+2\mu_0)}\boldsymbol{B}_0\tag{3.4.19}$$

由式(3.4.18)给出的磁场强度,求得球内外磁感应强度分布:

$$\boldsymbol{B}=\begin{cases}\mu\boldsymbol{H}_1=\dfrac{3\mu\boldsymbol{B}_0}{\mu+2\mu_0}, & r\leqslant a\\[2ex] \mu_0\boldsymbol{H}_2=\boldsymbol{B}_0-\dfrac{\mu_0\boldsymbol{m}}{4\pi r^3}+\dfrac{3\mu_0(\boldsymbol{m}\cdot\boldsymbol{r})\boldsymbol{r}}{4\pi r^5}, & r>a\end{cases}\tag{3.4.20}$$

以上结果表明,球内的磁场为均匀场,介质球处于均匀磁化状态;球外的磁场为磁化介质球所产生的偶极子场和外部均匀场的合成场.

如果视介质球为具均匀磁化强度 $\boldsymbol{M}$ 的永久磁铁,则由它单独产生的磁场可由式(3.4.20)给出的磁场减去外场 $\boldsymbol{B}_0$ 获得,结果为

$$\boldsymbol{B}=\begin{cases}\dfrac{2\mu_0\boldsymbol{M}}{3}, & r\leqslant a\\[2ex] -\dfrac{\mu_0\boldsymbol{m}}{4\pi r^3}+\dfrac{3\mu_0(\boldsymbol{m}\cdot\boldsymbol{r})\boldsymbol{r}}{4\pi r^5}, & r>a\end{cases}\tag{3.4.21}$$

其中,$\boldsymbol{m}=4\pi a^3\boldsymbol{M}/3$ 为永久磁铁的磁矩. 当然,对同一问题也可以采用分离变量法直接求解,就像第 2 章 2.2 节例 2.3 做过的那样,下面给出求解过程.

**例 3.3**

求半径为 $a$、磁化强度为 $\boldsymbol{M}$ 的永久磁铁球产生的磁场.

**解** 采用球坐标$(r,\theta,\phi)$,原点取在球心,$z$ 轴与 $\boldsymbol{M}$ 平行. 仿照第 2 章 2.2 节例 2.3 的做法,尝试写出球内外磁标势的分离变量解如下:

$$\varphi_{m1}=a_0+a_1 r\cos\theta,\quad r\leqslant a\tag{3.4.22}$$

$$\varphi_{m2}=a_0'+\frac{b_0'}{r}+\frac{b_1'}{r^2}\cos\theta,\quad r>a\tag{3.4.23}$$

其中系数由球面上的边值关系(3.4.10)和(3.4.16)确定,即

$$\varphi_{m1}\big|_{r=a}=\varphi_{m2}\big|_{r=a}$$

$$\left.\frac{\partial\varphi_{m2}}{\partial r}\right|_{r=a}-\left.\frac{\partial\varphi_{m1}}{\partial r}\right|_{r=a}=-\frac{\sigma_m}{\mu_0}=-M\cos\theta$$

其中用到面磁荷密度的计算公式(3.4.15). 将尝试解即式(3.4.22)和式(3.4.23)代入上述边值关系,得

$$a_0 + a_1 a\cos\theta = a_0' + \frac{b_0'}{a} + \frac{b_1'}{a^2}\cos\theta$$

$$-\frac{b_0'}{a^2} - \frac{2b_1'}{a^3}\cos\theta - a_1\cos\theta = -M\cos\theta$$

据此定出

$$a_0' = a_0 \equiv \varphi_0, \qquad b_0' = 0, \qquad a_1 = \frac{M}{3}, \qquad b_1' = \frac{Ma^3}{3}$$

代入式(3.4.22)和式(3.4.23)得

$$\varphi_{m1} = \varphi_0 + \frac{1}{3}Mr\cos\theta = \varphi_0 + \frac{1}{3}\boldsymbol{M}\cdot\boldsymbol{r} \tag{3.4.24}$$

$$\varphi_{m2} = \varphi_0 + \frac{Ma^3\cos\theta}{3r^2} = \varphi_0 + \frac{a^3\boldsymbol{M}\cdot\boldsymbol{r}}{3r^3} = \varphi_0 + \frac{\boldsymbol{m}\cdot\boldsymbol{r}}{4\pi r^3} \tag{3.4.25}$$

其中,$\varphi_0$ 为常数;$\boldsymbol{m}=4\pi a^3\boldsymbol{M}/3$ 为磁铁球的磁矩. 由上述磁标势求得磁场强度

$$\boldsymbol{H}_1 = -\nabla\varphi_{m1} = -\frac{\boldsymbol{M}}{3} \tag{3.4.26}$$

$$\boldsymbol{H}_2 = -\nabla\varphi_{m2} = -\frac{\boldsymbol{m}}{4\pi r^3} + \frac{3(\boldsymbol{m}\cdot\boldsymbol{r})\boldsymbol{r}}{4\pi r^5} \tag{3.4.27}$$

从而最终求得球内外的磁场分布如下:

$$\boldsymbol{B}_1 = \mu_0(\boldsymbol{H}_1 + \boldsymbol{M}) = \frac{2\mu_0\boldsymbol{M}}{3}$$

$$\boldsymbol{B}_2 = \mu_0\boldsymbol{H}_2 = -\frac{\mu_0\boldsymbol{m}}{4\pi r^3} + \frac{3\mu_0(\boldsymbol{m}\cdot\boldsymbol{r})\boldsymbol{r}}{4\pi r^5}$$

该结果与式(3.4.21)一致.

磁标势法的处理过程启发我们,只要物理场满足的微分方程和定解条件具有同样的数学形式,就可以使用同样的解法,且解的数学形式相同,与场的物理性质无关. 在求解过程中,是否真的引入磁标势或磁荷并不重要. 掌握了这一要点,对静场问题的处理将更为灵活,更加富于技巧. 下面举两个例子,从中可窥见一斑.

**例 3.4**

半径为 $a$ 的长导体薄圆柱壳,沿轴线切成两半,彼此绝缘,电势分别为 $\pm V$,求该柱面内外的电势分布.

**解** 本问题的两半圆柱壳均为等电势面,电力线与柱面垂直. 如果沿两条狭缝各置一条长直线电流,电流强度相同,方向相反,则可以证明,其磁力线恰好与过两条狭缝的所有圆柱面垂直. 与此相应,圆柱壳所在位置恰好就是等磁势面. 据此我们判断:本题的静电场解将和两条长直线电流的磁场解具有同样的数学形式. 取直角坐标系$(x,y,z)$,$z$ 轴沿圆柱轴线,两条狭缝位于 $x=\pm a$,成立

$$B_x \propto \frac{y}{(x+a)^2+y^2} - \frac{y}{(x-a)^2+y^2} \propto E_x = -\frac{\partial\varphi}{\partial x}$$

$$B_y \propto -\frac{x+a}{(x+a)^2+y^2}+\frac{x-a}{(x-a)^2+y^2} \propto E_y = -\frac{\partial \varphi}{\partial y}$$

据此求得电势分布为

$$\varphi \propto \arctan\left(\frac{2ay}{a^2-\rho^2}\right), \qquad \rho^2 = x^2+y^2$$

按边界条件确定比例系数，最终求得柱内外电势分布如下：

$$\varphi = \begin{cases} \dfrac{2V}{\pi}\arctan\left(\dfrac{2ay}{a^2-\rho^2}\right), & \rho < a \\ \dfrac{2V}{\pi}\arctan\left(\dfrac{2ay}{\rho^2-a^2}\right), & \rho > a \end{cases}$$

## 例 3.5

两无限长任意截面的平行传输线，其间填满均匀各向同性介质，介电常量为 $\varepsilon$，磁导率为 $\mu$，单位长度电容和电感分别为 $C$ 和 $L$，证明 $LC=\mu\varepsilon$.

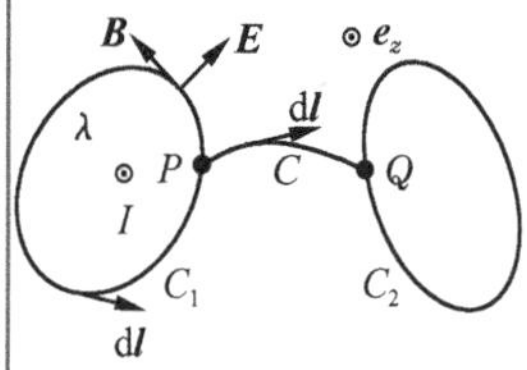


图 3.4

**解** 取直角坐标系 $(x,y,z)$，$z$ 轴与传输线平行，则电场和磁场与 $z$ 无关. 设两条传输线横截面的轮廓线分别为 $C_1$ 和 $C_2$，在这两条轮廓线上各任取一点 $P$ 和 $Q$，其间通过某曲线 $C$ 连接，如图 3.4 所示. 设传输线的电流强度为 $I$，单位长度传输线所带电量为 $\lambda$，则单位长度电容和电感为

$$C=\frac{\lambda}{V}, \qquad L=\frac{\Phi}{I}$$

其中，

$$V=\int_C \boldsymbol{E}\cdot \mathrm{d}\boldsymbol{l}, \qquad \Phi=\int_C \boldsymbol{B}\cdot(\boldsymbol{e}_z\times \mathrm{d}\boldsymbol{l})$$

分别表示 $P$ 和 $Q$ 点之间的电压和通过两传输线间每单位长度的磁通量，$\boldsymbol{E}$ 和 $\boldsymbol{B}$ 分别表示传输线之间的电场和磁场. 由 $\boldsymbol{E}$ 的有势性和 $\boldsymbol{B}$ 的无散性，可知 $V$ 和 $\Phi$ 与弧线 $C$ 的选择无关；又由传输线表面为等电势面和磁面（由磁力线构成的曲面）的特性，$V$ 和 $\Phi$ 也与 $P$ 和 $Q$ 点在轮廓线 $C_1$ 和 $C_2$ 上的确切位置无关. 对以轮廓线 $C_1$ 为底的单位长柱面，运用静电场的高斯定理和静磁场的安培环路定理分别推得

$$\lambda=\varepsilon\oint_{C_1}\boldsymbol{E}\cdot(\mathrm{d}\boldsymbol{l}\times\boldsymbol{e}_z), \qquad I=\frac{1}{\mu}\oint_{C_1}\boldsymbol{B}\cdot \mathrm{d}\boldsymbol{l}$$

于是有

$$LC=\frac{\lambda\Phi}{VI}=\varepsilon\mu\frac{\oint_{C_1}\boldsymbol{E}\cdot(\mathrm{d}\boldsymbol{l}\times\boldsymbol{e}_z)\cdot\int_C\boldsymbol{B}\cdot(\boldsymbol{e}_z\times\mathrm{d}\boldsymbol{l})}{\int_C\boldsymbol{E}\cdot\mathrm{d}\boldsymbol{l}\cdot\oint_{C_1}\boldsymbol{B}\cdot\mathrm{d}\boldsymbol{l}} \tag{3.4.28}$$

下面分析 $\boldsymbol{E}$ 和 $\boldsymbol{B}$ 之间的关系. 它们的旋度和散度均为零. 构建矢量场 $\boldsymbol{B}'=\boldsymbol{e}_z\times\boldsymbol{E}$,有

$$\nabla\times\boldsymbol{B}'=\nabla\times(\boldsymbol{e}_z\times\boldsymbol{E})=(\nabla\cdot\boldsymbol{E})\boldsymbol{e}_z-\boldsymbol{e}_z\cdot\nabla\boldsymbol{E}=0$$

$$\nabla\cdot\boldsymbol{B}'=\nabla\cdot(\boldsymbol{e}_z\times\boldsymbol{E})=-\boldsymbol{e}_z\cdot(\nabla\times\boldsymbol{E})=0$$

且在传输线表面上法向分量为零(因 $\boldsymbol{E}$ 与传输线表面垂直的缘故). 于是,$\boldsymbol{B}'$ 与磁场 $\boldsymbol{B}$ 满足同样形式的微分方程,且它们的法向分量同在传输线表面上消失,二者之间只能相差一个常数乘子,设为 $\alpha$,则 $\boldsymbol{B}=\alpha\boldsymbol{B}'=\alpha\boldsymbol{e}_z\times\boldsymbol{E}$. 据此推得

$$\oint_{C_1}\boldsymbol{E}\cdot(\mathrm{d}\boldsymbol{l}\times\boldsymbol{e}_z)=\oint_{C_1}(\boldsymbol{e}_z\times\boldsymbol{E})\cdot\mathrm{d}\boldsymbol{l}=\frac{1}{\alpha}\oint_{C_1}\boldsymbol{B}\cdot\mathrm{d}\boldsymbol{l}$$

$$\int_C\boldsymbol{B}\cdot(\boldsymbol{e}_z\times\mathrm{d}\boldsymbol{l})=\alpha\int_C(\boldsymbol{e}_z\times\boldsymbol{E})\cdot(\boldsymbol{e}_z\times\mathrm{d}\boldsymbol{l})=\alpha\int_C\boldsymbol{E}\cdot\mathrm{d}\boldsymbol{l}$$

代入式(3.4.28),即证得 $LC=\mu\varepsilon$.

## *3.5 磁　　能

关于静磁能(以下简称磁能),在电磁学中曾经从电池对静止载流线圈内的电流做功出发,推得用线圈自感和互感表达的磁能公式;通过对螺绕环磁能的分析,将磁能公式改写为直接用场表示的形式. 我们这里单辟一节重新讨论静磁场的磁能,针对线性介质中的静磁场,以一种更为严格的方式导出直接用场表示的磁能公式及能量守恒关系,说明对载流导体的安培力做功与磁能变化之间的关系,分析小载流导体在外磁场中的磁能,介绍一般均匀介质中的静磁场热力学的基本方程及其简单应用.

### 3.5.1 磁能基本公式

1. 推导过程

和第 2 章 2.5 节对静电能的分析一样,严格的磁能分析应当从第 1 章 1.4 节的一般能量守恒关系(适用于线性介质)出发

$$\frac{\mathrm{d}W_m}{\mathrm{d}t}+\frac{\mathrm{d}}{\mathrm{d}t}\iiint_V w\,\mathrm{d}V=-\oiint_S\boldsymbol{S}\cdot\mathrm{d}\boldsymbol{\sigma}\tag{3.5.1}$$

其中,$W_m$ 为机械能;$w$ 和 $\boldsymbol{S}$ 分别为电磁能量密度和能流密度,对线性介质,它们的表达式如下:

$$w=\frac{1}{2}(\boldsymbol{D}\cdot\boldsymbol{E}+\boldsymbol{B}\cdot\boldsymbol{H})\tag{3.5.2}$$

$$\boldsymbol{S}=\boldsymbol{E}\times\boldsymbol{H}\tag{3.5.3}$$

在静磁场近似下,可略去式(3.5.1)右边的电磁辐射损失项,并从总电磁能变化中略去电场的贡献,从而系统电磁能的变化归结为磁能的变化. 取 $V$ 为全空间,将机械能的减小等效地说成是外界对磁场做功,功率等于机械能的时间衰减率,即 $P'=-\mathrm{d}W_m/\mathrm{d}t$. 这时,式(3.5.1)简化为

$$\frac{\mathrm{d}W}{\mathrm{d}t}=P' \quad 或 \quad \Delta W=A' \tag{3.5.4}$$

其中，
$$W=\frac{1}{2}\iiint \boldsymbol{B}\cdot\boldsymbol{H}\mathrm{d}V \tag{3.5.5}$$

$W$ 为系统磁能；$\Delta W$ 表示磁能的增量；$A'$为外界对静磁系统做功. 通过计算系统磁能的增量，可以直接求出外界对系统所做的功，而不必涉及过程细节，从而大大简化计算.

与式(3.5.5)对应的能量密度 $w=\boldsymbol{B}\cdot\boldsymbol{H}/2$，它包括两项：

$$w=\frac{1}{2}\boldsymbol{B}\cdot\boldsymbol{H}=\frac{1}{2\mu_0}B^2-\frac{1}{2}\boldsymbol{M}\cdot\boldsymbol{B} \tag{3.5.6}$$

第一项为磁能密度，第二项为线性介质的磁化能密度(参见第 1 章 1.4 节).

2. 磁能公式的转换

对静磁场来说，用场表示的磁能可改用磁矢势表示. 由

$$\begin{aligned}\boldsymbol{B}\cdot\boldsymbol{H}&=(\nabla\times\boldsymbol{A})\cdot\boldsymbol{H}=\nabla\cdot(\boldsymbol{A}\times\boldsymbol{H})+\boldsymbol{A}\cdot(\nabla\times\boldsymbol{H})\\&=\nabla\cdot(\boldsymbol{A}\times\boldsymbol{H})+\boldsymbol{j}_0\cdot\boldsymbol{A}\end{aligned}$$

其中右边的散度项转化为面积分之后，利用无限远处的正则条件证其消失，以至可将式(3.5.5)化为

$$W=\frac{1}{2}\iiint \boldsymbol{j}_0\cdot\boldsymbol{A}\mathrm{d}V \tag{3.5.7}$$

注意，式(3.5.7)中的 $\boldsymbol{j}_0$ 为传导电流密度；$\boldsymbol{A}$ 为总磁矢势. 后者为传导电流及可能出现的束缚和感应电流共同产生. 注意，在 $\boldsymbol{A}$ 上加上任意标函数 $\psi$ 的梯度，不会给式(3.5.7)的计算结果带来任何影响，因为

$$\iiint \boldsymbol{j}_0\cdot\nabla\psi\mathrm{d}V=\iiint\nabla\cdot(\psi\boldsymbol{j}_0)\mathrm{d}V=\oiint\psi j_{0n}\mathrm{d}\sigma=0$$

在上述推导中，用到稳恒电流方程($\nabla\cdot\boldsymbol{j}_0=0$)和载流导体表面电流法向分量为零的条件.

### 3.5.2 安培力做功与磁能变化

在电磁学中，磁能是通过电池对静止线圈中的电流做功来定义的. 然而，在实际问题中，常常需要考虑载流线圈的运动，这时将出现磁场对载流导体的安培力，它将参与做功. 本节就安培力做功与磁能变化之间的关系进行剖析.

安培力实际上是洛伦兹力或磁力的宏观表现. 我们知道，对点电荷 $q$ 的洛伦兹力 $\boldsymbol{F}=q\boldsymbol{v}\times\boldsymbol{B}$ 始终与电荷速度 $\boldsymbol{v}$ 垂直，做功为零. 对于连续的电荷分布而言，在第 1 章 1.4 节曾一般地证明，洛伦兹力做功也为零，只有电场力做功，对应功率密度为 $p=\boldsymbol{j}\cdot\boldsymbol{E}$. 对静电场情况，为静电力做功；对磁场情况，为涡旋电场力做功，其宏观平均效果表现为感应电动势做功. 安培力既来自洛伦兹力的宏观平均，为何它做的功可以不为零呢？理由在于：安培力做功针对的不是单个运动电荷，而是整个载流导体，后者的速度与载流子(即导体中的运动电荷)的速度并无确定关系. 安培力是载流导体中全部载流子所受洛伦兹力的宏观平均，其体密度为 $\boldsymbol{f}=\boldsymbol{j}_0\times\boldsymbol{B}$，功率等

于它和载流导体的运动速度的标积，该标积一般不为零. 在安培力做功的过程中，洛伦兹力起着传递能量的媒介作用：其一个分量提供涡旋电场力，对载流子做功，另一个分量提供安培力，对运动导体做功；两功大小相等、符号相反. 对此，在电磁学中关于动生电动势的讨论中，已作过解释.

安培力既然做功，它与系统的磁能之间应当存在一定关系. 当无其他非电磁力（如电池）参与做功时，安培力做功将等于系统磁能的减小. 此时，载流线圈中的电流会发生变化，以维持穿过线圈之磁通不变. 相反，如果通过外接电池维持线圈的电流不变，则安培力做功将等于磁能的增加，而不是磁能的减小. 下面对此给出一般性证明.

不妨设系统由场源给定的外磁场和处在其中的、电流分布不变的载流导体所构成. 按式(3.5.7)可分别计算外磁场的磁能和载流导体自身的磁能，二者在移动载流导体的过程中将维持不变. 发生变化的只是二者之间的相互作用能，人们习惯将这一相互作用能定义为载流导体在外磁场中的磁能. 由式(3.5.7)，可导出该磁能的表达式为

$$W=\iiint \boldsymbol{j}_0(\boldsymbol{r})\cdot\boldsymbol{A}_e(\boldsymbol{r})\mathrm{d}V \tag{3.5.8}$$

式中，$\boldsymbol{j}_0$ 为载流导体的电流密度；$\boldsymbol{A}_e$ 为外磁场的磁矢势. 当载流导体处于无限远时，该处外磁场为零，有 $W=0$. 将载流导体从无限远移至指定位置，同时维持外场和载流导体的电流分布不变. 下面需要证明的是：在上述过程中，安培力做功等于式(3.5.8)表示的磁能. 该功的表达式如下：

$$A=\int_\infty^0 \mathrm{d}\boldsymbol{r}_0\cdot\iiint \boldsymbol{j}_0(\boldsymbol{r}')\times\boldsymbol{B}_e(\boldsymbol{r}_0+\boldsymbol{r}')\mathrm{d}V' \tag{3.5.9}$$

其中有关符号的定义见图 3.5：$\boldsymbol{r}_0$ 为载流导体内某点 $O'$ 的位置矢量，用来描述载流导体 B 的刚体平移运动；$\boldsymbol{r}'$ 为相对 $O'$ 点的位置矢量，表示载流导体内的电流元 $\boldsymbol{j}_0(\boldsymbol{r}')\mathrm{d}V'$ 的位置；$\boldsymbol{B}_e$ 为外磁场，它是场点 $\boldsymbol{r}=\boldsymbol{r}_0+\boldsymbol{r}'$ 的函数. 当 $O'$ 移至坐标原点，即 $\boldsymbol{r}_0=0$ 时，载流导体达到指定位置，相应式(3.5.9)中对 $\boldsymbol{r}_0$ 的积分的上限取为零. 用 $\nabla$、$\nabla_0$ 和 $\nabla'$ 分别表示作用在 $\boldsymbol{r}$、$\boldsymbol{r}_0$ 和 $\boldsymbol{r}'$ 上的矢量微分算符，则显然成立算符等式 $\nabla=\nabla_0=\nabla'$. 将式(3.5.9)的被积式化为

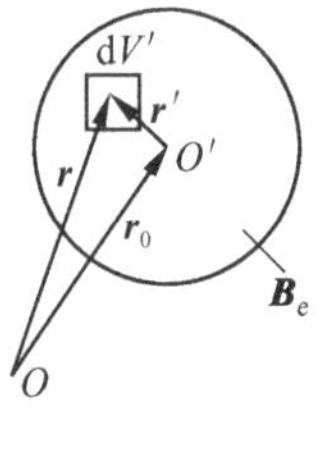

图 3.5

$$\begin{aligned}\boldsymbol{j}_0\times\boldsymbol{B}_e&=\boldsymbol{j}_0\times(\nabla\times\boldsymbol{A}_e)=(\nabla\boldsymbol{A}_e)\cdot\boldsymbol{j}_0-\boldsymbol{j}_0\cdot\nabla\boldsymbol{A}_e\\&=(\nabla_0\boldsymbol{A}_e)\cdot\boldsymbol{j}_0-\boldsymbol{j}_0\cdot\nabla'\boldsymbol{A}_e=(\nabla_0\boldsymbol{A}_e)\cdot\boldsymbol{j}_0-\nabla'\cdot(\boldsymbol{j}_0\boldsymbol{A}_e)\end{aligned}$$

推导中用到 $\nabla'\cdot\boldsymbol{j}_0(\boldsymbol{r}')=0$. 上式右边第一项对 $\boldsymbol{r}_0$ 的线积分为

$$\begin{aligned}&\int_\infty^0 \mathrm{d}\boldsymbol{r}_0\cdot[\nabla_0\boldsymbol{A}_e(\boldsymbol{r}_0+\boldsymbol{r}')]\cdot\boldsymbol{j}_0(\boldsymbol{r}')\\&=\boldsymbol{j}_0(\boldsymbol{r}')\cdot\int_\infty^0\mathrm{d}\boldsymbol{r}_0\cdot\nabla_0\boldsymbol{A}_e(\boldsymbol{r}_0+\boldsymbol{r}')=\boldsymbol{j}_0(\boldsymbol{r}')\cdot\boldsymbol{A}_e(\boldsymbol{r}')\end{aligned}$$

推导中用了无限远的正则条件 $\boldsymbol{A}_e(\infty)=0$；第二项对 $\boldsymbol{r}'$ 的体积分为

$$-\iiint\nabla'\cdot(\boldsymbol{j}_0\boldsymbol{A}_e)\mathrm{d}V'=-\oint j_{0n}\boldsymbol{A}_e\mathrm{d}\sigma'=0$$

推导中用到载流导体边界上电流的法向分量为零的条件. 将上述结果代入式(3.5.9)得安培力做功

$$A = \iiint \boldsymbol{j}_0(\boldsymbol{r}') \cdot \boldsymbol{A}_e(\boldsymbol{r}')\mathrm{d}V' \tag{3.5.10}$$

它恰好等于由式(3.5.8)表示的磁能增量. 对这一结果的解释如下:在维持外场场源和载流导体的电流分布不变的过程中,外接电池将反抗感应电动势做功;电池所做的功正好等于安培力做功的两倍,与能量守恒的要求一致.

### 3.5.3 小载流导体在外磁场中的磁能和势能

1. 磁能

如前所述,电流维持不变的载流导体在给定外磁场中的能量由积分式(3.5.8)表示. 为使用小载流导体近似,将该积分改写为

$$W = \iiint \boldsymbol{j}_0(\boldsymbol{r}') \cdot \boldsymbol{A}_e(\boldsymbol{r})\mathrm{d}V' \tag{3.5.11}$$

其中,$\boldsymbol{r}'$和$\boldsymbol{r}$的定义见图 3.5. 将$\boldsymbol{A}_e(\boldsymbol{r})$作泰勒展开

$$\boldsymbol{A}_e(\boldsymbol{r}) \approx \boldsymbol{A}_e(\boldsymbol{r}_0) + \boldsymbol{r}' \cdot [\nabla \boldsymbol{A}_e(\boldsymbol{r})]_{\boldsymbol{r}=\boldsymbol{r}_0} = \boldsymbol{A}_e(\boldsymbol{r}_0) + \boldsymbol{r}' \cdot \nabla_0 \boldsymbol{A}_e(\boldsymbol{r}_0)$$

代入式(3.5.11)得

$$W \approx \boldsymbol{A}_e(\boldsymbol{r}_0) \cdot \iiint \boldsymbol{j}_0(\boldsymbol{r}')\mathrm{d}V' + \iiint \boldsymbol{j}_0(\boldsymbol{r}')\boldsymbol{r}'\mathrm{d}V' : \nabla_0 \boldsymbol{A}_e(\boldsymbol{r}_0)$$

上式中的两项体积分,在 3.3 节推导小载流导体在远处磁场的过程中曾遇到过,见式(3.3.9). 与该节推导步骤类似,可证上式右边第一项为零,第二项化为

$$\begin{aligned}\iiint \boldsymbol{j}_0\boldsymbol{r}'\mathrm{d}V' : \nabla_0 \boldsymbol{A}_e &= \frac{1}{2}\iiint \mathrm{d}V'(\boldsymbol{j}_0\boldsymbol{r}' - \boldsymbol{r}'\boldsymbol{j}_0) : \nabla_0 \boldsymbol{A}_e \\ &= \frac{1}{2}\iiint \mathrm{d}V'[(\boldsymbol{r}' \times \boldsymbol{j}_0) \times \nabla_0] \cdot \boldsymbol{A}_e \\ &= \frac{1}{2}\iiint (\boldsymbol{r}' \times \boldsymbol{j}_0)\mathrm{d}V' \cdot (\nabla_0 \times \boldsymbol{A}_e)\end{aligned}$$

于是有

$$W = \boldsymbol{m} \cdot \boldsymbol{B}_e \tag{3.5.12}$$

其中,

$$\boldsymbol{m} = \frac{1}{2}\iiint \boldsymbol{r}' \times \boldsymbol{j}_0(r')\mathrm{d}V' \tag{3.5.13}$$

为小载流导体的磁矩. 式(3.5.12)表示磁矩为$\boldsymbol{m}$的磁偶极子在外磁场中的磁能;与电偶极子在外电场中的静电能表达式$W=-\boldsymbol{p} \cdot \boldsymbol{E}_e$比较,形式类似,但右边相差一个负号.

2. 势能

对外磁场中的载流导体,由 3.3 节式(3.3.14)表示的力和由本节式(3.5.11)表示的磁能之间满足如下关系:

$$\boldsymbol{F} = \nabla_0 W \tag{3.5.14}$$

直接将式(3.5.11)对$\boldsymbol{r}_0$进行梯度运算,即可证明式(3.5.14):

$$\nabla_0 W = \iiint \nabla_0 [\boldsymbol{j}_0(\boldsymbol{r}') \cdot \boldsymbol{A}_e(\boldsymbol{r})] \mathrm{d}V' = \iiint (\nabla_0 \boldsymbol{A}_e) \cdot \boldsymbol{j}_0 \mathrm{d}V'$$

$$= \iiint [\boldsymbol{j}_0 \times (\nabla_0 \times \boldsymbol{A}_e) + \boldsymbol{j}_0 \cdot \nabla_0 \boldsymbol{A}_e] \mathrm{d}V'$$

$$= \iiint \boldsymbol{j}_0(\boldsymbol{r}') \times \boldsymbol{B}_e(\boldsymbol{r}) \mathrm{d}V' + \iiint \boldsymbol{j}_0 \cdot \nabla' \boldsymbol{A}_e \mathrm{d}V'$$

式中等号右边第二项的被积式由$\nabla' \cdot \boldsymbol{j}_0 = 0$可化为$\nabla' \cdot (\boldsymbol{j}_0 \boldsymbol{A}_e)$，相应体积分可化为面积分，继而利用载流导体边界上电流法向分量为零的条件证其消失，推得式(3.5.14).

关系式(3.5.14)是另一种形式的虚功原理. 式中右边通常出现的负号，因外接电池参与做功，且所做的功正好是安培力做功的两倍而消失. 如果将外力克服安培力所做的功定义为磁偶极子在外场中的能量，即将式(3.5.12)反号，得

$$U = -W = -\boldsymbol{m} \cdot \boldsymbol{B}_e \tag{3.5.15}$$

式中，$U$ 为磁偶极子在外磁场中的势能. 与此相应，虚功原理(3.5.14)代之以通常的形式(略写矢量微分算符之下标 0)

$$\boldsymbol{F} = -\nabla U \tag{3.5.16}$$

对微观粒子而言，其固有磁矩的来源属于量子现象，不能用经典理论解释. 当这些粒子在外磁场中运动时，磁矩自动保持不变，并不需要，也无法想象有一个外接电池对它们做功. 因此，在运用经典理论或量子理论讨论带固有磁矩的基本粒子在电磁场中的运动时，都使用粒子磁矩在外磁场中的势能.

### 3.5.4 静磁场热力学

以上分析假定介质线性. 对非线性介质，按式(3.5.2)定义的电磁能密度和按式(3.5.6)定义的磁能密度均失去意义. 在这种情况下，我们需要从热力学定律出发进行能量分析，属于静磁场热力学的讨论范围. 以下分析与第 2 章 2.5 节的静电场热力学分析完全类似，读者可进行比较.

由第 1 章 1.4 节的一般结果，可直接写出静磁场热力学的基本方程. 对单位体积的不可压缩的静磁均匀系统，成立

$$\mathrm{d}U = \delta Q + \mu_0 \boldsymbol{H} \cdot \mathrm{d}\boldsymbol{M} \tag{3.5.17}$$

式中，$U$ 为内能；$Q$ 为热量；$\mu_0 \boldsymbol{H} \cdot \mathrm{d}\boldsymbol{M}$ 为磁场对介质做的磁化元功. 对可逆过程，成立 $\delta Q = T\mathrm{d}S$($T$ 为温度，$S$ 为熵)，式(3.5.17)化为

$$\mathrm{d}U = T\mathrm{d}S + \mu_0 \boldsymbol{H} \cdot \mathrm{d}\boldsymbol{M} \tag{3.5.18}$$

下面举例说明热力学方程(3.5.17)和热力学方程(3.5.18)的应用，注意和第 2 章 2.5 节关于静电场热力学方程的应用进行对比.

**例 3.6**

计算各向同性铁磁体的磁滞损耗，证明磁滞回线只可能逆时针运行.

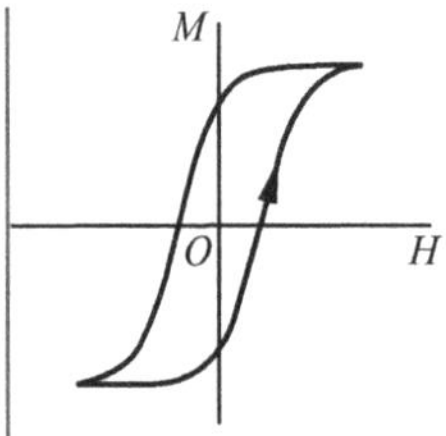

图 3.6

**解** 各向同性铁磁体的磁化沿如图 3.6 所示的磁滞回线逆时针运行，属于非线性不可逆过程，应从式(3.5.17)出发进行能量分析. 当系统经历绝热过程($\delta Q=0$)沿回线运行一周，磁场做的磁化功将全部转化为系统的内能即热能，称为磁滞损耗. 由式(3.5.17)取 $\delta Q=0$，且沿磁滞回线运行方向积分一周得

$$\oint \mathrm{d}U=\mu_0\oint \boldsymbol{H}\cdot\mathrm{d}\boldsymbol{M}=\mu_0\oint H\mathrm{d}M>0 \quad (3.5.19)$$

该积分为正，表示磁场做功转化为热能. 如果磁滞回线顺时针运行，则积分为负，表示系统通过热能的减少全部用来做功；或者说，从单一热源取热，全部转化为功. 这直接违反热力学第二定律. 因此，磁滞回线必须像图 3.6 所示的那样逆时针运行，不可能找到磁滞回线顺时针运行的铁磁体.

众所周知，线性各向异性磁介质的磁导率张量为对称张量，相应磁化率张量也为对称张量，即

$$M_i=\sum_{j=1}^{3}(\chi_m)_{ij}H_j,\qquad (\chi_m)_{ij}=(\chi_m)_{ji} \quad (3.5.20)$$

这一结论属于理论预言而非实验结果，证明如下.

**例 3.7**

证明线性各向异性磁介质的磁导率张量为对称张量.

**解** 引入热力学函数

$$\widetilde{U}=U-\mu_0\boldsymbol{M}\cdot\boldsymbol{H} \quad (3.5.21)$$

将式(3.5.18)化为

$$\mathrm{d}\widetilde{U}=T\mathrm{d}S-\mu_0\boldsymbol{M}\cdot\mathrm{d}\boldsymbol{H} \quad (3.5.22)$$

$\widetilde{U}$ 为 $S$ 和 $\boldsymbol{H}$ 的态函数，$\mathrm{d}\widetilde{U}$ 为全微分，即

$$\mathrm{d}\widetilde{U}=\frac{\partial\widetilde{U}}{\partial S}\mathrm{d}S+\sum_{i=1}^{3}\frac{\partial\widetilde{U}}{\partial H_i}\mathrm{d}H_i$$

对比上式和式(3.5.22)得

$$T=\frac{\partial\widetilde{U}}{\partial S},\qquad M_i=-\frac{1}{\mu_0}\frac{\partial\widetilde{U}}{\partial H_i}\quad(i=1,2,3) \quad (3.5.23)$$

由式(3.5.20)第一式求得

$$(\chi_m)_{ij}=\frac{\partial M_i}{\partial H_j} \quad (3.5.24)$$

将式(3.5.23)第二式代入式(3.5.24)，由混合偏导数次序的可交换性，立即证得磁化率张量的对称性，亦即磁导率张量为对称张量的命题得证.

# 第 4 章　电磁波的传播

从本章开始分析随时间变化的电磁场的运动规律. 变化电磁场以波动形式运动,称为电磁波. 电磁波是麦克斯韦电磁理论作出的最重要的理论预言,该预言不久即被实验证实,宣告电磁理论作为一门完整学科被最终确立,并在尔后的广播通信、遥感遥测、光学和几乎所有科学技术领域内得到广泛应用. 自本章起至第 7 章,将分别讨论电磁波的传播、激发,以及它与介质的相互作用.

## 4.1　电磁场波动方程和时谐电磁场

### 4.1.1　电磁场的波动方程

1. 基本方程

我们首先从麦克斯韦方程出发,揭示电磁场的波动特征. 为简单起见,以下限于分区均匀线性各向同性介质. 重抄微分形式的麦克斯韦方程如下:

$$\nabla \times \boldsymbol{E} = -\frac{\partial \boldsymbol{B}}{\partial t} \tag{4.1.1a}$$

$$\nabla \times \boldsymbol{H} = \boldsymbol{j}_0 + \frac{\partial \boldsymbol{D}}{\partial t} \tag{4.1.1b}$$

$$\nabla \cdot \boldsymbol{D} = \rho_0 \tag{4.1.1c}$$

$$\nabla \cdot \boldsymbol{B} = 0 \tag{4.1.1d}$$

其中,自由电荷密度 $\rho_0$ 和传导电流密度 $\boldsymbol{j}_0$ 应满足电荷守恒方程

$$\frac{\partial \rho_0}{\partial t} + \nabla \cdot \boldsymbol{j}_0 = 0 \tag{4.1.2}$$

对线性各向同性介质,成立

$$\boldsymbol{D} = \varepsilon \boldsymbol{E}, \qquad \boldsymbol{B} = \mu \boldsymbol{H}, \qquad \boldsymbol{j}_0 = \sigma \boldsymbol{E}, \qquad \rho_0 = 0 \tag{4.1.3}$$

注意,$\rho_0=0$ 仅对均匀线性各向同性导体成立,属于一种物理选择,这在第 1 章 1.2 节已作过说明. 在导体界面上,允许面电荷存在,因此我们仍形式地将电荷密度 $\rho_0$ 写入电荷守恒方程(4.1.2)中,以便于理解和推导导体界面上电流密度满足的边值关系.

2. 边值关系

由 1.3 节给出的结果,与前述基本方程对应的边值关系如下:

$$\boldsymbol{n} \times (\boldsymbol{E}_2 - \boldsymbol{E}_1) = 0 \tag{4.1.4a}$$

$$\boldsymbol{n}\times(\boldsymbol{H}_2-\boldsymbol{H}_1)=\boldsymbol{i}_0 \tag{4.1.4b}$$

$$\boldsymbol{n}\cdot(\boldsymbol{D}_2-\boldsymbol{D}_1)=\sigma_0 \tag{4.1.4c}$$

$$\boldsymbol{n}\cdot(\boldsymbol{B}_2-\boldsymbol{B}_1)=0 \tag{4.1.4d}$$

$$\boldsymbol{n}\cdot(\boldsymbol{j}_{02}-\boldsymbol{j}_{01})=-\frac{\partial\sigma_0}{\partial t} \tag{4.1.4e}$$

其中,下标 1 和 2 表示界面两侧;$\boldsymbol{n}$ 为界面法线方向的单位矢量,自 1 侧指向 2 侧;$\boldsymbol{i}_0$ 为传导电流面密度;$\sigma_0$ 为自由电荷面密度. 对绝缘介质界面和一般有限电导率导体界面,式(4.1.4b)化为齐次边值关系

$$\boldsymbol{n}\times(\boldsymbol{H}_2-\boldsymbol{H}_1)=0 \tag{4.1.5a}$$

对绝缘介质界面,式(4.1.4c)化为齐次边值关系

$$\boldsymbol{n}\cdot(\boldsymbol{D}_2-\boldsymbol{D}_1)=0 \tag{4.1.5b}$$

值得再次提醒读者注意的是,边值关系应被视为与微分方程(4.1.1)彼此独立的关系. 它由麦克斯韦方程的积分形式导出,作用在于将界面两侧的电磁场解自洽地衔接起来. 以下我们将结合分区均匀线性各向同性介质的特殊情况,将式(4.1.1)简化变形,所得到的结果只适用于各区介质内部,在边界上不再成立. 因此,一般不能从这些变形之后的方程出发,作出关于边值关系的任何结论. 对此,我们在下面将作出具体说明.

3. 电场波动方程

将式(4.1.3)代入式(4.1.1),得

$$\nabla\times\boldsymbol{E}=-\frac{\partial\boldsymbol{B}}{\partial t} \tag{4.1.6a}$$

$$\nabla\times\boldsymbol{B}=\mu\sigma\boldsymbol{E}+\mu\varepsilon\frac{\partial\boldsymbol{E}}{\partial t} \tag{4.1.6b}$$

$$\nabla\cdot\boldsymbol{E}=0 \tag{4.1.6c}$$

$$\nabla\cdot\boldsymbol{B}=0 \tag{4.1.6d}$$

式(4.1.6)均只在各区分别成立,在边界上不成立. 因此,我们一般不能将它们的积分形式用于边界,去导出新的边值关系. 例如,由$\nabla\cdot\boldsymbol{E}=0$ 的积分形式推断 $\boldsymbol{n}\cdot(\boldsymbol{E}_2-\boldsymbol{E}_1)=0$,就是错误的,它明显与正确的边值关系(4.1.4c)或(4.1.5b)矛盾. 与式(4.1.1)比较,方程(4.1.6)的一个显著特点是不显含场源. 下面将会看到,这给方程和定解问题的简化带来方便.

减小因变量的个数,是含多个因变量的方程组的常用简化方法. 这时,微分方程的个数减少,但阶数增加. 下面设法从式(4.1.6)中消去 $\boldsymbol{B}$,求电场 $\boldsymbol{E}$ 满足的方程. 为此,对式(4.1.6a)求旋度,利用式(4.1.6c)得

$$\nabla\times(\nabla\times\boldsymbol{E})=\nabla(\nabla\cdot\boldsymbol{E})-\nabla^2\boldsymbol{E}=-\nabla^2\boldsymbol{E}=-\frac{\partial}{\partial t}(\nabla\times\boldsymbol{B})$$

对式(4.1.6b)求时间偏导数,得

$$\frac{\partial}{\partial t}(\nabla\times\boldsymbol{B})=\mu\sigma\frac{\partial\boldsymbol{E}}{\partial t}+\mu\varepsilon\frac{\partial^2\boldsymbol{E}}{\partial t^2}$$

联合上述两个结果,得

$$\nabla^2\boldsymbol{E}-\mu\sigma\frac{\partial\boldsymbol{E}}{\partial t}-\mu\varepsilon\frac{\partial^2\boldsymbol{E}}{\partial t^2}=0 \tag{4.1.7}$$

其中 $\boldsymbol{B}$ 不复存在,代价是微分方程由一阶升至二阶. 式(4.1.7)为阻尼波动方程,反映了电磁场的波动性,以及导体中的欧姆耗散对电磁波的阻尼效应. 应当提醒读者注意的是,只有对形如式(4.1.6)一类不显含场源的方程,上述化简才得以完成并取得实效. 对于显含场源的电磁学问题,如第5章将要涉及的电磁波的辐射问题,将会通过引入电磁势的方案实现麦克斯韦方程的转换和简化.

4. 电场波动方程的定解问题

单式(4.1.7)不能完全确定电场,还需加上适当的约束条件.

首先,应保留式(4.1.6c),即电场无散条件

$$\nabla\cdot\boldsymbol{E}=0 \tag{4.1.8}$$

尽管在推导式(4.1.7)的过程中,我们曾用过这一条件,但式(4.1.7)的解不一定满足无散条件. 换句话说,只有在满足约束条件式(4.1.8)的前提下,式(4.1.7)的解才是电场解.

其次,式(4.1.7)对时间的偏导数为二阶,应给定初始电场、电场的初始时间偏导数作为初始条件,还应给定解域边界的切向电场 $\boldsymbol{E}_\tau$ 作为边界条件(见第1章1.5节),即给定

$$\boldsymbol{E}\,|_{t=0},\qquad \left.\frac{\partial\boldsymbol{E}}{\partial t}\right|_{t=0},\qquad \boldsymbol{E}_\tau\,|_S \tag{4.1.9}$$

其中,$S$ 为解域边界. 所给定的初始电场还应满足条件(4.1.8),即$\nabla\cdot\boldsymbol{E}|_{t=0}=0$. 对无限解域的情形,通常假定 $\boldsymbol{E}_\tau|_\infty\to 0$,或代之以适当的渐近条件. 注意,电场的初始时间偏导数可通过式(4.1.6b),即

$$\left.\frac{\partial\boldsymbol{E}}{\partial t}\right|_{t=0}=\frac{1}{\mu\varepsilon}\nabla\times\boldsymbol{B}\,|_{t=0}-\frac{\sigma}{\varepsilon}\boldsymbol{E}\,|_{t=0} \tag{4.1.10}$$

和给定的初始电磁场确定. 换句话说,式(4.1.9)中的 $\partial\boldsymbol{E}/\partial t|_{t=0}$ 不能随意给定,必须由式(4.1.10)决定,以与已经给定的初始电磁场自洽. 因此,给定 $\partial\boldsymbol{E}/\partial t|_{t=0}$ 并未给第1章1.5节提出的定解条件添加任何新的内容.

电场确定之后,可由式(4.1.6a),即

$$\frac{\partial\boldsymbol{B}}{\partial t}=-\nabla\times\boldsymbol{E} \tag{4.1.11}$$

和初始条件 $\boldsymbol{B}|_{t=0}$ 计算磁场. 当然,初态磁场同样要满足无散条件,即$\nabla\cdot\boldsymbol{B}|_{t=0}=0$;式(4.1.11)则确保磁场无散条件永远满足.

容易验证,上述构成的电场和磁场的定解问题与原问题完全等效,即所得到的

电磁场解满足出发方程(4.1.6).从上述推导过程可见,我们只是将式(4.1.6b)代之以电场波动方程(4.1.7),其余 3 个方程被原封不动地保留下来.因此,只要证明式(4.1.6b)成立,验证即告完成.为此,对式(4.1.11)求旋度得

$$\frac{\partial}{\partial t}(\nabla\times\boldsymbol{B})=-\nabla\times(\nabla\times\boldsymbol{E})=-\nabla(\nabla\cdot\boldsymbol{E})+\nabla^2\boldsymbol{E}=\nabla^2\boldsymbol{E}$$

其中用到式(4.1.8);将结果代入式(4.1.7),得

$$\frac{\partial}{\partial t}\left(\nabla\times\boldsymbol{B}-\mu\sigma\boldsymbol{E}-\mu\varepsilon\frac{\partial\boldsymbol{E}}{\partial t}\right)=0$$

上式表明,括弧内的量不随时间变化;由式(4.1.10)可知,该量的初值为零,故永远为零,以至于式(4.1.6b)成立,验证完毕.在进行基本方程和定解问题的转换时,应注意验证新定解问题和原定解问题之间的等效性,防止非电磁场解的出现和真解的丢失.

5. *磁场波动方程*

遵循类似的步骤,也可从方程(4.1.6)中消去电场,证明磁场满足同样形式的阻尼波动方程

$$\nabla^2\boldsymbol{B}-\mu\sigma\frac{\partial\boldsymbol{B}}{\partial t}-\mu\varepsilon\frac{\partial^2\boldsymbol{B}}{\partial t^2}=0 \tag{4.1.12}$$

从上述方程出发,可以构成磁场波动方程的定解问题,以及由磁场计算电场.这一方案与前面针对电场波动方程的处理方案完全等效.人们习惯采用直接求解电场的方案,本书也不例外.

### 4.1.2 时谐电磁场

1. *定义*

在空间任一点以稳恒振幅随时间做简谐周期变化的电磁场,称为时谐电磁场,或称为定态电磁场.

随时间任意变化的场,总可以通过对时间作傅里叶展开,化为时谐场的叠加;基本方程(包括定解条件)的线性性质,使得各时谐分量彼此互不耦合,且满足同样形式的方程,可以分别求解.因此,对时谐场的处理不仅能简化数学运算,而且可通过时谐场解的叠加求得随时间任意变化的场的解.

2. *时谐电磁场的复数表述*

对时谐场的处理常采用复变量方法,时谐电磁场也不例外,其复数表述如下:

$$\boldsymbol{E}(\boldsymbol{r},t)=\boldsymbol{E}(\boldsymbol{r})\mathrm{e}^{-\mathrm{i}\omega t},\qquad \boldsymbol{B}(\boldsymbol{r},t)=\boldsymbol{B}(\boldsymbol{r})\mathrm{e}^{-\mathrm{i}\omega t} \tag{4.1.13}$$

其中,$\omega$ 为角频率.实际电磁场被默认为上述复数电磁场的实部.在复数表述下,对时间的偏导数简单地代之以复数乘子 $-\mathrm{i}\omega$,即

$$\frac{\partial}{\partial t}\rightarrow-\mathrm{i}\omega \tag{4.1.14}$$

3. 定态波动方程

按替换式(4.1.14),电场波动方程(4.1.7)简化为定态波动方程

$$\nabla^2 \boldsymbol{E} + k^2 \boldsymbol{E} = 0 \tag{4.1.15}$$

式中,

$$k^2 = \omega^2 \varepsilon\mu + \mathrm{i}\omega\mu\sigma \tag{4.1.16}$$

磁感应方程(4.1.11)化为

$$\boldsymbol{B} = -\frac{\mathrm{i}}{\omega} \nabla \times \boldsymbol{E} \tag{4.1.17}$$

另外,电场 $\boldsymbol{E}$ 还应满足无散条件(4.1.8),而磁场无散条件则为式(4.1.17)自动满足.

对时谐场而言,式(4.1.9)中的初始条件用不着标定,只需给定边界条件 $\boldsymbol{E}_\tau|_S$ 或无限远处的渐近条件. 相应波动方程的初边值问题转化为定态波动方程(4.1.15)的纯边值问题. 形如式(4.1.15)的定态波动方程称为亥姆霍兹方程,它的边值问题的解通常不唯一,不同的特解具有不同的波动模式,简称波模. 要最终确定唯一解,还必须用到初始条件或其他外部约束条件. 除了对电磁波在介质界面上的反射和折射问题讨论电磁场解的唯一性之外,本章大部分内容限于分析齐次边界条件下亥姆霍兹方程的特解.

4. 时谐电磁场的边值关系

对时谐电磁场来说,不仅定解问题大为简化,而且独立齐次边值关系的个数也会减少. 通常将边值关系分为三类:第一类为非齐次边值关系. 例如,涉及非零电荷和电流面密度的边值关系(4.1.4b)、(4.1.4c)和(4.1.4e). 这类边值关系在求解过程中不必使用(事先给定界面电荷和电流面密度的特殊情况例外),只是在求得电磁场解后,用来计算界面的自由面电荷密度和传导面电流密度. 类似情形分别出现于静电场和静磁场的求解过程中. 第二类为独立齐次边值关系,它们直接用于相邻分区电磁场解的衔接. 第三类为非独立齐次边值关系,它们可由独立齐次边值关系导出. 非独立齐次边值关系将为求得的电磁场解自动满足,在求解过程中也无须使用. 明确边值关系的类型并正确使用,特别是找出独立的齐次边值关系,可使分区介质电磁场的求解少走弯路.

下面我们分析,在一般边值关系(4.1.4)中,究竟有哪些属于独立的齐次边值关系. 首先,可以证明齐次边值关系(4.1.4d)不独立,它可由齐次边值关系(4.1.4a)和方程(4.1.17)导出. 为此,在界面一侧的介质中取小回路 $C$,该回路紧贴界面,所围的面积为 $\Delta S$,则由式(4.1.17)求得通过 $\Delta S$ 的磁通量为

$$\iint_{\Delta S} \boldsymbol{B} \cdot \mathrm{d}\boldsymbol{\sigma} = \frac{1}{\mathrm{i}\omega} \iint_{\Delta S} \nabla \times \boldsymbol{E} \cdot \mathrm{d}\boldsymbol{\sigma} = \frac{1}{\mathrm{i}\omega} \oint_C \boldsymbol{E} \cdot \mathrm{d}\boldsymbol{l}$$

取 $\Delta S \to 0$ 极限,得

$$\boldsymbol{n} \cdot \boldsymbol{B} = \lim_{\Delta S \to 0} \frac{1}{\mathrm{i}\omega \Delta S} \oint_C \boldsymbol{E} \cdot \mathrm{d}\boldsymbol{l}$$

表明界面邻域内的法向磁感应强度完全由切向电场决定.由式(4.1.4a),切向电场连续,立即推得法向磁感应强度连续,即式(4.1.4d)自动成立,属于非独立的齐次边值关系.

下面的分析要涉及界面的物理性质.对理想导体界面,理想导体一侧电磁场为零,则该界面自然构成电磁场的边界.这时,只有式(4.1.4a)和式(4.1.4d)为齐次边值关系,其余均为非齐次边值关系.如前所述,式(4.1.4d)可由式(4.1.4a)导出,因此独立的齐次边值关系只剩下式(4.1.4a),它转化为时谐电磁场问题的边界条件

$$\boldsymbol{n} \times \boldsymbol{E} \mid_S = 0 \quad 或 \quad \boldsymbol{E}_\tau \mid_S = 0 \tag{4.1.18}$$

其中,$S$ 为电磁场的边界.在 4.4 节的谐振腔和波导管内电磁场的分析中,将要用到这一边界条件.显而易见,式(4.1.18)能确保 $\boldsymbol{n} \cdot \boldsymbol{B}|_S = 0$ 自动满足.对于绝缘介质界面或导体界面有 $\boldsymbol{i}_0 = 0$,仅有的独立齐次边值关系为

$$\boldsymbol{n} \times (\boldsymbol{E}_2 - \boldsymbol{E}_1) = 0 \tag{4.1.19}$$

$$\boldsymbol{n} \times (\boldsymbol{H}_2 - \boldsymbol{H}_1) = 0 \tag{4.1.20}$$

至于式(4.1.4c),对导体边界为非齐次边值关系($\sigma_0 \neq 0$),不直接用于求解;对绝缘介质边界,它虽然转化为齐次($\sigma_0 = 0$),但不独立,可由边值关系(4.1.20)和方程(4.1.1b)导出.为证明这一结论,先利用绝缘介质条件 $\boldsymbol{j}_0 = 0$ 和时谐场条件,将式(4.1.1b)化为

$$\boldsymbol{D} = \frac{\mathrm{i}}{\omega} \nabla \times \boldsymbol{H}$$

以下的证明完全类似于对式(4.1.4d)的非独立性的证明,结论是:界面邻域内的法向电位移矢量完全由切向磁场强度决定;由切向磁场强度连续,立即推得电位移矢量的法向分量连续,即式(4.1.4c)的齐次形式自动成立.我们的结论是,对于绝缘介质界面或一般导体界面,独立的齐次边值关系只有式(4.1.19)和式(4.1.20),它们将用于电磁波在界面上的反射和折射问题的求解.详见 4.2 节和 4.3 节.

5. 复数表述下的乘法运算

在计算电磁能量密度、能流密度等物理量时,涉及乘法运算,而复数法本身只适用线性运算.一般来说,当碰到乘法这类非线性运算时,必须先取复数电磁场的实部求得实际电磁场,然后再做非线性运算.然而,当计算平均能量密度和平均能流密度时,可将上述运算次序颠倒过来,即先做复数乘法运算,然后再取实部.这完全类似于交流电复数表述中的做法.由简谐交流电的结果,设复数电压和电流分别为 $V$ 和 $I$,则平均功率 $\overline{P}$ 为

$$\overline{P} = \frac{1}{2} \mathrm{Re}(V^* I)$$

对电磁能量密度、能流密度和功率密度

$$w=\frac{1}{2}(\boldsymbol{D}\cdot\boldsymbol{E}+\boldsymbol{B}\cdot\boldsymbol{H}),\qquad \boldsymbol{S}=\boldsymbol{E}\times\boldsymbol{H},\qquad p=\boldsymbol{j}\cdot\boldsymbol{E}$$

的周期平均值,成立类似公式

$$\bar{w}=\frac{1}{4}\mathrm{Re}(\boldsymbol{D}^*\cdot\boldsymbol{E}+\boldsymbol{B}^*\cdot\boldsymbol{H}) \tag{4.1.21}$$

$$\bar{\boldsymbol{S}}=\frac{1}{2}\mathrm{Re}(\boldsymbol{E}^*\times\boldsymbol{H}) \tag{4.1.22}$$

$$\bar{p}=\frac{1}{2}\mathrm{Re}(\boldsymbol{j}^*\cdot\boldsymbol{E}) \tag{4.1.23}$$

### 4.1.3 无限均匀、线性各向同性绝缘介质中的平面电磁波

平面电磁波作为时谐电磁场的特例,在电磁学中已经作过初步分析.下面再次讨论相同的问题,重点在于掌握简谐电磁场的复数法和了解电磁波的偏振特性.

我们给电磁波加上一个很长的限制性定语,旨在强调我们讨论的是一种最简单的电磁波.特别地,这种电磁波为横波.以后我们将一一说明,一旦其中一个限制条件不被满足,电磁波将有可能不再是横波.

定态波动方程(4.1.15)存在形如

$$\boldsymbol{E}(\boldsymbol{r},t)=\boldsymbol{E}_0\mathrm{e}^{\mathrm{i}(\boldsymbol{k}\cdot\boldsymbol{r}-\omega t)} \tag{4.1.24}$$

的时谐电磁波解,其中 $\boldsymbol{k}$ 为实矢量,称为波矢;$\boldsymbol{E}_0$ 为振幅,为复常数矢量.实际上,由$\nabla=\mathrm{i}\boldsymbol{k}$,$\nabla^2=-k^2$,显然满足式(4.1.15).对绝缘介质有 $\sigma=0$,式(4.1.16)、式(4.1.8)和式(4.1.17)分别化为

$$k^2=\omega^2\varepsilon\mu \tag{4.1.25}$$

$$\boldsymbol{k}\cdot\boldsymbol{E}=0 \tag{4.1.26}$$

$$\boldsymbol{B}=\frac{1}{\omega}\boldsymbol{k}\times\boldsymbol{E} \tag{4.1.27}$$

对式(4.1.26)和式(4.1.27)取实部,得

$$\boldsymbol{k}\cdot\mathrm{Re}\boldsymbol{E}=0 \tag{4.1.26$'$}$$

$$\mathrm{Re}\boldsymbol{B}=\frac{1}{\omega}\boldsymbol{k}\times\mathrm{Re}\boldsymbol{E} \tag{4.1.27$'$}$$

由上述结果,我们立刻看出电磁波的一系列物理特性:

(1) 波阵面(即等相位面)为平面,沿波矢 $\boldsymbol{k}$ 方向传播,相速度为

$$v=\frac{\omega}{k}=\frac{1}{\sqrt{\varepsilon\mu}}=\frac{c}{n},\qquad n=\sqrt{\frac{\varepsilon\mu}{\varepsilon_0\mu_0}} \tag{4.1.28}$$

其中,$n$ 为折射率;$c=1/\sqrt{\varepsilon_0\mu_0}$为真空中电磁波的传播速度.

(2) 具横波特性,Re$\boldsymbol{E}$、Re$\boldsymbol{B}$ 和 $\boldsymbol{k}$ 满足右手正交关系.

(3) 电场和磁场同相变化,且

$$|\boldsymbol{E}| = v|\boldsymbol{B}| \quad 或 \quad |\boldsymbol{E}_0| = v|\boldsymbol{B}_0| \tag{4.1.29}$$

其中，$\boldsymbol{B}_0 = \boldsymbol{k} \times \boldsymbol{E}_0/\omega$.

（4）平均电磁能量密度、能流密度和动量密度分别为

$$\overline{w} = \frac{1}{2}\varepsilon|\boldsymbol{E}_0|^2 = \frac{1}{2\mu}|\boldsymbol{B}_0|^2 \tag{4.1.30}$$

$$\overline{\boldsymbol{S}} = \overline{w}v\boldsymbol{e}_k, \qquad \boldsymbol{e}_k \equiv \boldsymbol{k}/k \tag{4.1.31}$$

$$\overline{\boldsymbol{g}} = \frac{1}{v^2}\overline{\boldsymbol{S}} = \frac{\overline{w}}{v}\boldsymbol{e}_k \tag{4.1.32}$$

（5）由动量流密度公式

$$\overleftrightarrow{\boldsymbol{T}} = w\overleftrightarrow{\boldsymbol{I}} - \boldsymbol{DE} - \boldsymbol{BH}$$

将张量 $\overleftrightarrow{\boldsymbol{I}}$、$\boldsymbol{DE}$ 和 $\boldsymbol{BH}$ 相对由基矢$(\boldsymbol{e}_E, \boldsymbol{e}_B, \boldsymbol{e}_k)$构成的并基矢展开

$$\overleftrightarrow{\boldsymbol{I}} = \boldsymbol{e}_E\boldsymbol{e}_E + \boldsymbol{e}_B\boldsymbol{e}_B + \boldsymbol{e}_k\boldsymbol{e}_k, \qquad \boldsymbol{DE} = DE\boldsymbol{e}_E\boldsymbol{e}_E, \qquad \boldsymbol{BH} = BH\boldsymbol{e}_B\boldsymbol{e}_B$$

得

$$\overleftrightarrow{\boldsymbol{T}} = w\boldsymbol{e}_k\boldsymbol{e}_k \tag{4.1.33}$$

从而求得平面电磁波的平均动量流密度为

$$\overline{\overleftrightarrow{\boldsymbol{T}}} = \overline{w}\,\boldsymbol{e}_k\boldsymbol{e}_k \tag{4.1.34}$$

### 4.1.4 电磁波的偏振

下面分析平面电磁波的偏振特性. 偏振特性是特别针对横电磁波定义的，指的是电磁场的振动状态. 鉴于时谐电磁波的磁场通过式(4.1.27)由电场唯一确定，通常只需要分析电场的振动状态. 不妨设波矢沿 $z$ 轴正向，即 $\boldsymbol{k} = k\boldsymbol{e}_z$，则式(4.1.24)化为

$$\boldsymbol{E}(\boldsymbol{r}, t) = \boldsymbol{E}_0 \mathrm{e}^{\mathrm{i}(kz - \omega t)} \tag{4.1.35}$$

式中，

$$\boldsymbol{E}_0 = E_{0x}\mathrm{e}^{\mathrm{i}\alpha_x}\boldsymbol{e}_x + E_{0y}\mathrm{e}^{\mathrm{i}\alpha_y}\boldsymbol{e}_y \tag{4.1.36}$$

$E_{0x}$ 和 $E_{0y}$ 为非负实数($E_{0x} \geqslant 0, E_{0y} \geqslant 0$)，$\alpha_x$ 和 $\alpha_y$ 为实数. 分别写出电场的 $x$ 和 $y$ 分量的复数表达式

$$E_x = E_{0x}\mathrm{e}^{\mathrm{i}(kz - \omega t + \alpha_x)}, \qquad E_y = E_{0y}\mathrm{e}^{\mathrm{i}(kz - \omega t + \alpha_y)} \tag{4.1.37}$$

则实际电磁场为其实部，即

$$\begin{aligned} \mathrm{Re}E_x &= E_{0x}\cos(kz - \omega t + \alpha_x) \\ \mathrm{Re}E_y &= E_{0y}\cos(kz - \omega t + \alpha_y) \end{aligned} \tag{4.1.38}$$

由式(4.1.38)可以分析电场矢量端点在 $x$-$y$ 平面的运动规律，据此确定电磁波的偏振特性. 与偏振特性密切相关的参数为偏振度，它被定义为式(4.1.37)确定的复数电场分量之比，即

$$R = \frac{E_y}{E_x} = \frac{E_{0y}}{E_{0x}}\mathrm{e}^{\mathrm{i}(\alpha_y - \alpha_x)} = R_0\mathrm{e}^{\mathrm{i}\Delta\alpha} \tag{4.1.39}$$

其中，$R_0$ 和 $\Delta\alpha$ 分别为偏振度的模和辐角.

以下关于电磁波偏振特性的分析，将以 $R$ 为参数，从式(4.1.38)出发，考察某个空间位置($z$ 固定不变)电矢量端点在 $\mathrm{Re}E_x$-$\mathrm{Re}E_y$ 平面的运动轨迹. 我们将细致的分析留给读者去做，下面仅给出主要结论.

(1) 线偏振. 当 $R$ 为实数，亦即 $\Delta\alpha$ 为 $\pi$ 的整数倍时，电矢量的端点沿一条直线振动，称为线偏振. 对线偏振波，式(4.1.36)化为

$$\boldsymbol{E}_0 = (E_{0x}\boldsymbol{e}_x \pm E_{0y}\boldsymbol{e}_y)\mathrm{e}^{\mathrm{i}\alpha_x} \tag{4.1.40}$$

略去一个无关紧要的初相因子 $\mathrm{e}^{\mathrm{i}\alpha_x}$，可视 $\boldsymbol{E}_0$ 为实数矢量.

(2) 圆偏振. 当 $R$ 为虚数 $\pm\mathrm{i}$，亦即 $\Delta\alpha$ 为 $\pi/2$ 的奇数倍且 $R_0=1$ 时，电矢量的端点做圆周振动，称为圆偏振. 特别地，当 $R=\mathrm{i}$ 时，电矢量逆时针旋转，称为左旋圆偏振；当 $R=-\mathrm{i}$ 时，电矢量顺时针旋转，称为右旋圆偏振(图 4.1). 为便于记忆，可将右手的大拇指对着波的传播方向(即指向图 4.1 的坐标原点 $O$)，电矢量旋转方向与其余四指方向一致为右旋，反之为左旋[①].

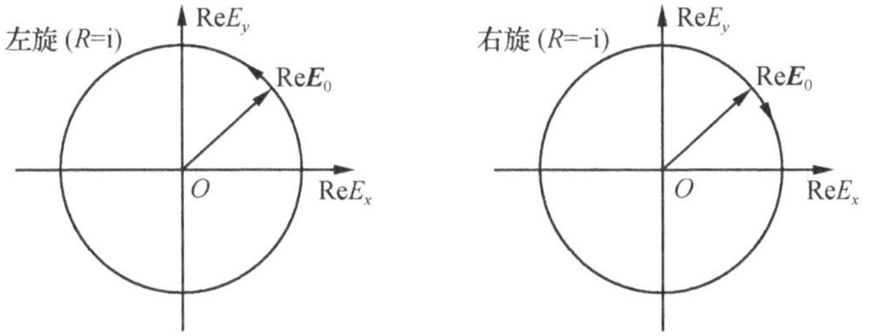


图 4.1

(3) 椭圆偏振. 对于一般情况，电矢量端点的轨迹为椭圆，称为椭圆偏振. 椭圆偏振也分为左旋、右旋两种类型，可由偏振度的辐角去判别. 为此，可将 $\Delta\alpha$ 加上或减去 $2\pi$ 的整数倍，使之位于 0 到 $2\pi$ 之间. 转换后的 $\Delta\alpha$ 位于 0 到 $\pi$ 之间为左旋，位于 $\pi$ 到 $2\pi$ 之间为右旋. 当 $\Delta\alpha=\pi/2(3\pi/2)$ 和 $E_{0x}=E_{0y}$ 时，一般椭圆偏振将回到左(右)旋圆偏振的特殊情况.

(4) 任意偏振波的分解. 式(4.1.36)表明，电矢量可以分解为 $x$ 分量和 $y$ 分量，它们分别构成两个彼此独立的线偏振波，偏振方向分别为 $x$ 方向和 $y$ 方向. 换句话说，一个圆偏振波或椭圆偏振波可以看作两个独立的线偏振波的合成波. 另外，一个定向矢量可以视为两个速率和振幅相同的反向旋转矢量的合成，故线偏振波可以分解为两个同振幅的左旋和右旋圆偏振波. 进一步地，两个振幅不同但频率和旋转方向相同的圆偏振波的合成波仍为圆偏振波. 于是，对于任意椭圆偏振波，

① 上述关于左、右旋的定义与光学中的定义一致. 如文中所述，我们是针对固定空间位置电矢量的旋转方向来定义左旋和右旋偏振的. 从偏振度出发进行左、右旋的判断，要求将电场写成形如式(4.1.35)的复数形式，可在电工学一些参考书中常将电矢量写成 $\boldsymbol{E}=\boldsymbol{E}_0\mathrm{e}^{\mathrm{i}(\omega t-kz)}$ 的形式. 如果坚持用本书给出的相关判据的话，必须将其转换成式(4.1.35)的复数形式后，才能作出正确判断.

可先将其分解为两个独立的线偏振波，再依次将各个线偏振波分解为左旋、右旋圆偏振波，共得四个圆偏振波. 其中两个为左旋，两个为右旋，它们各自的合成波分别为左旋圆偏振波和右旋圆偏振波. 因此，椭圆偏振波可以视为不同振幅的左旋圆偏振波和右旋圆偏振波的合成波. 注意，上述的分解与合成均是针对同频率的偏振波.

(5) 自然光. 电矢量的振动方向随机等概率分布，又称非偏振光. 太阳发出的光就属于自然光.

## 4.2 电磁波在绝缘介质界面上的反射和折射

### 4.2.1 定解问题的提法

考虑两种绝缘线性均匀各向同性介质，其界面为无限平面；一给定平面电磁波从一侧入射，求全空间电磁场.

让我们先对“界面为无限平面”的假定作些解释. 无限平面是一种物理近似. 实际上，界面可能为有限曲面，但只要界面尺寸和曲率半径远大于入射波的波长，就可以对其使用无限平面近似.

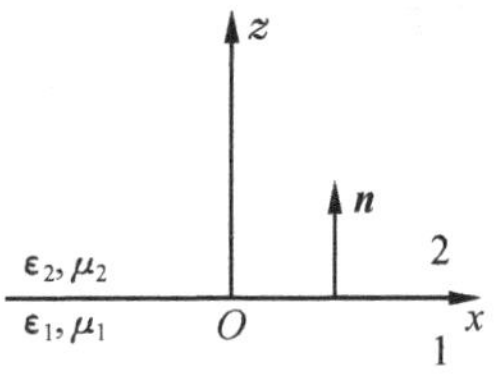


图 4.2

我们面临的问题是时谐电磁场的边值问题. 通常，这类边值问题的解是不唯一的，但在目前情况下，可以利用无限远的渐近条件使之唯一. 为说明这一点，我们取直角坐标系$(x,y,z)$，使界面位于 $z=0$ 平面，下方(1 侧)介质的介电常量和磁导率为 $\varepsilon_1$、$\mu_1$，上方(2 侧)介质的相应参数为 $\varepsilon_2$、$\mu_2$，如图 4.2 所示.

在 1 侧给定入射波，其表达式设为

$$\boldsymbol{E}(\boldsymbol{r},t)=\boldsymbol{E}_0\mathrm{e}^{\mathrm{i}(\boldsymbol{k}\cdot\boldsymbol{r}-\omega t)} \tag{4.2.1}$$

它应满足该侧的定态波动方程(4.1.15)，且它的传播方向应指向界面. 由式(4.1.25)～式(4.1.27)平面电磁波公式得

$$k=\frac{\omega}{v_1},\qquad v_1=\frac{1}{\sqrt{\varepsilon_1\mu_1}},\qquad k_z>0 \tag{4.2.2}$$

$$\boldsymbol{k}\cdot\boldsymbol{E}=0 \tag{4.2.3}$$

$$\boldsymbol{H}=\frac{\boldsymbol{B}}{\mu_1}=\frac{1}{\omega\mu_1}\boldsymbol{k}\times\boldsymbol{E} \tag{4.2.4}$$

所谓给定入射波，指的是给定角频率 $\omega$、振幅矢量 $\boldsymbol{E}_0$ 和传播方向；后者应保证 $k_z>0$ 和 $\boldsymbol{k}\cdot\boldsymbol{E}_0=0$. 此外，不妨设入射波为线偏振波，并取 $\boldsymbol{E}_0$ 为实数矢量.

在上述入射波的作用下，界面会产生向两侧传播的电磁波. 其中，朝 1 侧传播的波称为反射波，其电矢量记为 $\boldsymbol{E}'$；朝 2 侧传播的波称为折射波或透射波，其电矢量记为 $\boldsymbol{E}''$. 顾名思义，反射波波矢的 $z$ 分量为负，折射波波矢的 $z$ 分量为正. 可将

这两个波作傅里叶展开：

$$\boldsymbol{E}' = \sum_{\omega',\boldsymbol{k}'} \boldsymbol{E}'_0(\omega',\boldsymbol{k}')\mathrm{e}^{\mathrm{i}(\boldsymbol{k}'\cdot\boldsymbol{r}-\omega' t)} \qquad (k'_z<0, z<0) \tag{4.2.5}$$

$$\boldsymbol{E}'' = \sum_{\omega'',\boldsymbol{k}''} \boldsymbol{E}''_0(\omega'',\boldsymbol{k}'')\mathrm{e}^{\mathrm{i}(\boldsymbol{k}''\cdot\boldsymbol{r}-\omega'' t)} \qquad (k''_z>0, z>0) \tag{4.2.6}$$

其中求和符号代表叠加，可以是离散分量的求和，也可以是连续分量的积分. 注意，$k'_z<0$ 和 $k''_z>0$ 的要求体现了反射波和折射波发自介质界面的条件，它在保证定解问题的唯一性方面起着关键作用.

至此，我们可以构成如下定解问题：按式(4.2.1)给定入射波，即给定 $\boldsymbol{E}_0$，$\omega$ 和 $\boldsymbol{k}/k$(满足约束条件 $\boldsymbol{k}\cdot\boldsymbol{E}_0=0$ 和 $k_z>0$)，求反射波 $\boldsymbol{E}'$ 和折射波 $\boldsymbol{E}''$，满足定态波动方程(4.1.15)和无散条件，且在 $z=0$ 处满足边值关系(4.1.19)和(4.1.20)，即

$$\boldsymbol{n}\times(\boldsymbol{E}+\boldsymbol{E}') = \boldsymbol{n}\times\boldsymbol{E}'' \tag{4.2.7}$$

$$\boldsymbol{n}\times(\boldsymbol{H}+\boldsymbol{H}') = \boldsymbol{n}\times\boldsymbol{H}'' \tag{4.2.8}$$

其中，$\mathbf{E}'$ 和 $\mathbf{E}''$ 分别由式(4.2.5)和式(4.2.6)给定

$$\boldsymbol{H}' = \sum_{\omega',\boldsymbol{k}'} \boldsymbol{H}'_0(\omega', \boldsymbol{k}')\mathrm{e}^{\mathrm{i}(\boldsymbol{k}'\cdot\boldsymbol{r}-\omega' t)}, \quad \boldsymbol{H}'' = \sum_{\omega'',\boldsymbol{k}''} \boldsymbol{H}''_0(\omega'', \boldsymbol{k}'')\mathrm{e}^{\mathrm{i}(\boldsymbol{k}''\cdot\boldsymbol{r}-\omega'' t)}$$

成立

$$\boldsymbol{H}'_0 = \frac{1}{\omega'\mu_1}\boldsymbol{k}'\times\boldsymbol{E}'_0, \qquad \boldsymbol{H}''_0 = \frac{1}{\omega''\mu_2}\boldsymbol{k}''\times\boldsymbol{E}''_0 \tag{4.2.9}$$

我们将会看到，该定解问题存在唯一解.

### 4.2.2 定态波动方程和无散条件对反射波和折射波的约束

形如式(4.2.5)和式(4.2.6)的解，所含各成分彼此独立，均必须满足定态波动方程；这给波矢 $\boldsymbol{k}'$ 和 $\boldsymbol{k}''$ 加上了如下附加约束条件：

$$k' = \frac{\omega'}{v_1}, \qquad v_1 = \frac{1}{\sqrt{\varepsilon_1\mu_1}}; \qquad k'' = \frac{\omega''}{v_2}, \qquad v_2 = \frac{1}{\sqrt{\varepsilon_2\mu_2}} \tag{4.2.10}$$

同样，各成分均必须满足无散条件，即

$$\boldsymbol{k}'\cdot\boldsymbol{E}'_0 = \boldsymbol{k}''\cdot\boldsymbol{E}''_0 = 0 \tag{4.2.11}$$

### 4.2.3 边值关系对反射波和折射波频率和波矢的约束

定义界面($z=0$)某点的位置矢量为 $\boldsymbol{\rho}=x\boldsymbol{e}_x+y\boldsymbol{e}_y$. 为使边值关系(4.2.7)和(4.2.8)在界面上满足，抵达界面的各波的相位因子必须时时、处处相等，即

$$\boldsymbol{k}'\cdot\boldsymbol{\rho}-\omega' t = \boldsymbol{k}''\cdot\boldsymbol{\rho}-\omega'' t = \boldsymbol{k}\cdot\boldsymbol{\rho}-\omega t \tag{4.2.12}$$

式(4.2.12)中第二个等号暗含一个“三波共存”的假定：仅当存在入射波时，才会出现反射波和折射波. 我们很快会证明这一假定成立. 从物理上讲，如果反射波和折射波能脱离入射波单独存在的话，人们就会得出如下结论：介质界面在不出现任何外界影响的情况下，可以自发地向外发出电磁波. 如果该结论成立，则界面将因发

射电磁波而不断损失能量，以致它在电磁意义上是不稳定的. 当然，答案是否定的：介质界面并不存在这类不稳定性. 既然反射波和折射波一定要与入射波共存，我们在式(4.2.12)中写下第二个等式. 由该式立即推得

$$\omega' = \omega'' = \omega \tag{4.2.13}$$

因此，式(4.2.5)和式(4.2.6)中对 $\omega'$ 和 $\omega''$ 的求和不复存在，反射波和折射波具有与入射波相同的频率.

由式(4.2.2)、式(4.2.10)和式(4.2.13)得

$$k' = k, \qquad k'' = \frac{v_1}{v_2}k = \sqrt{\frac{\varepsilon_2\mu_2}{\varepsilon_1\mu_1}}k \tag{4.2.14}$$

即反射波波矢和折射波波矢的模也被唯一确定. 下面分析波矢的方向. 将式(4.2.13)代入式(4.2.12)，得

$$\boldsymbol{k}' \cdot \boldsymbol{\rho} = \boldsymbol{k}'' \cdot \boldsymbol{\rho} = \boldsymbol{k} \cdot \boldsymbol{\rho} \tag{4.2.15}$$

注意，不能由式(4.2.15)作出 $\boldsymbol{k}'=\boldsymbol{k}''=\boldsymbol{k}$ 的结论，理由在于 $\boldsymbol{\rho}$ 与界面平行，其任意性对波矢的 $z$ 分量没有约束力. 由 $\boldsymbol{e}_\rho=\boldsymbol{\rho}/\rho=\boldsymbol{e}_\phi\times\boldsymbol{n}$(其中 $\boldsymbol{e}_\phi$ 为界面内的方位向单位矢量，$\boldsymbol{n}$ 为界面法向矢量，后者示于图 4.2)，求得

$$\boldsymbol{\rho} = \rho\boldsymbol{e}_\phi\times\boldsymbol{n}, \qquad \boldsymbol{k}\cdot\boldsymbol{\rho} = \rho\boldsymbol{k}\cdot(\boldsymbol{e}_\phi\times\boldsymbol{n}) = \rho(\boldsymbol{n}\times\boldsymbol{k})\cdot\boldsymbol{e}_\phi$$

从而可将式(4.2.15)改写为

$$(\boldsymbol{n}\times\boldsymbol{k}')\cdot\boldsymbol{e}_\phi = (\boldsymbol{n}\times\boldsymbol{k}'')\cdot\boldsymbol{e}_\phi = (\boldsymbol{n}\times\boldsymbol{k})\cdot\boldsymbol{e}_\phi$$

上式中与 $\boldsymbol{e}_\phi$ 点乘的矢量均与界面平行，与 $\boldsymbol{e}_\phi$ 共面；由 $\boldsymbol{e}_\phi$ 的任意性，可推断上式成立的充分必要条件为

$$\boldsymbol{n}\times\boldsymbol{k}' = \boldsymbol{n}\times\boldsymbol{k}'' = \boldsymbol{n}\times\boldsymbol{k} \tag{4.2.16}$$

式(4.2.16)表明，$\boldsymbol{k}'$ 和 $\boldsymbol{k}''$ 必须位于由 $\boldsymbol{n}$ 和 $\boldsymbol{k}$ 构成的平面内，即上述四个矢量共面. 由 $\boldsymbol{n}$ 和 $\boldsymbol{k}$ 构成的平面称为入射面，不妨将其取为 $x$-$z$ 平面，则有

$$\boldsymbol{k}' = (k'_x, k'_z), \qquad \boldsymbol{k}'' = (k''_x, k''_z), \qquad \boldsymbol{k} = (k_x, k_z) \tag{4.2.17}$$

由式(4.2.16)得

$$k'_x = k''_x = k_x \tag{4.2.18}$$

加上条件 $k'_z<0$、$k''_z>0$ 和式(4.2.14)，易见 $\boldsymbol{k}'$ 和 $\boldsymbol{k}''$ 被唯一确定. 因此，式(4.2.5)和式(4.2.6)中余下对 $\boldsymbol{k}'$ 和 $\boldsymbol{k}''$ 的求和也不复存在，即各式中仅存在一个非零分量，下面的任务是确定它们的振幅 $\boldsymbol{E}'_0$ 和 $\boldsymbol{E}''_0$，并完成解的唯一性的证明.

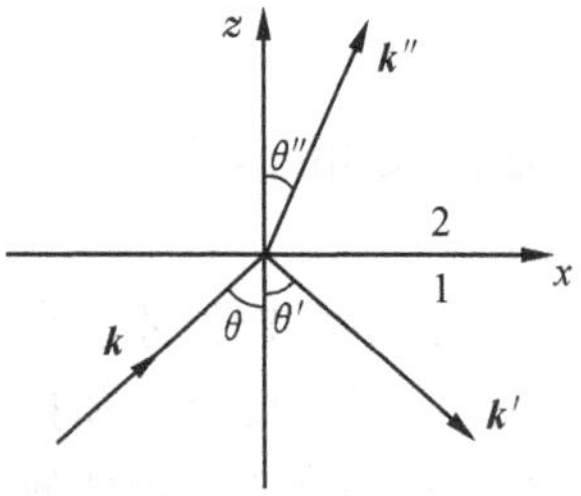

图 4.3

在此之前，我们先由(4.2.18)导出光学中熟知的反射定律和折射定律. 如图 4.3 所示，设入射角、反射角和折射角分别为 $\theta$、$\theta'$ 和 $\theta''$，则由式(4.2.18)得

$$k'\sin\theta' = k\sin\theta = k''\sin\theta''$$

式中，第一个等式因 $k=k'$ 化为

$$\theta = \theta' \tag{4.2.19}$$

入射角等于反射角,为反射定律. 第二个等式因 $k''/k = v_1/v_2$ 化为

$$\frac{\sin\theta}{\sin\theta''} = \frac{k''}{k} = \frac{v_1}{v_2} = \sqrt{\frac{\varepsilon_2\mu_2}{\varepsilon_1\mu_1}} = \frac{n_2}{n_1} \equiv n_{21} \tag{4.2.20}$$

为折射定律. 其中 $n_{21} = n_2/n_1$ 为介质 2 相对介质 1 的相对折射率.

### 4.2.4 边值关系对反射波和折射波的振幅约束

现在我们由边值关系(4.2.7)和(4.2.8)确定反射波和折射波的振幅 $\boldsymbol{E}_0'$ 和 $\boldsymbol{E}_0''$. 由无散条件约束(4.2.11),$\boldsymbol{E}_0'$ 和 $\boldsymbol{E}_0''$ 均只含两个独立分量,一共四个未知量. 两个矢量边值关系,每一个各有两个独立的标量关系,正好也是四个,因而解存在且唯一. 特别地,当不存在入射波,即 $\boldsymbol{E}_0 = \boldsymbol{H}_0 = 0$ 时,得 $\boldsymbol{E}_0'$ 和 $\boldsymbol{E}_0''$ 的齐次代数方程,只有零解. 这也就证明了前述没有入射波就没有反射波和折射波的结论.

求解一个四元一次代数方程,所涉及的运算过程和最终结果仍然十分麻烦. 基于问题的线性性质,可将入射波的电矢量分解为与入射面垂直和平行的两个分量,分别进行数学处理. 下面将会看到需要求解的方程化为二元一次代数方程,求解过程和最终结果大为简化.

1. $\boldsymbol{E}$ 垂直于入射面

对于这种情况,反射波和折射波的电场是否也垂直于入射面呢? 虽然事先就这一问题作出确切回答缺乏依据,但由解的唯一性,我们可以猜测它们与入射面垂直;只要能找到非零解,就说明猜测是正确的. 我们规定电场的正向沿正 $y$ 方向,即垂直指向纸面. 按电场、磁场和波矢之间的右手正交关系,可绘出各波磁场的正向方向,结果示于图 4.4 中. 在选定正向之后,各电磁场用代数量表示:入射波、反射波和折射波的代数量分别为 $(E, H)$、$(E', H')$ 和 $(E'', H'')$. 如果求出某代数量为负,则表示对应场矢量的实际方向与图 4.4 标出的正向相反. 此外,既然各波的相位因子相同,上述代数量既可表示电磁场本身,也可代表它们的振幅. 对于后者,应当给相应代数量符号加上下标 0. 最后,除 $E_0$ 和 $H_0$ 已经设定为实数之外,$E_0'$、$H_0'$、$E_0''$ 和 $H_0''$ 有可能为复数. 以下为表述简便起见,下标 0 一律略去.

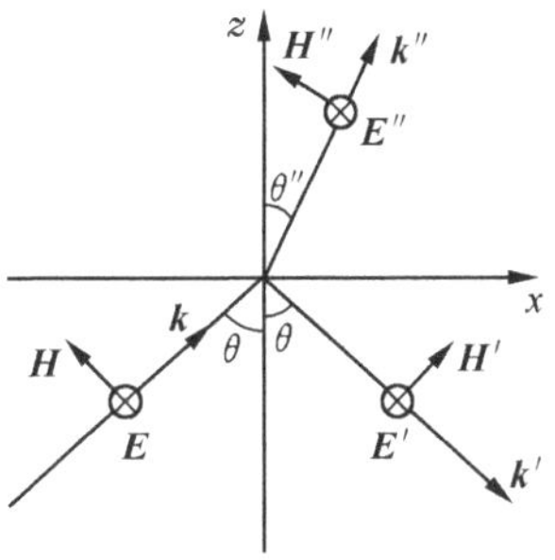


图 4.4

由边值关系(4.2.7)和(4.2.8)有

$$E + E' = E'', \qquad H\cos\theta - H'\cos\theta = H''\cos\theta''$$

由式(4.1.29)得 $H = \sqrt{\varepsilon/\mu}E$. 对绝大多数磁介质,磁导率接近 $\mu_0$,下面一律取 $\mu = \mu_0$. 于是,可将第二式改写为

$$\sqrt{\varepsilon_1}(E - E')\cos\theta = \sqrt{\varepsilon_2}E''\cos\theta''$$

由上述两式解出

$$
\frac{E'}{E}=\frac{\sqrt{\varepsilon_1}\cos\theta-\sqrt{\varepsilon_2}\cos\theta''}{\sqrt{\varepsilon_1}\cos\theta+\sqrt{\varepsilon_2}\cos\theta''}=-\frac{\sin(\theta-\theta'')}{\sin(\theta+\theta'')}
$$

$$
\frac{E''}{E}=\frac{2\sqrt{\varepsilon_1}\cos\theta}{\sqrt{\varepsilon_1}\cos\theta+\sqrt{\varepsilon_2}\cos\theta''}=\frac{2\cos\theta\sin\theta''}{\sin(\theta+\theta'')}
\tag{4.2.21}
$$

在以上推导中，用到折射定律(4.2.20)（取$\mu_1=\mu_2=\mu_0$）和两角和的三角函数公式.

2. $\boldsymbol{E}$ 平行于入射面

对于这种情况，入射波的磁场垂直于入射面. 类似地，我们可以猜测反射波和折射波的磁场也与入射面垂直，并假定磁场正向垂直指向纸面. 按电场、磁场和波矢之间的右手正交关系，可绘出各波电场的正向方向，结果示于图 4.5 中. 在上述规定下，电磁场表示为代数量，入射波、反射波和折射波的代数量分别为$(E,H)$、$(E',H')$和$(E'',H'')$.

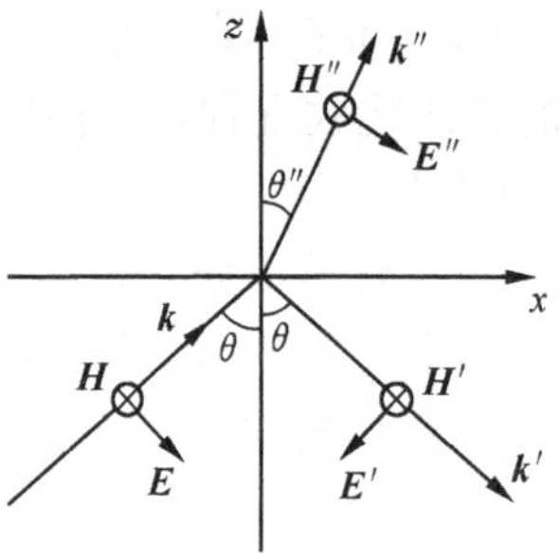


图 4.5

由边值关系(4.2.7)和(4.2.8)有

$$
(E-E')\cos\theta=E''\cos\theta''
$$

$$
H+H'=H'' \quad 或 \quad \sqrt{\varepsilon_1}(E+E')=\sqrt{\varepsilon_2}E''
$$

从中可以解出

$$
\frac{E'}{E}=\frac{\sqrt{\varepsilon_2}\cos\theta-\sqrt{\varepsilon_1}\cos\theta''}{\sqrt{\varepsilon_2}\cos\theta+\sqrt{\varepsilon_1}\cos\theta''}=\frac{\tan(\theta-\theta'')}{\tan(\theta+\theta'')}
$$

$$
\frac{E''}{E}=\frac{2\sqrt{\varepsilon_1}\cos\theta}{\sqrt{\varepsilon_2}\cos\theta+\sqrt{\varepsilon_1}\cos\theta''}=\frac{2\cos\theta\sin\theta''}{\sin(\theta+\theta'')\cos(\theta-\theta'')}
\tag{4.2.22}
$$

式(4.2.21)和式(4.2.22)是光学中的菲涅耳公式. 该公式最初由菲涅耳导出，他假定光是弹性以太波，并且对以太的性质作了某些人为假定. 同一公式由电磁理论自然得到. 这一事实连同前面导出反射定律和折射定律，为确认光波是电磁波提供了重要的理论依据.

### 4.2.5 物理分析

让我们对所得结果作些初步的物理分析.

1. 偏振特性

由菲涅耳公式即式(4.2.21)和式(4.2.22)可以看出，强度相同但偏振方向不同的线偏振波，所产生的反射波和折射波强度不同. 如果入射波为自然光，则反射波和折射波将变为部分偏振光. 特别地，当$\theta+\theta''=90°$时，由式(4.2.22)，$\boldsymbol{E}$平行入射面的线偏振波将没有反射波，以至于自然光经反射后，变为偏振方向垂直于入射面的线偏振光. 这一结果就是光学中的布儒斯特定律，相应的入射角称为布儒斯特角. 由折射定律式(4.2.20)取$\sin\theta''=\sin(90°-\theta)=\cos\theta$，求得布儒斯特角

$\theta_B$ 为(设 $\mu_1=\mu_2=\mu_0$)

$$\theta_B = \arctan(\sqrt{\varepsilon_2/\varepsilon_1})$$

2. 半波损失

由式(4.2.20)可见,当 $\varepsilon_1<\varepsilon_2$(取 $\mu_1=\mu_2=\mu_0$)时,有 $\theta>\theta''$. 这时对 $\boldsymbol{E}$ 垂直入射面的情况,由式(4.2.21)可见 $E'/E<0$,即反射波和入射波反相,这种现象称为半波损失. 对于两种介质,通常按折射率的相对大小,将它们分别称为光密媒质和光疏媒质. 因此,上述结论常被说成是:当电磁波从光疏媒质入射到光密媒质时,反射波电场垂直入射面的分量存在半波损失.

3. 全反射

由式(4.2.20),当 $\varepsilon_1>\varepsilon_2$(取 $\mu_1=\mu_2=\mu_0$)时,有 $n_{21}<1,\theta<\theta''$. 这时,若入射角满足 $\sin\theta=n_{21}$,则由式(4.2.20)导出 $\theta''=90^\circ$,折射波将沿界面传播. 当入射角进一步增大,使得 $\sin\theta>n_{21}$时,折射角将失去本来意义,必须另作分析. 在这种情况下,式(4.2.18)和式(4.2.10)仍然成立,即

$$k''_x = k_x = k\sin\theta, \qquad k'' = \sqrt{k''^2_x + k''^2_z} = \omega/v_2 = kv_1/v_2 = kn_{21}$$

只是 $k''_z$ 不再为实数,其表达式为

$$k''_z = \sqrt{k''^2 - k''^2_x} = k\sqrt{n^2_{21} - \sin^2\theta} = \mathrm{i}\kappa \tag{4.2.23}$$

式中,

$$\kappa = k\sqrt{\sin^2\theta - n^2_{21}} \tag{4.2.24}$$

因此,折射波的电场变为

$$\boldsymbol{E}''(\boldsymbol{r},t) = \boldsymbol{E}''_0 \mathrm{e}^{\mathrm{i}(k''_x x + k''_z z - \omega t)} = \boldsymbol{E}''_0 \mathrm{e}^{-\kappa z}\mathrm{e}^{\mathrm{i}(k_x x - \omega t)} \tag{4.2.25}$$

它表示在介质 2 中沿界面方向传播的电磁波,其波速 $v''=\omega/k_x=v_1/\sin\theta$,由介质 1 中的波速和入射角决定,与介质 2 的性质无关;波幅随进入介质 2 的深度指数衰减,衰减率由式(4.2.24)给定. 值得提醒注意的是,在复数法处理过程中,波幅和波矢为复数属于正常现象,前者给出波的相位信息,后者则反映波幅随空间距离的衰减.

折射波沿 $z$ 方向的指数衰减,并非介质吸收所致;它向我们暗示:穿越界面的折射波平均能流为零,相应反射波的平均能流等于入射波的平均能流. 上述结论可由式(4.2.21)和式(4.2.22)去证明. 为此,我们从单纯数学角度出发,保留 $\theta''$ 的定义,由式(4.2.20)和式(4.2.24)求得

$$\sin\theta'' = \frac{\sin\theta}{n_{21}}, \qquad \cos\theta'' = \sqrt{1-\left(\frac{\sin\theta}{n_{21}}\right)^2} = \frac{\mathrm{i}\kappa}{\omega\sqrt{\varepsilon_2\mu_0}}$$

$\cos\theta''$为虚数. 于是,立刻由式(4.2.21)和式(4.2.22)求得 $|E'/E|=1$,即反射波和入射波平均能流密度之比为 1,入射波被全部反射,称为全反射现象.

发生全反射时,沿界面传播的折射波已不再满足横波条件. 以往从电场无散条

件(4.2.3)出发，判断平面电磁波的横波特性，前提是波矢为实数矢量. 可目前 $\boldsymbol{k}''$ 为复数矢量，$\boldsymbol{k}''=k_x\boldsymbol{e}_x+\mathrm{i}\kappa\boldsymbol{e}_z$，电场无散条件化为

$$\boldsymbol{k}''\cdot\boldsymbol{E}_0''=k_xE_{0x}''+\mathrm{i}\kappa E_{0z}''=0 \tag{4.2.26}$$

对 $\boldsymbol{E}$ 垂直入射面的情况，$E_{0x}''=E_{0z}''=0$，式(4.2.26)满足，$\boldsymbol{E}''$ 与传播方向(即 $x$ 方向)垂直，满足横波条件；但由式(4.2.9)求得此时的磁场为(利用 $\omega''=\omega,\mu_2=\mu_0$)

$$\boldsymbol{H}_0''=\frac{1}{\omega\mu_0}\boldsymbol{k}''\times\boldsymbol{E}_0''=-\frac{\mathrm{i}\kappa}{\omega\mu_0}E_{0y}''\boldsymbol{e}_x+\frac{k_x}{\omega\mu_0}E_{0y}''\boldsymbol{e}_z$$

出现非零 $x$ 分量，违反横波条件，故折射波不是横波. 对 $\boldsymbol{E}$ 平行入射面的情况，由式(4.2.22)第二式求得 $E''$，然后由 $\cos\theta''$ 的表达式导出

$$E_x''=E''\cos\theta''=\frac{\mathrm{i}\kappa E''}{\omega\sqrt{\varepsilon_2\mu_0}}$$

以至于有 $E_x''\neq0$，出现沿传播方向的电场分量，横波条件也被破坏(此时磁场只有 $y$ 分量，满足横波条件). 我们这里头一次碰到这样的事实：对于介质界面这种特殊的非均匀介质，电磁波(透射波)不再是横波；前面关于平面电磁波是横波的结论一般只是在均匀介质中成立.

### *4.2.6 能量守恒和动量守恒关系

作为物理分析的继续，我们将对电磁波反射和折射问题的能量和动量传输过程进行较为细致的分析. 在本小节所出现的 $\boldsymbol{E}$ 和 $\boldsymbol{H}$ 一概指瞬时值，对应前面提到的相应量的实部；相应出现的能流密度 $\boldsymbol{S}$ 和动量流密度 $\boldsymbol{T}$ 也指的是瞬时值.

1. 能量守恒关系

一提到电磁波的反射和折射问题，自然会作出入射波能流等于反射波能流与折射波能流之和的结论. 为给这一结论以定量描述和严格证明，考察如图 4.6 所示的界面上的任意面元 $\Delta A$，跨越该面元的入射波能流为 $\boldsymbol{n}\cdot\boldsymbol{S}\Delta A$，反射波能流为 $-\boldsymbol{n}\cdot\boldsymbol{S}'\Delta A$(负号来自 $\boldsymbol{n}\cdot\boldsymbol{S}'<0$)，折射波能流为 $\boldsymbol{n}\cdot\boldsymbol{S}''\Delta A$. 于是前述结论的数学表述为

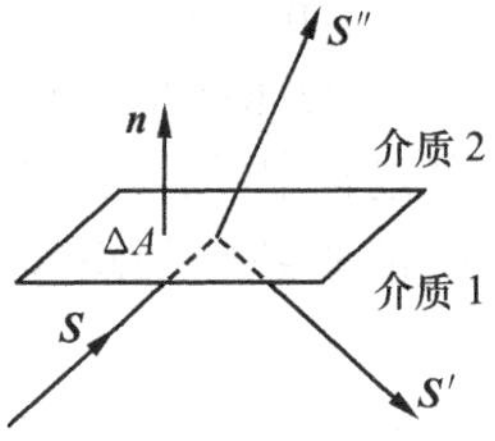

图 4.6

$$\boldsymbol{n}\cdot\boldsymbol{S}\Delta A=-\boldsymbol{n}\cdot\boldsymbol{S}'\Delta A+\boldsymbol{n}\cdot\boldsymbol{S}''\Delta A$$

或

$$\boldsymbol{n}\cdot(\boldsymbol{S}+\boldsymbol{S}')=\boldsymbol{n}\cdot\boldsymbol{S}'' \tag{4.2.27}$$

式(4.2.27)需要证明. 从式(4.2.21)和式(4.2.22)出发，可直接证明式(4.2.27)成立，但涉及繁冗的代数运算①. 下面我们从第 1 章 1.4 节给出的电磁能流密度矢量的边值关系

$$\boldsymbol{n}\cdot\boldsymbol{S}_1=\boldsymbol{n}\cdot\boldsymbol{S}_2 \tag{4.2.28}$$

① 参见林璇英，张之翔：电动力学题解，科学出版社，2000，第 232 页 3.9 题.

出发给出证明，式中 $\boldsymbol{S}_2=\boldsymbol{S}''$，

$$\boldsymbol{S}_1=(\boldsymbol{E}+\boldsymbol{E}')\times(\boldsymbol{H}+\boldsymbol{H}')=\boldsymbol{S}+\boldsymbol{S}'+\boldsymbol{E}'\times\boldsymbol{H}+\boldsymbol{E}\times\boldsymbol{H}' \tag{4.2.29}$$

一般 $\boldsymbol{S}_1\neq\boldsymbol{S}+\boldsymbol{S}'$，即电磁能流密度不满足叠加原理. 要由式(4.2.28)导出式(4.2.27)，必须证明式(4.2.29)右边出现的交叉项与 $\boldsymbol{n}$ 的标积为零，即

$$\boldsymbol{n}\cdot(\boldsymbol{E}'\times\boldsymbol{H}+\boldsymbol{E}\times\boldsymbol{H}')=0 \tag{4.2.30}$$

利用前面导出的如下结果：

$$\begin{gathered}\boldsymbol{H}=\frac{1}{\omega\mu_1}\boldsymbol{k}\times\boldsymbol{E},\qquad \boldsymbol{H}'=\frac{1}{\omega\mu_1}\boldsymbol{k}'\times\boldsymbol{E}'\\ \boldsymbol{k}\cdot\boldsymbol{E}=0,\qquad \boldsymbol{k}'\cdot\boldsymbol{E}'=0,\qquad k_z=-k_z',\qquad k_\tau=k_\tau'\end{gathered} \tag{4.2.31}$$

可以证明式(4.2.30)满足，从而式(4.2.27)成立. 我们将这一证明留给有兴趣的读者(见习题 4.5).

基于能量守恒关系(4.2.27)，我们可以定义反射系数和透射系数. 反射系数为反射波法向平均能流密度与入射波法向平均能流密度之比，即

$$R=\frac{|\boldsymbol{n}\cdot\bar{\boldsymbol{S}}'|}{|\boldsymbol{n}\cdot\bar{\boldsymbol{S}}|}=\frac{\frac{1}{2}\varepsilon_1\,|\boldsymbol{E}_0'|^2v_1\cos\theta}{\frac{1}{2}\varepsilon_1\,|\boldsymbol{E}_0|^2v_1\cos\theta}=\frac{|\boldsymbol{E}_0'|^2}{|\boldsymbol{E}_0|^2}=\left|\frac{E'}{E}\right|^2=\frac{\bar{w}'}{\bar{w}} \tag{4.2.32}$$

式中，$E'/E$ 由式(4.2.21)或式(4.2.22)第一式给出；$\bar{w}$ 和 $\bar{w}'$ 分别为入射波和反射波的平均能量密度. 透射系数为折射波法向平均能流密度与入射波法向平均能流密度之比. 由能量守恒关系，透射系数为 $1-R$.

2. 动量守恒关系

电磁波与界面发生相互作用之后，其作用前后的电磁动量将会发生变化. 电磁波损失的动量转嫁到介质界面，产生所谓光压效应. 通常用如下公式计算电磁波对界面的压强

$$p=\boldsymbol{nn}:(\overleftrightarrow{\boldsymbol{T}}+\overleftrightarrow{\boldsymbol{T}}'-\overleftrightarrow{\boldsymbol{T}}'') \tag{4.2.33}$$

其中，$\overleftrightarrow{\boldsymbol{T}}$、$\overleftrightarrow{\boldsymbol{T}}'$ 和 $\overleftrightarrow{\boldsymbol{T}}''$ 分别为入射波、反射波和折射波的动量流密度张量. 由式(4.1.33)、$\boldsymbol{e}_k\cdot\boldsymbol{n}=-\boldsymbol{e}_{k'}\cdot\boldsymbol{n}=\cos\theta$ 和 $\boldsymbol{e}_{k''}\cdot\boldsymbol{n}=\cos\theta''$ 得

$$p=(w+w')\cos^2\theta-w''\cos^2\theta'' \tag{4.2.34}$$

若介质 2 为全吸收介质，则折射波的动量全部转移给 2 侧介质. 与此相应，需舍去上式右边第二项，结果为

$$p=(w+w')\cos^2\theta \tag{4.2.35}$$

对于平均压强，式(4.2.35)化为

$$\bar{p}=\bar{w}(1+R)\cos^2\theta \tag{4.2.36}$$

这就是电磁学中提到过的全吸收介质界面的光压公式. 然而，作为出发点的式(4.2.33)需要证明. 类似地，从第 1 章 1.4 节给出的电磁动量流密度张量的边值关系

$$p = \boldsymbol{nn} : (\overleftrightarrow{\boldsymbol{T}}_1 - \overleftrightarrow{\boldsymbol{T}}_2) \tag{4.2.37}$$

出发给出证明,式中 $\overleftrightarrow{\boldsymbol{T}}_2 = \overleftrightarrow{\boldsymbol{T}}''$,

$$\begin{aligned}\overleftrightarrow{\boldsymbol{T}}_1 &= w_1 \overleftrightarrow{\boldsymbol{I}} - \boldsymbol{D}_1\boldsymbol{E}_1 - \boldsymbol{B}_1\boldsymbol{H}_1 \\ &= \overleftrightarrow{\boldsymbol{T}} + \overleftrightarrow{\boldsymbol{T}}' + \frac{1}{2}(\boldsymbol{D}\cdot\boldsymbol{E}' + \boldsymbol{D}'\cdot\boldsymbol{E} + \boldsymbol{B}\cdot\boldsymbol{H}' + \boldsymbol{B}'\cdot\boldsymbol{H})\overleftrightarrow{\boldsymbol{I}} \\ &\quad - (\boldsymbol{D}\boldsymbol{E}' + \boldsymbol{D}'\boldsymbol{E} + \boldsymbol{B}\boldsymbol{H}' + \boldsymbol{B}'\boldsymbol{H})\end{aligned}$$

一般 $\overleftrightarrow{\boldsymbol{T}}_1 \neq \overleftrightarrow{\boldsymbol{T}} + \overleftrightarrow{\boldsymbol{T}}'$,即电磁动量流密度不满足叠加原理. 要由式(4.2.37)导出式(4.2.33),必须证明上式右边出现的所有交叉项与 $\boldsymbol{nn}$ 的标积(双点乘)为零. 利用式(4.2.31)可达此目的,其中涉及稍许烦琐的运算,我们将它留给有兴趣的读者(见习题 4.6).

**例 4.1**

无限介质平面两侧的介质的磁导率同为 $\mu_0$,介电常量分别为 $\varepsilon_1$ 和 $\varepsilon_2$,电场强度为 $E$ 的平面电磁波自 1 侧垂直入射,在界面上发生反射和折射. 在介质 2 全透明和全吸收两种情况下,分别计算介质界面所受的压力.

**解** 设反射波和折射波的电场强度分别为 $E'$ 和 $E''$,成立

$$w = \varepsilon_1 E^2, \qquad w' = \varepsilon_1 E'^2, \qquad w'' = \varepsilon_2 E''^2$$

对垂直入射情况,有 $\theta = \theta'' = 0$;由菲涅耳公式(4.2.21)或式(4.2.22)得

$$\frac{w'}{w} = \frac{E'^2}{E^2} = \frac{(\sqrt{\varepsilon_2} - \sqrt{\varepsilon_1})^2}{(\sqrt{\varepsilon_2} + \sqrt{\varepsilon_1})^2}, \qquad \frac{w''}{w} = \frac{\varepsilon_2 E''^2}{\varepsilon_1 E^2} = \frac{4\varepsilon_2}{(\sqrt{\varepsilon_2} + \sqrt{\varepsilon_1})^2}$$

将上述公式代入式(4.2.34),求得介质 2 透明时,界面所受的压力为

$$\begin{aligned}p &= w + w' - w'' = \varepsilon_1 E^2 \left[1 + \left(\frac{\sqrt{\varepsilon_2} - \sqrt{\varepsilon_1}}{\sqrt{\varepsilon_2} + \sqrt{\varepsilon_1}}\right)^2 - \frac{4\varepsilon_2}{(\sqrt{\varepsilon_2} + \sqrt{\varepsilon_1})^2}\right] \\ &= \frac{2\varepsilon_1 E^2(\varepsilon_1 - \varepsilon_2)}{(\sqrt{\varepsilon_2} + \sqrt{\varepsilon_1})^2} = \frac{1}{2}(\varepsilon_1 - \varepsilon_2)E''^2\end{aligned}$$

对全吸收情况,由式(4.2.35)求得界面所受压力为

$$\begin{aligned}p &= w + w' = \varepsilon_1 E^2 \left[1 + \left(\frac{\sqrt{\varepsilon_2} - \sqrt{\varepsilon_1}}{\sqrt{\varepsilon_2} + \sqrt{\varepsilon_1}}\right)^2\right] = \frac{2\varepsilon_1 E^2(\varepsilon_1 + \varepsilon_2)}{(\sqrt{\varepsilon_2} + \sqrt{\varepsilon_1})^2} \\ &= \frac{1}{2}(\varepsilon_1 + \varepsilon_2)E''^2\end{aligned}$$

注意,对全吸收情况,界面所受压力为正,即通常提到的光压;对透明情况,当 $\varepsilon_1 > \varepsilon_2$ 时压力为正,当 $\varepsilon_1 < \varepsilon_2$ 时压力为负,后者表明界面受到的是指向 1 侧的拉力. 有趣的是,容易证明,这一拉力可以通过电磁场对介质的力密度公式(见式(1.4.60))

$$f = f_0 - \frac{1}{2}E^2\nabla\varepsilon + \frac{1}{2}B^2\nabla\frac{1}{\mu}$$

沿垂直方向跨越界面过渡层积分求得. 上式等号右边第一项 $\boldsymbol{f}_0$ 为自由电荷和传导电流的力密度,目前情况下为零;第二项中的 $E$ 为过渡层电场强度,它等于折射波电场强度 $E''$(由界面切向电场连续条件),该项的积分求得透明情况下界面所受的光压;由于两侧介质的磁导率同为 $\mu_0$,右边第三项消失.

## 4.3 导体中的电磁波

### 4.3.1 基本方程和边值关系

基本方程和边值关系已在4.1节中导出,重抄如下:

$$\nabla^2\boldsymbol{E} + k^2\boldsymbol{E} = 0 \tag{4.3.1}$$

$$k^2 = \omega^2\varepsilon'\mu, \qquad \varepsilon' = \varepsilon + \frac{\mathrm{i}\sigma}{\omega} \tag{4.3.2}$$

$$\nabla\cdot\boldsymbol{E} = 0 \tag{4.3.3}$$

$$\boldsymbol{H} = -\frac{\mathrm{i}}{\omega\mu}\nabla\times\boldsymbol{E} \tag{4.3.4}$$

$$\boldsymbol{n}\times(\boldsymbol{E}_2 - \boldsymbol{E}_1) = 0 \tag{4.3.5}$$

$$\boldsymbol{n}\times(\boldsymbol{H}_2 - \boldsymbol{H}_1) = 0 \tag{4.3.6}$$

由此可见,对导电介质中的时谐电磁波,处理方法与4.2节大体相同,只是导电介质的电导率 $\sigma\neq 0$,波矢为复数,其中虚部显然代表导体电阻引发的电磁波随传播距离的衰减效应.

### 4.3.2 无限均匀导体中的平面电磁波

以下在无限均匀导体的近似下,求平面电磁波特解

$$\boldsymbol{E}(\boldsymbol{r},t) = \boldsymbol{E}_0\mathrm{e}^{\mathrm{i}(\boldsymbol{k}\cdot\boldsymbol{r}-\omega t)}, \qquad \boldsymbol{H}(\boldsymbol{r},t) = \boldsymbol{H}_0\mathrm{e}^{\mathrm{i}(\boldsymbol{k}\cdot\boldsymbol{r}-\omega t)} \tag{4.3.7}$$

为使式(4.3.2)满足,当规定角频率 $\omega$ 为实数(限于时谐电磁波)之后,波矢 $\boldsymbol{k}$ 必为复数矢量. 令

$$\boldsymbol{k} = \boldsymbol{\beta} + \mathrm{i}\boldsymbol{\alpha} \tag{4.3.8}$$

式中,$\boldsymbol{\beta}$ 和 $\boldsymbol{\alpha}$ 均为实矢量. 将式(4.3.8)代入式(4.3.2),得

$$k^2 = \boldsymbol{k}\cdot\boldsymbol{k} = \beta^2 - \alpha^2 + 2\mathrm{i}\boldsymbol{\alpha}\cdot\boldsymbol{\beta} = \mu\omega^2\left(\varepsilon + \frac{\mathrm{i}\sigma}{\omega}\right)$$

按实部、虚部分别相等,得两个方程

$$\beta^2 - \alpha^2 = \omega^2\varepsilon\mu, \qquad \boldsymbol{\alpha}\cdot\boldsymbol{\beta} = \frac{1}{2}\omega\mu\sigma \tag{4.3.9}$$

相应式(4.3.7)化为

$$\boldsymbol{E} = \boldsymbol{E}_0\mathrm{e}^{-\boldsymbol{\alpha}\cdot\boldsymbol{r}}\mathrm{e}^{\mathrm{i}(\boldsymbol{\beta}\cdot\boldsymbol{r}-\omega t)}, \qquad \boldsymbol{H} = \boldsymbol{H}_0\mathrm{e}^{-\boldsymbol{\alpha}\cdot\boldsymbol{r}}\mathrm{e}^{\mathrm{i}(\boldsymbol{\beta}\cdot\boldsymbol{r}-\omega t)} \tag{4.3.10}$$

式中 $\boldsymbol{H}_0$ 和 $\boldsymbol{E}_0$ 之间的关系由式(4.3.4)推得，结果如下：

$$\boldsymbol{H}_0 = \frac{1}{\omega\mu}\boldsymbol{k}\times\boldsymbol{E}_0 \tag{4.3.11}$$

由于 $\boldsymbol{k}$ 为复数矢量，电场和磁场不再同相. 此外，式(4.3.10)表明，电磁波沿 $\boldsymbol{\beta}$ 方向传播，波幅沿 $\boldsymbol{\alpha}$ 方向衰减，两个方向不一定一致. 当 $\boldsymbol{\beta}$ 和 $\boldsymbol{\alpha}$ 互不平行时，有可能破坏如下横波条件：

$$\boldsymbol{\beta}\cdot\boldsymbol{E}_0 = 0, \qquad \boldsymbol{\beta}\cdot\boldsymbol{H}_0 = 0 \tag{4.3.12}$$

式(4.3.12)中的 $\boldsymbol{E}_0$ 和 $\boldsymbol{H}_0$ 一般为复数矢量，其实部和虚部均与传播方向垂直，才是横波. 由式(4.3.3)和式(4.3.4)得 $\boldsymbol{k}\cdot\boldsymbol{E}_0=0$ 和 $\boldsymbol{k}\cdot\boldsymbol{H}_0=0$，即

$$\boldsymbol{\beta}\cdot\boldsymbol{E}_0 + \mathrm{i}\boldsymbol{\alpha}\cdot\boldsymbol{E}_0 = 0, \qquad \boldsymbol{\beta}\cdot\boldsymbol{H}_0 + \mathrm{i}\boldsymbol{\alpha}\cdot\boldsymbol{H}_0 = 0 \tag{4.3.13}$$

只有当 $\boldsymbol{\beta}/\!/\boldsymbol{\alpha}$ 时，才有可能确保横波条件(4.3.12)满足. 这一结论可用反证法去证明：设在 $\boldsymbol{\beta}$ 和 $\boldsymbol{\alpha}$ 互不平行的情况下式(4.3.12)也能满足，则由式(4.3.13)，有 $\boldsymbol{\alpha}\cdot\boldsymbol{E}_0=\boldsymbol{\alpha}\cdot\boldsymbol{H}_0=0$，即 $\boldsymbol{E}_0$ 和 $\boldsymbol{H}_0$ 均与 $\boldsymbol{\alpha}$-$\boldsymbol{\beta}$ 平面垂直，二者彼此平行，而这是不可能发生的.

### 4.3.3 电磁波在导体表面的反射与折射

1. 反射规律和折射规律

如图 4.7 所示，设导体表面为位于 $z=0$ 的无限平面，下方(1 侧)为绝缘介质，介电常量为 $\varepsilon_1$；上方(2 侧)为导电介质，介电常量为 $\varepsilon_2$，电导率为 $\sigma$；两种介质均为非磁性介质，磁导率为 $\mu_0$. 形如式(4.3.7)的平面电磁波自绝缘介质一侧入射至导体表面，求反射波和折射波.

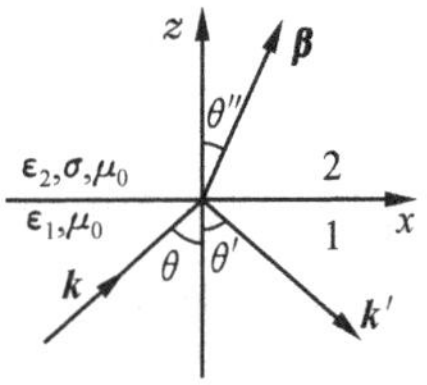

图 4.7

该问题和上节讨论的绝缘介质边界的反射和折射问题的区别仅仅在于：将介质 2 代之以导电介质，介电常量 $\varepsilon_2$ 和折射波波矢 $\boldsymbol{k}''$ 替换为

$$\varepsilon_2 \to \varepsilon_2 + \frac{\mathrm{i}\sigma}{\omega}, \qquad \boldsymbol{k}'' \to \boldsymbol{\beta} + \mathrm{i}\boldsymbol{\alpha} \tag{4.3.14}$$

成立(见式(4.3.9))

$$\beta^2 - \alpha^2 = \omega^2\mu_0\varepsilon_2, \qquad \boldsymbol{\alpha}\cdot\boldsymbol{\beta} = \frac{1}{2}\omega\mu_0\sigma \tag{4.3.15}$$

于是，$\boldsymbol{k}$、$\boldsymbol{k}'$ 和 $\boldsymbol{\beta}+\mathrm{i}\boldsymbol{\alpha}$ 仍满足共面条件(4.2.16)，即与式(4.2.18)类似的关系成立

$$k_x = k'_x = k''_x = \beta_x + \mathrm{i}\alpha_x \tag{4.3.16}$$

式(4.3.16)表明两点：一是反射定律仍为 $\theta=\theta'$，入射角等于反射角；二是 $\alpha_x=0$，即 $\boldsymbol{\alpha}$ 与 $z$ 轴平行，折射波沿进入导体的深度指数衰减.

与反射定律不同，折射定律将发生重要变化. 由 $k_x=\beta_x$ 得

$$\beta_x = k\sin\theta, \qquad k = \omega\sqrt{\varepsilon_1\mu_0} \tag{4.3.17}$$

代入式(4.3.15)得

$$k^2\sin^2\theta + \beta_z^2 - \alpha^2 = \omega^2\mu_0\varepsilon_2, \qquad \alpha\beta_z = \frac{1}{2}\omega\mu_0\sigma$$

从中解出 $\beta_z$ 和 $\alpha$,结果为

$$\beta_z = \omega\sqrt{\frac{\mu_0\varepsilon_2}{2}}\left[\sqrt{\left(1-\frac{k^2\sin^2\theta}{\omega^2\mu_0\varepsilon_2}\right)^2+\frac{\sigma^2}{\omega^2\varepsilon_2^2}}+1-\frac{k^2\sin^2\theta}{\omega^2\mu_0\varepsilon_2}\right]^{1/2} \tag{4.3.18}$$

$$\alpha = \omega\sqrt{\frac{\mu_0\varepsilon_2}{2}}\left[\sqrt{\left(1-\frac{k^2\sin^2\theta}{\omega^2\mu_0\varepsilon_2}\right)^2+\frac{\sigma^2}{\omega^2\varepsilon_2^2}}-1+\frac{k^2\sin^2\theta}{\omega^2\mu_0\varepsilon_2}\right]^{1/2} \tag{4.3.19}$$

折射角为

$$\theta'' = \arctan(\beta_x/\beta_z) \tag{4.3.20}$$

对垂直入射情况($\theta=\theta''=0$),式(4.3.18)和式(4.3.19)简化为

$$\beta_z = \omega\sqrt{\frac{\mu_0\varepsilon_2}{2}}\left(\sqrt{1+\frac{\sigma^2}{\omega^2\varepsilon_2^2}}+1\right)^{1/2} \tag{4.3.18$'$}$$

$$\alpha = \omega\sqrt{\frac{\mu_0\varepsilon_2}{2}}\left(\sqrt{1+\frac{\sigma^2}{\omega^2\varepsilon_2^2}}-1\right)^{1/2} \tag{4.3.19$'$}$$

下面考虑良导体近似,$\sigma/(\omega\varepsilon_2)\gg 1$,相应式(4.3.18)和式(4.3.19)简化为

$$\beta_z \approx \alpha \approx \sqrt{\frac{\omega\mu_0\sigma}{2}} \tag{4.3.21}$$

由 $\beta_x=k\sin\theta$ 和式(4.3.21)得

$$\frac{\beta_x}{\beta_z} \approx \frac{k\sin\theta\sqrt{2}}{\sqrt{\omega\mu_0\sigma}} = \sqrt{\frac{2\omega\varepsilon_2}{\sigma}}\frac{k\sin\theta}{\omega\sqrt{\varepsilon_2\mu_0}} = \sqrt{\frac{2\omega\varepsilon_2}{\sigma}}\frac{v_2\sin\theta}{v_1} \tag{4.3.22}$$

其中,$v_1=1/\sqrt{\varepsilon_1\mu_0}$;$v_2=1/\sqrt{\varepsilon_2\mu_0}$. 由良导体近似 $\omega\varepsilon_2/\sigma\ll 1$,可知 $\beta_x/\beta_z\ll 1$,以至于由式(4.3.20)得 $\theta''\approx\beta_x/\beta_z\approx 0$,表明折射波传播方向近似垂直于导体表面,与 $\varepsilon_2$ 无关. 折射波的相速度为

$$v'' = \frac{\omega}{\beta} \approx \frac{\omega}{\beta_z} = \sqrt{\frac{2\omega}{\mu_0\sigma}} = \sqrt{\frac{2\omega\varepsilon_2}{\sigma}}v_2 \ll v_2 \tag{4.3.23}$$

它远小于绝缘介质中的光速,且与 $\varepsilon_2$ 无关. 以上说明,在良导体近似下,导电介质的介电常量对折射波的传播的影响可以忽略.

2. 垂直入射情况下的振幅关系

下面我们限于垂直入射($\theta=0°$)的简单情况,由边值关系确定反射波和折射波的振幅. 对这种情况,有 $k_x=k'_x=\beta_x=0$,可将入射波、反射波和折射波分别表示为

$$\boldsymbol{E}=\boldsymbol{E}_0\mathrm{e}^{\mathrm{i}(kz-\omega t)},\qquad \boldsymbol{E}'=\boldsymbol{E}'_0\mathrm{e}^{-\mathrm{i}(kz+\omega t)},\qquad \boldsymbol{E}''=\boldsymbol{E}''_0\mathrm{e}^{-\alpha z}\mathrm{e}^{\mathrm{i}(\beta z-\omega t)} \tag{4.3.24}$$

其中,$\beta(=\beta_z)$和 $\alpha$ 由式(4.3.18$'$)和式(4.3.19$'$)确定,对良导体式(4.3.21)成立. 此时 $\boldsymbol{\beta}/\!/\boldsymbol{\alpha}$,折射波的传播方向和衰减方向一致,横波条件得以满足. 不妨设电场的正向垂直纸面向里,相应各入射波、反射波和折射波的磁场正向由电场、磁场和波矢的右手正交关系确定,结果示于图 4.8 中. 按式(4.3.5)和式(4.3.6)列出边值关系如下:

$$E+E'=E'',\qquad H-H'=H''\quad 或\quad k(E-E')=k''E''$$

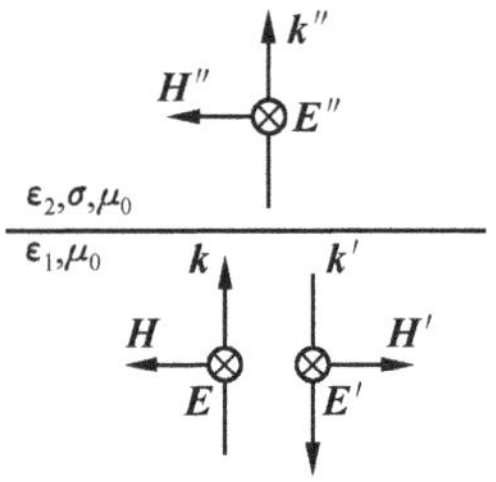


图 4.8

由此解出

$$\frac{E'}{E}=\frac{k-k''}{k+k''}=\frac{k-\beta-\mathrm{i}\alpha}{k+\beta+\mathrm{i}\alpha}$$
$$\frac{E''}{E}=\frac{2k}{k+k''}=\frac{2k}{k+\beta+\mathrm{i}\alpha} \tag{4.3.25}$$

对良导体，利用式(4.3.21)，式(4.3.25)化为

$$\frac{E'}{E}=\frac{\sqrt{2\omega\varepsilon_1/\sigma}-1-\mathrm{i}}{\sqrt{2\omega\varepsilon_1/\sigma}+1+\mathrm{i}}$$
$$\frac{E''}{E}=\frac{\sqrt{8\omega\varepsilon_1/\sigma}}{\sqrt{2\omega\varepsilon_1/\sigma}+1+\mathrm{i}} \tag{4.3.26}$$

上述结果与 $\varepsilon_2$ 无关，同样说明对良导体来说，其介电常量不起作用.

3. 对良导体结果的初步分析

让我们对良导体情况获得的结果作些初步的分析.

首先，由式(4.3.26)求得反射系数

$$R=\left|\frac{E'}{E}\right|^2=\frac{(1-\sqrt{2\omega\varepsilon_1/\sigma})^2+1}{(1+\sqrt{2\omega\varepsilon_1/\sigma})^2+1}\approx 1-\sqrt{\frac{8\omega\varepsilon_1}{\sigma}} \tag{4.3.27}$$

相应透射系数为 $\sqrt{8\omega\varepsilon_1/\sigma}$. 对良导体来说，反射系数接近 1，入射波接近全反射. 这一结论对倾斜入射情况也成立.

其次，由式(4.3.26)第一式，可见 $E'/E\approx -1$，说明反射波近似与入射波反相，存在半波损失.

再次，考察折射波的磁场和电场的相对强度. 由式(4.3.21)得

$$k''=\beta+\mathrm{i}\alpha\approx\sqrt{\omega\mu_0\sigma/2}(1+\mathrm{i})=\sqrt{\omega\mu_0\sigma}\mathrm{e}^{\mathrm{i}\pi/4}$$

代入式(4.3.11)得

$$H''_0=\frac{k''E''_0}{\omega\mu_0}=\sqrt{\frac{\sigma}{\omega\mu_0}}E''_0\mathrm{e}^{\mathrm{i}\pi/4} \tag{4.3.28}$$

$$\frac{\mu_0\ |H''_0|^2}{\varepsilon_2\ |E''_0|^2}=\frac{\sigma}{\omega\varepsilon_2} \tag{4.3.29}$$

上述结果表明：良导体内折射波的磁场滞后电场约 $\pi/4$，磁能密度远远大于电能密度.

最后，折射波在良导体中随深度急剧衰减，所诱发的传导电流集中分布于导体表面的薄层中，相应电磁能也主要被消耗在这一薄层中. 通过引入表面电流和表面电阻，可实现对这种电流分布和能量耗散的参数描述. 视上述折射波为满足边界条件 $H''|_{z=0}=H''_0\mathrm{e}^{-\mathrm{i}\omega t}$ 的半无限良导体中的电磁波解，则由导体中的电流密度

$$j=\sigma E''=\sigma E''_0\mathrm{e}^{-\alpha z}\mathrm{e}^{\mathrm{i}(\beta z-\omega t)}$$

对 $z$ 积分,求得等效的面电流密度

$$i=\int_0^\infty j\mathrm{d}z=\frac{\sigma E''_0}{\alpha-\mathrm{i}\beta}\mathrm{e}^{-\mathrm{i}\omega t}=H''_0\mathrm{e}^{-\mathrm{i}\omega t},\qquad i_0=|\,i\,|=|\,H''_0\,| \tag{4.3.30}$$

其中,$i_0$ 和 $|H''_0|$ 分别为面电流密度和表面切向磁场强度的振幅. 推导中用到 $\beta\approx\beta_z$、式(4.3.21)和式(4.3.28). 用 $H''_0$ 取代 $E''_0$ 的优点在于便于向理想导体过渡:当 $\sigma\to\infty$ 时,由式(4.3.26)得 $E''_0\to0$,但 $H''_0$ 和 $i_0$ 有限,其中 $H''_0$ 即为理想导体表面外侧的切向磁场强度 $H_0$.

由导体中的平均焦耳功率密度

$$\bar{p}=\frac{1}{2}\mathrm{Re}(j^*E'')=\frac{1}{2}\sigma\,|\,E''_0\,|^2\ \ \mathrm{e}^{-2\alpha z}$$

对 $z$ 积分,求得单位面积导体表面平均焦耳功率

$$\frac{\mathrm{d}\bar{P}}{\mathrm{d}A}=\int_0^\infty\bar{p}\mathrm{d}z=\frac{\sigma\,|\,E''_0\,|^2}{4\alpha}=\frac{\alpha}{2\sigma}\,|\,H''_0\,|^2\ =\frac{\alpha}{2\sigma}i_0^2 \tag{4.3.31}$$

为把式(4.3.31)表示的功率面密度与表面电阻联系起来,考虑导体表面一长方形薄层,边长为 $a$、$b$,面积为 $A=ab$,厚度为 $\delta$,电流方向与边 $b$ 平行,如图 4.9 所示. 该薄层导体的电阻为

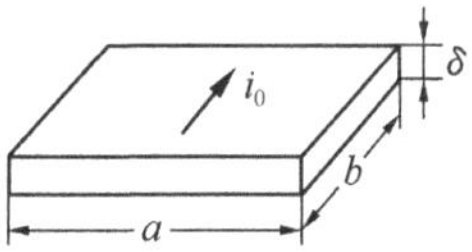


图 4.9

$$R=\frac{b}{a\delta\sigma}$$

峰值电流强度为 $I_0=ai_0$,从而平均焦耳功率为

$$\bar{P}=\frac{1}{2}I_0^2R=\frac{ba^2i_0^2}{2a\delta\sigma}=\frac{abi_0^2}{2\delta\sigma}$$

由式(4.3.31)求得平均焦耳功率

$$\bar{P}=A\,\frac{\mathrm{d}\bar{P}}{\mathrm{d}A}=\frac{ab\alpha i_0^2}{2\sigma}$$

让这两个功率相等,求得

$$\delta=\frac{1}{\alpha}=\sqrt{\frac{2}{\omega\mu_0\sigma}} \tag{4.3.32}$$

式(4.3.32)表明,导体在高频下的电阻相当于厚度为 $\delta$ 的薄层的直流电阻;$\delta$ 正好就是折射波幅降至原值的 $1/e$ 的传播距离,称为穿透深度. 将式(4.3.32)代入式(4.3.31),求得用 $\delta$、$\sigma$、面电流密度振幅 $\boldsymbol{i}_0$ 或表面切向磁场强度振幅 $\boldsymbol{H}_0(=\boldsymbol{H}''_0=\boldsymbol{i}_0)$ 表示的良导体单位面积表面平均焦耳功率

$$\frac{\mathrm{d}\bar{P}}{\mathrm{d}A}=\frac{1}{2\sigma\delta}\,|\,\boldsymbol{i}_0\,|^2=\frac{1}{2\sigma\delta}\,|\,\boldsymbol{H}_0\,|^2 \tag{4.3.33}$$

式中,$1/(\sigma\delta)$ 为良导体的表面电阻.

## 4.4 谐振腔和波导管

低频电磁波可通过电感-电容谐振电路被有效激发,可通过普通导线实现有效传输,高频电磁波则不能.要有效激发和输送高频电磁波,必须将电磁场局限在有限空间,金属导体正好可用来实现这一目标.本节介绍的谐振腔和波导管,正是通过导体腔和导体管将高频电磁波局限其中,分别实现高频电磁波的激发和传输的;它们在波长为厘米量级的微波领域中有广泛应用.

我们仍限于讨论时谐电磁波.从定解问题的角度,本节情况和4.2节存在区别.4.2节给定入射波和无限远的渐近条件,由跨越界面的边值关系获得唯一解.本节介绍的谐振腔和波导管问题,归结为求解定态波动方程的齐次边值问题.除时谐波假定之外,对电磁波的频率、振幅和波矢不加任何额外限制.下面将会看到,存在不同形式的电磁波解.我们的目的不在于怎样去获得唯一解,而是设法找到各种可能形式的电磁波解,并分析它们的物理特性.

### 4.4.1 基本方程和边界条件

由4.1节的结果,对于由理想导体构成的边界$S$的内部(无场源),时谐电磁波的电场满足如下定态波动方程和齐次边界条件:

$$\nabla^2\boldsymbol{E}+k^2\boldsymbol{E}=0 \tag{4.4.1}$$

$$k^2=\omega^2\varepsilon\mu \tag{4.4.2}$$

$$\nabla\cdot\boldsymbol{E}=0 \tag{4.4.3}$$

$$\boldsymbol{n}\times\boldsymbol{E}\,|_S=0 \quad 或 \quad \boldsymbol{E}_\tau\,|_S=0 \tag{4.4.4}$$

式中,$\boldsymbol{n}$为边界$S$的单位法向矢量,指向解域内部;$\boldsymbol{E}_\tau$为解域边界内侧的电场切向分量.方程

$$\boldsymbol{H}=-\frac{\mathrm{i}}{\omega\mu}\nabla\times\boldsymbol{E} \tag{4.4.5}$$

和边界条件

$$\boldsymbol{n}\times\boldsymbol{H}\,|_S=\boldsymbol{i}_0,\qquad \boldsymbol{n}\cdot\boldsymbol{D}\,|_S=\sigma_0 \tag{4.4.6}$$

与电场$\boldsymbol{E}$的求解无关,而是事后用来计算磁场强度$\boldsymbol{H}$、边界$S$上的传导面电流密度$\boldsymbol{i}_0$和自由面电荷密度$\sigma_0$.至于另一个关于磁感应强度的边界条件$\boldsymbol{n}\cdot\boldsymbol{B}|_S=0$,可由式(4.4.4)导出,即自动满足.详细解释见4.1节.

对约束条件(4.4.3)作些补充说明.首先,它属于点约束,要求解域内处处满足.其次,它对边界条件也加上一定的限制.对于平面导体边界的情况,可事先将这一限制以数学形式表述出来,在定解过程中和式(4.4.4)一道使用,取得事半功倍的效果,属于一种处理技巧.为此目的,在平面边界$S$的解域一侧作扁圆柱面:底面位于边界,面积为$\Delta A$;高度为$\Delta n$,如图4.10所示.由式(4.4.4),电场只有垂直

于界面的分量；由式(4.4.3)，过圆柱面的净电通量为零，即 $E_n(0)\Delta A = E_n(\Delta n)\Delta A$ 或

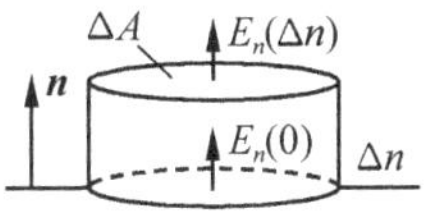


图 4.10

$$\left.\frac{\partial E_n}{\partial n}\right|_S = 0 \tag{4.4.7}$$

式(4.4.7)即式(4.4.3)隐含的边界条件，它与式(4.4.3)一道，构成波动方程(4.4.1)的边界条件. 注意，式(4.4.7)虽然反映了式(4.4.3)对边界条件的约束，但并不能取代它. 换句话说，所求得的时谐波解仍要受式(4.4.3)的约束. 此外，条件(4.4.7)只适用于平面理想导体(或超导体)边界(试对比习题 2.1 的结果).

### 4.4.2 谐振腔

为简单起见，我们讨论如图 4.11 所示的边长分别为 $L_1$、$L_2$ 和 $L_3$ 的长方体形状的谐振腔，在直角坐标系下求方程(4.4.1)的分离变量解. 解域为 $0 \leqslant x \leqslant L_1, 0 \leqslant y \leqslant L_2, 0 \leqslant z \leqslant L_3$. 解域边界为 $S: x = 0, L_1; y = 0, L_2; z = 0, L_3$. 用 $u$ 表示电场的某个直角坐标分量，成立

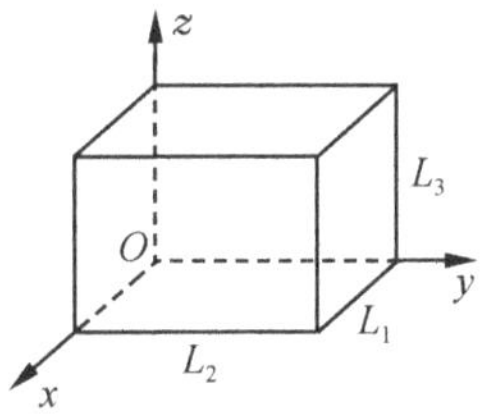


图 4.11

$$\nabla^2 u + k^2 u = 0 \tag{4.4.8}$$

上述方程的分离变量解为

$$u = X(x)Y(y)Z(z) \tag{4.4.9}$$

式中，$X$、$Y$ 和 $Z$ 分别满足

$$\frac{d^2X}{dx^2} + k_1^2 X = 0, \qquad \frac{d^2Y}{dy^2} + k_2^2 Y = 0, \qquad \frac{d^2Z}{dz^2} + k_3^2 Z = 0 \tag{4.4.10}$$

$$k_1^2 + k_2^2 + k_3^2 = k^2 = \omega^2 \varepsilon\mu \tag{4.4.11}$$

常微分方程(4.4.10)的解为正、余弦函数的叠加，据此写出通解

$$u = (a_1 \cos k_1 x + a_2 \sin k_1 x)(b_1 \cos k_2 y + b_2 \sin k_2 y)(c_1 \cos k_3 z + c_2 \sin k_3 z) \tag{4.4.12}$$

式中，$a_1$、$a_2$、$b_1$、$b_2$、$c_1$ 和 $c_2$ 为待定常数.

下面使用边界条件(4.4.4)和(4.4.7)确定式(4.4.12)中出现的待定常数，包括 $k_1$、$k_2$ 和 $k_3$. 以 $u = E_x$ 为例，边界条件化为

$$E_x\big|_{y=0,L_2} = E_x\big|_{z=0,L_3} = \left.\frac{\partial E_x}{\partial x}\right|_{x=0,L_1} = 0$$

于是对 $u = E_x$，有 $a_2 = b_1 = c_1 = 0$，得

$$E_x = A_1 \cos k_1 x \sin k_2 y \sin k_3 z$$

式中，$A_1 = a_1 b_2 c_2$，且

$$k_1 = \frac{m\pi}{L_1}, \qquad k_2 = \frac{n\pi}{L_2}, \qquad k_3 = \frac{l\pi}{L_3} \tag{4.4.13}$$

$m$、$n$ 和 $l$ 为非负整数. 再由式(4.4.11)得

$$\left(\frac{m\pi}{L_1}\right)^2+\left(\frac{n\pi}{L_2}\right)^2+\left(\frac{l\pi}{L_3}\right)^2=\omega^2\varepsilon\mu \tag{4.4.14}$$

对 $E_y$ 和 $E_z$ 可做类似处理,最终结果为

$$\begin{aligned}E_x&=A_1\cos k_1x\sin k_2y\sin k_3z\\E_y&=A_2\sin k_1x\cos k_2y\sin k_3z\\E_z&=A_3\sin k_1x\sin k_2y\cos k_3z\end{aligned} \tag{4.4.15}$$

式中,$k_1$、$k_2$ 和 $k_3$ 由式(4.4.13)给定,且要满足约束条件(4.4.14);$A_1$、$A_2$ 和 $A_3$ 为振幅. 由式(4.4.3),这三个振幅因子要满足如下约束条件:

$$\frac{m\pi}{L_1}A_1+\frac{n\pi}{L_2}A_2+\frac{l\pi}{L_3}A_3=0 \tag{4.4.16}$$

说明其中只有两个是独立的.

至此,电场的求解告一段落. 如果需要计算相应的磁场和出现在谐振腔表面的感应面电荷和面电流,我们可以利用式(4.4.5)和式(4.4.6).

以下对求得的时谐电磁波解作些初步分析.

首先,将电场解乘上因子 $e^{-i\omega t}$ 之后取其实部,求得实际电场为

$$\begin{aligned}\mathrm{Re}(E_xe^{-i\omega t})&=|A_1|\cos k_1x\sin k_2y\sin k_3z\cos(\omega t-\alpha_1)\\\mathrm{Re}(E_ye^{-i\omega t})&=|A_2|\sin k_1x\cos k_2y\sin k_3z\cos(\omega t-\alpha_2)\\\mathrm{Re}(E_ze^{-i\omega t})&=|A_3|\sin k_1x\sin k_2y\cos k_3z\cos(\omega t-\alpha_3)\end{aligned} \tag{4.4.17}$$

式中,$\alpha_1$、$\alpha_2$ 和 $\alpha_3$ 分别为 $A_1$、$A_2$ 和 $A_3$ 的辐角. 形如式(4.4.17)的解称为驻波或电磁振荡,不存在传播效应. 注意,$k_1$、$k_2$ 和 $k_3$ 中或 $m$、$n$ 和 $l$ 中,至少有两个不为零,否则得零电场解.

其次,这种电磁振荡的波矢的 3 个分量和角频率不能事先任意给定,而是按式(4.4.13)和式(4.4.14)取特定的离散值. 这些离散值又称为本征值,相应电磁波解称为本征解或本征模. 对给定的非负整数集合$(m,n,l)$,对应的角频率被唯一确定为

$$\omega_{m,n,l}=\frac{\pi}{\sqrt{\varepsilon\mu}}\sqrt{(m/L_1)^2+(n/L_2)^2+(l/L_3)^2} \tag{4.4.18}$$

由式(4.4.18)可求得谐振腔所能激发电磁振荡的最低频率,或下截止频率. 不妨设 $L_1\geqslant L_2\geqslant L_3$,则下截止频率对应$(m,n,l)=(1,1,0)$,即

$$f_{110}=\frac{\omega_{110}}{2\pi}=\frac{1}{2\sqrt{\varepsilon\mu}}\sqrt{(1/L_1)^2+(1/L_2)^2} \tag{4.4.19}$$

对应的最大波长为

$$\lambda_{110}=\frac{1}{f_{110}\sqrt{\varepsilon\mu}}=\frac{2}{\sqrt{(1/L_1)^2+(1/L_2)^2}} \tag{4.4.20}$$

它与谐振腔的尺寸相当.

最后，电磁振荡存在一系列本征模. 由前述 $A_1$、$A_2$ 和 $A_3$ 中仅有两个为独立参数的结论，可推断一种特定的$(m,n,l)$波模包含两个独立的子波模.

### 4.4.3 波导管

设有一根无限长的波导管，其截面为边长 $a$ 和 $b$ 的矩形. 按图 4.12 取直角坐标系，$z$ 轴沿波导管的某根棱线，求时谐电磁波的分离变量解. 本问题的解域为：$0\leqslant x\leqslant a$，$0\leqslant y\leqslant b$，$-\infty\leqslant z\leqslant\infty$. 解域边界为：$S$：$x=0$，$a$；$y=0$，$b$. 用 $u$ 表示电场的某个直角坐标分量，式(4.4.8)～式(4.4.12)仍然成立. 不过，在确定波矢的本征值时，$z$ 轴方向的边界不复存在. 这时，将式(4.4.12)改写成如下形式：

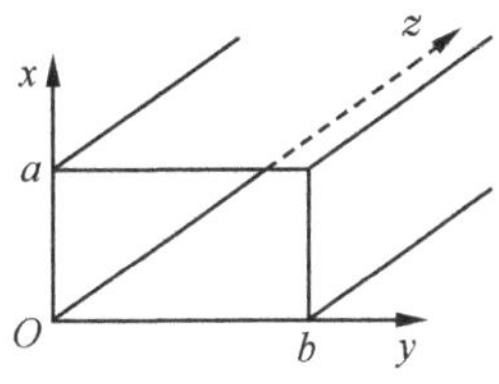


图 4.12

$$u=(a_1\cos k_1x+a_2\sin k_1x)(b_1\cos k_2y+b_2\sin k_2y)\cdot(c_1e^{ik_3z}+c_2e^{-ik_3z})\tag{4.4.21}$$

比较方便，其中因子 $e^{ik_3z}$表示沿正 $z$ 方向传播的行波，而因子 $e^{-ik_3z}$则表示沿负 $z$ 方向传播的行波. 这两个波除传播方向相反之外，其余特性相同；不失一般，我们只讨论前者，相当于在式(4.4.21)中取 $c_2=0$. 顺便指出，该举措规定了 $z=\pm\infty$的电磁场性质，等效于无限远的渐近条件. 式(4.4.21)中的 $k_1$、$k_2$ 和待定常数仍根据管壁边界条件确定，其分析步骤与谐振腔情况类似. 管壁边界条件如下：

$$E_x\big|_{y=0,b}=\left.\frac{\partial E_x}{\partial x}\right|_{x=0,a}=0,\qquad E_y\big|_{x=0,a}=\left.\frac{\partial E_y}{\partial y}\right|_{y=0,b}=0$$

$$E_z\big|_{x=0,a}=E_z\big|_{y=0,b}=0$$

满足上述边界条件的电场解为

$$\begin{aligned}E_x&=A_1\cos k_1x\sin k_2ye^{ik_3z}\\E_y&=A_2\sin k_1x\cos k_2ye^{ik_3z}\\E_z&=A_3\sin k_1x\sin k_2ye^{ik_3z}\end{aligned}\tag{4.4.22}$$

其中，

$$k_1=\frac{m\pi}{a},\qquad k_2=\frac{n\pi}{b}\tag{4.4.23}$$

$m$ 和 $n$ 为非负整数，且由式(4.4.11)和式(4.4.3)分别求得

$$\left(\frac{m\pi}{a}\right)^2+\left(\frac{n\pi}{b}\right)^2+k_3^2=\omega^2\varepsilon\mu\tag{4.4.24}$$

$$k_1A_1+k_2A_2-ik_3A_3=0\tag{4.4.25}$$

振幅参数 $A_1$、$A_2$ 和 $A_3$ 中只有两个独立. 由式(4.4.5)求得磁场表达式

$$\begin{aligned}H_x&=-(1/\omega\mu)(k_3A_2+ik_2A_3)\sin k_1x\cos k_2ye^{ik_3z}\\H_y&=(1/\omega\mu)(k_3A_1+ik_1A_3)\cos k_1x\sin k_2ye^{ik_3z}\\H_z&=(i/\omega\mu)(k_2A_1-k_1A_2)\cos k_1x\cos k_2ye^{ik_3z}\end{aligned}\tag{4.4.26}$$

至此,电磁场的求解告一段落,下面对波导管中的电磁波解的性质作些物理分析.

1. 下截止频率

由于边界条件只对 $k_1$ 和 $k_2$ 加上了限制条件(4.4.23),以至于 $k_3$ 或 $\omega$ 可以连续变化. 这时,我们仍可以将 $k_1$ 和 $k_2$ 的离散值称为本征值,将相应电磁波解称为本征解或本征模. 与谐振腔情况不同的是,对给定的 $(m,n)$ 波模,通过 $k_3$ 或 $\omega$ 的任意选取,可获得无限多组行波解.

由式(4.4.22)可知,$k_1$ 和 $k_2$ 不能同时为零,亦即 $m$ 和 $n$ 不能同时为零,否则得零电场解. 此外,为保证电磁波沿波导管传播过程中不出现衰减,要求由式(4.4.24)解得的

$$k_3 = \sqrt{\omega^2\varepsilon\mu - (m\pi/a)^2 - (n\pi/b)^2} \tag{4.4.27}$$

为实数,这给角频率 $\omega$ 加上了如下限制:

$$\omega > \omega_c = \frac{\pi}{\sqrt{\varepsilon\mu}}\left[(m/a)^2 + (n/b)^2\right]^{1/2} \tag{4.4.28}$$

式中,$\omega_c$ 为对应 $(m,n)$ 波模的下截止频率. 波导管所能输送的最低频率为 $\omega_c$ 的最小值,称为波导管的下截止频率. 为求得这一截止频率,可对 $a>b$ 的情况取 $(m,n)=(1,0)$,对 $a<b$ 的情况取 $(m,n)=(0,1)$,结果归纳如下:

$$\omega_{\min} = \frac{\pi}{\sqrt{\varepsilon\mu}\max(a,b)} \tag{4.4.29}$$

通常用电磁波的最大波长来表述波导管传输电磁波的限制条件. 这里所指的波长指的是电磁波脱离波导管进入自由空间后的波长,而非停留在波导管内的波长,后者为 $\lambda'=2\pi/k_3$. 由式(4.4.27),当 $\omega\to\omega_c$ 时,$\lambda'\to\infty$! 设波导管内 $\varepsilon=\varepsilon_0$,$\mu=\mu_0$,则由式(4.4.29)求得 $\omega_{\min}=\pi c/\max(a,b)$,进入自由空间后的波长为

$$\lambda_{\max} = \frac{2\pi c}{\omega_{\min}} = 2\max(a,b) \tag{4.4.30}$$

2. 横电波和横磁波

当我们给定 $m$、$n$ 和角频率 $\omega$(相应 $k_3$ 由式(4.4.27)确定)之后,电场振幅参数中存在两个独立参数. 通过这两个参数的特殊选择,可以获得两种彼此独立的子波模. 例如,我们可以选择 $A_3=0$,使得 $E_z=0$,以至于电场矢量与传播方向垂直. 这种波模称为横电波,简记为 $\mathrm{TE}_{mn}$. 对这种波模,约束条件(4.4.25)化为

$$k_1A_1 + k_2A_2 = 0 \tag{4.4.31}$$

下面判断磁场是否也满足横波条件. 由式(4.4.31)及式(4.4.26)第三式可知

$$H_z \propto k_2A_1 - k_1A_2 = \frac{1}{k_2}(k_2^2A_1 - k_1k_2A_2) = \frac{k_1^2+k_2^2}{k_2}A_1$$

式中 $A_1\neq 0$(否则按式(4.4.31)得零解),故磁场不满足横波条件. 相应电磁波只能

称为横电波，不是横波. 这给我们提供了一个实例，表明将电磁波局限于有限空间，横波条件可能被破坏.

如果我们选择 $H_z=0$，利用式(4.4.26)第三式得

$$k_2A_1-k_1A_2=0 \tag{4.4.32}$$

则磁场与传播方向垂直，相应的波模称为横磁波，简记为 $\mathrm{TM}_{mn}$. 此时由式(4.4.32)及式(4.4.25)得

$$A_3=\frac{1}{\mathrm{i}k_3}(k_1A_1+k_2A_2)=\frac{k_1^2+k_2^2}{\mathrm{i}k_1k_3}A_1$$

式中 $A_1\neq0$(否则按式(4.4.32)得零解)，故电场不满足横波条件. 相应电磁波只能称为横磁波，不是横波. 注意，由式(4.4.32)和式(4.4.22)(或式(4.4.26))可以看出，对横磁波来说，$k_1$ 和 $k_2$ 均不能为零，亦即 $m$ 和 $n$ 均不能为零，否则得零解. 因此，横磁波的最低阶模为 $\mathrm{TM}_{11}$，不存在 $\mathrm{TM}_{10}$ 和 $\mathrm{TM}_{01}$. 与此相反，横电波存在 $\mathrm{TE}_{10}$ 和 $\mathrm{TE}_{01}$ 波模.

# 第 5 章　电磁波的辐射

第 4 章讨论电磁波的传播规律，解域内不存在场源. 在这种情况下，麦克斯韦方程不含源项，可转化为电场或磁场的波动方程. 于是，电磁波传播归结为求解波动方程的初边值问题.

本章讨论电磁波的辐射，解域中存在场源. 我们知道，电磁场和场源之间的作用是相互的：场源会激发电磁场，电磁场对场源的作用会改变场源的运动状态，从而影响它的时空分布. 严格的做法应当是联立求解麦克斯韦方程和场源的运动方程，同时确定电磁场和场源的运动规律. 这类严格处理超出一般电动力学课程的范围，我们仅仅在第 7 章讨论其中最简单的例子. 为绕过联立求解麦克斯韦方程和场源运动方程的数学困难，本章进行如下简化处理：假定场源的载体不动，事先给定电荷和电流的空间分布和时间变化. 在这种简化下，我们略去电磁场对场源的反作用，直接从麦克斯韦方程出发计算给定场源的电磁场. 对这种做法我们并不陌生，在静电学和静磁学中就曾经这样做过. 主要区别在于，静电和静磁问题的场源不随时间变化，电磁波辐射问题则要求场源随时间变化.

问题在于，上述简化处理究竟在多大程度上反映实际情况，所得到的由随时间变化的场源确定电磁场的公式是否具有实用价值？对这一问题的回答是肯定的. 我们制造的各类电磁信号发送设备，包括发射机和天线，它们作为场源的载体，一般静止不动；即便处于某种运动状态，其运动规律也是可控的. 此外，通过外加电源和测试设备，可实现对场源的有效控制和精确测量. 因此，研究给定场源所激发的电磁场，是具有一定的实际意义的. 即便在复杂情况下，场源的运动状态无法预知，形式上写出场源与电磁场的数学关系，对分析场源的运动，乃至最终解决场源和电磁场的相互作用和各自的运动规律，也会提供有益的启示和有用的中间结果.

下面会看到，场源的出现与否，电磁场的求解方法将会出现重要差别. 对不显含场源的电磁波传播问题，我们直接求解电场，然后由电场计算磁场. 而对于显含场源的电磁波辐射问题，直接求解的是电磁势，然后再由电磁势计算电磁场.

## 5.1　电磁势及其方程

### 5.1.1　电磁势的引入

我们的出发方程是真空中的麦克斯韦方程，其微分形式如下：

$$\nabla \cdot \boldsymbol{E} = \rho/\varepsilon_0 \tag{5.1.1}$$

$$\nabla \times \boldsymbol{E} + \frac{\partial \boldsymbol{B}}{\partial t} = 0 \tag{5.1.2}$$

$$\nabla \cdot \boldsymbol{B} = 0 \tag{5.1.3}$$

$$\nabla \times \boldsymbol{B} - \varepsilon_0 \mu_0 \frac{\partial \boldsymbol{E}}{\partial t} = \mu_0 \boldsymbol{j} \tag{5.1.4}$$

其中场源 $\rho$ 和 $\boldsymbol{j}$ 应满足电荷守恒方程

$$\frac{\partial \rho}{\partial t} + \nabla \cdot \boldsymbol{j} = 0 \tag{5.1.5}$$

由式(5.1.3)可引入矢势 $\boldsymbol{A}(\boldsymbol{r},t)$，使

$$\boldsymbol{B} = \nabla \times \boldsymbol{A} \tag{5.1.6}$$

与静磁场情况的区别在于 $\boldsymbol{A}$ 与 $t$ 有关. 将式(5.1.6)代入式(5.1.2)可知，$\boldsymbol{E}+\partial \boldsymbol{A}/\partial t$ 的旋度为零，相应可引入标势 $\varphi(\boldsymbol{r},t)$，使

$$\boldsymbol{E} = -\nabla \varphi - \frac{\partial \boldsymbol{A}}{\partial t} \tag{5.1.7}$$

与静电场情况的区别在于，此地 $\varphi$ 与 $t$ 有关，且 $\boldsymbol{E}$ 不仅与 $\varphi$ 有关，而且与 $\boldsymbol{A}$ 有关；与 $\varphi$ 有关的部分为无旋场，与 $\boldsymbol{A}$ 有关的部分为有旋场，后者体现了随时间变化的磁场会诱发电场的物理事实. 由式(5.1.6)和式(5.1.7)定义的 $\varphi$ 和 $\boldsymbol{A}$，统称为电磁势.

### 5.1.2 规范变换

由式(5.1.6)，在矢势 $\boldsymbol{A}$ 上加上任意标量函数 $\psi$ 的梯度不会改变 $\boldsymbol{B}$

$$\boldsymbol{A}' = \boldsymbol{A} + \nabla \psi \tag{5.1.8}$$

此时，为维持 $\boldsymbol{E}$ 不变，必须将式(5.1.7)中的标势 $\varphi$ 修改为

$$\varphi' = \varphi - \frac{\partial \psi}{\partial t} \tag{5.1.9}$$

变换式(5.1.8)和式(5.1.9)称为规范变换. 由 $\psi$ 的任意性，可以找到无限多种这样的变换，因此存在无限组电磁势$(\varphi,\boldsymbol{A})$，对应同样的$(\boldsymbol{E},\boldsymbol{B})$. 一组或一类$(\varphi,\boldsymbol{A})$称为一种规范.

### 5.1.3 规范不变性和规范不变量

在规范变换下不变的性质，称为规范不变性；具有规范不变性的物理量称为规范不变量. 电场和磁场显然属于规范不变量. 容易证明，$\boldsymbol{A}$ 的环流也属于规范不变量. 任何可测的物理场都应当满足规范不变条件. 此外，由物理学的相对性原理(见第 8 章)可知，在适当时空坐标变换下协变，是物理场应当满足的另一个重要条件.

### 5.1.4 电磁势满足的微分方程

引入电磁势 $\varphi$ 和 $\boldsymbol{A}$ 之后，所对应的电磁场自动满足麦克斯韦方程中的两个不显含场源的方程，即式(5.1.2)和式(5.1.3). 余下两个显含场源的方程，将用来推导电磁势的微分方程. 为此，将式(5.1.6)和式(5.1.7)代入式(5.1.1)和式

(5.1.4)，导出电磁势满足如下微分方程：

$$\nabla^2\varphi+\frac{\partial}{\partial t}(\nabla\cdot\boldsymbol{A})=-\frac{\rho}{\varepsilon_0} \tag{5.1.10}$$

$$\nabla^2\boldsymbol{A}-\frac{1}{c^2}\frac{\partial^2\boldsymbol{A}}{\partial t^2}-\nabla\left(\nabla\cdot\boldsymbol{A}+\frac{1}{c^2}\frac{\partial\varphi}{\partial t}\right)=-\mu_0\boldsymbol{j} \tag{5.1.11}$$

上述方程形式较为复杂，特别是 $\varphi$ 和 $\boldsymbol{A}$ 相互耦合，不便求解. 其实，我们可利用规范变换，实现方程的进一步化简. 具体做法是，对电磁势加上某种约束条件，相当于挑选出一类规范$(\varphi,\boldsymbol{A})$，使电磁势方程得到简化. 对于不满足该约束条件的电磁势，应保证通过规范变换之后，使之满足. 在电动力学中，应用最广的是两类约束条件，分别对应两种规范：洛伦茨规范和库仑规范.

1. 洛伦茨规范①

尝试对电磁势加上如下约束条件：

$$\nabla\cdot\boldsymbol{A}+\frac{1}{c^2}\frac{\partial\varphi}{\partial t}=0 \tag{5.1.12}$$

称为洛伦茨条件，满足洛伦茨条件的$(\varphi,\boldsymbol{A})$称为洛伦茨规范. 在洛伦茨规范下，方程(5.1.10)和方程(5.1.11)简化为

$$\nabla^2\varphi-\frac{1}{c^2}\frac{\partial^2\varphi}{\partial t^2}=-\rho/\varepsilon_0 \tag{5.1.13}$$

$$\nabla^2\boldsymbol{A}-\frac{1}{c^2}\frac{\partial^2\boldsymbol{A}}{\partial t^2}=-\mu_0\boldsymbol{j} \tag{5.1.14}$$

$\varphi$ 和 $\boldsymbol{A}$ 满足同样形式的偏微分方程，称为达朗贝尔方程. 这一结果给电磁波辐射问题的求解带来方便. 此外，洛伦茨条件(5.1.12)本身在洛伦兹变换下协变，便于狭义相对论电动力学中的数学分析(见第 8 章 8.5 节). 因此，本书将采用洛伦茨规范.

下面的问题是：如果电磁势不满足洛伦茨条件，即

$$\nabla\cdot\boldsymbol{A}+\frac{1}{c^2}\frac{\partial\varphi}{\partial t}=f\neq 0$$

能否通过规范变换，使得 $\varphi'$ 和 $\boldsymbol{A}'$ 满足洛伦茨条件

$$\nabla\cdot\boldsymbol{A}'+\frac{1}{c^2}\frac{\partial\varphi'}{\partial t}=0$$

呢？回答是肯定的，只要将规范变换(5.1.8)和(5.1.9)代入上式，选择 $\psi$ 满足如下方程即可：

$$\nabla^2\psi-\frac{1}{c^2}\frac{\partial^2\psi}{\partial t^2}=-f$$

① 该规范是丹麦物理学家洛伦茨(L. V. Lorenz，1829～1891)于 1867 年提出，见 L. V. Lorenz，1867，Phil. Mag. Ser. 3，34，287. 在许多教科书中误称为洛伦兹(H. A. Lorentz，荷兰物理学家，1853～1928)规范.

上述方程也是达朗贝尔方程，其解存在. 因此，洛伦茨条件可以实现，即允许洛伦茨规范存在.

2. 库仑规范

尝试对电磁势加上如下约束条件：

$$\nabla \cdot \boldsymbol{A} = 0 \tag{5.1.15}$$

称为库仑条件；满足库仑条件的 $(\varphi, \boldsymbol{A})$ 称为库仑规范. 在库仑规范下，方程(5.1.10)和方程(5.1.11)简化为

$$\nabla^2 \varphi = -\rho/\varepsilon_0 \tag{5.1.16}$$

$$\nabla^2 \boldsymbol{A} - \frac{1}{c^2}\frac{\partial^2 \boldsymbol{A}}{\partial t^2} = -\mu_0 \boldsymbol{j} + \frac{1}{c^2}\frac{\partial(\nabla \varphi)}{\partial t} \tag{5.1.17}$$

其中，$\varphi$ 满足的方程(5.1.16)与静电场情况相同，其解为库仑势；$\boldsymbol{A}$ 满足达朗贝尔方程(5.1.17)，右边第二项可由解得的 $\varphi$ 算出.

类似地，如果矢势 $\boldsymbol{A}$ 不满足库仑条件(1.1.15)，即 $\nabla \cdot \boldsymbol{A} = g \neq 0$，也可以通过规范变换使 $\nabla \cdot \boldsymbol{A}' = 0$，只需取 $\psi$ 满足 $\nabla^2 \psi = -g$ 即可. 因此，库仑条件也可通过规范变换予以实现，即允许库仑规范存在.

在结束本节之前，我们强调两点：第一，达朗贝尔方程(5.1.13)和方程(5.1.14)的解，必须满足洛伦茨条件(5.1.12)，才构成电磁势解；第二，洛伦茨规范(或库仑规范)虽然给电磁势加上了附加约束条件，在一定程度上减小了电磁势的任意性，但并不能唯一确定电磁势. 为保证电磁势的解唯一，还必须另外加上适当的约束条件.

## 5.2 推 迟 势

在洛伦茨规范下，计算给定电荷和电流分布的电磁场归结为求解电磁势满足的达朗贝尔方程. 首先，由于 $\varphi$ 和 $\boldsymbol{A}$ 满足的方程形式相同，只需求解 $\varphi$ 满足的标量达朗贝尔方程(5.1.13)；从 $\varphi$ 的解出发，可直接写出 $\boldsymbol{A}$ 的解. 其次，需要验证，上述 $\varphi$ 和 $\boldsymbol{A}$ 的解是否满足洛伦茨条件，从而最终求得给定电荷和电流分布的电磁势.

### 5.2.1 推迟势解

重抄标势 $\varphi$ 满足的达朗贝尔方程如下：

$$\nabla^2 \varphi - \frac{1}{c^2}\frac{\partial^2 \varphi}{\partial t^2} = -\frac{\rho}{\varepsilon_0} \tag{5.2.1}$$

其中，电荷密度 $\rho(\boldsymbol{r}, t)$ 给定. 由方程(5.2.1)的线性性质，我们可以使用叠加原理，即将带电体划分成许多电荷元，分别求出各个电荷元的贡献之后叠加，最终求得式(5.2.1)的解. 为此，考察位于 $\boldsymbol{r}'$ 的电荷元，体积为 $\mathrm{d}V'$，电量为

$$Q(t) = \rho(\boldsymbol{r}', t)\mathrm{d}V' \tag{5.2.2}$$

视该电荷元为"点电荷",对应的电荷密度分布可用$\delta$函数表述

$$\rho'(\boldsymbol{r},t)=Q(t)\delta(\boldsymbol{r}-\boldsymbol{r}') \tag{5.2.3}$$

将式(5.2.1)右边的$\rho(\boldsymbol{r},t)$代之以$\rho'(\boldsymbol{r},t)$,求得该电荷元贡献的标势$\varphi'$满足如下方程:

$$\nabla^2\varphi'-\frac{1}{c^2}\frac{\partial^2\varphi'}{\partial t^2}=-\frac{1}{\varepsilon_0}Q(t)\delta(\boldsymbol{r}-\boldsymbol{r}') \tag{5.2.4}$$

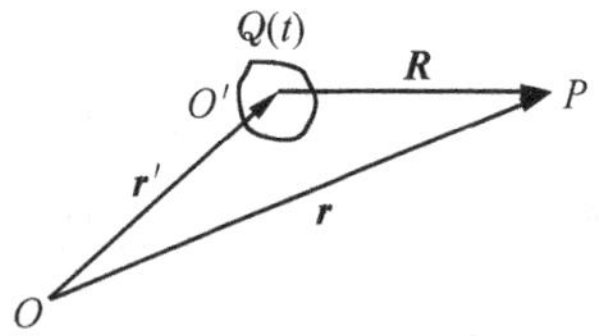

图 5.1

上述方程的解显然相对电荷元位置$\boldsymbol{r}'$球对称,这给求解过程带来简化. 为便于数学处理,将坐标原点移至电荷元所在位置,相对新坐标原点$O'$的位置矢量为(图 5.1)

$$\boldsymbol{R}=\boldsymbol{r}-\boldsymbol{r}' \tag{5.2.5}$$

在坐标平移变换(5.2.5)下,方程(5.2.4)形式不变. 在新坐标系中,$\varphi'$具球对称性,即$\varphi'$仅是径向距离$R$和时间$t$的函数. 这时,方程(5.2.4)简化为

$$\frac{1}{R^2}\frac{\partial}{\partial R}\left(R^2\frac{\partial\varphi'}{\partial R}\right)-\frac{1}{c^2}\frac{\partial^2\varphi'}{\partial t^2}=-\frac{1}{\varepsilon_0}Q(t)\delta(\boldsymbol{R}) \tag{5.2.6}$$

除开坐标原点($R=0$)之外,$\varphi'$处处满足波动方程

$$\frac{1}{R^2}\frac{\partial}{\partial R}\left(R^2\frac{\partial\varphi'}{\partial R}\right)-\frac{1}{c^2}\frac{\partial^2\varphi'}{\partial t^2}=0 \tag{5.2.7}$$

引入因变量变换

$$\varphi'(R,t)=u(R,t)/R \tag{5.2.8}$$

可导出$u$满足如下一维波动方程

$$\frac{\partial^2 u}{\partial R^2}-\frac{1}{c^2}\frac{\partial^2 u}{\partial t^2}=0 \tag{5.2.9}$$

该方程的通解为

$$u(R,t)=f\left(t-\frac{R}{c}\right)+g\left(t+\frac{R}{c}\right)$$

其中,$f$和$g$为任意函数. 按式(5.2.8),式(5.2.7)的通解为

$$\varphi'(R,t)=\frac{1}{R}f\left(t-\frac{R}{c}\right)+\frac{1}{R}g\left(t+\frac{R}{c}\right)$$

该解的第一项表示自原点向外传播的球面波,第二项表示向原点汇聚的球面波. 对无限空间的点源电磁波辐射问题,电磁波只能从点源发出,汇聚波不会出现. 因此,我们只保留第一项[①],即

---

① 对于解域存在有限外边界的情形,汇聚波解一般应予以保留,并利用外边界上的边界条件确定$g$的函数形式.

$$\varphi'(R,t)=\frac{1}{R}f\left(t-\frac{R}{c}\right) \tag{5.2.10}$$

下面会看到，通过适当选取任意函数 $f$，可证明式(5.2.10)的确是式(5.2.4)的解.

在新坐标原点($R=0$)处，方程(5.2.4)的物理含义在于：将该方程在坐标原点某个邻域内恢复成积分形式之后成立. 不妨取该邻域为半径 $\xi$ 的小球，球心位于 $R=0$，将式(5.2.4)恢复为如下积分形式：

$$\iiint_{R\leqslant\xi}\left(\nabla^2\varphi'-\frac{1}{c^2}\frac{\partial^2\varphi'}{\partial t^2}\right)\mathrm{d}V=-\frac{Q(t)}{\varepsilon_0}\iiint_{R\leqslant\xi}\delta(\boldsymbol{r}-\boldsymbol{r}')\mathrm{d}V=-\frac{Q(t)}{\varepsilon_0} \tag{5.2.11}$$

其中的体积分元可写成 $\mathrm{d}V=4\pi R^2\mathrm{d}R$. 由式(5.2.10)，可将式(5.2.11)左边积分的被积式化为

$$\nabla^2\varphi'-\frac{1}{c^2}\frac{\partial^2\varphi'}{\partial t^2}=f\nabla^2\frac{1}{R}+2\nabla f\cdot\nabla\frac{1}{R}+\frac{1}{R}\nabla^2 f-\frac{1}{c^2R}\frac{\partial^2 f}{\partial t^2}$$

上式等号右边第一项为 $-4\pi f\delta(\boldsymbol{R})$，当 $\xi\to0$ 时的积分结果为 $-4\pi f(t)$；当 $\xi$ 很小时，第二项的积分结果正比于 $\xi$，第三、四项的积分结果正比于 $\xi^2$，它们均随 $\xi\to0$ 而趋于零. 于是，在 $\xi\to0$ 的极限之下，由式(5.2.11)求得关系：$4\pi f(t)=Q(t)/\varepsilon_0$，据此利用式(5.2.2)定出任意函数

$$f(t)=\frac{Q(t)}{4\pi\varepsilon_0}=\frac{\rho(\boldsymbol{r}',t)}{4\pi\varepsilon_0}\mathrm{d}V' \tag{5.2.12}$$

将式(5.2.12)代入式(5.2.10)，得 $\varphi'(R,t)=\rho(\boldsymbol{r}',t-R/c)\mathrm{d}V'/(4\pi\varepsilon_0 R)$；再对整个带电体积分，最终求得式(5.2.1)的解如下：

$$\varphi(\boldsymbol{r},t)=\frac{1}{4\pi\varepsilon_0}\iiint\frac{\rho\left(\boldsymbol{r}',t-\dfrac{R}{c}\right)}{R}\mathrm{d}V' \tag{5.2.13}$$

其中 $R=|\boldsymbol{R}|=|\boldsymbol{r}-\boldsymbol{r}'|$. 由式(5.2.13)立即可写出矢势达朗贝尔方程

$$\nabla^2\boldsymbol{A}-\frac{1}{c^2}\frac{\partial^2\boldsymbol{A}}{\partial t^2}=-\mu_0\boldsymbol{j} \tag{5.2.14}$$

的相应解为

$$\boldsymbol{A}(\boldsymbol{r},t)=\frac{\mu_0}{4\pi}\iiint\frac{\boldsymbol{j}\left(\boldsymbol{r}',t-\dfrac{R}{c}\right)}{R}\mathrm{d}V' \tag{5.2.15}$$

### 5.2.2 洛伦茨条件的检验

达朗贝尔方程解(5.2.13)和(5.2.15)只有满足洛伦茨条件(5.1.12)，才有资格称为电磁势. 下面我们验证，上述解是否满足洛伦茨条件. 为此，令 $t'=t-R/c$，$\nabla$ 和 $\nabla'$ 分别表示对 $\boldsymbol{r}$ 和 $\boldsymbol{r}'$ 进行矢量微分，则容易看出

$$\partial/\partial t=\partial/\partial t',\qquad \nabla t'=-\nabla R/c=-\nabla' t',\qquad \nabla f(R)=-\nabla' f(R)$$

于是，由式(5.2.13)得

$$\frac{\partial}{\partial t}\varphi(\boldsymbol{r},t)=\frac{1}{4\pi\varepsilon_0}\iiint\frac{1}{R}\frac{\partial}{\partial t'}\rho(\boldsymbol{r}',t')\mathrm{d}V'$$

由式(5.2.15)得

$$\nabla\cdot\boldsymbol{A}(\boldsymbol{r},t)=\frac{\mu_0}{4\pi}\iiint\nabla\cdot\left[\frac{\boldsymbol{j}(\boldsymbol{r}',t')}{R}\right]\mathrm{d}V'$$

其中右边被积式为

$$\begin{aligned}\nabla\cdot\left[\frac{\boldsymbol{j}(\boldsymbol{r}',t')}{R}\right]&=\frac{1}{R}\frac{\partial\boldsymbol{j}}{\partial t'}\cdot\nabla t'+\boldsymbol{j}\cdot\nabla\frac{1}{R}=\frac{1}{R}\frac{\partial\boldsymbol{j}}{\partial t'}\cdot\nabla t'-\boldsymbol{j}\cdot\nabla'\frac{1}{R}\\&=\frac{1}{R}\frac{\partial\boldsymbol{j}}{\partial t'}\cdot\nabla t'-\nabla'\cdot\left(\frac{\boldsymbol{j}}{R}\right)+\frac{1}{R}\nabla'\cdot\boldsymbol{j}\\&=\frac{1}{R}\frac{\partial\boldsymbol{j}}{\partial t'}\cdot\nabla t'-\nabla'\cdot\left(\frac{\boldsymbol{j}}{R}\right)+\frac{1}{R}(\nabla'\cdot\boldsymbol{j})_{t'}+\frac{1}{R}\frac{\partial\boldsymbol{j}}{\partial t'}\cdot\nabla't'\end{aligned}$$

上式等号右边第一和第四项因$\nabla t'=-\nabla' t'$互相抵消；第二项的体积分经高斯公式转化为面积分之后，利用场源边界面上法向电流密度为零的条件，证其消失；第三项由电荷守恒方程化为

$$\frac{1}{R}[\nabla'\cdot\boldsymbol{j}(\boldsymbol{r}',t')]_{t'}=-\frac{1}{R}\frac{\partial\rho(\boldsymbol{r}',t')}{\partial t'}$$

于是有

$$\nabla\cdot\boldsymbol{A}(\boldsymbol{r},t)=-\frac{\mu_0}{4\pi}\iiint\frac{1}{R}\frac{\partial}{\partial t'}\rho(\boldsymbol{r}',t')\mathrm{d}V'=-\frac{1}{c^2}\frac{\partial}{\partial t}\varphi(\boldsymbol{r},t)$$

即洛伦茨条件满足.

由式(5.2.13)和式(5.2.15)给出的电磁势解，表示空间某点 $\boldsymbol{r}$ 在 $t$ 时刻的电磁势，来自空间各处场源的贡献. 其中，位于 $\boldsymbol{r}'$的场源的贡献，来自前一个时刻 $t'=t-|\boldsymbol{r}-\boldsymbol{r}'|/c$ 而非 $t$ 时刻的电荷和电流密度. 这说明，场源对场点的影响需要时间，所延迟的时间为电磁波从源点传播到场点经历的时间. 因此，我们将式(5.2.13)和式(5.2.15)给出的电磁势称为推迟势. 以上分析表明，电磁波是传递电磁作用的媒介，电磁作用以有限速度 $c$ 传递.

## 5.3 谐振荡电流的电磁场

本节利用推迟势公式，由给定电荷和电流密度分布计算电磁势和电磁场.

### 5.3.1 电荷和电流密度的傅里叶积分表示

随时间任意变化的场源，可通过傅里叶变换，分解为不同频率、随时间作简谐变化的场源分量. 傅里叶变换公式如下：

$$\rho(\boldsymbol{r},t)=\int_{-\infty}^{\infty}\rho_\omega(\boldsymbol{r})\mathrm{e}^{-\mathrm{i}\omega t}\mathrm{d}\omega,\qquad \boldsymbol{j}(\boldsymbol{r},t)=\int_{-\infty}^{\infty}\boldsymbol{j}_\omega(\boldsymbol{r})\mathrm{e}^{-\mathrm{i}\omega t}\mathrm{d}\omega\qquad(5.3.1)$$

其中，$\rho_\omega$ 和 $\boldsymbol{j}_\omega$ 分别为单位角频率间隔的谐振荡电荷和电流密度的振幅. 基于电磁势方程的线性性质，可分别求出各谐振荡场源分量的电磁势，然后叠加起来，得到随时间任意变化的场源的电磁势. 因此，下面的分析限于谐振荡场源的情况.

### 5.3.2 谐振荡场源的电磁场

将谐振荡电荷和电流密度表示为

$$\rho(\boldsymbol{r},t)=\rho_0(\boldsymbol{r})\mathrm{e}^{-\mathrm{i}\omega t},\qquad \boldsymbol{j}(\boldsymbol{r},t)=\boldsymbol{j}_0(\boldsymbol{r})\mathrm{e}^{-\mathrm{i}\omega t} \tag{5.3.2}$$

其中，振幅 $\rho_0(\boldsymbol{r})$ 可以为复数，$\boldsymbol{j}_0(\boldsymbol{r})$ 可以为复数矢量.

限于谐振荡场源的方便之处在于，电磁势和电磁场均可表为类似于式(5.3.2)的形式，即与空间位置有关的振幅与 $\mathrm{e}^{-\mathrm{i}\omega t}$ 的乘积. 相应，对时间的偏导数代之以乘子$(-\mathrm{i}\omega)$. 例如，电荷守恒方程(5.1.5)、洛伦茨条件(5.1.12)和推广了的安培定律(5.1.4)，经作上述代换之后分别化为

$$\nabla\cdot\boldsymbol{j}-\mathrm{i}\omega\rho=0,\qquad \nabla\cdot\boldsymbol{A}-\mathrm{i}\omega\varphi/c^2=0$$

$$\nabla\times\boldsymbol{B}+\mathrm{i}\omega\mu_0\varepsilon_0\boldsymbol{E}=\mu_0\boldsymbol{j}$$

依据这些关系，我们可由已知的 $\boldsymbol{j}$、$\boldsymbol{A}$ 和 $\boldsymbol{B}$ 计算 $\rho$、$\varphi$ 和 $\boldsymbol{E}$：

$$\rho=-\frac{\mathrm{i}}{\omega}\nabla\cdot\boldsymbol{j} \tag{5.3.3}$$

$$\varphi=-\frac{\mathrm{i}c^2}{\omega}\nabla\cdot\boldsymbol{A} \tag{5.3.4}$$

$$\boldsymbol{E}=\frac{\mathrm{i}c^2}{\omega}(\nabla\times\boldsymbol{B}-\mu_0\boldsymbol{j}) \tag{5.3.5}$$

于是，只需给定电流密度，然后由达朗贝尔方程(5.1.14)计算矢势 $\boldsymbol{A}$，按 $\boldsymbol{B}=\nabla\times\boldsymbol{A}$ 计算 $\boldsymbol{B}$，按式(5.3.5)计算 $\boldsymbol{E}$. 至于电荷密度 $\rho$ 和电势 $\varphi$，如果必要的话，可以事后分别通过式(5.3.3)和式(5.3.4)算得. 因此，谐振荡场源的电磁场问题，归结为计算谐振荡电流的矢势，由它完全确定了电磁场. 这也是将本节标题命名为“谐振荡电流的电磁场”的缘故.

将式(5.3.2)表示的电荷和电流密度分别代入式(5.2.13)和式(5.2.15)，得

$$\varphi=\varphi_0(\boldsymbol{r})\mathrm{e}^{-\mathrm{i}\omega t},\qquad \boldsymbol{A}=\boldsymbol{A}_0(\boldsymbol{r})\mathrm{e}^{-\mathrm{i}\omega t} \tag{5.3.6}$$

其中，

$$\varphi_0(\boldsymbol{r})=\frac{1}{4\pi\varepsilon_0}\iiint\frac{\rho_0(\boldsymbol{r}')\mathrm{e}^{\mathrm{i}kR}}{R}\mathrm{d}V' \tag{5.3.7}$$

$$\boldsymbol{A}_0(\boldsymbol{r})=\frac{\mu_0}{4\pi}\iiint\frac{\boldsymbol{j}_0(\boldsymbol{r}')\mathrm{e}^{\mathrm{i}kR}}{R}\mathrm{d}V' \tag{5.3.8}$$

后两式被积式中的 $k=\omega/c$ 为波数，相因子 $\mathrm{e}^{\mathrm{i}kR}$ 体现了推迟效应. 如上所述，只需由式(5.3.8)计算 $\boldsymbol{A}_0(\boldsymbol{r})$，就能完全确定时谐电磁场；附带写下的式(5.3.7)，仅仅用于即将进行的近区电磁场分析.

### 5.3.3 近区、远区和小场源近似

形如式(5.3.8)的积分一般很难计算.要获得解析结果，必须引入近似.常采用的近似方法是引入小参数，然后将被积式相对该小参数进行泰勒展开，使最终的积分便于计算，求得简单的解析结果.从物理角度，大和小是相对的；只有将两个或多个具相同量纲的特征参数进行相互比较，才能下结论.为此，我们需要找到这些具相同量纲的特征参数.

对目前问题来说，我们选择具有长度量纲的物理参数.与本问题相关的长度参数有三个：场源尺度 $l$、波长 $\lambda=2\pi/k$ 和考察点离场源的距离 $R$.一般坐标原点取在场源中心，则源点的径向距离 $r'$ 和 $l$ 量级相同，场点的径向距离 $r$ 和 $R$ 量级相同.另外，$\lambda$ 和波数倒数 $k^{-1}$ 的量级相同.在以下的量级分析中，量级相同的参数常常互相取代.

1. 近区电磁场

在近区近似下，要求 $l,r\ll\lambda$；以 $k$ 取代 $\lambda^{-1}$，将小参数取为 $kR$.这里要求 $l\ll\lambda$，是近区近似的必然结果：既然场源尺度 $l$ 与考察距离 $r$ 相当，近区近似 $r\ll\lambda$ 必然导致 $l\ll\lambda$.这时，若只保留零级量，可取 $kR\approx0$，式(5.3.7)和式(5.3.8)简化为

$$\varphi_0(\boldsymbol{r})=\frac{1}{4\pi\varepsilon_0}\iiint\frac{\rho_0(\boldsymbol{r}')}{R}\mathrm{d}V',\qquad \boldsymbol{A}_0(\boldsymbol{r})=\frac{\mu_0}{4\pi}\iiint\frac{\boldsymbol{j}_0(\boldsymbol{r}')}{R}\mathrm{d}V'$$

取 $kR\approx0$ 意味着忽略推迟效应.由式(5.3.2)和式(5.3.6)得

$$\begin{aligned}\varphi(\boldsymbol{r},t)&=\frac{1}{4\pi\varepsilon_0}\iiint\frac{\rho(\boldsymbol{r}',t)}{R}\mathrm{d}V'\\ \boldsymbol{A}(\boldsymbol{r},t)&=\frac{\mu_0}{4\pi}\iiint\frac{\boldsymbol{j}(\boldsymbol{r}',t)}{R}\mathrm{d}V'\end{aligned}\tag{5.3.9}$$

此式表示，电磁势由电荷和电流密度瞬间决定，回到静电场和静磁场的“超距作用”结果.在近区近似下，随时间任意变化的场源的电磁势也可由式(5.2.13)和式(5.2.15)直接略去推迟效应，即取 $t-R/c\approx t$ 导出，结果与式(5.3.9)相同，说明该式适用于随时间任意变化的场源.

2. 远区辐射场

在远区近似下，要求 $l\ll r$，以 $r'$ 取代 $l$，将小参数取为 $r'/r$.以坐标原点为参考点，将 $1/R$ 和 $R$ 作如下泰勒展开(见第2章2.4节)：

$$\frac{1}{R}=\frac{1}{r}+\frac{1}{r^2}\boldsymbol{e}_r\cdot\boldsymbol{r}'+\frac{1}{2r^3}\boldsymbol{e}_r\boldsymbol{e}_r:(3\boldsymbol{r}'\boldsymbol{r}'-r'^2\overleftrightarrow{\boldsymbol{I}})+\cdots\tag{5.3.10}$$

$$R=|\boldsymbol{r}-\boldsymbol{r}'|=r-\boldsymbol{r}'\cdot\nabla r+\frac{1}{2}\boldsymbol{r}'\boldsymbol{r}':\nabla\nabla r+\cdots\tag{5.3.11}$$

其中，$\boldsymbol{e}_r=\boldsymbol{r}/r$ 为径向方向的单位矢量.进一步，我们只关心辐射场：它的电磁势和电磁场强度随径向距离按 $1/r$ 衰减，能流密度正比于 $1/r^2$，总辐射能流有限.因此，式(5.3.8)中被积式的因子 $1/R$，在按式(5.3.10)展开之后，只需保留第一项.至于

相因子 $e^{ikR}$ 中的 $R$，则不能简单地取展开式(5.3.11)等号右边的第一项，而应保留至第二项，理由如下. 定义矢量

$$\boldsymbol{k} = k\boldsymbol{e}_r \tag{5.3.12}$$

由式(5.3.11)得

$$kR = kr - \boldsymbol{k}\cdot\boldsymbol{r}' + O(r'/r) \tag{5.3.13}$$

其中，$O(r'/r)$ 表示与小参数 $r'/r$ 同级的项. 式(5.3.13)等号右边第一项代表场源中心对应的推迟效应，它可从对场源的积分号下提出，作为电磁波相因子的主体部分. 场源各点的推迟效应互不相同，第二项计及这一差别；它对相因子的贡献，一般不能忽略. 从量级上分析，$\boldsymbol{k}\cdot\boldsymbol{r}'$ 为场源尺寸与波长之比，与 $r$ 无关；当场源尺寸与波长相近时，该项不见得小. 第三项与小参数 $r'/r$ 同级，它对相因子的贡献也与 $r'/r$ 同级，最终对电磁势的贡献与 $1/r^2$ 成正比，在辐射场计算中予以舍弃. 因此，我们仅保留式(5.3.13)等号右边头两项. 在上述近似下，式(5.3.8)化为

$$\boldsymbol{A}_0(\boldsymbol{r}) = \frac{\mu_0 e^{ikr}}{4\pi r}\iiint \boldsymbol{j}_0(\boldsymbol{r}')e^{-i\boldsymbol{k}\cdot\boldsymbol{r}'}dV' \tag{5.3.14}$$

式(5.3.14)中的体积分完全由场源的电流密度的空间分布决定；它与考察点的径向距离 $r$ 无关，但通过相因子中的 $\boldsymbol{k}\cdot\boldsymbol{r}'$ 与电磁波的传播方向(即波矢 $\boldsymbol{k}$ 的方向)有关.

3. 小场源近似

在远区近似的基础上，进一步假定场源尺寸远小于波长，即除开小参数 $r'/r$ 之外，存在另一个小参数 $\boldsymbol{k}\cdot\boldsymbol{r}'$. 在这种情况下，可将相因子 $e^{i\boldsymbol{k}\cdot\boldsymbol{r}'}$ 作泰勒展开：

$$e^{-i\boldsymbol{k}\cdot\boldsymbol{r}'} = 1 - i\boldsymbol{k}\cdot\boldsymbol{r}' + \cdots \tag{5.3.15}$$

且仅保留前两项. 代入式(5.3.14)得

$$\boldsymbol{A}_0(\boldsymbol{r}) = \frac{\mu_0 e^{ikr}}{4\pi r}\iiint \boldsymbol{j}_0(\boldsymbol{r}')dV' - \frac{i\mu_0 e^{ikr}}{4\pi r}\boldsymbol{k}\cdot\iiint \boldsymbol{r}'\boldsymbol{j}_0(\boldsymbol{r}')dV' \tag{5.3.16}$$

下面会看到，式(5.3.16)等号右边第一项对应电偶极辐射，第二项对应磁偶极辐射和电四极辐射. 至于更高极辐射，则对应展开式(5.3.15)右边被略写的项，本书对这些高极辐射不作讨论.

小场源近似的目的在于简化积分计算，便于解析分析；其物理本质是低速运动近似，即场源电荷的运动速度远远小于光速，对此解释如下. 将电流看成是运动着的电荷，则其速度 $v\sim\omega l$，从量级上成立

$$\boldsymbol{k}\cdot\boldsymbol{r}' \sim kl = \omega l/c \sim v/c$$

因此，$\boldsymbol{k}\cdot\boldsymbol{r}'\ll 1$ 等效于 $v/c\ll 1$，即低速运动近似. 由第6章分析运动电荷辐射的结果，将会更加清楚地理解这一重要结论.

### 5.3.4 辐射电磁场及其特性

由式(5.3.6)，可求得 $\boldsymbol{B} = \nabla\times\boldsymbol{A}_0(\boldsymbol{r})e^{-i\omega t}$；对于场源以外的空间，利用式

(5.3.5)可求得电场 $\boldsymbol{E}=\mathrm{i}c^2\,\boldsymbol{\nabla}\times\boldsymbol{B}/\omega$；二者均涉及旋度运算. 从计算辐射场的需要出发，这类旋度运算变得十分简单. 由于我们只需保留与径向距离一次方成反比的项，故对形如式(5.3.14)或式(5.3.16)给定的 $\boldsymbol{A}_0(\boldsymbol{r})$，矢量微分运算不必作用在分母的 $r$ 上，也不必作用在矢量 $\boldsymbol{k}=k\boldsymbol{e}_r$ 中的 $\boldsymbol{e}_r$ 上，因为这些作用均会导致附加因子 $1/r$ 的出现，对辐射场没有贡献. 于是，矢量微分运算只需作用在 $\mathrm{e}^{\mathrm{i}kr}$ 上. 由 $\boldsymbol{\nabla}\mathrm{e}^{\mathrm{i}kr}=\mathrm{i}\boldsymbol{k}\mathrm{e}^{\mathrm{i}kr}$，可知 $\boldsymbol{\nabla}=\mathrm{i}\boldsymbol{k}$，据此求得

$$\boldsymbol{B}=\mathrm{i}\boldsymbol{k}\times\boldsymbol{A}_0(\boldsymbol{r})\mathrm{e}^{-\mathrm{i}\omega t}=\mathrm{i}\boldsymbol{k}\times\boldsymbol{A} \tag{5.3.17}$$

$$\boldsymbol{E}=-\frac{c}{k}\boldsymbol{k}\times\boldsymbol{B}=c\boldsymbol{B}\times\boldsymbol{e}_r \tag{5.3.18}$$

考虑到式(5.3.6)和式(5.3.16)，磁场和电场包含相因子 $\mathrm{e}^{\mathrm{i}(kr-\omega t)}$，从而辐射场为球面电磁波；$\boldsymbol{E}$、$\boldsymbol{B}$ 和 $\boldsymbol{k}$ 之间满足右手正交关系，为横波；磁能密度和电能密度相等. 值得提醒注意的是，从严格意义上讲，球面波不可能是横波. 由式(5.3.17)和式(5.3.18)表示的结果来自辐射场近似. 在这种近似下，$\boldsymbol{\nabla}=\mathrm{i}\boldsymbol{k}$，以至由无源空间的方程 $\boldsymbol{\nabla}\cdot\boldsymbol{B}=\boldsymbol{\nabla}\cdot\boldsymbol{E}=0$，立即得到横波条件 $\boldsymbol{k}\cdot\boldsymbol{B}=\boldsymbol{k}\cdot\boldsymbol{E}=0$. 但实际上，$\boldsymbol{\nabla}$ 并不精确等于 $\mathrm{i}\boldsymbol{k}$，横波条件被破坏. 因此，横波条件成立的必要条件是电磁波为平面波，球面波不是严格意义上的横波.

综上所述，在辐射场近似下，电磁势和电磁场的振幅均与 $r$ 成反比，且与电磁波的传播方向(由 $\boldsymbol{k}=k\boldsymbol{e}_r$ 表示)有关；后者导致辐射能流密度与传播方向有关.

### 5.3.5 辐射功率及辐射功率角分布

由第 4 章 4.1 节的结果及式(5.3.18)，电磁场平均能流密度由下式计算

$$\begin{aligned}\bar{\boldsymbol{S}}&=\frac{1}{2}\mathrm{Re}(\boldsymbol{E}^*\times\boldsymbol{H})=\frac{1}{2\mu_0}\mathrm{Re}(\boldsymbol{E}^*\times\boldsymbol{B})\\&=\frac{c}{2\mu_0}\mathrm{Re}[(\boldsymbol{B}^*\times\boldsymbol{e}_r)\times\boldsymbol{B}]=\frac{c}{2\mu_0}\boldsymbol{B}^*\cdot\boldsymbol{B}\boldsymbol{e}_r\end{aligned}$$

即

$$\bar{\boldsymbol{S}}=\frac{c}{2\mu_0}\boldsymbol{B}^*\cdot\boldsymbol{B}\boldsymbol{e}_r=\frac{c}{2\mu_0}|\boldsymbol{B}|^2\boldsymbol{e}_r \tag{5.3.19}$$

一般情况下，$\boldsymbol{B}$ 为复数矢量；宜在球坐标系下写出它的三个分量，分别算得各分量的模之后，平方相加，求出 $|\boldsymbol{B}|^2$.

任取一个球面，球心位于坐标原点，半径 $r$ 足够大，以至于除辐射场外，其余高阶项的贡献可以忽略. 因此，单位时间流出该球面的电磁能为

$$P=\oint\!\!\!\oint\bar{\boldsymbol{S}}\cdot\mathrm{d}\boldsymbol{\sigma}=\frac{c}{2\mu_0}\oint\!\!\!\oint|\boldsymbol{B}|^2r^2\mathrm{d}\Omega \tag{5.3.20}$$

即场源的辐射功率. 由于辐射场与 $r$ 成反比，上述积分将与球面半径 $r$ 的大小无关. $P$ 是反映场源辐射特性的基本物理参数. 此外，各个方向的能流密度不同，它用单位立体角的辐射功率来描述：

$$\frac{\mathrm{d}P}{\mathrm{d}\Omega} = \frac{c}{2\mu_0} \mid \boldsymbol{B} \mid^2 r^2 = \mid \bar{\boldsymbol{S}} \mid r^2 \tag{5.3.21}$$

称为辐射功率角分布. 同样,辐射功率角分布也与 $r$ 无关,它构成场源辐射特性的另一个基本物理参数.

以上计算也表明,电磁场中只有与 $r$ 成反比的部分,才能将有限电磁能量发送到远处,这部分称为场源的辐射场. 其余部分与 $r^n(n\geqslant 2)$ 成反比,不会将电磁能发送到远处,而是将电磁能局限在场源附近,称为场源的固有场.

## 5.4 电偶极、磁偶极和电四极辐射

5.3 节给出的小场源辐射场的矢势振幅因子表达式(5.3.16),即

$$\boldsymbol{A}_0(\boldsymbol{r}) = \frac{\mu_0 \mathrm{e}^{\mathrm{i}kr}}{4\pi r}\iiint \boldsymbol{j}_0(\boldsymbol{r}')\mathrm{d}V' - \frac{\mathrm{i}\mu_0 k \mathrm{e}^{\mathrm{i}kr}}{4\pi r}\boldsymbol{e}_r \cdot \iiint \boldsymbol{r}'\boldsymbol{j}_0(\boldsymbol{r}')\mathrm{d}V' \tag{5.4.1}$$

十分类似于真空中小载流导体在远处的静磁场的矢势公式(见式(3.3.9),取 $\mu=\mu_0$)

$$\boldsymbol{A}(\boldsymbol{r}) = \frac{\mu_0}{4\pi r}\iiint \boldsymbol{j}(\boldsymbol{r}')\mathrm{d}V' + \frac{\mu_0}{4\pi r^2}\boldsymbol{e}_r \cdot \iiint \boldsymbol{r}'\boldsymbol{j}(\boldsymbol{r}')\mathrm{d}V'$$

可遵循类似的步骤进行数学分析. 区别在于,对静磁场情况,$\boldsymbol{j}$ 为稳恒电流,满足 $\nabla \cdot \boldsymbol{j}=0$,使得上式等号右边第一项消失,第二项被揭示为磁偶极子场. 对目前情况,式(5.4.1)中的 $\boldsymbol{j}_0$ 为谐振荡电流密度的振幅,满足(见式(5.3.3))

$$\nabla \cdot \boldsymbol{j}_0 = \mathrm{i}\omega\rho_0 \tag{5.4.2}$$

式中,$\rho_0$ 为谐振荡电荷密度的振幅. 这时,式(5.4.1)等号右边第一项不再为零,代表电偶极辐射场;第二项除开磁偶极辐射场之外,还包括电四极辐射场. 对此,下面将通过严格的数学分析予以证明.

### 5.4.1 电偶极辐射

先考虑式(5.4.1)中的第一项

$$\boldsymbol{A}_0(\boldsymbol{r}) = \frac{\mu_0 \mathrm{e}^{\mathrm{i}kr}}{4\pi r}\iiint \boldsymbol{j}_0(\boldsymbol{r}')\mathrm{d}V' \tag{5.4.3}$$

由式(5.4.2)得

$$\nabla' \cdot [\boldsymbol{j}_0(\boldsymbol{r}')\boldsymbol{r}'] = (\nabla' \cdot \boldsymbol{j}_0)\boldsymbol{r}' + \boldsymbol{j}_0 \cdot \nabla'\boldsymbol{r}' = \mathrm{i}\omega\rho_0\boldsymbol{r}' + \boldsymbol{j}_0$$

于是有

$$\boldsymbol{j}_0 = \nabla' \cdot (\boldsymbol{j}_0\boldsymbol{r}') - \mathrm{i}\omega\rho_0\boldsymbol{r}'$$

将其代入式(5.4.3)之后,第一项化为面积分,利用场源边界面上电流密度法向分量为零的条件,证其消失;第二项的贡献为

$$\boldsymbol{A}_0(\boldsymbol{r}) = -\frac{\mathrm{i}\omega\mu_0 \mathrm{e}^{\mathrm{i}kr}}{4\pi r}\boldsymbol{p}_0 \tag{5.4.4}$$

式中,

$$\boldsymbol{p}_0 = \iiint \rho_0(\boldsymbol{r}')\boldsymbol{r}'\mathrm{d}V' \tag{5.4.5}$$

为场源的谐振荡电偶极矩

$$\boldsymbol{p} = \iiint \rho(\boldsymbol{r}',t)\boldsymbol{r}'\mathrm{d}V' = \boldsymbol{p}_0\mathrm{e}^{-\mathrm{i}\omega t} \tag{5.4.6}$$

的振幅. 从式(5.4.5)或式(5.4.6)出发，可根据给定的电荷密度分布计算电偶极矩. 由 $\partial/\partial t = -\mathrm{i}\omega$，可将式(5.4.4)写成另一种形式

$$\boldsymbol{A}(\boldsymbol{r},t) = \frac{\mu_0\mathrm{e}^{\mathrm{i}kr}}{4\pi r}\dot{\boldsymbol{p}} \tag{5.4.7}$$

其中，$\dot{\boldsymbol{p}} = \mathrm{d}\boldsymbol{p}/\mathrm{d}t$. 对比式(5.4.3)，有

$$\dot{\boldsymbol{p}} = \iiint \boldsymbol{j}(\boldsymbol{r}',t)\mathrm{d}V' = -\mathrm{i}\omega\boldsymbol{p} \tag{5.4.8}$$

从式(5.4.8)出发，可直接由给定的电流密度分布计算电偶极矩的时间导数. 该式与式(5.4.6)等效，需根据给定场源的具体形式选择使用. 从式(5.4.7)表示的谐振荡电偶极矩的电磁矢势出发，由

$$\mathrm{i}\boldsymbol{k}\times\boldsymbol{A} = \frac{\mathrm{i}\mu_0 k\mathrm{e}^{\mathrm{i}kr}}{4\pi r}\boldsymbol{e}_r\times\dot{\boldsymbol{p}} = \frac{\mu_0\mathrm{e}^{\mathrm{i}kr}}{4\pi cr}\ddot{\boldsymbol{p}}\times\boldsymbol{e}_r, \qquad \ddot{\boldsymbol{p}} = \frac{\mathrm{d}^2\boldsymbol{p}}{\mathrm{d}t^2}$$

并利用式(5.3.17)～式(5.3.19)，可求得电偶极辐射的磁场、电场和平均能流密度的表达式

$$\boldsymbol{B} = \frac{\mu_0\mathrm{e}^{\mathrm{i}kr}}{4\pi cr}\ddot{\boldsymbol{p}}\times\boldsymbol{e}_r \tag{5.4.9}$$

$$\boldsymbol{E} = c\boldsymbol{B}\times\boldsymbol{e}_r = \frac{\mu_0\mathrm{e}^{\mathrm{i}kr}}{4\pi r}(\ddot{\boldsymbol{p}}\times\boldsymbol{e}_r)\times\boldsymbol{e}_r \tag{5.4.10}$$

$$\overline{\boldsymbol{S}} = \frac{\mu_0}{32\pi^2 cr^2}|\ddot{\boldsymbol{p}}\times\boldsymbol{e}_r|^2\boldsymbol{e}_r \tag{5.4.11}$$

$$\frac{\mathrm{d}P}{\mathrm{d}\Omega} = \frac{\mu_0}{32\pi^2 c}|\ddot{\boldsymbol{p}}\times\boldsymbol{e}_r|^2 \tag{5.4.12}$$

对定向偶极子的情况，可取 $\boldsymbol{p}$ 的方向为极轴，式(5.4.11)化为

$$\overline{\boldsymbol{S}} = \frac{\mu_0|\ddot{\boldsymbol{p}}|^2}{32\pi^2 cr^2}\sin^2\theta\boldsymbol{e}_r \tag{5.4.13}$$

将式(5.4.13)代入式(5.3.21)和式(5.3.20)，求得辐射功率的角分布和辐射功率为

$$\frac{\mathrm{d}P}{\mathrm{d}\Omega} = \frac{\mu_0|\ddot{\boldsymbol{p}}|^2}{32\pi^2 c}\sin^2\theta \tag{5.4.14}$$

$$P = \frac{\mu_0|\ddot{\boldsymbol{p}}|^2}{12\pi c} \tag{5.4.15}$$

顺便指出，式(5.4.15)虽是就定向偶极子情况推导的，但对于非定向电偶极子的一般情况也成立. 直接将式(5.4.12)(利用式(5.3.21))代入式(5.3.20)后进行积分，可以证明这一点，我们将这一证明留给读者(见习题5.4).

## 例 5.1

沿如图 5.2 所示的短天线($l\ll\lambda$)的电流强度分布为

$$I(z,t)=I_0(z)\mathrm{e}^{-\mathrm{i}\omega t},\quad I_0(z)=I_m(1-2\mid z\mid/l),\quad \mid z\mid\leqslant l/2$$

计算辐射场,辐射功率的角分布和辐射功率.

**解** 由式(5.4.8),电偶极矩的时间导数为

$$\dot{\boldsymbol{p}}=\int_{-l/2}^{l/2}I(z,t)\mathrm{d}z\boldsymbol{e}_z=\frac{1}{2}I_m l\,\mathrm{e}^{-\mathrm{i}\omega t}\boldsymbol{e}_z$$

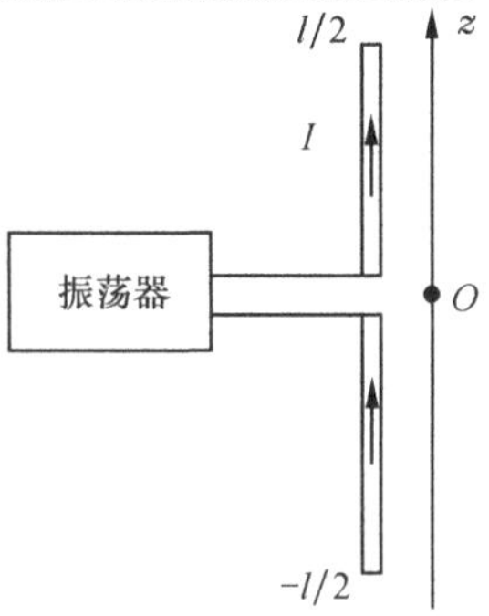

图 5.2

则$\ddot{\boldsymbol{p}}=-\mathrm{i}\omega\dot{\boldsymbol{p}}=-\mathrm{i}\omega I_m l\,\mathrm{e}^{-\mathrm{i}\omega t}\boldsymbol{e}_z/2$. 代入式(5.4.9)和式(5.4.10)得

$$\boldsymbol{B}=-\frac{\mathrm{i}\mu_0\omega I_m l\sin\theta}{8\pi cr}\mathrm{e}^{\mathrm{i}(kr-\omega t)}\boldsymbol{e}_\phi$$

$$\boldsymbol{E}=-\frac{\mathrm{i}\mu_0\omega I_m l\sin\theta}{8\pi r}\mathrm{e}^{\mathrm{i}(kr-\omega t)}\boldsymbol{e}_\theta$$

再代入式(5.4.14)和式(5.4.15),求得辐射功率的角分布和辐射功率:

$$\frac{\mathrm{d}P}{\mathrm{d}\Omega}=\frac{\mu_0\omega^2I_m^2l^2}{128\pi^2c}\sin^2\theta$$

$$P=\frac{\mu_0\omega^2I_m^2l^2}{48\pi c}$$

由上述结果,可知短天线为电偶极辐射,辐射功率的角分布由方向因子 $\sin^2\theta$ 描述;电场矢量沿 $\theta$ 方向线偏振;辐射功率与$(kl)^2$ 或$(l/\lambda)^2$ 成正比.

## 例 5.2

电荷为 $q$ 的带电粒子做匀速圆周运动,轨道半径为 $a_0$,角速度为 $\omega$,求辐射电磁场和辐射功率,讨论电矢量的偏振态.

**解** 取圆心为坐标原点,轨道平面为 $xy$ 平面(图 5.3). 带电粒子的电荷密度为

$$\rho(\boldsymbol{r}',t)=q\delta(x'-a_0\cos\omega t)\delta(y'-a_0\sin\omega t)$$

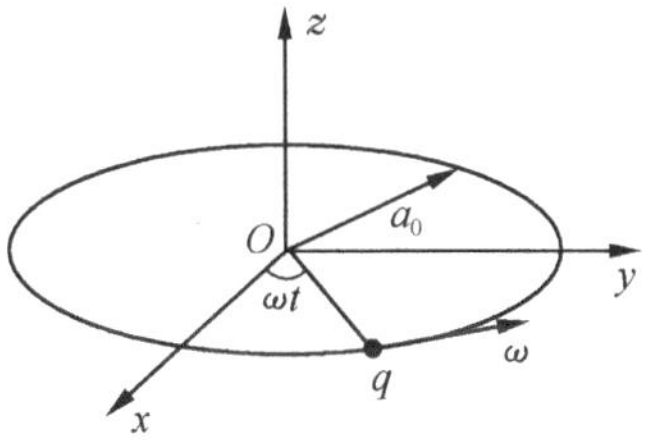

图 5.3

代入式(5.4.6)积分,得

$$\boldsymbol{p}=qa_0(\cos\omega t\boldsymbol{e}_x+\sin\omega t\boldsymbol{e}_y)$$

为正确使用有关辐射场公式,必须将上述偶极矩写成形如式(5.4.6)的复数形式,即

$$\boldsymbol{p}=qa_0(\boldsymbol{e}_x+\mathrm{i}\boldsymbol{e}_y)\mathrm{e}^{-\mathrm{i}\omega t}$$

$$\dot{\boldsymbol{p}}=-\mathrm{i}\omega qa_0(\boldsymbol{e}_x+\mathrm{i}\boldsymbol{e}_y)\mathrm{e}^{-\mathrm{i}\omega t}$$

$$\ddot{\boldsymbol{p}}=-\omega^2qa_0(\boldsymbol{e}_x+\mathrm{i}\boldsymbol{e}_y)\mathrm{e}^{-\mathrm{i}\omega t}$$

上述复数量的实部代表实际的物理量.然后,由球坐标和直角坐标基矢之间的变换关系

$$\begin{pmatrix} \boldsymbol{e}_x \\ \boldsymbol{e}_y \\ \boldsymbol{e}_z \end{pmatrix} = \begin{pmatrix} \sin\theta\cos\phi & \cos\theta\cos\phi & -\sin\phi \\ \sin\theta\sin\phi & \cos\theta\sin\phi & \cos\phi \\ \cos\theta & -\sin\theta & 0 \end{pmatrix} \begin{pmatrix} \boldsymbol{e}_r \\ \boldsymbol{e}_\theta \\ \boldsymbol{e}_\phi \end{pmatrix}$$

可知

$$\boldsymbol{e}_x + \mathrm{i}\boldsymbol{e}_y = \mathrm{e}^{\mathrm{i}\phi}\sin\theta\boldsymbol{e}_r + \mathrm{e}^{\mathrm{i}\phi}\cos\theta\boldsymbol{e}_\theta + \mathrm{i}\mathrm{e}^{\mathrm{i}\phi}\boldsymbol{e}_\phi$$

再将上述结果代入式(5.4.7)、式(5.4.9)和式(5.4.10),分别求得矢势、磁场和电场:

$$\boldsymbol{A}(\boldsymbol{r},t) = -\frac{\mathrm{i}\mu_0\omega q a_0}{4\pi r}(\boldsymbol{e}_x + \mathrm{i}\boldsymbol{e}_y)\mathrm{e}^{\mathrm{i}(kr-\omega t)}$$

$$\boldsymbol{B} = \frac{\mu_0\omega^2 q a_0}{4\pi c r}(-\mathrm{i}\boldsymbol{e}_\theta + \cos\theta\boldsymbol{e}_\phi)\mathrm{e}^{\mathrm{i}(kr-\omega t+\phi)}$$

$$\boldsymbol{E} = \frac{\mu_0\omega^2 q a_0}{4\pi r}(\cos\theta\boldsymbol{e}_\theta + \mathrm{i}\boldsymbol{e}_\phi)\mathrm{e}^{\mathrm{i}(kr-\omega t+\phi)}$$

代入式(5.3.19)求得平均能流密度

$$\bar{\boldsymbol{S}} = \frac{c}{2\mu_0}(\boldsymbol{B}^* \cdot \boldsymbol{B})\boldsymbol{e}_r = \frac{\omega^4 q^2 a_0^2}{32\pi^2\varepsilon_0 c^3 r^2}(1+\cos^2\theta)\boldsymbol{e}_r$$

代入式(5.3.20)求得辐射功率

$$P = \frac{\mu_0\omega^4 q^2 a_0^2}{6\pi c}$$

由电场表达式求得偏振度如下:

$$R = \frac{E_\phi}{E_\theta} = \frac{\mathrm{i}}{\cos\theta} = \frac{1}{\cos\theta}\mathrm{e}^{\mathrm{i}\pi/2}$$

上式表明:

(1) 电磁波的偏振态与 $\theta$ 有关:当 $\theta=0$ 时,$R=\mathrm{i}$,为左旋圆偏振;当 $\theta=\pi$ 时,$R=-\mathrm{i}$,为右旋圆偏振;当 $\theta=\pi/2$ 时,$E_\theta=0$,为沿 $\boldsymbol{e}_\phi$ 方向的线偏振.对于 0 至 $\pi/2$ 的 $\theta$,为左旋椭圆偏振;对于 $\pi/2$ 至 $\pi$ 的 $\theta$,为右旋椭圆偏振.

(2) 电磁波的偏振态与电荷符号无关,仅取决于粒子的旋转方向.从粒子轨道平面的上方($0\leqslant\theta<\pi/2$)看去,粒子作逆时针旋转,与电矢量旋转方向相同;从粒子轨道平面的下方($0\leqslant\theta<\pi/2$)看去,粒子作顺时针旋转,与电矢量旋转方向也相同;沿粒子轨道平面($\theta=\pi/2$)看去,粒子运动轨迹的投影为直线,与电矢量的振动方向一致.这说明,电矢量旋转(偏振)方向总是和电荷的旋转(振动)方向保持一致.记住这条规则,我们可以直接由粒子转动(振动)方向去判断电矢量的偏振性质.

本题涉及较为复杂的代数运算,其复杂性来自辐射系统的谐振荡电偶极矩存在两个分量,$x$ 向分量和 $y$ 向分量;两分量之间存在 $\pi/2$ 的相位差,这一点体现在电偶极矩复数表达式中 $y$ 分量出现的乘子 i 上.将偶极矩写成复数形式,确

切地反映了这种相位关系，便于数学分析. 顺便指出，分别计算各分量电偶极子的矢势、磁场和电场，然后叠加，将获得同样的结果. 但是，在计算能流密度和辐射功率角分布时，不能这样做，因为它们不满足叠加原理.

### 5.4.2 磁偶极辐射

现在来分析式(5.4.1)右边第二项的贡献

$$\boldsymbol{A}_0(\boldsymbol{r}) = -\frac{\mathrm{i}\mu_0 k \mathrm{e}^{\mathrm{i}kr}}{4\pi r}\boldsymbol{e}_r \cdot \iiint \boldsymbol{r}'\boldsymbol{j}_0(\boldsymbol{r}')\mathrm{d}V' \tag{5.4.16}$$

其中被积式为并矢 $\boldsymbol{r}'\boldsymbol{j}_0$. 为此，将该并矢分解为两个部分

$$\boldsymbol{r}'\boldsymbol{j}_0 = \frac{1}{2}(\boldsymbol{r}'\boldsymbol{j}_0 - \boldsymbol{j}_0\boldsymbol{r}') + \frac{1}{2}(\boldsymbol{r}'\boldsymbol{j}_0 + \boldsymbol{j}_0\boldsymbol{r}')$$

其中，第一项为反对称张量，第二项为对称张量.

先来考察反对称部分的贡献. 由

$$\boldsymbol{e}_r \cdot \frac{1}{2}(\boldsymbol{r}'\boldsymbol{j}_0 - \boldsymbol{j}_0\boldsymbol{r}') = \frac{1}{2}[(\boldsymbol{e}_r \cdot \boldsymbol{r}')\boldsymbol{j}_0 - (\boldsymbol{e}_r \cdot \boldsymbol{j}_0)\boldsymbol{r}'] = -\frac{1}{2}\boldsymbol{e}_r \times (\boldsymbol{r}' \times \boldsymbol{j}_0)$$

可从式(5.4.16)计算它对 $\boldsymbol{A}_0(\boldsymbol{r})$ 的贡献

$$\boldsymbol{A}_0(\boldsymbol{r}) = \frac{\mathrm{i}\mu_0 k \mathrm{e}^{\mathrm{i}kr}}{4\pi r}\boldsymbol{e}_r \times \boldsymbol{m}_0 \tag{5.4.17}$$

其中，

$$\boldsymbol{m}_0 = \frac{1}{2}\iiint \boldsymbol{r}' \times \boldsymbol{j}_0(\boldsymbol{r}')\mathrm{d}V' \tag{5.4.18}$$

为场源的谐振荡极矩

$$\boldsymbol{m} = \frac{1}{2}\iiint \boldsymbol{r}' \times \boldsymbol{j}(\boldsymbol{r}', t)\mathrm{d}V' = \boldsymbol{m}_0 \mathrm{e}^{-\mathrm{i}\omega t} \tag{5.4.19}$$

的振幅. 同样由 $\partial/\partial t = -\mathrm{i}\omega t$，可将式(5.4.17)写成另一种形式

$$\boldsymbol{A}(\boldsymbol{r}, t) = \frac{\mu_0 \mathrm{e}^{\mathrm{i}kr}}{4\pi c r}\dot{\boldsymbol{m}} \times \boldsymbol{e}_r \tag{5.4.20}$$

相应磁场和电场的表达式为

$$\boldsymbol{B} = \mathrm{i}\boldsymbol{k} \times \boldsymbol{A} = \frac{\mu_0 \mathrm{e}^{\mathrm{i}kr}}{4\pi c^2 r}(\ddot{\boldsymbol{m}} \times \boldsymbol{e}_r) \times \boldsymbol{e}_r \tag{5.4.21}$$

$$\boldsymbol{E} = c\boldsymbol{B} \times \boldsymbol{e}_r = -\frac{\mu_0 \mathrm{e}^{\mathrm{i}kr}}{4\pi c r}\ddot{\boldsymbol{m}} \times \boldsymbol{e}_r \tag{5.4.22}$$

与电偶极辐射场公式(5.4.9)和式(5.4.10)比较可知，只要在($\boldsymbol{p}, \boldsymbol{E}, c\boldsymbol{B}$)和($\boldsymbol{m}/c, c\boldsymbol{B}, -\boldsymbol{E}$)之间进行互换，就可由一组公式转换到另一组公式. 当然，这种对应只具有数学意义，两组公式具有截然不同的物理内涵.

磁偶极辐射的平均能流密度为

$$\bar{\boldsymbol{S}} = \frac{\mu_0}{32\pi^2 c^3 r^2}|\ddot{\boldsymbol{m}} \times \boldsymbol{e}_r|^2 \boldsymbol{e}_r \tag{5.4.23}$$

对定向偶极子的情况，可取 $\boldsymbol{m}$ 的方向为极轴，式(5.4.23)化为

$$\bar{\boldsymbol{S}}=\frac{\mu_0\mid\ddot{\boldsymbol{m}}\mid^2}{32\pi^2c^3r^2}\sin^2\theta\boldsymbol{e}_r$$

据此求得辐射功率角分布和辐射功率为

$$\frac{\mathrm{d}P}{\mathrm{d}\Omega}=\frac{\mu_0\mid\ddot{\boldsymbol{m}}\mid^2}{32\pi^2c^3}\sin^2\theta \tag{5.4.24}$$

$$P=\frac{\mu_0\mid\ddot{\boldsymbol{m}}\mid^2}{12\pi c^3} \tag{5.4.25}$$

与电偶极辐射功率表达式(5.4.15)类似. 式(5.4.25)虽然是就定向磁偶极子情况推导的，但对于非定向磁偶极子的一般情况也成立.

**例 5.3**

求半径为 $a$ 的圆线圈谐振荡电流 $I=I_m\mathrm{e}^{-\mathrm{i}\omega t}$ 的辐射电磁场、平均能流密度、辐射功率角分布和辐射功率.

**解** 取圆心为坐标原点，$z$ 轴与线圈平面垂直. 由于电流沿线圈均匀，满足稳恒条件$\nabla\cdot\boldsymbol{j}=0$，则由电荷守恒方程有 $\partial\rho/\partial t=0$，不存在电偶极矩辐射，也不存在下面即将讨论的电四极辐射. 系统的磁矩为

$$\boldsymbol{m}=\pi a^2I_m\mathrm{e}^{-\mathrm{i}\omega t}\boldsymbol{e}_z,\qquad \ddot{\boldsymbol{m}}=-\pi a^2\omega^2I_m\mathrm{e}^{-\mathrm{i}\omega t}\boldsymbol{e}_z$$

代入式(5.4.21)和式(5.4.22)求得

$$\boldsymbol{B}=-\frac{\mu_0a^2\omega^2I_m\sin\theta}{4c^2r}\mathrm{e}^{\mathrm{i}(kr-\omega t)}\boldsymbol{e}_\theta$$

$$\boldsymbol{E}=\frac{\mu_0a^2\omega^2I_m\sin\theta}{4cr}\mathrm{e}^{\mathrm{i}(kr-\omega t)}\boldsymbol{e}_\phi$$

$$\bar{\boldsymbol{S}}=\frac{c}{2\mu_0}\mid\boldsymbol{B}\mid^2\boldsymbol{e}_r=\frac{\mu_0a^4\omega^4I_m^2\sin^2\theta}{32c^3r^2}\boldsymbol{e}_r$$

$$\frac{\mathrm{d}P}{\mathrm{d}\Omega}=\mid\bar{\boldsymbol{S}}\mid r^2=\frac{\mu_0a^4\omega^4I_m^2\sin^2\theta}{32c^3},\qquad P=\frac{\mu_0\pi a^4\omega^4I_m^2}{12c^3}$$

上述结果表明，磁偶极辐射的方向性与电偶极辐射相同，不同点在于，磁偶极辐射的电矢量在 $\phi$ 方向偏振，辐射功率与 $(a/\lambda)^4$ 成正比. 由例 5.1 的短天线辐射结果可知，电偶极辐射的电矢量在 $\theta$ 方向偏振，辐射功率与 $(l/\lambda)^2$ 成正比. 在场源尺寸相同的情况($a\sim l$)下，电偶极辐射远比磁偶极辐射有效.

### 5.4.3 电四极辐射

下面考察式(5.4.16)中并矢 $\boldsymbol{r}'\boldsymbol{j}_0$ 的对称部分的贡献. 由

$$\begin{aligned}\nabla'\cdot(\boldsymbol{j}_0\boldsymbol{r}'\boldsymbol{r}')&=(\nabla'\cdot\boldsymbol{j}_0)\boldsymbol{r}'\boldsymbol{r}'+(\boldsymbol{j}_0\cdot\nabla'\boldsymbol{r}')\boldsymbol{r}'+\boldsymbol{r}'(\boldsymbol{j}_0\cdot\nabla'\boldsymbol{r}')\\&=\mathrm{i}\omega\rho_0\boldsymbol{r}'\boldsymbol{r}'+\boldsymbol{j}_0\boldsymbol{r}'+\boldsymbol{r}'\boldsymbol{j}_0\end{aligned}$$

可将 $\boldsymbol{r}'\boldsymbol{j}_0$ 的对称部分化为

$$\frac{1}{2}(\boldsymbol{j}_0\boldsymbol{r}'+\boldsymbol{r}'\boldsymbol{j}_0)=\frac{1}{2}\nabla'\cdot(\boldsymbol{j}_0\boldsymbol{r}'\boldsymbol{r}')-\frac{1}{2}\mathrm{i}\omega\rho_0\boldsymbol{r}'\boldsymbol{r}'$$

上式等号右边第一项的体积分，经转化为面积分之后，由场源表面法向电流密度为零，证其消失；由式(5.4.16)计算第二项对 $\boldsymbol{A}_0(\boldsymbol{r})$ 的贡献

$$\boldsymbol{A}_0(\boldsymbol{r})=-\frac{\mu_0\omega k\,\mathrm{e}^{\mathrm{i}kr}}{8\pi r}\boldsymbol{e}_r\cdot\overleftrightarrow{\boldsymbol{D}}'_0 \tag{5.4.26}$$

其中，$\overleftrightarrow{\boldsymbol{D}}'_0$ 为场源的谐振荡电二阶矩(见第 2 章 2.4 节)

$$\overleftrightarrow{\boldsymbol{D}}'=\iiint\rho(\boldsymbol{r}',t)\boldsymbol{r}'\boldsymbol{r}'\mathrm{d}V'=\overleftrightarrow{\boldsymbol{D}}'_0\mathrm{e}^{-\mathrm{i}\omega t} \tag{5.4.27}$$

的振幅. 由 $\partial/\partial t=-\mathrm{i}\omega$，可将式(5.4.26)写成另一种形式

$$\boldsymbol{A}(\boldsymbol{r},t)=\frac{\mu_0\,\mathrm{e}^{\mathrm{i}kr}}{8\pi cr}\boldsymbol{e}_r\cdot\ddot{\overleftrightarrow{\boldsymbol{D}}}' \tag{5.4.28}$$

此外，由电四极矩 $\overleftrightarrow{\boldsymbol{D}}$ 和电二阶矩 $\overleftrightarrow{\boldsymbol{D}}'$ 的关系(见第 2 章 2.4 节)

$$\overleftrightarrow{\boldsymbol{D}}=3\overleftrightarrow{\boldsymbol{D}}'-\mathrm{Tr}(\overleftrightarrow{\boldsymbol{D}}')\overleftrightarrow{\boldsymbol{I}},$$

可将式(5.4.28)改写成

$$\boldsymbol{A}=\frac{\mu_0\,\mathrm{e}^{\mathrm{i}kr}}{24\pi cr}\boldsymbol{e}_r\cdot\ddot{\overleftrightarrow{\boldsymbol{D}}}+\frac{\mu_0\,\mathrm{e}^{\mathrm{i}kr}}{24\pi cr}\mathrm{Tr}(\ddot{\overleftrightarrow{\boldsymbol{D}}}')\boldsymbol{e}_r$$

上式等号右边第二项的旋度为零，对磁场没有贡献，可以通过适当的规范变换将其消去. 于是可等效地写下

$$\boldsymbol{A}=\frac{\mu_0\,\mathrm{e}^{\mathrm{i}kr}}{24\pi cr}\boldsymbol{e}_r\cdot\ddot{\overleftrightarrow{\boldsymbol{D}}} \tag{5.4.29}$$

相当于将式(5.4.28)中的 3 倍电二阶矩换成电四极矩；这一改变不会影响辐射电磁场的计算结果. 与式(5.4.29)相应的磁场和电场表达式为

$$\boldsymbol{B}=\mathrm{i}\boldsymbol{k}\times\boldsymbol{A}=\frac{\mu_0\,\mathrm{e}^{\mathrm{i}kr}}{24\pi c^2 r}(\boldsymbol{e}_r\cdot\dddot{\overleftrightarrow{\boldsymbol{D}}})\times\boldsymbol{e}_r \tag{5.4.30}$$

$$\boldsymbol{E}=c\boldsymbol{B}\times\boldsymbol{e}_r=\frac{\mu_0\,\mathrm{e}^{\mathrm{i}kr}}{24\pi cr}[(\boldsymbol{e}_r\cdot\dddot{\overleftrightarrow{\boldsymbol{D}}})\times\boldsymbol{e}_r]\times\boldsymbol{e}_r \tag{5.4.31}$$

其中电四极矩 $\overleftrightarrow{\boldsymbol{D}}$ 可以代之以 3 倍电二阶矩 $\overleftrightarrow{\boldsymbol{D}}'$，对最终结果没有影响. 通常 $\overleftrightarrow{\boldsymbol{D}}'$ 及其与 $\boldsymbol{e}_r$ 之间的乘法运算较为简便，反而常用(见本节例 5.4). 进一步可算得电四极辐射的平均能流密度、辐射功率角分布和辐射功率如下：

$$\bar{\boldsymbol{S}}=\frac{c}{2\mu_0}|\boldsymbol{B}|^2\boldsymbol{e}_r=\frac{\mu_0\omega^6}{1152\pi^2c^3r^2}|(\boldsymbol{e}_r\cdot\overleftrightarrow{\boldsymbol{D}})\times\boldsymbol{e}_r|^2\boldsymbol{e}_r \tag{5.4.32}$$

$$\frac{\mathrm{d}P}{\mathrm{d}\Omega}=|\bar{\boldsymbol{S}}|r^2=\frac{\mu_0\omega^6}{1152\pi^2c^3}|(\boldsymbol{e}_r\cdot\overleftrightarrow{\boldsymbol{D}})\times\boldsymbol{e}_r|^2 \tag{5.4.33}$$

$$P=\oiint\frac{\mathrm{d}P}{\mathrm{d}\Omega}\mathrm{d}\Omega=\frac{\mu_0\omega^6}{1440\pi c^3}\overleftrightarrow{\boldsymbol{D}}^*:\overleftrightarrow{\boldsymbol{D}}=\frac{\mu_0\omega^6}{1440\pi c^3}\overleftrightarrow{\boldsymbol{D}}^*_0:\overleftrightarrow{\boldsymbol{D}}_0 \tag{5.4.34}$$

除开式(5.4.34)之外，将 $\overleftrightarrow{D}$ 换成 $3\overleftrightarrow{D}'$，不会影响计算结果. 功率表达式(5.4.34)十分简洁，它的证明涉及大量代数运算. 其中一种可行方案是从式(5.4.33)出发，利用

$$|(\boldsymbol{e}_r\cdot\overleftrightarrow{D})\times\boldsymbol{e}_r|^2=[(\boldsymbol{e}_r\cdot\overleftrightarrow{D}^*)\times\boldsymbol{e}_r]\cdot[(\boldsymbol{e}_r\cdot\overleftrightarrow{D})\times\boldsymbol{e}_r]$$

再将 $\boldsymbol{e}_r$ 和 $\overleftrightarrow{D}$ 相对直角坐标下的基矢 $\boldsymbol{e}_i$ 和并基矢 $\boldsymbol{e}_i\boldsymbol{e}_j$ 进行展开($\boldsymbol{e}_1=\boldsymbol{e}_x$，$\boldsymbol{e}_2=\boldsymbol{e}_y$，$\boldsymbol{e}_3=\boldsymbol{e}_z$)，即

$$\boldsymbol{e}_r=\sin\theta\cos\phi\boldsymbol{e}_1+\sin\theta\sin\phi\boldsymbol{e}_2+\cos\theta\boldsymbol{e}_3$$

$$\overleftrightarrow{D}=D_{ij}\boldsymbol{e}_i\boldsymbol{e}_j,\qquad\overleftrightarrow{D}^*=D_{ij}^*\boldsymbol{e}_i\boldsymbol{e}_j$$

然后代入式(5.4.34)对立体角积分，求出最终结果. 在计算积分的过程中，要用到 $\mathrm{Tr}(\overleftrightarrow{D})=0$ 和 $\overleftrightarrow{D}$ 的对称性质. 由于 $\overleftrightarrow{D}^*:\overleftrightarrow{D}\neq9\overleftrightarrow{D}'^*:\overleftrightarrow{D}$，故不可将(5.4.34)中的 $\overleftrightarrow{D}$ 换成 $3\overleftrightarrow{D}'$. 另一种更为简便的方案是利用张量及其运算的不变性，通过适当选择坐标系使 $\overleftrightarrow{D}$ 对角化，然后导出式(5.4.34). 我们将这一推导过程留给感兴趣的读者.

应当强调指出，对于电偶极矩为零的时谐场源，必须同时计算磁矩和电二阶矩. 当二者都不为零时，辐射电磁场应当等于二者贡献之和. 如果只计入其中之一的贡献，将会导致错误结果(见习题 5.13). 顺便指出，若同时求得某时谐场源的电偶极矩、磁偶极矩和电四极矩，可按式(5.4.9)、式(5.4.21)和式(5.4.30)分别算出它们的磁场，然后叠加，结果为

$$\boldsymbol{B}=\frac{\mu_0e^{ikr}}{4\pi c^2r}\left\{c\ddot{\boldsymbol{p}}\times\boldsymbol{e}_r+(\ddot{\boldsymbol{m}}\times\boldsymbol{e}_r)\times\boldsymbol{e}_r+\frac{1}{6}(\boldsymbol{e}_r\cdot\dddot{\overleftrightarrow{D}})\times\boldsymbol{e}_r\right\}$$

从上述磁场出发，可按式(5.3.20)对立体角积分求得整个系统的辐射功率. 有趣的是，总辐射功率恰好等于三部分各自辐射功率之和：

$$P=\frac{\mu_0\omega^4}{12\pi c}\boldsymbol{p}^*\cdot\boldsymbol{p}+\frac{\mu_0\omega^4}{12\pi c^3}\boldsymbol{m}^*\cdot\boldsymbol{m}+\frac{\mu_0\omega^6}{1440\pi c^3}\overleftrightarrow{D}^*\cdot\overleftrightarrow{D}$$

也就是说，$|\boldsymbol{B}|^2$ 中出现的交叉项对总辐射功率没有贡献，它们只会影响辐射功率的角分布. 这一结论可通过直接积分加以证明；我们也将这一证明留给感兴趣的读者.

**例 5.4**

计算图 5.4 所示的场源的辐射电磁场和辐射功率，图中 $Q=Q_0e^{-i\omega t}$，各电荷之间用沿 $z$ 轴的导线串接.

**解** 本系统含三个电荷：$(q_1,q_2,q_3)=(Q,-2Q,Q)$，分别位于 $(\boldsymbol{r}_1,\boldsymbol{r}_2,\boldsymbol{r}_3)=(-l,0,l)\boldsymbol{e}_z$. 电偶极矩为

$$\boldsymbol{p}=\sum_i q_i\boldsymbol{r}_i=(Ql+0-Ql)\boldsymbol{e}_z=0$$

各带电体之间用直线导线连接，可求得 $I=\mathrm{d}Q/\mathrm{d}t=-\mathrm{i}\omega Q$，该电流沿 $z$ 轴方向，磁矩为

$$\boldsymbol{m}=\frac{1}{2}\int I\boldsymbol{r}\times\boldsymbol{e}_z\mathrm{d}z=0$$

系统的电二阶矩和电四极矩分别为

$$\overleftrightarrow{\boldsymbol{D}}' = \sum_i q_i \boldsymbol{r}_i \boldsymbol{r}_i = 2Ql^2 \boldsymbol{e}_z \boldsymbol{e}_z$$

$$\overleftrightarrow{\boldsymbol{D}} = 3\overleftrightarrow{\boldsymbol{D}}' - \mathrm{Tr}(\overleftrightarrow{\boldsymbol{D}}')\overleftrightarrow{\boldsymbol{I}} = -2Ql^2 \boldsymbol{e}_x \boldsymbol{e}_x - 2Ql^2 \boldsymbol{e}_y \boldsymbol{e}_y + 4Ql^2 \boldsymbol{e}_z \boldsymbol{e}_z$$

于是有

$$(\boldsymbol{e}_r \cdot \overleftrightarrow{\boldsymbol{D}}') \times \boldsymbol{e}_r = 2Ql^2 (\boldsymbol{e}_r \cdot \boldsymbol{e}_z)(\boldsymbol{e}_z \times \boldsymbol{e}_r) = 2Ql^2 \sin\theta\cos\theta \boldsymbol{e}_\phi$$

$$3(\boldsymbol{e}_r \cdot \dddot{\overleftrightarrow{\boldsymbol{D}}}{}') \times \boldsymbol{e}_r = 3\mathrm{i}\omega^3 (\boldsymbol{e}_r \cdot \overleftrightarrow{\boldsymbol{D}}') \times \boldsymbol{e}_r = 6\mathrm{i}\omega^3 Ql^2 \sin\theta\cos\theta \boldsymbol{e}_\phi$$

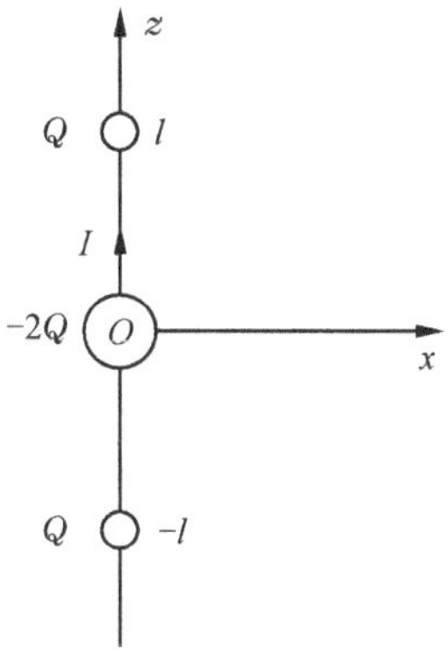


图 5.4

将上式取代式(5.4.30)和式(5.4.31)中的$(\boldsymbol{e}_r \cdot \dddot{\overleftrightarrow{\boldsymbol{D}}}) \times \boldsymbol{e}_r$. 求得磁场和电场

$$\boldsymbol{B} = \frac{\mathrm{i}\mu_0 \omega^3 Q_0 l^2 \sin(2\theta)}{8\pi c^2 r} \mathrm{e}^{\mathrm{i}(kr-\omega t)} \boldsymbol{e}_\phi \quad (5.4.35)$$

$$\boldsymbol{E} = \frac{\mathrm{i}\mu_0 \omega^3 Q_0 l^2 \sin(2\theta)}{8\pi c r} \mathrm{e}^{\mathrm{i}(kr-\omega t)} \boldsymbol{e}_\theta \quad (5.4.36)$$

如果代之以计算$(\boldsymbol{e}_r \cdot \dddot{\overleftrightarrow{\boldsymbol{D}}}) \times \boldsymbol{e}_r$，运算过程将变得复杂，但会获得同样的结果. 下面按式(5.4.34)计算辐射功率：

$$P = \frac{\mu_0 \omega^6}{1440\pi c^3} \overleftrightarrow{\boldsymbol{D}}^* : \overleftrightarrow{\boldsymbol{D}} = \frac{\mu_0 \omega^6}{1440\pi c^3} [2(-2Q_0 l^2)^2 + (4Q_0 l^2)^2]$$

$$= \frac{\mu_0 \omega^6 Q_0^2 l^4}{60\pi c^3}$$

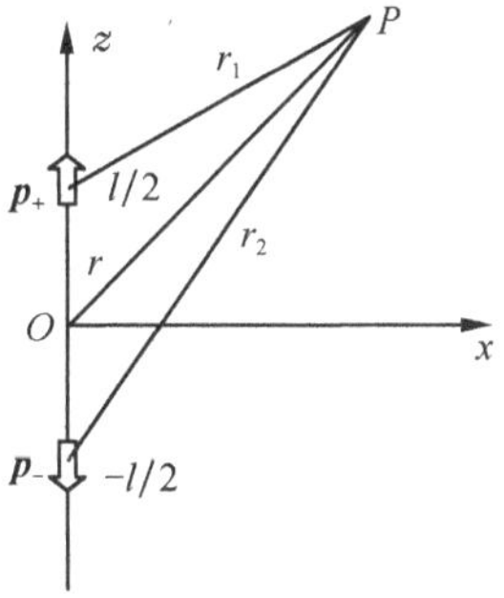


图 5.5

该功率与$(l/\lambda)^4$成正比，与磁偶极辐射功率量级相同.

本题另有一种解法：视系统为两个电偶极子的叠加，二者分别位于$z = \pm l/2$，电偶极矩分别为$\boldsymbol{p}_\pm = \pm Ql\boldsymbol{e}_z$，如图 5.5 所示. 整个系统的辐射场等于两个电偶极子辐射场之和. 从矢势出发叠加比较简便，分别写出

$$\boldsymbol{A}_1 = \frac{\mu_0 \mathrm{e}^{\mathrm{i}kr_1}}{4\pi r_1} \dot{\boldsymbol{p}}_+ \approx -\frac{\mathrm{i}\mu_0 \omega Q l \mathrm{e}^{\mathrm{i}kr_1}}{4\pi r} \boldsymbol{e}_z$$

$$\boldsymbol{A}_2 = \frac{\mu_0 \mathrm{e}^{\mathrm{i}kr_2}}{4\pi r_2} \dot{\boldsymbol{p}}_- \approx \frac{\mathrm{i}\mu_0 \omega Q l \mathrm{e}^{\mathrm{i}kr_2}}{4\pi r} \boldsymbol{e}_z$$

这里，我们将分母的$r_1$和$r_2$近似为$r$，这一近似带来的差别与$r^2$成反比，不会影响辐射场的计算结果. 但是，我们在相因子里分别保留了$r_1$和$r_2$；下面将会看到，由它们造成的相位差别，对辐射场具有重要影响. 通过对图 5.5 的简单几何分析，可得

$$r_1 \approx r - l\cos\theta/2, \qquad \mathrm{e}^{\mathrm{i}kr_1} \approx \mathrm{e}^{\mathrm{i}kr} \mathrm{e}^{-\mathrm{i}kl\cos\theta/2} \approx \mathrm{e}^{\mathrm{i}kr}(1 - \mathrm{i}kl\cos\theta/2)$$

$$r_2 \approx r + l\cos\theta/2, \qquad \mathrm{e}^{\mathrm{i}kr_2} \approx \mathrm{e}^{\mathrm{i}kr} \mathrm{e}^{\mathrm{i}kl\cos\theta/2} \approx \mathrm{e}^{\mathrm{i}kr}(1 + \mathrm{i}kl\cos\theta/2)$$

于是，两电偶极子的合成电磁矢势为

$$\boldsymbol{A}=\boldsymbol{A}_1+\boldsymbol{A}_2=\frac{\mathrm{i}\mu_0\omega Ql}{4\pi r}(-\mathrm{e}^{\mathrm{i}kr_1}+\mathrm{e}^{\mathrm{i}kr_2})\boldsymbol{e}_z$$
$$=\frac{\mathrm{i}\mu_0\omega Q_0 l}{4\pi r}(\mathrm{i}kl\cos\theta)\mathrm{e}^{\mathrm{i}(kr-\omega t)}\boldsymbol{e}_z=-\frac{\mu_0\omega^2 Q_0 l^2\cos\theta}{4\pi cr}\mathrm{e}^{\mathrm{i}(kr-\omega t)}\boldsymbol{e}_z$$

由此求得磁场

$$\boldsymbol{B}=\mathrm{i}\boldsymbol{k}\times\boldsymbol{A}=\frac{\mathrm{i}\mu_0\omega^3 Q_0 l^2\sin(2\theta)}{8\pi c^2 r}\mathrm{e}^{\mathrm{i}(kr-\omega t)}\boldsymbol{e}_\phi$$

与式(5.4.35)完全一致.这说明,可以按电流连接方式将一个辐射系统分解为若干个分系统,分别计算各分系统的矢势进行叠加;在叠加过程中,要恰当计入各分系统中心位置的微小差别对相因子的贡献.上述分解要求所拆分的电偶极子的电荷对之间通过直线导线相互连接,本例满足这一要求;否则不能进行这种拆分和叠加,而必须按第一种解法去计算场源系统电偶极矩、磁矩和电四极矩,然后计算辐射场和辐射功率.

顺便指出,在按图 5.5 将场源分解为两个电偶极子之后,也可直接由习题 5.12 给出的公式计算场源的磁矩,由习题 2.13 给出的公式计算场源的二阶矩,求得的结果与例 5.4 得到的答案一致.在此基础之上,分别计算磁偶极辐射与电四极辐射,将二者叠加求得辐射场,不失为一种行之有效的计算方案(见习题 5.13).

此外,对于图 5.5 表示的双偶极子系统或其他更加复杂的多偶极子系统,即便偶极子之间的间距 $l$ 与波长 $\lambda$ 同数量级,仍然可以将各偶极子的辐射场叠加,求得整个系统的辐射场,只是在计算过程中,应当放弃对参数 $l/\lambda$ 的泰勒展开,因为它已经不再是小参数了.以例 5.4 的第二种解法为例,因 $kl(\sim l/\lambda)$ 不再是小参数,其中用到的近似

$$-\mathrm{e}^{\mathrm{i}kr_1}+\mathrm{e}^{\mathrm{i}kr_2}=\mathrm{e}^{\mathrm{i}kr}(\mathrm{e}^{\mathrm{i}kl\cos\theta/2}-\mathrm{e}^{-\mathrm{i}kl\cos\theta/2})\approx\mathrm{e}^{\mathrm{i}kr}(\mathrm{i}kl\cos\theta)$$

将不再成立,应代之以如下精确结果:

$$\mathrm{e}^{\mathrm{i}kl\cos\theta/2}-\mathrm{e}^{-\mathrm{i}kl\cos\theta/2}=2\mathrm{i}\sin(kl\cos\theta/2)$$

只有当 $kl\ll 1$ 时,才能获得近似结果 $2\mathrm{i}\sin(kl\cos\theta/2)\approx\mathrm{i}kl\cos\theta$.应当强调的是,当各偶极子之间的间距与波长接近时,则整个场源系统将不满足小场源近似,前述辐射场计算公式失效.对于这种情况,只能分别按小场源近似计算各偶极子的辐射场,然后叠加,且在计算过程中恰当计入各偶极子的位置差别对相因子的贡献,才能正确算出整个系统的辐射场.

### 例 5.5

对例 5.2 给定的做匀速圆周运动带电粒子,计算它的磁矩和电二阶矩.

**解** 由图 5.3,可写下 $t$ 时刻粒子的位置矢量和速度如下:

$$\boldsymbol{r}=a_0[\cos(\omega t)\boldsymbol{e}_x+\sin(\omega t)\boldsymbol{e}_y]$$
$$\boldsymbol{v}=\omega a_0[-\sin(\omega t)\boldsymbol{e}_x+\cos(\omega t)\boldsymbol{e}_y]$$

运动粒子的磁矩为

$$\boldsymbol{m}=\frac{1}{2}q\boldsymbol{r}\times\boldsymbol{v}=\frac{1}{2}q\omega a_0^2[\cos^2(\omega t)+\sin^2(\omega t)]\boldsymbol{e}_z=\frac{1}{2}q\omega a_0^2\boldsymbol{e}_z$$

$\boldsymbol{m}$ 与时间无关，故不存在磁偶极辐射. 运动粒子的电二阶矩为

$$\begin{aligned}\vec{\boldsymbol{D}}'&=q\boldsymbol{r}\boldsymbol{r}\\&=qa_0^2[\cos(\omega t)\boldsymbol{e}_x+\sin(\omega t)\boldsymbol{e}_y][\cos(\omega t)\boldsymbol{e}_x+\sin(\omega t)\boldsymbol{e}_y]\\&=qa_0^2[\cos^2(\omega t)\boldsymbol{e}_x\boldsymbol{e}_x+\sin^2(\omega t)\boldsymbol{e}_y\boldsymbol{e}_y+\frac{1}{2}\sin(2\omega t)(\boldsymbol{e}_x\boldsymbol{e}_y+\boldsymbol{e}_y\boldsymbol{e}_x)]\\&=\frac{1}{2}qa_0^2(\boldsymbol{e}_x\boldsymbol{e}_x+\boldsymbol{e}_y\boldsymbol{e}_y)+\frac{1}{2}qa_0^2[\cos(2\omega t)(\boldsymbol{e}_x\boldsymbol{e}_x-\boldsymbol{e}_y\boldsymbol{e}_y)\\&\quad+\sin(2\omega t)(\boldsymbol{e}_x\boldsymbol{e}_y+\boldsymbol{e}_y\boldsymbol{e}_x)]=\frac{1}{2}qa_0^2(\boldsymbol{e}_x\boldsymbol{e}_x+\boldsymbol{e}_y\boldsymbol{e}_y)\\&\quad+\mathrm{Re}\left\{\frac{1}{2}qa_0^2[\boldsymbol{e}_x\boldsymbol{e}_x-\boldsymbol{e}_y\boldsymbol{e}_y+\mathrm{i}(\boldsymbol{e}_x\boldsymbol{e}_y+\boldsymbol{e}_y\boldsymbol{e}_x)]\mathrm{e}^{-2\mathrm{i}\omega t}\right\}\end{aligned}$$

最后一个等式的右边第一项为恒定项，对辐射场没有贡献；第二项为时谐项，大括弧内的表达式为其复数形式. 注意，磁矩和电二阶矩(电四极矩)的时间变化并不和粒子的周期运动同步. 前者恒定；后者同时存在恒定部分和角频率为 $2\omega$ 的时谐变化部分.

以 $3\vec{\boldsymbol{D}}'$ 取代 $\vec{\boldsymbol{D}}$，由式(5.4.29)～式(5.4.31)可得到相关矢势和辐射电磁场. 不过，因做匀速圆周运动带电粒子存在非零电偶极矩，当计算辐射功率时，应将电偶极子场和电四极子场叠加之后进行. 考虑到电四极子场强与电偶极子场强之比为 $(a/\lambda)$ 量级，叠加上电四极子场之后对辐射功率的影响可忽略不计，故一般只就电偶极子场主项进行辐射功率计算.

### *5.4.4 随时间任意变化的电流的辐射场

迄今为止，我们限于谐振荡场源. 如 5.3 节所述，对随时间任意变化的情况，可求场源的各阶矩，包括电偶极矩 $\boldsymbol{p}(t)$、磁矩 $\boldsymbol{m}(t)$ 和电四极矩 $\vec{\boldsymbol{D}}(t)$ 等，它们均是时间的任意函数. 然后将各阶矩进行傅里叶展开. 以电偶极矩 $\boldsymbol{p}(t)$ 为例，其展开式为

$$\boldsymbol{p}(t)=\int_{-\infty}^{\infty}\boldsymbol{p}_\omega\mathrm{e}^{-\mathrm{i}\omega t}\mathrm{d}\omega \tag{5.4.37}$$

相当于将电偶极矩看作一系列简谐成分的叠加. 对简谐分量 $\boldsymbol{p}_\omega\mathrm{e}^{-\mathrm{i}\omega t}\mathrm{d}\omega$，将式(5.4.7)右边的 $\dot{\boldsymbol{p}}$ 代之以 $-\mathrm{i}\omega\boldsymbol{p}_\omega\mathrm{e}^{-\mathrm{i}\omega t}\mathrm{d}\omega$，可求得其电磁势为

$$\mathrm{d}\boldsymbol{A}(\boldsymbol{r},t)=-\frac{\mathrm{i}\omega\mu_0\mathrm{e}^{\mathrm{i}kr}}{4\pi r}\boldsymbol{p}_\omega\mathrm{e}^{-\mathrm{i}\omega t}\mathrm{d}\omega$$

根据叠加原理，由 $\boldsymbol{p}(t)$ 产生的电磁势为

$$\boldsymbol{A}(\boldsymbol{r},t)=\int \mathrm{d}\boldsymbol{A}(\boldsymbol{r},t)=-\int_{-\infty}^{\infty}\frac{\mathrm{i}\omega\mu_0}{4\pi r}\boldsymbol{p}_\omega \mathrm{e}^{\mathrm{i}(kr-\omega t)}\mathrm{d}\omega$$

$$=\frac{\mu_0}{4\pi r}\frac{\mathrm{d}}{\mathrm{d}t}\int_{-\infty}^{\infty}\boldsymbol{p}_\omega \mathrm{e}^{\mathrm{i}(kr-\omega t)}\mathrm{d}\omega$$

由傅里叶变换的延迟公式

$$\int_{-\infty}^{\infty}\boldsymbol{p}_\omega \mathrm{e}^{-\mathrm{i}\omega(t-r/c)}\mathrm{d}\omega=\boldsymbol{p}\left(t-\frac{r}{c}\right)$$

可将电磁势最终写为

$$\boldsymbol{A}(\boldsymbol{r},t)=\frac{\mu_0}{4\pi r}\dot{\boldsymbol{p}}\left(t-\frac{r}{c}\right)\tag{5.4.38}$$

下面计算辐射场. 基于5.3节类似的理由，在计算辐射场时，对矢势的旋度运算不必作用于式(5.4.38)右边分母的 $r$，只需作用于推迟因子 $t-r/c$ 中的 $r$. 于是由该式以及

$$\nabla\times\dot{\boldsymbol{p}}\left(t-\frac{r}{c}\right)=-\left(\nabla\frac{r}{c}\right)\times\ddot{\boldsymbol{p}}\left(t-\frac{r}{c}\right)=\frac{1}{c}\ddot{\boldsymbol{p}}\left(t-\frac{r}{c}\right)\times\boldsymbol{e}_r$$

得

$$\boldsymbol{B}=\nabla\times\boldsymbol{A}=\frac{\mu_0}{4\pi cr}\ddot{\boldsymbol{p}}\left(t-\frac{r}{c}\right)\times\boldsymbol{e}_r\tag{5.4.39}$$

再由无源空间的磁感应方程

$$\nabla\times\boldsymbol{B}-\varepsilon_0\mu_0\frac{\partial\boldsymbol{E}}{\partial t}=\nabla\times\boldsymbol{B}-\frac{1}{c^2}\frac{\partial\boldsymbol{E}}{\partial t}=\mu_0\boldsymbol{j}=0$$

和式(5.4.39)，同样将旋度运算局限于推迟因子 $t-r/c$ 中的 $r$，得

$$\frac{\partial\boldsymbol{E}}{\partial t}=c^2\,\nabla\times\boldsymbol{B}=\frac{\mu_0}{4\pi r}\left[\dddot{\boldsymbol{p}}\left(t-\frac{r}{c}\right)\times\boldsymbol{e}_r\right]\times\boldsymbol{e}_r$$

将上式对时间积分，最终求得辐射电场的表达式如下：

$$\boldsymbol{E}=\frac{\mu_0}{4\pi r}\left[\ddot{\boldsymbol{p}}\left(t-\frac{r}{c}\right)\times\boldsymbol{e}_r\right]\times\boldsymbol{e}_r\tag{5.4.40}$$

将式(5.4.38)、式(5.4.39)和式(5.4.40)分别与式(5.4.7)、式(5.4.9)和式(5.4.10)进行比较可以看出，从简谐电偶极子的结果出发，只需简单地去掉有关公式中出现的相因子 $\mathrm{e}^{\mathrm{i}kr}$，并将电偶极矩 $\boldsymbol{p}(t)$ 中的自变量 $t$ 替换成 $t-r/c$，即可求得随时间任意变化的电偶极子的结果.

对磁偶极辐射和电四极辐射存在类似推广，只需去掉有关公式中出现的相因子 $\mathrm{e}^{\mathrm{i}kr}$，并将磁矩 $\boldsymbol{m}(t)$ 和电四极矩 $\overleftrightarrow{\boldsymbol{D}}(t)$ 中的自变量 $t$ 替换成 $t-r/c$ 即可. 当偶极矩采用形如 $\boldsymbol{p}=\boldsymbol{p}_0\mathrm{e}^{-\mathrm{i}\omega t}$ 的复数形式，这时式(5.4.38)～式(5.4.40)回到式(5.4.7)、式(5.4.9)和式(5.4.10). 另外，对偶极矩 $\boldsymbol{p}(t)$ 为任意的实矢量函数的情形，式(5.4.38)～式(5.4.40)同样适用，所求得的结果为实矢势、实矢量磁场和实矢量电场，即物理量本身，用不着像复数形式辐射场情况那样进行取实部运算.

**例 5.6**

从式(5.4.38)～式(5.4.40)出发，重算本节例 5.2 的电偶极辐射场.

**解** 系统的电偶极矩及其一阶、二阶时间导数为

$$\boldsymbol{p}(t)=qa[\cos(\omega t)\boldsymbol{e}_x+\sin(\omega t)\boldsymbol{e}_y]$$

$$\dot{\boldsymbol{p}}(t)=\omega qa[-\sin(\omega t)\boldsymbol{e}_x+\cos(\omega t)\boldsymbol{e}_y]$$

$$\ddot{\boldsymbol{p}}(t)=-\omega^2 qa[\cos(\omega t)\boldsymbol{e}_x+\sin(\omega t)\boldsymbol{e}_y]$$

利用球坐标和直角坐标基矢的变换关系(见本节例 5.2)，可将后一式改写为

$$\ddot{\boldsymbol{p}}(t)=-\omega^2 qa[\sin\theta\cos(\omega t-\phi)\boldsymbol{e}_r+\cos\theta\cos(\omega t-\phi)\boldsymbol{e}_\theta+\sin(\omega t-\phi)\boldsymbol{e}_\phi]$$

将上述 $\dot{\boldsymbol{p}}$ 和 $\ddot{\boldsymbol{p}}$ 的表达式分别代入式(5.4.38)～式(5.4.40)，求得

$$\boldsymbol{A}=\frac{\mu_0\omega qa}{4\pi r}\left\{-\sin\left[\omega\left(t-\frac{r}{c}\right)\right]\boldsymbol{e}_x+\cos\left[\omega\left(t-\frac{r}{c}\right)\right]\boldsymbol{e}_y\right\}$$

$$\boldsymbol{B}=\frac{\mu_0\omega^2 qa}{4\pi cr}\left\{-\sin\left[\omega\left(t-\frac{r}{c}\right)-\phi\right]\boldsymbol{e}_\theta+\cos\theta\cos\left[\omega\left(t-\frac{r}{c}\right)-\phi\right]\boldsymbol{e}_\phi\right\}$$

$$\boldsymbol{E}=\frac{\mu_0\omega^2 qa}{4\pi r}\left\{\cos\theta\cos\left[\omega\left(t-\frac{r}{c}\right)-\phi\right]\boldsymbol{e}_\theta+\sin\left[\omega\left(t-\frac{r}{c}\right)-\phi\right]\boldsymbol{e}_\phi\right\}$$

以上结果正好等于例 5.2 相应结果的实部，请读者自行验证. 当然，对于谐振荡场源的辐射，还是采用复数表述求解比较简便. 上面只是为了说明，在谐振荡场源情况下，普遍公式(5.4.38)～式(5.4.40)与谐振荡偶极子辐射公式(5.4.7)、式(5.4.9)和式(5.4.10)完全等效. 对于随时间任意变化的场源的辐射，应当使用诸如式(5.4.38)～式(5.4.40)一类经过推广的辐射场公式.

## 5.5 天线的辐射

5.4 节在小场源近似下计算辐射场，主要简化之处在于能将相因子 $e^{-ikr'}$ 对小参数 $kr'$ ($\sim l/\lambda$，$l$ 为场源尺寸，$\lambda$ 为波长)进行泰勒展开，最终将谐振荡场源的辐射化为偶极和多极辐射的叠加. 可是，由 5.4 节结果得知，电偶极辐射强度(即辐射功率)与 $(l/\lambda)^2$ 成正比，磁偶极辐射和电四极辐射强度与 $(l/\lambda)^4$ 成正比. 为了提高辐射强度，必须选择场源尺寸与波长相当. 在这种情况下，小场源近似不再成立；必须从远场近似下的结果式(5.3.14)，即

$$\boldsymbol{A}_0(\boldsymbol{r})=\frac{\mu_0 e^{ikr}}{4\pi r}\iiint\boldsymbol{j}_0(\boldsymbol{r}')e^{-i\boldsymbol{k}\cdot\boldsymbol{r}'}dV' \tag{5.5.1}$$

出发，直接进行积分计算. 下面以直线天线为例，通过直接计算积分式(5.5.1)求电磁矢势，进而分析辐射场的性质.

### 5.5.1 沿天线的电流分布

考虑如图 5.6 所示的直线天线系统. 若天线足够细，且略去损耗，则天线电流近似为满足如下两个条件的正弦型分布：(1)天线两个端点处($z=\pm l/2$)电流强度为零；(2)若电流自上半段天线入口端($z=0_+$)流进，则必从下半段天线入口端($z=0_-$)流出，从而电流强度沿整条天线的分布在 $z=0$ 处连续. 满足这两个条件的正弦谐振荡电流强度分布(见图 5.6 给出的电流强度分布曲线)如下：

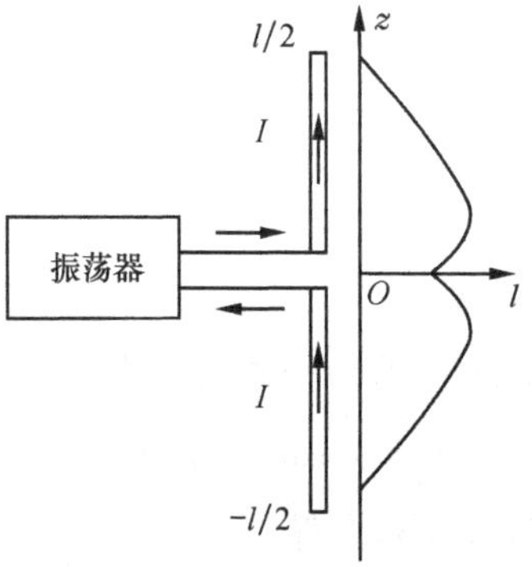

图 5.6

$$I(z,t)=I_0(z)\mathrm{e}^{-\mathrm{i}\omega t} \tag{5.5.2}$$

$$I_0(z)=I_a\sin\left[k\left(\frac{l}{2}-|z|\right)\right],\quad |z|\leqslant\frac{l}{2} \tag{5.5.3}$$

其中，$I_a$ 为峰值电流. 在短天线近似下，$I_0(z)\approx\frac{1}{2}klI_a(1-2|z|/l)$，回到上节例 5.1 的结果，对应关系为 $I_m=klI_a/2$.

### 5.5.2 天线的辐射

采用球坐标：以天线中点为原点，天线为极轴. 在式(5.5.1)被积式中，$\boldsymbol{j}_0(\boldsymbol{r}')\mathrm{d}V'$ 化为 $I_0(z')\mathrm{d}z'\boldsymbol{e}_z$，相因子中的 $\boldsymbol{k}\cdot\boldsymbol{r}'=kr'\cos\theta$，求得

$$\begin{aligned}\boldsymbol{A}_0(\boldsymbol{r})&=\frac{\mu_0I_a\mathrm{e}^{\mathrm{i}kr}}{4\pi r}\int_{-l/2}^{l/2}\sin\left[k\left(\frac{l}{2}-|z'|\right)\right]\mathrm{e}^{-\mathrm{i}kz'\cos\theta}\mathrm{d}z'\boldsymbol{e}_z\\&=\frac{\mu_0I_a\mathrm{e}^{\mathrm{i}kr}}{4\pi r}\int_{-l/2}^{l/2}\sin\left[k\left(\frac{l}{2}-|z'|\right)\right]\cos(kz'\cos\theta)\mathrm{d}z'\boldsymbol{e}_z\\&\quad-\frac{\mathrm{i}\mu_0I_a\mathrm{e}^{\mathrm{i}kr}}{4\pi r}\int_{-l/2}^{l/2}\sin\left[k\left(\frac{l}{2}-|z'|\right)\right]\sin(kz'\cos\theta)\mathrm{d}z'\boldsymbol{e}_z\end{aligned}$$

上式等号右边第一项积分的被积函数为 $z'$ 的偶函数，过($-l/2,l/2$)的积分为过($0,l/2$)的积分的两倍；第二项积分的被积函数为 $z'$ 的奇函数，过($-l/2,l/2$)的积分为零. 因此有

$$\boldsymbol{A}_0(\boldsymbol{r})=\frac{\mu_0I_a\mathrm{e}^{\mathrm{i}kr}}{2\pi r}\int_0^{l/2}\sin\left[k\left(\frac{l}{2}-z'\right)\right]\cos(kz'\cos\theta)\mathrm{d}z'\boldsymbol{e}_z$$

通过三角函数积化和差公式将被积式化简之后，可对上式进行解析积分，结果如下：

$$\boldsymbol{A}_0(\boldsymbol{r})=\frac{\mu_0I_a\mathrm{e}^{\mathrm{i}kr}}{2\pi kr}\left[\frac{\cos\left(\frac{1}{2}kl\cos\theta\right)-\cos\left(\frac{1}{2}kl\right)}{\sin^2\theta}\right]\boldsymbol{e}_z$$

$$\boldsymbol{A}=\frac{\mu_0 I_a}{2\pi kr}\left[\frac{\cos\left(\frac{1}{2}kl\cos\theta\right)-\cos\left(\frac{1}{2}kl\right)}{\sin^2\theta}\right]\mathrm{e}^{\mathrm{i}(kr-\omega t)}\boldsymbol{e}_z \tag{5.5.4}$$

相应的磁场、电场、平均能流密度和辐射功率角分布可由5.3节相关公式算得，结果为

$$\boldsymbol{B}=-\frac{\mathrm{i}\mu_0 I_a}{2\pi r}\left[\frac{\cos\left(\frac{1}{2}kl\cos\theta\right)-\cos\left(\frac{1}{2}kl\right)}{\sin\theta}\right]\mathrm{e}^{\mathrm{i}(kr-\omega t)}\boldsymbol{e}_\phi \tag{5.5.5}$$

$$\boldsymbol{E}=-\frac{\mathrm{i}\mu_0 cI_a}{2\pi r}\left[\frac{\cos\left(\frac{1}{2}kl\cos\theta\right)-\cos\left(\frac{1}{2}kl\right)}{\sin\theta}\right]\mathrm{e}^{\mathrm{i}(kr-\omega t)}\boldsymbol{e}_\theta \tag{5.5.6}$$

$$\bar{\boldsymbol{S}}=\frac{\mu_0 cI_a^2}{8\pi^2 r^2}\left[\frac{\cos\left(\frac{1}{2}kl\cos\theta\right)-\cos\left(\frac{1}{2}kl\right)}{\sin\theta}\right]^2\boldsymbol{e}_r \tag{5.5.7}$$

$$\frac{\mathrm{d}P}{\mathrm{d}\Omega}=\frac{\mu_0 cI_a^2}{8\pi^2}\left[\frac{\cos\left(\frac{1}{2}kl\cos\theta\right)-\cos\left(\frac{1}{2}kl\right)}{\sin\theta}\right]^2 \tag{5.5.8}$$

下面讨论特例. 为节约篇幅，仅分析天线辐射功率的角分布和辐射功率.

### 5.5.3 短天线的辐射

在短天线近似下有 $kl\ll 1$，从而

$$\cos\left(\frac{1}{2}kl\cos\theta\right)\approx 1-\frac{1}{2}\left(\frac{1}{2}kl\cos\theta\right)^2,\qquad \cos\left(\frac{1}{2}kl\right)\approx 1-\frac{1}{2}\left(\frac{1}{2}kl\right)^2$$

代入式(5.5.8)得辐射功率角分布

$$\frac{\mathrm{d}P}{\mathrm{d}\Omega}\approx\frac{\mu_0 cI_a^2}{8\pi^2}\left[\frac{k^2l^2(1-\cos^2\theta)}{8\sin\theta}\right]^2=\frac{\mu_0\omega^4 I_a^2 l^4}{512\pi^2c^3}\sin^2\theta$$

辐射功率为

$$P=\oiint\frac{\mathrm{d}P}{\mathrm{d}\Omega}\sin\theta\,\mathrm{d}\theta\,\mathrm{d}\phi\approx\frac{\mu_0\omega^4 I_a^2 l^4}{192\pi c^3} \tag{5.5.9}$$

将 $I_a=2I_m/(kl)=2I_m c/(\omega l)$ 代入，求得 $P=\mu_0\omega^2 I_m^2 l^2/(48\pi c)$，得到与5.4节例5.1同样的结果.

### 5.5.4 半波天线的辐射

对半波天线，$l=\lambda/2$，相应辐射场公式可由式(5.5.4)～式(5.5.8)取 $kl=\pi$ 和 $\cos(kl/2)=0$ 求得，结果为

$$\boldsymbol{A}=\frac{\mu_0 I_a}{2\pi kr}\frac{\cos\left(\frac{1}{2}\pi\cos\theta\right)}{\sin^2\theta}\mathrm{e}^{\mathrm{i}(kr-\omega t)}\boldsymbol{e}_z \tag{5.5.10}$$

$$\boldsymbol{B}=-\frac{\mathrm{i}\mu_0 I_a}{2\pi r}\frac{\cos\left(\frac{1}{2}\pi\cos\theta\right)}{\sin\theta}\mathrm{e}^{\mathrm{i}(kr-\omega t)}\boldsymbol{e}_\phi \tag{5.5.11}$$

$$\boldsymbol{E}=-\frac{\mathrm{i}\mu_0 cI_a}{2\pi r}\frac{\cos\left(\frac{1}{2}\pi\cos\theta\right)}{\sin\theta}\mathrm{e}^{\mathrm{i}(kr-\omega t)}\boldsymbol{e}_\theta \tag{5.5.12}$$

$$\bar{\boldsymbol{S}}=\frac{\mu_0 cI_a^2}{8\pi^2 r^2}\frac{\cos^2\left(\frac{1}{2}\pi\cos\theta\right)}{\sin^2\theta}\boldsymbol{e}_r \tag{5.5.13}$$

$$\frac{\mathrm{d}P}{\mathrm{d}\Omega}=\frac{\mu_0 cI_a^2}{8\pi^2}\frac{\cos^2\left(\frac{1}{2}\pi\cos\theta\right)}{\sin^2\theta} \tag{5.5.14}$$

由式(5.5.14)确定的半波天线辐射功率的角分布示于图 5.7(实线)，虚线表示电偶极子辐射功率的角分布，二者十分接近. 相对而言，半波天线的辐射功率更为集中于与天线垂直的平面($\theta=\pi/2$).

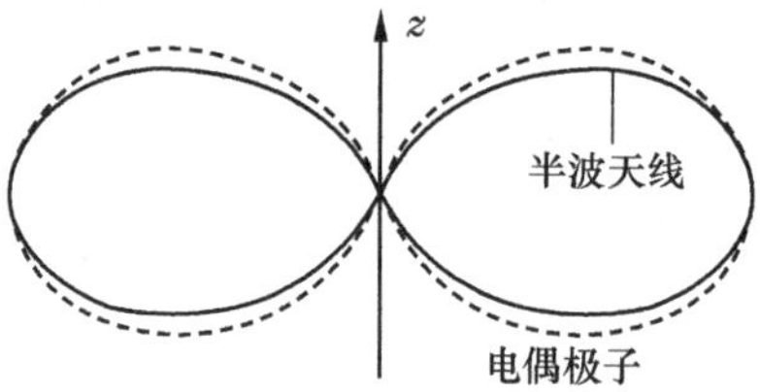


图 5.7

由式(5.5.13)积分求得辐射功率

$$P=\frac{\mu_0 cI_a^2}{4\pi}\int_0^\pi\frac{\cos^2\left(\frac{1}{2}\pi\cos\theta\right)}{\sin\theta}\mathrm{d}\theta \tag{5.5.15}$$

式(5.5.15)右边的积分数值为 1.22，于是有

$$P=1.22\frac{\mu_0 cI_a^2}{4\pi} \tag{5.5.16}$$

从辐射功率出发，按式(5.5.17)定义天线的辐射电阻 $R_r$

$$R_r=\frac{2P}{I_0^2} \tag{5.5.17}$$

式中，$I_0$ 为天线电流强度峰值. 辐射电阻反映了天线的辐射能力，另外作为等效负载，体现了对发射机电源的功率需求，是发射天线一个重要工程参数. 对上述半波天线的情况，$I_0=I_a$，由式(5.5.16)求得

$$R_r=2.44\frac{\mu_0 c}{4\pi}=73.2(\Omega)$$

对短天线的情况，辐射功率由式(5.5.9)表示，不过相应的峰值电流强度为 $I_0=\frac{1}{2}klI_a$，有

$$R_r=\frac{\mu_0 c\pi}{6}\left(\frac{l}{\lambda}\right)^2=197\left(\frac{l}{\lambda}\right)^2(\Omega)$$

对于 $l=0.1\lambda$，短天线的辐射电阻为 1.97Ω，远小于半波天线的辐射电阻.

# 第 6 章　运动电荷的辐射

我们在第 5 章已经讨论过如何由给定的电流分布计算辐射场. 任何电流分布，属于大量带电粒子集体运动或单个带电粒子长期运动的宏观平均效果. 在分析中，我们曾采用过小场源近似，它给带电粒子的运动速度和运动范围提出了附加限制：运动是低速的，粒子速度远小于光速；运动区域的尺度有限，远小于波长.

本章讨论单个带电粒子运动激发的电磁场. 此时，加在粒子运动速度和范围上的限制不复存在，而且可以将电磁场与粒子运动参数(包括位置、速度和加速度)之间的解析关系写成闭合形式. 这将为进一步分析电磁场和带电粒子、宏观介质的相互作用奠定基础，具有重要的理论意义和实用价值. 从分析方法上讲，也与第 5 章存在重要差别. 我们将从第 5 章 5.2 节的推迟势公式出发，直接计算运动电荷的电磁势，然后计算电磁场. 掌握这一方法，将从另一个侧面提高我们解决电动力学问题的能力.

## 6.1　李纳-维谢尔势

### 6.1.1　数学准备

在计算运动电荷的电磁势之前，我们做些必要的数学准备. 以下提到的体积元、矢量和张量均限于三维位置空间.

1. 坐标变换下的体积元变换

在计算体积分时，碰到被积式是积分变量的复杂函数的情况，需要进行坐标变换，简化积分计算. 设在积分区域中引入某直角坐标$(x',y',z')$，相应位置矢量为$\boldsymbol{r}'$，体积元为$\mathrm{d}V'=\mathrm{d}x'\mathrm{d}y'\mathrm{d}z'$. 实施如下坐标变换：

$$\boldsymbol{r}'\rightarrow\boldsymbol{r}'',\qquad x',y',z'\rightarrow x'',y'',z'' \tag{6.1.1}$$

则体积元将按下述方式进行变换：

$$\mathrm{d}V''=\mathrm{d}x''\mathrm{d}y''\mathrm{d}z''=|\ J\ |\ \mathrm{d}V'$$

式中，$J$ 为雅可比行列式

$$J=\frac{\partial(x'',y'',z'')}{\partial(x',y',z')}=\det(\nabla'\boldsymbol{r}'') \tag{6.1.2}$$

于是有

$$\mathrm{d}V'=|\ J\ |^{-1}\mathrm{d}V'' \tag{6.1.3}$$

式(6.1.3)成立的充分必要条件是 $J\neq0$.

2. 并矢的性质

(1) 行列式. 对由任意两个矢量 $\boldsymbol{f}$ 和 $\boldsymbol{g}$ 构成的并矢 $\boldsymbol{fg}$，其对应矩阵的行列式为零，即（仍保留并矢符号，实则表示其对应矩阵，下同）

$$\det(\boldsymbol{fg})=0$$

证明如下：

$$\begin{aligned}\det(\boldsymbol{fg})&=\varepsilon_{ijk}(f_1g_i)(f_2g_j)(f_3g_k)=f_1f_2f_3\varepsilon_{ijk}g_ig_jg_k\\&=f_1f_2f_3\boldsymbol{g}\cdot(\boldsymbol{g}\times\boldsymbol{g})=0\end{aligned}$$

(2) 迹.

$$\mathrm{Tr}(\boldsymbol{fg})=\boldsymbol{f}\cdot\boldsymbol{g}$$

(3) 对角元素的余子式.

$$A_{11}=\begin{vmatrix}f_2g_2 & f_2g_3\\ f_3g_2 & f_3g_3\end{vmatrix}=f_2g_2f_3g_3-f_2g_3f_3g_2=0$$

类似可证 $A_{22}=A_{33}=0$.

3. 对任意张量 $\overleftrightarrow{\boldsymbol{T}}$ 成立

$$\det(\overleftrightarrow{\boldsymbol{I}}+\overleftrightarrow{\boldsymbol{T}})=1+\mathrm{Tr}(\overleftrightarrow{\boldsymbol{T}})+A_{11}+A_{22}+A_{33}+\det(\overleftrightarrow{\boldsymbol{T}})\tag{6.1.4}$$

其中，$\overleftrightarrow{\boldsymbol{I}}$ 为单位张量；$A_{11}$、$A_{22}$ 和 $A_{33}$ 分别为与张量 $\overleftrightarrow{\boldsymbol{T}}$ 对应的矩阵的三个对角元素的余子式. 以下给出式(6.1.4)式的证明.

$$\begin{aligned}\det(\overleftrightarrow{\boldsymbol{I}}+\overleftrightarrow{\boldsymbol{T}})&=\varepsilon_{ijk}(\delta_{1i}+T_{1i})(\delta_{2j}+T_{2j})(\delta_{3k}+T_{3k})\\&=\varepsilon_{ijk}\delta_{1i}\delta_{2j}\delta_{3k}+(\varepsilon_{ijk}\delta_{2j}\delta_{3k}T_{1i}+\varepsilon_{ijk}\delta_{1i}\delta_{3k}T_{2j}+\varepsilon_{ijk}\delta_{1i}\delta_{2j}T_{3k})\\&\quad+(\varepsilon_{ijk}\delta_{1i}T_{2j}T_{3k}+\varepsilon_{ijk}\delta_{2j}T_{1i}T_{3k}+\varepsilon_{ijk}\delta_{3k}T_{1i}T_{2j})+\varepsilon_{ijk}T_{1i}T_{2j}T_{3k}\end{aligned}$$

上式右边共四项，分别为

$$\text{第一项}=\varepsilon_{ijk}\delta_{1i}\delta_{2j}\delta_{3k}=\varepsilon_{123}=1$$

$$\begin{aligned}\text{第二项}&=\varepsilon_{ijk}\delta_{2j}\delta_{3k}T_{1i}+\varepsilon_{ijk}\delta_{1i}\delta_{3k}T_{2j}+\varepsilon_{ijk}\delta_{1i}\delta_{2j}T_{3k}\\&=\varepsilon_{i23}T_{1i}+\varepsilon_{1j3}T_{2j}+\varepsilon_{12k}T_{3k}=T_{11}+T_{22}+T_{33}=\mathrm{Tr}(\overleftrightarrow{\boldsymbol{T}})\end{aligned}$$

$$\begin{aligned}\text{第三项}&=\varepsilon_{ijk}\delta_{1i}T_{2j}T_{3k}+\varepsilon_{ijk}\delta_{2j}T_{1i}T_{3k}+\varepsilon_{ijk}\delta_{3k}T_{1i}T_{2j}\\&=\varepsilon_{1jk}T_{2j}T_{3k}+\varepsilon_{i2k}T_{1i}T_{3k}+\varepsilon_{ij3}T_{1i}T_{2j}\\&=(T_{22}T_{33}-T_{23}T_{32})+(T_{11}T_{33}-T_{13}T_{31})+(T_{11}T_{22}-T_{12}T_{21})\\&=A_{11}+A_{22}+A_{33}\end{aligned}$$

$$\text{第四项}=\varepsilon_{ijk}T_{1i}T_{2j}T_{3k}=\det(\overleftrightarrow{\boldsymbol{T}})$$

式(6.1.4)得证.

取 $\overleftrightarrow{\boldsymbol{T}}=\boldsymbol{fg}$，由式(6.1.4)及上述并矢的性质，得

$$\det(\overleftrightarrow{\boldsymbol{I}}+\boldsymbol{fg})=1+\boldsymbol{f}\cdot\boldsymbol{g}\tag{6.1.5}$$

4. 运动点电荷的电荷和电流密度表述

设带电粒子的运动方程为 $\boldsymbol{r}=\boldsymbol{r}_e(t)$，电量为 $e$. 视其为点电荷，则对应的体电荷密度和电流密度分布可用 $\delta$ 函数表述：

$$\rho(\boldsymbol{r}',t)=e\delta(\boldsymbol{r}'-\boldsymbol{r})=e\delta(\boldsymbol{r}'-\boldsymbol{r}_e(t)) \tag{6.1.6}$$

$$\boldsymbol{j}(\boldsymbol{r}',t)=e\boldsymbol{v}(t)\delta(\boldsymbol{r}'-\boldsymbol{r})=e\boldsymbol{v}(t)\delta(\boldsymbol{r}'-\boldsymbol{r}_e(t)) \tag{6.1.7}$$

式中，$\boldsymbol{v}(t)=\mathrm{d}\boldsymbol{r}_e(t)/\mathrm{d}t$ 为粒子速度.

### 6.1.2 李纳-维谢尔势

我们仍然从推迟势公式出发计算电磁势：

$$\varphi(\boldsymbol{r},t)=\frac{1}{4\pi\varepsilon_0}\iiint\frac{\rho\left(\boldsymbol{r}',t-\dfrac{R}{c}\right)}{R}\mathrm{d}V' \tag{6.1.8}$$

$$\boldsymbol{A}(\boldsymbol{r},t)=\frac{\mu_0}{4\pi}\iiint\frac{\boldsymbol{j}\left(\boldsymbol{r}',t-\dfrac{R}{c}\right)}{R}\mathrm{d}V' \tag{6.1.9}$$

式中，$R=|\boldsymbol{R}|=|\boldsymbol{r}-\boldsymbol{r}'|$. 由矢势和标势公式的类似性，只需从标势公式(6.1.8)进行分析，然后由所得结果直接写出矢势的表达式.

将式(6.1.6)代入式(6.1.8)，得

$$\varphi(\boldsymbol{r},t)=\frac{e}{4\pi\varepsilon_0}\iiint\frac{\delta(\boldsymbol{r}'-\boldsymbol{r}_e(t'))}{R}\mathrm{d}V' \tag{6.1.10}$$

式中，

$$t'=t-\frac{R}{c},\qquad \boldsymbol{R}=\boldsymbol{r}-\boldsymbol{r}',\qquad R=|\boldsymbol{r}-\boldsymbol{r}'| \tag{6.1.11}$$

注意，式(6.1.10)右边的积分对 $\boldsymbol{r}'$进行. 在被积式中，$\delta$ 函数的宗量 $\boldsymbol{r}'-\boldsymbol{r}_e(t')$是 $\boldsymbol{r}'$的复合函数，它不仅通过第一项直接与 $\boldsymbol{r}'$相关，而且通过第二项中的 $t'$间接与 $\boldsymbol{r}'$相关[参见式(6.1.11)]. 为绕过这一困难，我们可采用积分变量替换，由对 $\boldsymbol{r}'$的积分，转换为对

$$\boldsymbol{r}''=\boldsymbol{r}'-\boldsymbol{r}_e(t') \tag{6.1.12}$$

的积分. 该变换的雅可比行列式为

$$J=\det(\nabla'\boldsymbol{r}'')=\det[\nabla'\boldsymbol{r}'-\nabla'\boldsymbol{r}_e(t')]=\det\left(\overleftrightarrow{\boldsymbol{I}}-\nabla't'\frac{\mathrm{d}\boldsymbol{r}_e(t')}{\mathrm{d}t'}\right)$$

其中$\nabla't'$可由式(6.1.11)第一式求得

$$\nabla't'=-\frac{1}{c}\nabla'R=\frac{1}{c}\nabla R=\frac{\boldsymbol{R}}{cR}$$

推导中用到$\nabla'=-\nabla$. 再利用式(6.1.5)，最终求得雅可比行列式

$$J=\det\left(\overleftrightarrow{\boldsymbol{I}}-\frac{\boldsymbol{R}\boldsymbol{v}}{cR}\right)=1-\frac{\boldsymbol{v}\cdot\boldsymbol{R}}{cR},\qquad \boldsymbol{v}=\frac{\mathrm{d}\boldsymbol{r}_e(t')}{\mathrm{d}t'}=\boldsymbol{v}(t')$$

在实施积分变换时，要求 $J\neq0$. 当 $v<c$ 时，$J$ 表达式右边第二项的绝对值恒小于

1，恒有 $J>0$. 因此，为了保证上述积分变换合法，要求粒子速度小于真空中的光速 $c$. 关于 $c$ 为运动粒子的极限速度的结论，将在第 8 章作详细说明. 利用上述结果，可将式(6.1.10)化为

$$\varphi(\boldsymbol{r},t)=\frac{e}{4\pi\varepsilon_0}\iiint\frac{\delta(\boldsymbol{r}'')}{R}\,|\,J\,|^{-1}\mathrm{d}V''=\frac{e}{4\pi\varepsilon_0}\iiint\frac{\delta(\boldsymbol{r}'')}{R\left(1-\dfrac{\boldsymbol{R}\cdot\boldsymbol{v}}{cR}\right)}\mathrm{d}V''$$

在上述含 $\delta$ 函数的积分中，$\delta$ 函数的宗量和积分变量一致，同为 $\boldsymbol{r}''$. 利用 $\delta$ 函数的积分性质，可直接写出

$$\varphi(\boldsymbol{r},t)=\frac{e}{4\pi\varepsilon_0\left[R\left(1-\dfrac{\boldsymbol{R}\cdot\boldsymbol{v}}{cR}\right)\right]_{\boldsymbol{r}''=0}}\tag{6.1.13}$$

$\boldsymbol{r}''=0$ 意味着什么？首先，由式(6.1.12)，它表示 $\boldsymbol{r}'=\boldsymbol{r}_e(t')$. 其次，由式(6.1.11)和给定的 $t$ 和 $\boldsymbol{r}$，原则上可确定 $t'$，$\boldsymbol{r}'$，$\boldsymbol{R}$ 和 $R$，分别标记为 $t^*$，$\boldsymbol{r}^*$，$\boldsymbol{R}^*$ 和 $R^*$，它们满足式(6.1.11)，即

$$\boldsymbol{r}^*=\boldsymbol{r}_e(t^*),\qquad \boldsymbol{R}^*=\boldsymbol{r}-\boldsymbol{r}^*,\qquad t^*=t-\frac{R^*}{c}\tag{6.1.14}$$

式(6.1.14)表达了因变量($t^*$，$\boldsymbol{r}^*$，$\boldsymbol{R}^*$，$R^*$)与自变量($t$，$\boldsymbol{r}$)之间的依赖关系，显然这是一种复杂的隐函数关系. 在 6.2 节，从电磁势求电磁场时，将涉及电磁势对 $t$ 和 $\boldsymbol{r}$ 的偏导数，需要用到上述隐函数关系. 在新的标记之下，式(6.1.13)式右边中括弧中的量在 $\boldsymbol{r}''=0$ 处取值，等效于将这些量加上上标 $*$ 号，即

$$\varphi(\boldsymbol{r},t)=\frac{e}{4\pi\varepsilon_0R^*\left(1-\dfrac{\boldsymbol{R}^*\cdot\boldsymbol{v}^*}{cR^*}\right)}\tag{6.1.15}$$

式中，$\boldsymbol{v}^*=\boldsymbol{v}(t^*)=\mathrm{d}\boldsymbol{r}^*/\mathrm{d}t^*=\mathrm{d}\boldsymbol{r}_e(t^*)/\mathrm{d}t^*$.

对照式(6.1.6)和式(6.1.7)，以及比较式(6.1.8)和式(6.1.9)，由标势表达式立即可写出矢势的类似表达式，只需将 $1/\varepsilon_0$ 换成 $\mu_0\boldsymbol{v}^*$ 即可，结果为

$$\boldsymbol{A}(\boldsymbol{r},t)=\frac{\mu_0e\boldsymbol{v}^*}{4\pi R^*\left(1-\dfrac{\boldsymbol{R}^*\cdot\boldsymbol{v}^*}{cR^*}\right)}\tag{6.1.16}$$

式(6.1.15)和式(6.1.16)称为李纳-维谢尔势.

### 6.1.3 物理分析

下面对李纳-维谢尔势的物理含义作些初步分析.

首先，推迟效应明显地体现在李纳-维谢尔势的表达式中：对给定考察点位置 $\boldsymbol{r}$，$t$ 时刻的电磁势由前一个时刻 $t^*=t-|\boldsymbol{r}-\boldsymbol{r}^*|/c$ 粒子运动状态(位置 $\boldsymbol{r}^*$ 和速度 $\boldsymbol{v}^*$)决定，此前和此后粒子的运动状态对 $t$ 时刻 $\boldsymbol{r}$ 处的电磁势没有影响. 这说明，运动电荷发射的电磁场，以有限速度 $c$ 向外传播. 其次，推迟效应不仅体现在时间的延迟，也导致分母中各向异性因子 $1-(\boldsymbol{R}^*\cdot\boldsymbol{v}^*/cR^*)$ 的出现. 在低速极限下，该因子

近似等于1,各向异性可以略去不计;对速度接近光速的粒子,该因子产生显著的各向异性. 图6.1实线示出了 $v=0.2c$ 时,该因子的倒数相对粒子速度方向的角分布,虚线为 $v\ll c$ 时的相应结果. 由图可见,粒子运动前方的电磁势增强,后方的电磁势减弱. 注意,不可依此推论运动电荷前方的电磁场增强,后方的电磁场减弱,因为电磁场来自电磁势的时空偏导数. 以后我们会看到,电磁场会在运动的垂直方向增强,平行方向减弱.

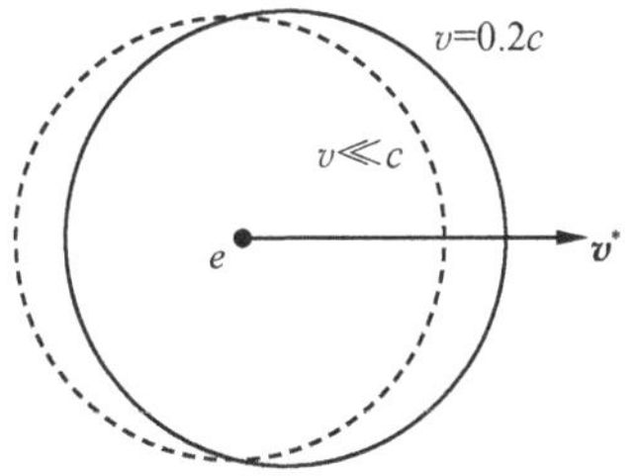

图 6.1

对低速运动电荷,$v\ll c$,因子 $\boldsymbol{R}^*\cdot\boldsymbol{v}^*/(cR^*)\ll 1$;从式(6.1.15)和式(6.1.16)中略去这一因子,得

$$\varphi(\boldsymbol{r},t)=\frac{e}{4\pi\varepsilon_0 R^*},\qquad \boldsymbol{A}(\boldsymbol{r},t)=\frac{\mu_0 e\boldsymbol{v}^*}{4\pi R^*}$$

以上结果在形式上与静场结果一致. 不同点在于,公式右边的带上标 * 号的量体现了推迟效应,即 $t$ 时刻的电磁势仍由前一个时刻 $t^*$ 的粒子的运动状态决定,所延迟的时间为电磁波从电荷至考察点的渡越时间. 与高速运动电荷情况相比,只是忽略了由出现在分母中的因子 $1-(\boldsymbol{R}^*\cdot\boldsymbol{v}^*/cR^*)$ 所导致的各向异性.

## 6.2 运动电荷的电磁场

本节由运动电荷的电磁势计算电磁场,计算公式为

$$\boldsymbol{E}=-\nabla\varphi-\frac{\partial\boldsymbol{A}}{\partial t}\tag{6.2.1}$$

$$\boldsymbol{B}=\nabla\times\boldsymbol{A}\tag{6.2.2}$$

其中的 $\varphi(\boldsymbol{r},t)$ 和 $\boldsymbol{A}(\boldsymbol{r},t)$ 为李纳-维谢尔势,其表达式已在上节导出,重抄如下:

$$\varphi(\boldsymbol{r},t)=\frac{e}{4\pi\varepsilon_0 S^*}\tag{6.2.3}$$

$$\boldsymbol{A}(\boldsymbol{r},t)=\frac{\mu_0 e\boldsymbol{v}^*}{4\pi S^*}\tag{6.2.4}$$

式中,

$$S^*=R^*-\frac{\boldsymbol{R}^*\cdot\boldsymbol{v}^*}{c}\tag{6.2.5}$$

$$t^*=t-\frac{R^*}{c}\tag{6.2.6}$$

$$\boldsymbol{R}^*=\boldsymbol{r}-\boldsymbol{r}^*,\qquad R^*=[(\boldsymbol{r}-\boldsymbol{r}^*)\cdot(\boldsymbol{r}-\boldsymbol{r}^*)]^{1/2}\tag{6.2.7}$$

$$\boldsymbol{r}^*=\boldsymbol{r}_e(t^*),\qquad \boldsymbol{v}^*=\boldsymbol{v}(t^*)\tag{6.2.8}$$

### 6.2.1 李纳-维谢尔势与($\boldsymbol{r}$,$t$)的函数关系剖析

求李纳-维谢尔势的时空偏导数看似简单，其实不然. 如上节所述，上述公式中出现的带上标 * 号的量，均是 $\boldsymbol{r}$ 和 $t$ 的隐函数，这导致电磁势为 $\boldsymbol{r}$ 和 $t$ 的复合函数. 让我们先来分析这些函数关系. 仔细考察式(6.2.3)～式(6.2.8)发现，$\boldsymbol{r}^*$ 和 $\boldsymbol{v}^*$ 仅为 $t^*$ 的显函数，$\boldsymbol{R}^*$ 是 $\boldsymbol{r}$ 和 $\boldsymbol{r}^*$ 的显函数. 因此，整个电磁势为 $\boldsymbol{r}$ 和 $t^*$ 的显函数，其中 $t^*$ 是 $\boldsymbol{r}$ 和 $t$ 的隐函数，由式(6.2.6)和式(6.2.7)确定. 此外，自变量 $t$ 仅出现在 $t^*$ 中. 针对上述电磁势与($\boldsymbol{r}$,$t$)的复合函数关系，利用复合函数求导数法则，可以写出如下偏微分算符等式：

$$\frac{\partial}{\partial t}=\frac{\partial t^*}{\partial t}\frac{\partial}{\partial t^*} \tag{6.2.9}$$

$$\nabla=\nabla^*+(\nabla t^*)\frac{\partial}{\partial t^*},\qquad \nabla^*\equiv(\nabla)_{t^*} \tag{6.2.10}$$

式中，$\nabla^*$ 表示对 $\boldsymbol{r}$ 求矢量微分时，将 $t^*$ 视为“常数”，即不对 $t^*(\boldsymbol{r},t)$中的 $\boldsymbol{r}$ 实施矢量微分. 式(6.2.9)和式(6.2.10)表明，为计算电磁势的时空偏导数，关键在于计算隐函数 $t^*(\boldsymbol{r},t)$的时空偏导数，即 $\partial t^*/\partial t$ 和$\nabla t^*$；一旦求得它们的表达式之后，就可依次求出 $\boldsymbol{R}^*$、$R^*$、$\boldsymbol{r}^*$、$\boldsymbol{v}^*$ 和 $S^*$ 的时空偏导数，从而最终求得电磁势的时空偏导数，并由式(6.2.1)和式(6.2.2)计算电磁场.

### 6.2.2 $\partial t^*/\partial t$ 和$\nabla t^*$

将式(6.2.6)～式(6.2.8)对 $t$ 求偏导数(固定 $\boldsymbol{r}$ 不变)，得

$$\frac{\partial t^*}{\partial t}=1-\frac{1}{c}\frac{\partial R^*}{\partial t}$$

$$\frac{\partial R^*}{\partial t}=-\frac{\boldsymbol{r}-\boldsymbol{r}^*}{[(\boldsymbol{r}-\boldsymbol{r}^*)\cdot(\boldsymbol{r}-\boldsymbol{r}^*)]^{1/2}}\cdot\frac{\partial \boldsymbol{r}^*}{\partial t}=-\frac{\boldsymbol{R}^*}{R^*}\cdot\frac{\partial \boldsymbol{r}^*}{\partial t} \tag{6.2.11}$$

$$\frac{\partial \boldsymbol{r}^*}{\partial t}=\frac{\mathrm{d}\boldsymbol{r}^*}{\mathrm{d}t^*}\frac{\partial t^*}{\partial t}=\boldsymbol{v}^*\frac{\partial t^*}{\partial t} \tag{6.2.12}$$

在式(6.2.12)的推导中利用了式(6.2.9). 将上述结果依次回代，得

$$\frac{\partial t^*}{\partial t}=1+\frac{\boldsymbol{R}^*\cdot\boldsymbol{v}^*}{cR^*}\frac{\partial t^*}{\partial t}$$

从中解得

$$\frac{\partial t^*}{\partial t}=\frac{R^*}{S^*} \tag{6.2.13}$$

将式(6.2.6)～式(6.2.8)对 $\boldsymbol{r}$ 求矢量微分(固定 $t$ 不变)，得

$$\nabla t^*=-\frac{1}{c}\nabla R^* \tag{6.2.14}$$

$$\nabla R^*=\frac{\nabla[(\boldsymbol{r}-\boldsymbol{r}^*)\cdot(\boldsymbol{r}-\boldsymbol{r}^*)]}{2[(\boldsymbol{r}-\boldsymbol{r}^*)\cdot(\boldsymbol{r}-\boldsymbol{r}^*)]^{1/2}}=\frac{\nabla(\boldsymbol{r}-\boldsymbol{r}^*)}{R^*}\cdot\boldsymbol{R}^*=[\overleftrightarrow{\boldsymbol{I}}-\nabla\boldsymbol{r}^*]\cdot\frac{\boldsymbol{R}^*}{R^*}$$

$$\nabla \boldsymbol{r}^* = (\nabla t^*) \frac{\mathrm{d}\boldsymbol{r}^*}{\mathrm{d}t^*} = (\nabla t^*)\boldsymbol{v}^* \tag{6.2.15}$$

其中,在推导式(6.2.15)时利用了式(6.2.10).将上述结果依次回代,得

$$\nabla t^* = -\frac{1}{cR^*}\boldsymbol{R}^* + \frac{\boldsymbol{R}^* \cdot \boldsymbol{v}^*}{cR^*}\nabla t^*$$

从中解得

$$\nabla t^* = -\frac{\boldsymbol{R}^*}{cS^*} \tag{6.2.16}$$

### 6.2.3 其他带 * 号量的时空偏导数

将式(6.2.13)相继代入式(6.2.12)和式(6.2.11),得

$$\frac{\partial \boldsymbol{R}^*}{\partial t} = -\frac{\partial \boldsymbol{r}^*}{\partial t} = -\boldsymbol{v}^* \frac{\partial t^*}{\partial t} = -\frac{R^* \boldsymbol{v}^*}{S^*} \tag{6.2.17}$$

$$\frac{\partial R^*}{\partial t} = -\frac{\boldsymbol{R}^*}{R^*} \cdot \frac{\partial \boldsymbol{r}^*}{\partial t} = -\frac{\boldsymbol{R}^* \cdot \boldsymbol{v}^*}{S^*} \tag{6.2.18}$$

此外,考虑到 $\boldsymbol{v}^*$ 仅为 $t^*$ 的函数,有

$$\frac{\partial \boldsymbol{v}^*}{\partial t} = \frac{\mathrm{d}\boldsymbol{v}^*}{\mathrm{d}t^*}\frac{\partial t^*}{\partial t} = \frac{R^*}{S^*}\boldsymbol{a}^* \tag{6.2.19}$$

其中,$\boldsymbol{a}^* = \boldsymbol{a}(t^*)$ 为粒子加速度.

将式(6.2.16)代入式(6.2.14)和式(6.2.15),得

$$\nabla R^* = -c\nabla t^* = \frac{\boldsymbol{R}^*}{S^*} \tag{6.2.20}$$

$$\nabla \boldsymbol{r}^* = (\nabla t^*)\boldsymbol{v}^* = -\frac{\boldsymbol{R}^* \boldsymbol{v}^*}{cS^*} \tag{6.2.21}$$

$$\nabla \boldsymbol{R}^* = \nabla \boldsymbol{r} - \nabla \boldsymbol{r}^* = \overleftrightarrow{\boldsymbol{I}} + \frac{\boldsymbol{R}^* \boldsymbol{v}^*}{cS^*} \tag{6.2.22}$$

此外,考虑到 $\boldsymbol{v}^*$ 仅为 $t^*$ 的函数,有

$$\nabla \boldsymbol{v}^* = \nabla t^* \frac{\mathrm{d}\boldsymbol{v}^*}{\mathrm{d}t^*} = -\frac{\boldsymbol{R}^* \boldsymbol{a}^*}{cS^*} \tag{6.2.23}$$

$$\nabla \times \boldsymbol{v}^* = \nabla t^* \times \frac{\mathrm{d}\boldsymbol{v}^*}{\mathrm{d}t^*} = -\frac{\boldsymbol{R}^* \times \boldsymbol{a}^*}{cS^*} \tag{6.2.24}$$

由式(6.2.5)得

$$\frac{\partial S^*}{\partial t} = \frac{\partial R^*}{\partial t} - \frac{1}{c}\frac{\partial \boldsymbol{R}^*}{\partial t} \cdot \boldsymbol{v}^* - \frac{1}{c}\boldsymbol{R}^* \cdot \frac{\partial \boldsymbol{v}^*}{\partial t} \tag{6.2.25}$$

$$\nabla S^* = \nabla R^* - \frac{1}{c}(\nabla \boldsymbol{R}^*) \cdot \boldsymbol{v}^* - \frac{1}{c}(\nabla \boldsymbol{v}^*) \cdot \boldsymbol{R}^* \tag{6.2.26}$$

将式(6.2.17)~式(6.2.19)代入式(6.2.25),得

$$\frac{\partial S^*}{\partial t} = \frac{1}{cS^*}(-c\boldsymbol{R}^* \cdot \boldsymbol{v}^* + R^* v^{*2} - R^* \boldsymbol{a}^* \cdot \boldsymbol{R}^*) \tag{6.2.27}$$

将式(6.2.20)～式(6.2.23)代入式(6.2.26),得

$$\nabla S^* = \frac{\boldsymbol{R}^*}{S^*}\left(1-\frac{v^{*2}}{c^2}+\frac{1}{c^2}\boldsymbol{a}^*\cdot\boldsymbol{R}^*\right)-\frac{1}{c}\boldsymbol{v}^* \tag{6.2.28}$$

### 6.2.4 $E$ 和 $B$

由式(6.2.3)求负梯度得

$$-\nabla\varphi(\boldsymbol{r},t)=\frac{e}{4\pi\varepsilon_0 S^{*2}}\nabla S^* \tag{6.2.29}$$

由式(6.2.4)求时间偏导数得

$$\frac{\partial\boldsymbol{A}}{\partial t}=\frac{\mu_0 e}{4\pi S^*}\left(\frac{\partial\boldsymbol{v}^*}{\partial t}-\frac{\boldsymbol{v}^*}{S^*}\frac{\partial S^*}{\partial t}\right)$$

利用式(6.2.19),上式化为

$$-\frac{\partial\boldsymbol{A}}{\partial t}=\frac{\mu_0 e}{4\pi S^{*2}}\left(-R^*\boldsymbol{a}^*+\frac{\partial S^*}{\partial t}\boldsymbol{v}^*\right) \tag{6.2.30}$$

由式(6.2.4)求旋度得

$$\nabla\times\boldsymbol{A}=\frac{\mu_0 e}{4\pi S^*}\left(\nabla\times\boldsymbol{v}^*-\frac{1}{S^*}\nabla S^*\times\boldsymbol{v}^*\right)$$

利用式(6.2.24),上式化为

$$\nabla\times\boldsymbol{A}=\frac{\mu_0 e}{4\pi S^{*2}}\left(-\frac{1}{c}\boldsymbol{R}^*\times\boldsymbol{a}^*-\nabla S^*\times\boldsymbol{v}^*\right) \tag{6.2.31}$$

进一步,将式(6.2.29)和式(6.2.30)代入式(6.2.1),将式(6.2.31)代入式(6.2.2),分别计算电磁场;经过整理之后,求得最终结果如下:

$$\boldsymbol{E}=\frac{e}{4\pi\varepsilon_0 S^{*3}}\left\{\left(1-\frac{v^{*2}}{c^2}\right)\left(\boldsymbol{R}^*-\frac{1}{c}R^*\boldsymbol{v}^*\right)+\frac{1}{c^2}\boldsymbol{R}^*\times\left[\left(\boldsymbol{R}^*-\frac{1}{c}R^*\boldsymbol{v}^*\right)\times\boldsymbol{a}^*\right]\right\} \tag{6.2.32}$$

$$\boldsymbol{B}=\frac{e}{4\pi\varepsilon_0 S^{*3}}\frac{\boldsymbol{R}^*}{cR^*}\times\left[-\frac{R^*}{c}\left(1-\frac{v^{*2}}{c^2}\right)\boldsymbol{v}^*-\frac{R^*}{c^3}\boldsymbol{R}^*\times(\boldsymbol{v}^*\times\boldsymbol{a}^*)-\frac{R^{*2}}{c^2}\boldsymbol{a}^*\right] \tag{6.2.33}$$

在式(6.2.33)右边中括弧内加上

$$\left(1-\frac{v^{*2}}{c^2}\right)\boldsymbol{R}^*+\frac{1}{c^2}(\boldsymbol{R}^*\cdot\boldsymbol{a}^*)\boldsymbol{R}^*$$

该项与 $\boldsymbol{R}^*$ 的矢积为零,对 $\boldsymbol{B}$ 的结果没有影响. 这时,式(6.2.33)简化为

$$\boldsymbol{B}=\frac{\boldsymbol{R}^*}{cR^*}\times\boldsymbol{E} \tag{6.2.34}$$

上述简单的结果表明,磁场始终与电场垂直;只要由式(6.2.32)算出电场,就可由式(6.2.34)简单地算出磁场. 因此,以下我们着重分析运动电荷的电场. 回忆谐振荡电流的辐射场公式,那里是先计算磁场,然后通过简单的矢积运算求得电场,次序恰好相反.

式(6.2.32)表明，可将运动电荷的电场划分为两个部分：一部分对应式中右边大括弧内的第一项，与加速度无关，称为固有场；另一部分对应第二项，与加速度有关. 下面我们会看到，第二部分对应运动电荷的辐射场. 下面对这两部分电磁场分别进行讨论.

### 6.2.5 匀速运动电荷的电磁场

先来分析固有场的特性. 对于做匀速直线运动的电荷，$\boldsymbol{a}^*=0$，$\boldsymbol{v}^*=\boldsymbol{v}=$常量. 此时，式(6.2.32)大括弧内的第二项消失，仅存在固有场：

$$\boldsymbol{E}=\frac{e}{4\pi\varepsilon_0 S^{*3}}\left(1-\frac{v^2}{c^2}\right)\left(\boldsymbol{R}^*-\frac{1}{c}R^*\boldsymbol{v}\right) \tag{6.2.35}$$

下面设法将带 * 号的量($R^*$、$\boldsymbol{R}^*$ 和 $S^*$)写成 $\boldsymbol{r}$ 的显函数. 针对某个特定的考察时刻 $t$，将该时刻粒子所在位置取为实验室坐标系的原点 $O$，即 $\boldsymbol{r}_e(t)=0$；粒子速度 $\boldsymbol{v}$ 取为极轴，如图 6.2 所示. 场点 $P$ 的位置矢量为 $\boldsymbol{r}$，在 $t$ 时刻的电磁场由 $t^*$ 时刻电荷的运动状态确定：电荷位于 $A$ 点，位置矢量为

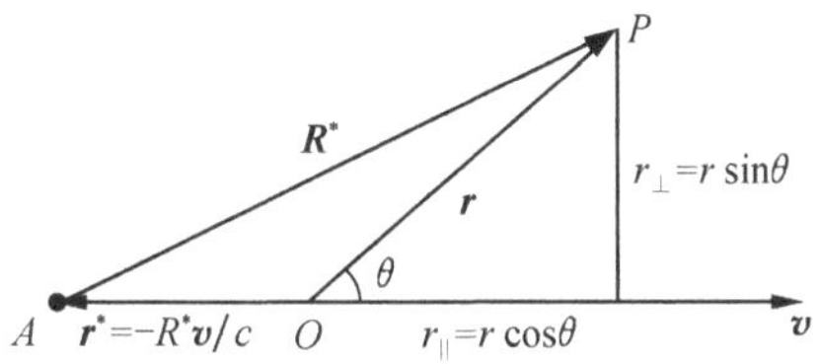


图 6.2

$$\boldsymbol{r}^*=\boldsymbol{r}_e(t^*)=(t^*-t)\boldsymbol{v}=-\frac{R^*}{c}\boldsymbol{v}$$

于是有

$$\boldsymbol{R}^*=\boldsymbol{r}-\boldsymbol{r}^*=\boldsymbol{r}+\frac{R^*}{c}\boldsymbol{v} \tag{6.2.36}$$

$$R^{*2}=r^2+\frac{R^{*2}}{c^2}v^2+2\frac{R^*}{c}\boldsymbol{r}\cdot\boldsymbol{v}=r^2+\frac{R^{*2}}{c^2}v^2+2\frac{vR^*}{c}r_{\parallel}$$

$$R^{*2}\left(1-\frac{v^2}{c^2}\right)-\frac{2vr_{\parallel}}{c}R^*-r^2=0$$

从中解出

$$R^*=\gamma^2\left(\frac{v}{c}r_{\parallel}+\sqrt{r_{\perp}^2/\gamma^2+r_{\parallel}^2}\right) \tag{6.2.37}$$

式中，

$$\gamma=1/(1-\beta^2)^{1/2},\qquad \beta=v/c \tag{6.2.38}$$

由式(6.2.36)和式(6.2.37)可导出 $S^*$ 的表达式，步骤如下：

$$S^*=R^*-\frac{\boldsymbol{R}^*\cdot\boldsymbol{v}}{c}=R^*-\frac{\boldsymbol{r}\cdot\boldsymbol{v}}{c}-\frac{v^2}{c^2}R^*=R^*\left(1-\frac{v^2}{c^2}\right)-\frac{v}{c}r_{\parallel}$$

$$=\frac{v}{c}r_{\parallel}+\sqrt{r_{\perp}^2/\gamma^2+r_{\parallel}^2}-\frac{v}{c}r_{\parallel}=\sqrt{r_{\perp}^2/\gamma^2+r_{\parallel}^2}$$

于是有

$$S^* = \frac{1}{\gamma}\sqrt{r_\perp^2 + \gamma^2 r_\parallel^2} \tag{6.2.39}$$

将式(6.2.36)、式(6.2.37)和式(6.2.39)代入式(6.2.35)，得

$$\boldsymbol{E} = \frac{\gamma e \boldsymbol{r}}{4\pi\varepsilon_0 (r_\perp^2 + \gamma^2 r_\parallel^2)^{3/2}} \tag{6.2.40}$$

由式(6.2.34)和式(6.2.36)求得相应磁场为

$$\boldsymbol{B} = \frac{1}{cR^*}\boldsymbol{R}^* \times \boldsymbol{E} = \frac{1}{c^2}\boldsymbol{v} \times \boldsymbol{E} = \frac{\gamma e \boldsymbol{v} \times \boldsymbol{r}}{4\pi\varepsilon_0 c^2 (r_\perp^2 + \gamma^2 r_\parallel^2)^{3/2}} \tag{6.2.41}$$

上述电磁场公式也可写成如下形式：

$$\boldsymbol{E} = \frac{e(1-\beta^2)\boldsymbol{r}}{4\pi\varepsilon_0 r^3 (1-\beta^2 \sin^2\theta)^{3/2}} \tag{6.2.42}$$

$$\boldsymbol{B} = \frac{\mu_0 e(1-\beta^2)\boldsymbol{v} \times \boldsymbol{r}}{4\pi r^3 (1-\beta^2 \sin^2\theta)^{3/2}} \tag{6.2.43}$$

式中，$\theta$ 为 $\boldsymbol{r}$ 与 $\boldsymbol{v}$ 之间的夹角(图 6.2).

下面对所得到结果的物理含义作些简单分析.

首先，式(6.2.42)表明，以考察时刻电荷位置为坐标原点，电场位于径向方向；式(6.2.43)则表明，磁场位于以 $\boldsymbol{v}$ 为极轴的方位方向，即绕极轴的圆周切线方向.

其次，当 $\theta=\pi/2$ 时，场强最大，表明场强向粒子运动的垂直方向集中. 图 6.3 给出 $\beta\approx0$(虚线)、$\beta=0.4$ 和 0.8 三种情况下电矢量矢尖的轨迹. 随着 $\beta$ 的增加，场强向垂直方向的集中加剧.

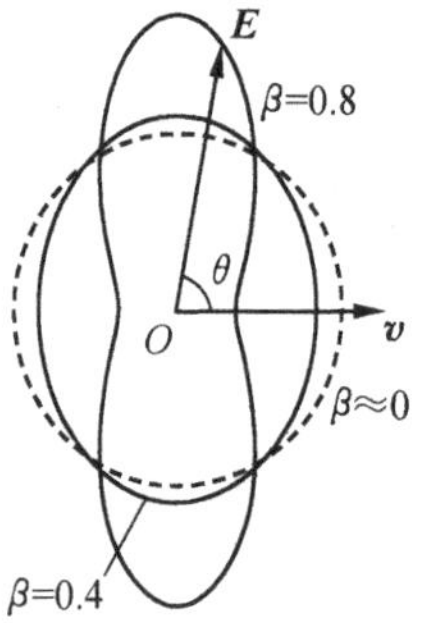


图 6.3

再次，磁能密度与电能密度之比与 $v^2/c^2$ 同级. 对低速运动粒子而言，磁能远小于电能.

最后，因电、磁场都与 $r^2$ 成反比，能流密度正比于 $r^{-4}$，不存在辐射，电磁场只是随电荷一道运动. 对于后一结论解释如下. 如前所述，上述电磁场表达式系在实验室坐标系下写出，只是坐标原点选为考察时刻 $t$ 电荷所在位置. 不同时刻的电磁场，相对电荷具有同样的空间分布. 这意味着，整个电磁场随电荷一道运动. 这也是将该电磁场称为电荷的“固有场”的缘故.

### 6.2.6 切连科夫辐射

由匀速直线运动电荷的电磁场表达式(6.2.42)和式(6.2.43)可见，当 $\theta=\pi/2$ 时，因子 $(1-\beta^2)/(1-\beta^2\sin^2\theta)^{3/2}$ 化为 $(1-\beta^2)^{-1/2}$. 由于粒子速度总是小于真空光速 $c$，即 $\beta<1$，不会产生任何问题. 对于静止介质中的高速运动带电粒子，只要粒子速度小于介质中的光速，前面获得的电磁场公式经如下推广之后仍然有效：将参数 $(\varepsilon_0, \mu_0, c)$ 换为 $(\varepsilon, \mu, u)$，$u=1/(\varepsilon\mu)^{1/2}=c/n$ 为介质中的光速，$n$ 为折射率. 可是，当

粒子速度超过介质中的光速时，因子 $\beta=v/u$ 将大于 1，上述推广失效. 这时，匀速运动电荷也会发出辐射，称为切连科夫辐射.

切连科夫辐射是原苏联物理学家瓦维洛夫和他的研究生切连科夫于 1934 年通过实验发现的. 实验装置的原理示于图 6.4：将 $\gamma$ 射线投射至液体介质，在介质中会出现淡蓝紫色光锥（图 6.4 中虚线）. 他们判断这种发光不是荧光，而是一种新的现象. 1937 年，苏联学者弗朗克和塔姆对此作出了理论解释. 他们指出这属于一种次级现象：$\gamma$ 射线在液体中打出电子，其速度超过介质光速；次级高速电子与介质作用，产生了切连科夫辐射.

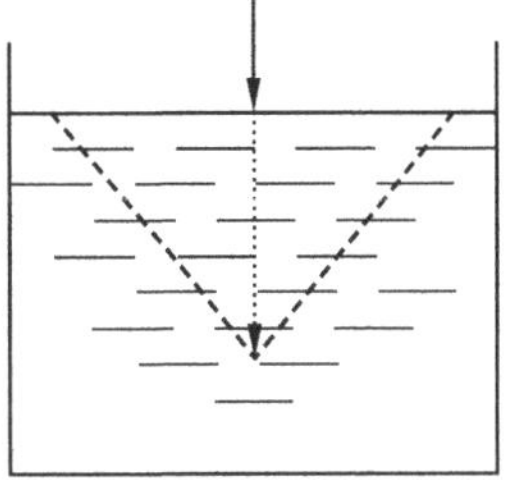

图 6.4

下面对切连科夫辐射的形成机制作些定性解释. 当粒子速度低于介质中的光速时，粒子相继发出的子波形成相互嵌套的球面，如图 6.5 左侧分图所示. 此时，由式(6.1.2)定义的雅可比行列式恒正，相应导出的匀速运动电荷的电磁场公式成立，只需将参数$(\varepsilon_0,\mu_0,c)$换为$(\varepsilon,\mu,u)$. 相反，当粒子速度超过介质中的光速时，粒子相继发出的子波彼此相交，发生干涉，诸子波的包络形成一个以粒子当前位置为顶点的锥面，称为光冲击波，如图 6.5 右侧分图中的虚线所示. 锥面的半锥角为 $\theta=\arcsin(u/v)$. 对这种情况，雅可比行列式在锥面冲击波阵面上为零，在外为负，本节导出的匀速运动电荷的辐射场公式失效. 这时，必须从电磁推迟势原始公式出发，重新进行分析. 本书略去这些数学分析，只是指出，以上形成的光冲击波即为切连科夫辐射，其传播方向与粒子速度的夹角 $\theta_c$ 称为切连科夫角，满足

$$\cos\theta_c = \sin\theta = \frac{c}{nv} \tag{6.2.44}$$

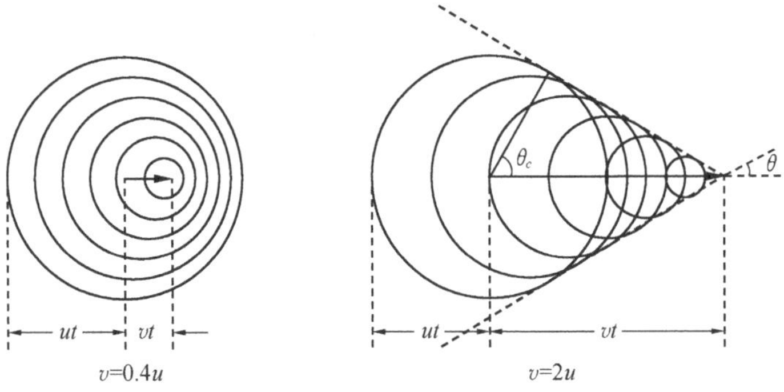


图 6.5

通过切连科夫角的测量，可测定高速运动粒子的运动速度，相关的仪器称为切连科夫探测器. 该探测器在高能物理领域得到广泛的应用，导致以后中微子和反质子等一系列基本粒子的发现.

## 6.3 运动电荷的辐射场和辐射功率

现在我们转来分析做加速运动带电粒子的辐射场.

### 6.3.1 运动电荷的辐射场

如上节所述,在真空中辐射场应与电荷的加速度有关,匀速运动的电荷无辐射场.仅保留式(6.2.32)中与加速度有关的部分,求得运动电荷的辐射场的表达式如下：

$$\boldsymbol{E}=\frac{e}{4\pi\varepsilon_0 c^2 S^{*3}}\boldsymbol{R}^*\times\left[\left(\boldsymbol{R}^*-\frac{1}{c}R^*\boldsymbol{v}^*\right)\times\boldsymbol{a}^*\right] \tag{6.3.1}$$

$$\boldsymbol{B}=\frac{\boldsymbol{R}^*}{cR^*}\times\boldsymbol{E} \tag{6.3.2}$$

式中,

$$S^*=R^*\left(1-\frac{\boldsymbol{R}^*\cdot\boldsymbol{v}^*}{R^*c}\right) \tag{6.3.3}$$

$$\boldsymbol{R}^*=\boldsymbol{r}-\boldsymbol{r}^*,\qquad \boldsymbol{r}^*=\boldsymbol{r}_e(t^*),\qquad t^*=t-\frac{R^*}{c} \tag{6.3.4}$$

引入

$$\boldsymbol{n}=\frac{\boldsymbol{R}^*}{R^*},\qquad \boldsymbol{\beta}^*=\frac{\boldsymbol{v}^*}{c} \tag{6.3.5}$$

将式(6.3.1)～式(6.3.3)化为

$$\boldsymbol{E}=\frac{e}{4\pi\varepsilon_0 c^2 R^*(1-\boldsymbol{n}\cdot\boldsymbol{\beta}^*)^3}\boldsymbol{n}\times[(\boldsymbol{n}-\boldsymbol{\beta}^*)\times\boldsymbol{a}^*] \tag{6.3.6}$$

$$\boldsymbol{B}=\frac{1}{c}\boldsymbol{n}\times\boldsymbol{E} \tag{6.3.7}$$

$$S^*=R^*(1-\boldsymbol{n}\cdot\boldsymbol{\beta}^*) \tag{6.3.8}$$

上述电磁场具有辐射场的基本特征,如 $\boldsymbol{E}$、$\boldsymbol{B}$ 和 $\boldsymbol{n}$ 满足右手正交关系,且电能密度等于磁能密度.此外,能流密度的瞬时值为

$$\boldsymbol{S}=\frac{1}{\mu_0}\boldsymbol{E}\times\boldsymbol{B}=wc\boldsymbol{n} \tag{6.3.9}$$

式中,

$$w=\frac{B^2}{2\mu_0}+\frac{\varepsilon_0 E^2}{2}=\frac{B^2}{\mu_0}=\varepsilon_0 E^2 \tag{6.3.10}$$

为总电磁能密度.将式(6.3.6)、式(6.3.10)代入式(6.3.9),得

$$\boldsymbol{S}=\frac{e^2}{16\pi^2\varepsilon_0 c^3 R^{*2}}\frac{|\boldsymbol{n}\times[(\boldsymbol{n}-\boldsymbol{\beta}^*)\times\boldsymbol{a}^*]|^2}{(1-\boldsymbol{n}\cdot\boldsymbol{\beta}^*)^6}\boldsymbol{n} \tag{6.3.11}$$

### 6.3.2 运动电荷的辐射功率(瞬时值)

先来回顾一下谐振荡电流的辐射功率的计算过程.对那种情况,场源的位置固

定，只要取一个以场源为球心、半径 $r$ 足够大的球面，计算通过该球面的能流，即可求得考察时刻 $t$ 的辐射功率. 当然，该辐射功率是场源在较早时刻 $t^*=t-r/c$ 发出的. 由于球面上各点与场源等距，球面上的电磁能流的发射时间同为 $t^*$. 进一步，由于场源随时间周期变化，对一个周期平均，所求得的平均辐射功率将与时间差 $(t^*-t)$ 无关. 于是，我们简单而正确地算出了谐振荡电流的平均辐射功率.

就目前情况，场源和场随时间的变化一般不是简谐的，我们只能定义瞬时功率. 另外，场源是运动的，很难简单地采用能流密度对某个球面积分的办法去计算瞬时辐射功率. 下面我们从辐射功率的原始定义出发，考察 $t^*$ 至 $t^*+\Delta t^*$ 期间运动电荷辐射的电磁能 $\Delta W$，以 $P=\lim\limits_{\Delta t^*\to 0}(\Delta W/\Delta t^*)$ 定义瞬时辐射功率. 设 $t^*$ 时刻粒子位于 $\boldsymbol{r}^*$，则 $t^*+\Delta t^*$ 时刻粒子位于 $\boldsymbol{r}_1^*=\boldsymbol{r}^*+\boldsymbol{v}^*\Delta t^*$，如图 6.6 所示. 对任意考察时刻 $t>t^*+\Delta t^*$，电荷在 $t^*$ 时刻发出的子波为一球面，球心位于 $\boldsymbol{r}^*$，半径为 $R^*=c(t-t^*)$；$t^*+\Delta t^*$ 时刻发出的子波也为一球面，球心位于 $\boldsymbol{r}_1^*$，半径为 $R_1^*=c(t-t^*-\Delta t^*)$. 那么，运动电荷在 $t^*$ 至 $t^*+\Delta t^*$ 期间辐射的电磁能，在考察时刻 $t$ 全部位于上述两个子波球面之间的体积 $\Delta V$ 中. 在该体积中，能量密度 $w$ 由式(6.3.10)表示. 注意，由式(6.3.6)，电场 $\boldsymbol{E}$ 通过宗量 $\boldsymbol{R}^*$ 和 $t^*$ 与 $(\boldsymbol{r},t)$ 相关，为 $(\boldsymbol{r},t)$ 的复合函数；$w$ 自然也是如此. 于是 $\Delta t^*$ 时间内电荷辐射的总电磁能为

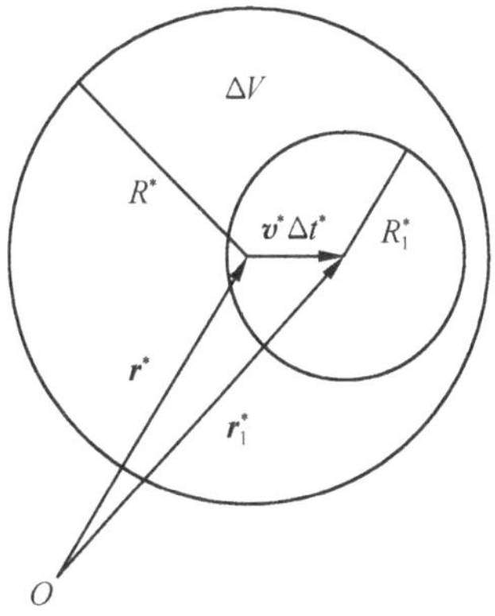

图 6.6

$$\Delta W=\iiint_{\Delta V} w(\boldsymbol{R}^*,t^*)\mathrm{d}V \tag{6.3.12}$$

上述积分对 $\boldsymbol{r}$ 进行，$t$ 视为参数. 该积分的计算困难在于：积分域 $\Delta V$ 的边界为两个非同心球面，$w$ 的宗量 $\boldsymbol{R}^*$ 和 $t^*$ 与 $(\boldsymbol{r},t)$ 之间存在较为复杂的隐函数关系. 这两个困难可以一并通过如下坐标变换解决：

$$\boldsymbol{r}\to\boldsymbol{R}^*$$

在该变换下，积分域的边界化为两同心球面，半径分别为 $R_1^*$ 和 $R^*$；体积元 $\mathrm{d}V$ 化为

$$\mathrm{d}V=|J|^{-1}\mathrm{d}V^*,\qquad J=\det(\nabla\boldsymbol{R}^*)$$

式中 $\nabla\boldsymbol{R}^*$ 已在 6.2 节中导出，结果为式(6.2.22)，即

$$\nabla\boldsymbol{R}^*=\nabla(\boldsymbol{r}-\boldsymbol{r}^*)=\overleftrightarrow{\boldsymbol{I}}+\frac{\boldsymbol{R}^*\boldsymbol{\beta}^*}{S^*}$$

利用恒等式(6.1.5)，有

$$\det(\nabla\boldsymbol{R}^*)=1+\frac{\boldsymbol{R}^*\cdot\boldsymbol{\beta}^*}{S^*}=1+\frac{\boldsymbol{n}\cdot\boldsymbol{\beta}^*}{1-\boldsymbol{n}\cdot\boldsymbol{\beta}^*}=\frac{1}{1-\boldsymbol{n}\cdot\boldsymbol{\beta}^*}$$

由上述结果最终求得

$$dV=(1-\boldsymbol{n}\cdot\boldsymbol{\beta}^*)dV^*=(1-\boldsymbol{n}\cdot\boldsymbol{\beta}^*)R^{*2}dR^*d\Omega$$

将上式代入式(6.3.12)，得

$$\Delta W=\oint\!\!\!\oint d\Omega\int_{R_1^*}^{R^*}w(\boldsymbol{R}^*,t^*)(1-\boldsymbol{n}\cdot\boldsymbol{\beta}^*)R^{*2}dR^*$$

记住考察时刻 $t$ 为上述积分的参数，应固定不变. 表面上看，被积式中 $t^*=t-R^*/c$ 与 $R^*$ 有关，上述积分似难进行下去. 但实际上，积分在一个厚度为

$$\Delta R^*=R^*-R_1^*=c\Delta t^*$$

的球壳内进行，避开了上述困难. 当 $\Delta t^*$ 很小时，对 $R^*$ 的积分简单地近似为被积式与 $\Delta R^*$ 的乘积，即

$$\Delta W\approx c\Delta t^*\oint\!\!\!\oint w(\boldsymbol{R}^*,t^*)(1-\boldsymbol{n}\cdot\boldsymbol{\beta}^*)R^{*2}d\Omega$$

当 $\Delta t^*\to 0$ 时，上式精确成立. 再利用 $P=\lim\limits_{\Delta t^*\to 0}(\Delta W/\Delta t^*)$ 和式(6.3.9)，将上式化为

$$P=\oint\!\!\!\oint R^{*2}(\boldsymbol{S}\cdot\boldsymbol{n})(1-\boldsymbol{n}\cdot\boldsymbol{\beta}^*)d\Omega \tag{6.3.13}$$

将式(6.3.11)代入式(6.3.13)，最终求得

$$P=\frac{e^2}{16\pi^2\varepsilon_0c^3}\oint\!\!\!\oint\frac{|\boldsymbol{n}\times[(\boldsymbol{n}-\boldsymbol{\beta}^*)\times\boldsymbol{a}^*]|^2}{(1-\boldsymbol{n}\cdot\boldsymbol{\beta}^*)^5}d\Omega \tag{6.3.14}$$

其中被积式与 $R^*$ 无关，但通过 $\boldsymbol{n}$ 与方向角 $(\theta,\phi)$ 相关. 由 $R^*$ 的定义 $R^*=c(t-t^*)$，辐射功率 $P$ 与 $R^*$ 无关，意味着它与任意选择的考察时间 $t$ 无关，这是能量守恒的必然结果. 另外，被积式还通过 $\boldsymbol{v}^*=\boldsymbol{v}(t^*)$ 和 $\boldsymbol{a}^*=\boldsymbol{a}(t^*)$ 与 $t^*$ 有关，这表示 $P$ 代表 $t^*$ 时刻由运动电荷发出的辐射功率. 由式(6.3.14)可得出辐射功率的角分布为

$$\frac{dP}{d\Omega}=\frac{e^2}{16\pi^2\varepsilon_0c^3}\frac{|\boldsymbol{n}\times[(\boldsymbol{n}-\boldsymbol{\beta}^*)\times\boldsymbol{a}^*]|^2}{(1-\boldsymbol{n}\cdot\boldsymbol{\beta}^*)^5} \tag{6.3.15}$$

它同样与 $R^*$ 或 $t$ 无关，代表 $t^*$ 时刻电荷发出的辐射功率的角分布.

## 6.4 低速运动带电粒子的辐射

除实验室加速器和天体物理中某些高能现象产生的高能带电粒子之外，大多数物理现象涉及的带电粒子的速度均远远小于光速，属于低速运动粒子. 这时，运动电荷的辐射场和辐射功率的表达式大为简化，且得到广泛应用.

### 6.4.1 低速运动近似($\boldsymbol{\beta}^*\ll 1$)

对低速运动粒子，可略去式(6.3.6)中的因子 $\boldsymbol{\beta}^*$，将其简化为

$$\boldsymbol{E}=\frac{e}{4\pi\varepsilon_0c^2R^*}(\boldsymbol{a}^*\times\boldsymbol{n})\times\boldsymbol{n} \tag{6.4.1}$$

相应写出磁场和能流密度

$$\boldsymbol{B}=\frac{1}{c}\boldsymbol{n}\times\boldsymbol{E} \tag{6.4.2}$$

$$\boldsymbol{S}=\varepsilon_0 cE^2\boldsymbol{n} \tag{6.4.3}$$

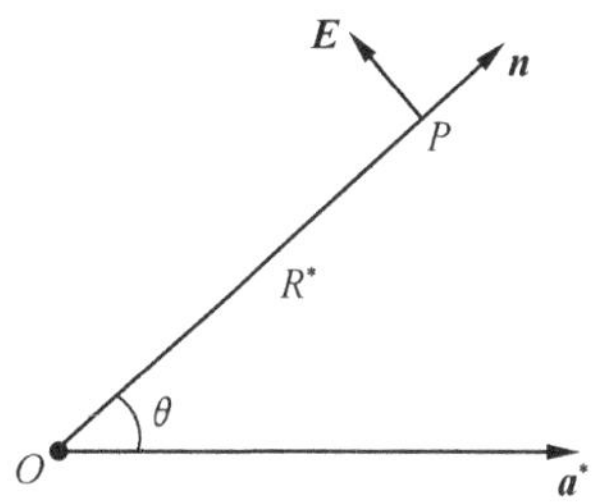

图 6.7

取实验室坐标系，使得 $\boldsymbol{a}^*$ 沿极轴方向，$t^*$ 时刻粒子恰好位于坐标原点，如图 6.7 所示. 在该坐标系下，式(6.4.1)～式(6.4.3)化为

$$\boldsymbol{E}=\frac{ea^*\sin\theta}{4\pi\varepsilon_0 c^2R^*}\boldsymbol{e}_\theta \tag{6.4.4}$$

$$\boldsymbol{B}=\frac{ea^*\sin\theta}{4\pi\varepsilon_0 c^3R^*}\boldsymbol{e}_\phi \tag{6.4.5}$$

$$\boldsymbol{S}=\frac{e^2a^{*2}\sin^2\theta}{16\pi^2\varepsilon_0 c^3R^{*2}}\boldsymbol{n} \tag{6.4.6}$$

相应辐射功率的角分布和辐射功率为

$$\frac{\mathrm{d}P}{\mathrm{d}\Omega}=\frac{e^2a^{*2}\sin^2\theta}{16\pi^2\varepsilon_0 c^3} \tag{6.4.7}$$

$$P=\frac{e^2a^{*2}}{6\pi\varepsilon_0 c^3} \tag{6.4.8}$$

式(6.4.8)称为拉莫尔公式. 该式表明，辐射功率与加速度的平方成正比，与加速度的方向无关.

**例 6.1**

电荷为 $q$ 的带电粒子做匀速圆周运动，轨道半径为 $a_0$，角速度为 $\omega$，求带电粒子旋转一周所辐射的电磁能.

**解** 该带电粒子的加速度为 $a^*=\omega^2a_0$，电量为 $e=q$，周期为 $T=2\pi/\omega$，由式(6.4.8)得

$$W=PT=\frac{q^2\omega^4a_0^2}{6\pi\varepsilon_0 c^3}\frac{2\pi}{\omega}=\frac{q^2\omega^3a_0^2}{3\varepsilon_0 c^3}$$

将第 5 章 5.4 节例 5.2 求得的 $P=\mu_0\omega^4q^2a_0^2/(6\pi c)$ 乘上周期 $T=2\pi/\omega$，会得到同样的结果.

### 6.4.2 与电偶极辐射公式对比

对由单个带电粒子构成的简单系统，我们可以计算它的电偶极矩、磁矩和电四极矩，其中电偶极矩构成辐射场的主项. 按图 6.7 选择实验室坐标系，有 $\boldsymbol{r}^*=\boldsymbol{r}_e(t^*)=0$，$\boldsymbol{p}=e\boldsymbol{r}^*=0$，$\ddot{\boldsymbol{p}}=e\boldsymbol{a}^*$；此外，$\boldsymbol{R}^*=\boldsymbol{r}-\boldsymbol{r}^*=\boldsymbol{r}$，$t^*=t-R^*/c=t-r/c$，以至可将式(6.4.1)和式(6.4.2)改写为

$$\boldsymbol{E}=\frac{1}{4\pi\varepsilon_0 c^2r}\left[\ddot{\boldsymbol{p}}\left(t-\frac{r}{c}\right)\times\boldsymbol{n}\right]\times\boldsymbol{n} \tag{6.4.9}$$

$$\boldsymbol{B}=\frac{1}{4\pi\varepsilon_0 c^3 r}\ddot{\boldsymbol{p}}\left(t-\frac{r}{c}\right)\times\boldsymbol{n} \tag{6.4.10}$$

由 $\boldsymbol{n}=\boldsymbol{e}_r$,可见式(6.4.9)和式(6.4.10)分别与第 5 章 5.4 节给出的推广了的电偶极辐射电磁场的表达式(5.4.40)和式(5.4.39)一致,后者是在小场源近似下得到的结果.我们曾在第 5 章 5.3 节定性指出,小场源近似实质上属于低速运动近似.以上则通过严格的解析分析,证明小场源近似的确与低速运动近似完全等效.

对辐射功率表达式(6.4.8)可作类似改写,结果为

$$P=\frac{1}{6\pi\varepsilon_0 c^3}\left|\ddot{\boldsymbol{p}}\left(t-\frac{r}{c}\right)\right|^2 \tag{6.4.11}$$

对比电偶极矩平均辐射功率公式(5.4.15),即

$$P=\frac{|\ddot{\boldsymbol{p}}|^2}{12\pi\varepsilon_0 c^3}$$

式中多出的因子$\frac{1}{2}$,来自对时谐偶极子瞬时功率的周期平均.

### 6.4.3 经典电磁理论的局限性

利用以上理论对原子内部的电子运动作经典处理,将会得到如下结论:

(1) 电子与原子核之间存在静电相互作用,满足库仑定律.

(2) 电子的运动由牛顿力学决定:在原子核的库仑力的作用下,电子绕原子核做圆周或椭圆运动,即所谓原子的"行星模型".

(3) 绕核旋转的电子做变速运动,会不断发出辐射,辐射基频为电子的转动角频率;电子能量因辐射不断损耗,最终将堕入原子核.

但是,实际情况并非如此.原子的自发辐射为分立谱,其频率满足完全不同的规律;当电子处于基态(即最低能态)时,不会产生辐射,整个原子处于稳定状态,电子决不会堕入原子核.只有当电子在外界的作用下进入某个具有较高能量的激发态,才会通过向低能态的跃迁发出所谓跃迁辐射.这些结果只能用量子理论来解释,经典力学和经典电磁理论对原子内部的电子运动不适用.至于作大尺度宏观运动的电子,经典理论仍近似成立.

## 6.5 高速运动带电粒子的辐射

当粒子速度接近光速时,它的辐射具有显著不同的特征.本节要用到 6.3 节的结果.为叙述简便起见,也不至于引起读者误会,我们略去公式中出现的所有 * 号上标.在以下分析中,取粒子速度 $\boldsymbol{v}$ 为极轴,将加速度 $\boldsymbol{a}$ 分解为与速度平行和垂直的两个部分,分别进行处理.

### 6.5.1 加速度与速度平行

属于这种情况的典型例子是韧致辐射或直线加速辐射,前者即高速运动带电

粒子撞击在靶上突然减速所发出的一种辐射.

如图 6.8 所示,选择 $t$ 时刻的粒子位置为坐标原点,$\boldsymbol{v}$ 或 $\boldsymbol{a}$ 的方向为极轴,$P$ 为考察点;成立

$$\boldsymbol{v}\times\boldsymbol{a}=c\boldsymbol{\beta}\times\boldsymbol{a}=0$$
$$\boldsymbol{n}\times(\boldsymbol{n}\times\boldsymbol{a})=a\sin\theta\boldsymbol{e}_\theta$$
$$\boldsymbol{n}\cdot\boldsymbol{\beta}=\beta\cos\theta$$

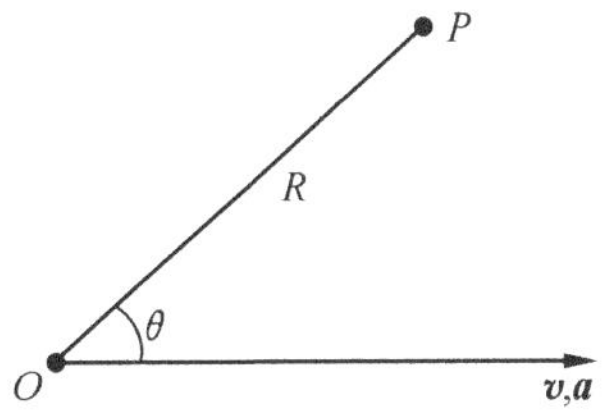


图 6.8

辐射场公式(6.3.6)(舍弃该式的所有 * 号上标)简化为

$$\boldsymbol{E}=\frac{ea\sin\theta}{4\pi\varepsilon_0c^2R(1-\beta\cos\theta)^3}\boldsymbol{e}_\theta \tag{6.5.1}$$

与低速运动粒子的辐射场公式(6.4.4)比较,仅在分母中多出因子$(1-v\cos\theta/c)^3$. 由式(6.3.15),求得辐射功率的角分布为

$$\frac{\mathrm{d}P}{\mathrm{d}\Omega}=\frac{e^2a^2\sin^2\theta}{16\pi^2\varepsilon_0c^3(1-\beta\cos\theta)^5} \tag{6.5.2}$$

将式(6.5.2)对立体角积分,该积分可通过积分元变换 $x=\cos\theta$ 之后求得解析结果,据此得到辐射功率的表达式如下:

$$P=\frac{\gamma^6e^2a^2}{6\pi\varepsilon_0c^3} \tag{6.5.3}$$

式中,$\gamma=1/\sqrt{1-\beta^2}$. 由上述结果,我们得出如下结论:

(1) 辐射功率与 $\gamma^6$ 成正比,大于甚至远远大于低速运动粒子的辐射功率.

(2) 式(6.5.2)分母中因子$(1-\beta\cos\theta)^5$ 的出现,使得辐射功率的角分布显著不同于低速运动粒子的电偶极辐射,极大辐射方向偏离粒子运动的垂直方向,朝向粒子运动方向偏转. 辐射方向因子

$$\frac{\sin^2\theta}{(1-\beta\cos\theta)^5} \tag{6.5.4}$$

随 $\beta$ 或 $\gamma$ 的增加急剧增加;为在同一幅图中表示不同 $\gamma$ 值的辐射方向因子的角分布,我们将方向因子(6.5.4)被 $\gamma^7$ 除了之后绘于图 6.9 中. 由该图可见,随着 $\gamma$ 的增加,极大辐射方向朝 $\boldsymbol{v}$ 偏转. 可由式(6.5.4)求得极大辐射方向的极角 $\theta_{\max}$ 为

$$\theta_{\max}=\arccos[(\sqrt{1+15\beta^2}-1)/(3\beta)] \tag{6.5.5}$$

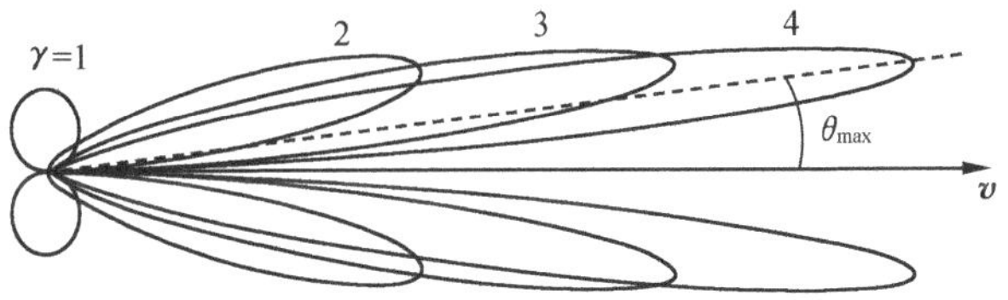


图 6.9

当 $\beta\to 0$ 时，$\theta_{\max}=\pi/2$，对应电偶极辐射；当 $\beta$ 十分接近 1 即 $\gamma$ 远大于 1 时，$\theta_{\max}\approx 1/(2\gamma)$.

### 6.5.2 加速度与速度垂直

属于这种情况的典型例子是同步辐射，它由做圆周运动的带电粒子产生.

取如图 6.10 所示的直角坐标系，$t$ 时刻的粒子位置取为坐标原点，$\boldsymbol{v}$ 沿 $z$ 轴即极轴方向，$\boldsymbol{a}$ 沿 $x$ 轴方向，考察点 $P$ 对应的球坐标为 $(r,\theta,\phi)$. 于是有

$$\boldsymbol{\beta}=\boldsymbol{v}/c=\beta\boldsymbol{e}_z,\qquad \boldsymbol{a}=a\boldsymbol{e}_x$$

$$\boldsymbol{n}\cdot\boldsymbol{\beta}=\beta\cos\theta,\qquad \boldsymbol{\beta}\cdot\boldsymbol{a}=0,\qquad \boldsymbol{n}\cdot\boldsymbol{a}=a\sin\theta\cos\phi$$

$$\begin{aligned}\boldsymbol{n}\times[(\boldsymbol{n}-\boldsymbol{\beta})\times\boldsymbol{a}]&=\boldsymbol{n}\cdot\boldsymbol{a}(\boldsymbol{n}-\boldsymbol{\beta})-(1-\boldsymbol{n}\cdot\boldsymbol{\beta})\boldsymbol{a}\\&=a\sin\theta\cos\phi(\boldsymbol{n}-\boldsymbol{\beta})-(1-\beta\cos\theta)\boldsymbol{a}\end{aligned}$$

$$|\boldsymbol{n}\times[(\boldsymbol{n}-\boldsymbol{\beta})\times\boldsymbol{a}]|^2=a^2[(1-\beta\cos\theta)^2-(1-\beta^2)\sin^2\theta\cos^2\phi]$$

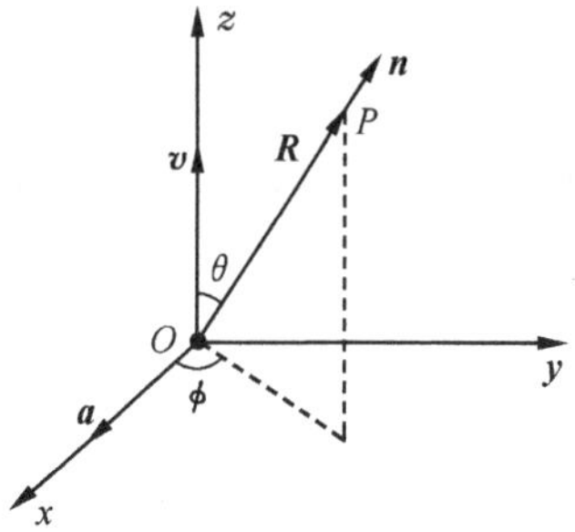

图 6.10

代入式(6.3.15)（舍弃该式的 * 号上标），求得辐射功率的角分布为

$$\frac{\mathrm{d}P}{\mathrm{d}\Omega}=\frac{e^2a^2[(1-\beta\cos\theta)^2-(1-\beta^2)\sin^2\theta\cos^2\phi]}{16\pi^2\varepsilon_0c^3(1-\beta\cos\theta)^5}\tag{6.5.6}$$

再对立体角积分，求得辐射功率

$$P=\frac{\gamma^4e^2a^2}{6\pi\varepsilon_0c^3}\tag{6.5.7}$$

从上述结果可以看出，辐射功率与 $\gamma^4$ 成正比，同样大于甚至远远大于低速运动粒子的辐射功率. 辐射功率的角分布比较复杂，不仅与极角 $\theta$ 有关，还与方位角 $\phi$ 有关. 总体来说，当 $\phi=0,\pi$ 时，即在 $\boldsymbol{v}-\boldsymbol{a}$ 平面内，辐射强度较弱；当 $\phi=\pi/2,3\pi/2$ 时，辐射强度较强. 辐射方向因子

$$\frac{(1-\beta\cos\theta)^2-(1-\beta^2)\sin^2\theta\cos^2\phi}{(1-\beta\cos\theta)^5}\tag{6.5.8}$$

随 $\beta$ 或 $\gamma$ 的增加急剧增加；为在同一幅图中表示不同 $\gamma$ 值的辐射方向因子的角分布，我们将方向因子(6.5.8)被 $\gamma^5$ 除了之后绘于图 6.11 中，左右分图分别对应 $\phi=0,\pi$ 和 $\phi=\pi/2,3\pi/2$. 由该图可见，极大辐射方向总是位于 $\boldsymbol{v}$ 方向，且随着 $\gamma$ 的增加，辐射朝着 $\boldsymbol{v}$ 方向集中.

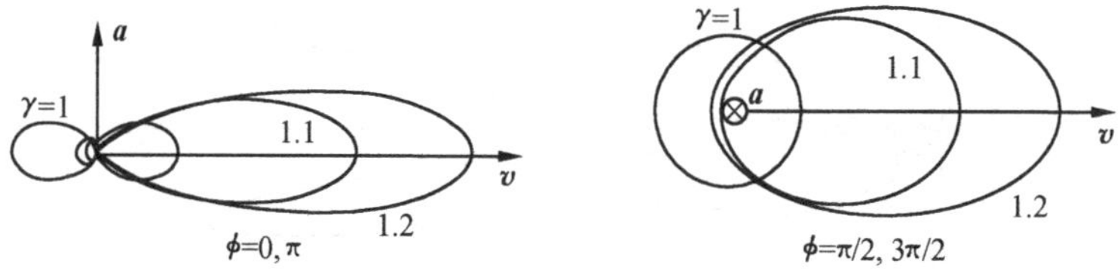

图 6.11

### *6.5.3 一般情形

对于一般情形，可将加速度分解为平行分量 $\boldsymbol{a}_{\parallel}$ 和垂直分量 $\boldsymbol{a}_{\perp}$，分别按上述特殊情况进行处理，然后进行叠加，即求得任意加速度情况的辐射电磁场表达式. 在计算辐射功率的角分布时，不能简单地将与 $\boldsymbol{a}_{\parallel}$ 和 $\boldsymbol{a}_{\perp}$ 相关的辐射功率角分布叠加，而必须考虑交叉项. 由

$$\begin{aligned}|\boldsymbol{n}\times[(\boldsymbol{n}-\boldsymbol{\beta})\times\boldsymbol{a}]|^2 &= |\boldsymbol{n}\times[(\boldsymbol{n}-\boldsymbol{\beta})\times(\boldsymbol{a}_{\parallel}+\boldsymbol{a}_{\perp})]|^2 \\ &= |\boldsymbol{n}\times[(\boldsymbol{n}-\boldsymbol{\beta})\times\boldsymbol{a}_{\parallel}]|^2+|\boldsymbol{n}\times[(\boldsymbol{n}-\boldsymbol{\beta})\times\boldsymbol{a}_{\perp}]|^2 \\ &\quad +2\{\boldsymbol{n}\times[(\boldsymbol{n}-\boldsymbol{\beta})\times\boldsymbol{a}_{\parallel}]\}\cdot\{\boldsymbol{n}\times[(\boldsymbol{n}-\boldsymbol{\beta})\times\boldsymbol{a}_{\perp}]\}\end{aligned}$$

右边最后一项即为交叉项. 在图 6.10 所示的坐标系中，设加速度 $\boldsymbol{a}$ 位于 $x$-$z$ 平面，该交叉项对辐射功率的角分布的贡献为

$$\left(\frac{\mathrm{d}P}{\mathrm{d}\Omega}\right)_{\text{交叉项}}=\frac{e^2 a_{\parallel}a_{\perp}\sin\theta\cos\phi(\beta-\cos\theta)}{8\pi^2\varepsilon_0 c^3(1-\beta\cos\theta)^5} \tag{6.5.9}$$

将式(6.5.2)中的 $a$ 代之以 $a_{\parallel}$，式(6.5.6)中的 $a$ 代之以 $a_{\perp}$，所求得的结果与式(6.5.9)叠加，即得到任意加速度情况的辐射功率的角分布. 将式(6.5.9)单独对立体角积分，式中因子 $\cos\phi$ 过$(0,2\pi)$对 $\phi$ 积分为零，以至交叉项对辐射功率没有贡献. 因此，一般情况下，带电粒子的辐射功率为式(6.5.3)和式(6.5.7)的简单叠加

$$P=P_{\parallel}+P_{\perp}=\frac{e^2}{6\pi\varepsilon_0 c^3}(\gamma^6 a_{\parallel}^2+\gamma^4 a_{\perp}^2) \tag{6.5.10}$$

虽说交叉项对辐射功率没有贡献，但通过式(6.5.9)，对辐射功率的角分布产生重要影响，使得本来相当复杂的分布更加复杂化.

# 第 7 章　电磁波的散射、色散和吸收

第 5、6 章都是分析给定场源的电磁场，重点分析其中的辐射场. 这里，“给定”意味着不考虑电磁场对场源的反作用. 此外，电磁场全部由给定的场源所激发，不存在任何外加电磁场. 后者体现在，我们在达朗贝尔方程的电磁势解中舍弃了超前势解(见第 5 章 5.2 节). 实际上，除了考察场源激发的电磁场之外，还会存在由别的未知场源激发的外部电磁场(以下简称“外场”). 由场源产生的电磁场和外场，对场源发生作用，改变场源的电荷和电流分布；场源电荷和电流分布的变化，反过来又会影响电磁场. 这构成了场源和电磁场之间的相互作用问题. 这一问题的解决要求联立求解麦克斯韦方程和场源的运动方程，同时确定电磁场和场源的运动规律.

本章将在一定的近似条件下来处理场源与电磁场的相互作用问题. 不失一般性，我们限于时谐电磁场. 我们假定：介质由大量微观粒子构成；除电子之外，其余粒子保持静止；电子的运动速度远远小于光速，从而可使用低速运动近似. 在这些假定之下，我们先来分析电子在给定外场中的运动，利用低速运动粒子的辐射场公式计算其辐射场. 这属于电磁波的散射问题. 与第 5、6 章所作的近似比较，上述处理过程构成另一个极端：只考虑电磁场(即被给定的“外场”)对粒子运动的影响，忽略粒子本身的运动对电磁场的反作用. 从物理角度来看，该近似对足够稀薄的气体成立；就数学处理而言，我们只需求解粒子运动方程，然后利用低速运动电荷辐射场公式直接计算散射波. 另外，为研究两者之间的相互作用，我们不得不联立求解电子的运动方程和麦克斯韦方程. 这时，所求得的电磁场为外场和全体粒子的电磁场的叠加. 大量运动粒子的集体效应，会导致总场偏离作用前的外场，出现电磁波的色散和吸收现象.

在分析电磁波的散射、色散和吸收之前，我们有必要分析一下电子产生的电磁场对电子本身的作用. 从能量守恒角度出发，这种作用导致电子本身的机械能和电磁能之间的转换. 一般来说，这种作用十分微弱，多数情况下可以略去不计. 但在某些特定情况下，这种作用相当关键，不能忽略.

## 7.1　电磁质量和辐射阻尼

带电粒子受到它所激发的电磁场的作用力，容易被误解为粒子对自身的作用力，后者是不可能出现的. 事实上，粒子和所激发的电磁场，已经构成相互分离的两个客体，它们之间允许存在相互作用. 定性来说，这一作用有两个方面的表现：一是粒子

携带它的固有场一道运动；场本身具有能量，应当具有相对应的惯性质量，相当于增加了粒子的惯性质量，即所谓“电磁质量”. 与该电磁质量对应的力称为“惯性”力. 另一部分与粒子辐射有关：辐射将导致粒子的机械能减小，所等效的力称为“辐射阻尼”力.

以上只是定性分析. 人们可以依据这些定性分析，推测两种力的可能表达式. 但是，严格说来，我们应从如下洛伦兹公式出发去计算粒子所受的电磁力：

$$\boldsymbol{F}=\iiint\rho(\boldsymbol{E}+\boldsymbol{v}\times\boldsymbol{B})\mathrm{d}V \tag{7.1.1}$$

式中，$\rho$ 为带电粒子内部的电荷密度；$\boldsymbol{v}$ 为粒子做刚性平移运动的速度；$\boldsymbol{E}$ 和 $\boldsymbol{B}$ 分别为粒子激发的电磁场.

在低速运动近似下，我们略去与$(v/c)^2$ 同级的小项，以至于式(7.1.1)被积式中的 $\boldsymbol{B}$ 只需计算到零级. 在式(6.2.32)右边，与速度和加速度相关的项属于$(v/c)$的一级或高级小项，仅有的零级项为 $eR^*/(4\pi\varepsilon_0 S^{*3})$. 于是，由式(6.2.34)推得磁场的零级项为零. 以上结论虽然针对点电荷作出，但显而易见对连续电荷分布也是成立的. 因此，磁力与$(v/c)^2$ 同级，可以忽略. 这样，式(7.1.1)简化为

$$\boldsymbol{F}=\iiint\rho\boldsymbol{E}\mathrm{d}V \tag{7.1.2}$$

### *7.1.1 带电粒子的受力计算

从式(7.1.2)出发计算带电粒子受到它本身电场的合力，需要建立带电粒子的电荷分布模型. 为此，假定粒子电量为 $e$，具球对称电荷分布，其分布形式不受外场和自身电磁场的影响.

先来分析粒子产生的电场. 如图 7.1 所示，取 $t$ 时刻粒子中心 $O$ 为坐标原点，考察粒子内部某体积元 $\mathrm{d}V'$，位置矢量为 $\boldsymbol{r}'$；将其视为点电荷，则由第 6 章 6.2 节的式(6.2.32)，求得它在 $t$ 时刻、场点 $\boldsymbol{r}$ 处产生的元电场为

$$\mathrm{d}\boldsymbol{E}=\frac{\rho'\mathrm{d}V'}{4\pi\varepsilon_0 S^{*3}}\left\{\left(1-\frac{v^{*2}}{c^2}\right)\left(\boldsymbol{R}^*-\frac{1}{c}R^*\boldsymbol{v}^*\right)+\frac{1}{c^2}\boldsymbol{R}^*\times\left[\left(\boldsymbol{R}^*-\frac{1}{c}R^*\boldsymbol{v}^*\right)\times\boldsymbol{a}^*\right]\right\} \tag{7.1.3}$$

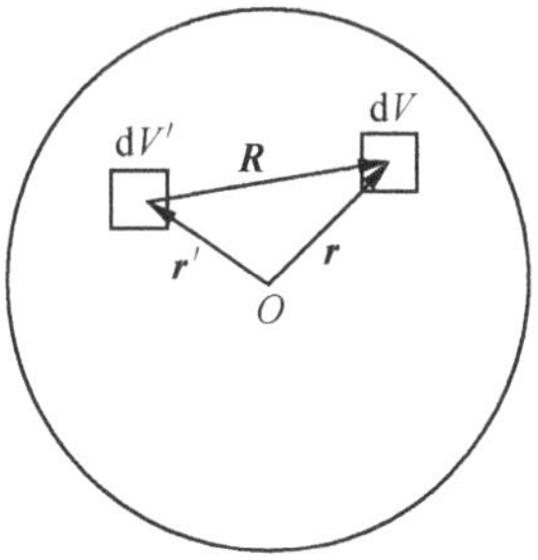


图 7.1

式中 $\rho'\equiv\rho(r')$，仅与径向距离有关；

$$S^*=R^*\left(1-\frac{\boldsymbol{R}^*\cdot\boldsymbol{v}^*}{R^*c}\right) \tag{7.1.4}$$

$$\boldsymbol{R}^*=\boldsymbol{r}-\boldsymbol{r}^*,\qquad \boldsymbol{r}^*=\boldsymbol{r}'(t^*) \tag{7.1.5}$$

$$t^*=t-\frac{R^*}{c},\qquad \boldsymbol{v}^*=\boldsymbol{v}(t^*),\qquad \boldsymbol{a}^*=\boldsymbol{a}(t^*) \tag{7.1.6}$$

注意，基于推迟效应，场源 $\rho'\mathrm{d}V'$ 在 $t$ 时刻、场点 $\boldsymbol{r}$ 处产生的元电场，来自稍前一个

时刻 $t^*$ 的贡献；在该时刻，场源位于 $\boldsymbol{r}^*$，速度为 $\boldsymbol{v}^*$，加速度为 $\boldsymbol{a}^*$. 将式(7.1.3)对整个粒子体积积分，积分变数为 $\boldsymbol{r}'$，即可求得式(7.1.2)被积式中作为 $\boldsymbol{r}$ 和 $t$ 的函数的电场 $\boldsymbol{E}$.

由于推迟效应的存在，电场积分难以进行解析处理，需要通过泰勒展开对被积式进行简化. 注意，所推迟的时间 $R^*/c$ 与电磁波渡越粒子尺度的时间同级，该时间一般远远小于粒子运动状态变化的时间尺度，后者可用 $R/v$、$|\boldsymbol{v}^*|/|\dot{\boldsymbol{v}}^*|$ 或 $|\dot{\boldsymbol{v}}^*|/|\ddot{\boldsymbol{v}}^*|$ 表示. 取上述两个时间尺度的比值作为小量(从形式上看，与直接视 $R^*/c$ 为小参数等效)，将带上标 * 号的量在时间参考点 $t$ 作泰勒展开. 由式(7.1.5)表示的 $\boldsymbol{r}^*$ 的展开式如下：

$$\begin{aligned}\boldsymbol{r}^* &= \boldsymbol{r}'(t^*) = \boldsymbol{r}'\left(t-\frac{R^*}{c}\right)\\ &\approx \boldsymbol{r}'(t)-\frac{R^*}{c}\frac{\mathrm{d}\boldsymbol{r}'(t)}{\mathrm{d}t}+\frac{1}{2}\left(\frac{R^*}{c}\right)^2\frac{\mathrm{d}^2\boldsymbol{r}'(t)}{\mathrm{d}t^2}-\frac{1}{6}\left(\frac{R^*}{c}\right)^3\frac{\mathrm{d}^3\boldsymbol{r}'(t)}{\mathrm{d}t^3}\\ &= \boldsymbol{r}'(t)-\frac{R^*}{c}\boldsymbol{v}+\frac{R^{*2}}{2c^2}\dot{\boldsymbol{v}}-\frac{R^{*3}}{6c^3}\ddot{\boldsymbol{v}}\end{aligned}$$

以上展开式只取 4 项，其中最后一项含 $\ddot{\boldsymbol{v}}$. 在其他带上标 * 号量的展开式中，也都写到含 $\ddot{\boldsymbol{v}}$ 的项为止，以保持近似级别一致. 在这一近似下，含 $\dddot{\boldsymbol{v}}$ 及更高阶导数的项被忽略. 此外，上述展开式只是中间结果，因为其中的 $R^*=|\boldsymbol{r}-\boldsymbol{r}^*|$ 中仍含有 $\boldsymbol{r}^*$. 不过，$\boldsymbol{r}^*$ 和 $\boldsymbol{r}'(t)$ 的差别为 $v/c$ 级小量，$R^*$ 和 $R=|\boldsymbol{r}-\boldsymbol{r}'(t)|$ 的差别也为 $v/c$ 级小量. 在上述 $\boldsymbol{r}^*$ 的展开式中，含 $R^*$ 的因子分别与 $\boldsymbol{v}$，$\dot{\boldsymbol{v}}$ 和 $\ddot{\boldsymbol{v}}$ 相乘；在忽略 $(v/c)^2$ 级小量的前提下，可用 $R$ 取代 $R^*$，从而将该式化为

$$\boldsymbol{r}^* = \boldsymbol{r}'-\frac{R}{c}\boldsymbol{v}+\frac{R^2}{2c^2}\dot{\boldsymbol{v}}-\frac{R^3}{6c^3}\ddot{\boldsymbol{v}} \tag{7.1.7}$$

从式(7.1.7)出发，坚持略去与 $(v/c)^2$ 同级的小项的原则，即只保留 $\boldsymbol{v}$，$\dot{\boldsymbol{v}}$ 和 $\ddot{\boldsymbol{v}}$ 的线性项，可导出

$$\boldsymbol{R}^* = \boldsymbol{r}-\boldsymbol{r}^* = \boldsymbol{R}+\frac{R}{c}\boldsymbol{v}-\frac{R^2}{2c^2}\dot{\boldsymbol{v}}+\frac{R^3}{6c^3}\ddot{\boldsymbol{v}} \tag{7.1.8}$$

$$R^* = (\boldsymbol{R}^*\cdot\boldsymbol{R}^*)^{1/2} = R\left(1+\frac{\boldsymbol{v}\cdot\boldsymbol{R}}{cR}-\frac{\dot{\boldsymbol{v}}\cdot\boldsymbol{R}}{2c^2}+\frac{R\ddot{\boldsymbol{v}}\cdot\boldsymbol{R}}{6c^3}\right) \tag{7.1.9}$$

$$\frac{1}{R^{*3}} = \frac{1}{R^3}\left(1-\frac{3\boldsymbol{v}\cdot\boldsymbol{R}}{cR}+\frac{3\dot{\boldsymbol{v}}\cdot\boldsymbol{R}}{2c^2}-\frac{R\ddot{\boldsymbol{v}}\cdot\boldsymbol{R}}{2c^3}\right) \tag{7.1.10}$$

下面对 $\boldsymbol{v}^*$ 和 $\dot{\boldsymbol{v}}^*$ 作类似展开，结果为

$$\boldsymbol{v}^* = \boldsymbol{v}\left(t-\frac{R^*}{c}\right) = \boldsymbol{v}-\frac{R}{c}\dot{\boldsymbol{v}}+\frac{R^2}{2c^2}\ddot{\boldsymbol{v}} \tag{7.1.11}$$

$$\dot{\boldsymbol{v}}^* = \dot{\boldsymbol{v}}\left(t-\frac{R^*}{c}\right) = \dot{\boldsymbol{v}}-\frac{R}{c}\ddot{\boldsymbol{v}} \tag{7.1.12}$$

利用上述结果，可导出

$$\frac{1}{[1-(\boldsymbol{v}^* \cdot \boldsymbol{R}^*/cR^*)]^3} = 1 + \frac{3\boldsymbol{v}^* \cdot \boldsymbol{R}^*}{cR^*} = 1 + \frac{3\boldsymbol{v}\cdot\boldsymbol{R}}{cR} - \frac{3\dot{\boldsymbol{v}}\cdot\boldsymbol{R}}{c^2} + \frac{3R\ddot{\boldsymbol{v}}\cdot\boldsymbol{R}}{2c^3}$$

$$\frac{1}{S^{*3}} = \frac{1}{R^{*3}[1-(\boldsymbol{v}^* \cdot \boldsymbol{R}^*/cR^*)]^3} = \frac{1}{R^3}\left(1 - \frac{3\boldsymbol{v}\cdot\boldsymbol{R}}{cR} + \frac{3\dot{\boldsymbol{v}}\cdot\boldsymbol{R}}{2c^2} - \frac{R\ddot{\boldsymbol{v}}\cdot\boldsymbol{R}}{2c^3}\right)$$
$$\times\left(1 + \frac{3\boldsymbol{v}\cdot\boldsymbol{R}}{cR} - \frac{3\dot{\boldsymbol{v}}\cdot\boldsymbol{R}}{c^2} + \frac{3R\ddot{\boldsymbol{v}}\cdot\boldsymbol{R}}{2c^3}\right)$$
$$= \frac{1}{R^3}\left(1 - \frac{3\dot{\boldsymbol{v}}\cdot\boldsymbol{R}}{2c^2} + \frac{R\ddot{\boldsymbol{v}}\cdot\boldsymbol{R}}{c^3}\right) \tag{7.1.13}$$

$$\left(1-\frac{v^{*2}}{c^2}\right)\left(\boldsymbol{R}^* - \frac{R^*}{c}\boldsymbol{v}^*\right) = \boldsymbol{R}^* - \frac{R^*}{c}\boldsymbol{v}^* = \boldsymbol{R} + \frac{R^2}{2c^2}\dot{\boldsymbol{v}} - \frac{R^3}{3c^3}\ddot{\boldsymbol{v}} \equiv \boldsymbol{I}_1 \tag{7.1.14}$$

$$\frac{\boldsymbol{R}^*}{c^2}\times\left[\left(\boldsymbol{R}^* - \frac{R^*}{c}\boldsymbol{v}^*\right)\times\dot{\boldsymbol{v}}^*\right] = \frac{\boldsymbol{R}}{c^2}\times(\boldsymbol{R}\times\dot{\boldsymbol{v}}^*)$$
$$= \frac{\dot{\boldsymbol{v}}\cdot\boldsymbol{R}}{c^2}\boldsymbol{R} - \frac{R\ddot{\boldsymbol{v}}\cdot\boldsymbol{R}}{c^3}\boldsymbol{R} - \frac{R^2}{c^2}\dot{\boldsymbol{v}} + \frac{R^3}{c^3}\ddot{\boldsymbol{v}} \equiv \boldsymbol{I}_2 \tag{7.1.15}$$

将式(7.1.3)表示的元电场划分为固有场 $\mathrm{d}\boldsymbol{E}_1$ 和辐射场 $\mathrm{d}\boldsymbol{E}_2$，即

$$\mathrm{d}\boldsymbol{E} = \mathrm{d}\boldsymbol{E}_1 + \mathrm{d}\boldsymbol{E}_2 \tag{7.1.16}$$

则由式(7.1.13)～式(7.1.15)得

$$\mathrm{d}\boldsymbol{E}_1 = \frac{\rho'\mathrm{d}V'}{4\pi\varepsilon_0 S^{*3}}\boldsymbol{I}_1 = \frac{\rho'\mathrm{d}V'}{4\pi\varepsilon_0 R^3}\left(1 - \frac{3\dot{\boldsymbol{v}}\cdot\boldsymbol{R}}{2c^2} + \frac{R\ddot{\boldsymbol{v}}\cdot\boldsymbol{R}}{c^3}\right)\left(\boldsymbol{R} + \frac{R^2}{2c^2}\dot{\boldsymbol{v}} - \frac{R^3}{3c^3}\ddot{\boldsymbol{v}}\right)$$
$$= \frac{\rho'\mathrm{d}V'}{4\pi\varepsilon_0}\left[\frac{\boldsymbol{R}}{R^3} + \frac{\dot{\boldsymbol{v}}}{2c^2R}\cdot\left(\overleftrightarrow{\boldsymbol{I}} - \frac{3\boldsymbol{RR}}{R^2}\right) - \frac{\ddot{\boldsymbol{v}}}{3c^3}\cdot\left(\overleftrightarrow{\boldsymbol{I}} - \frac{3\boldsymbol{RR}}{R^2}\right)\right] \tag{7.1.17}$$

$$\mathrm{d}\boldsymbol{E}_2 = \frac{\rho'\mathrm{d}V'}{4\pi\varepsilon_0 S^{*3}}\boldsymbol{I}_2 = \frac{\rho'\mathrm{d}V'}{4\pi\varepsilon_0 R^3}\boldsymbol{I}_2$$
$$= \frac{\rho'\mathrm{d}V'}{4\pi\varepsilon_0}\left[-\frac{\dot{\boldsymbol{v}}}{c^2R}\cdot\left(\overleftrightarrow{\boldsymbol{I}} - \frac{\boldsymbol{RR}}{R^2}\right) + \frac{\ddot{\boldsymbol{v}}}{c^3}\cdot\left(\overleftrightarrow{\boldsymbol{I}} - \frac{\boldsymbol{RR}}{R^2}\right)\right] \tag{7.1.18}$$

将式(7.1.16)对整个粒子体积积分得总电场，然后代入式(7.1.2)，得

$$\boldsymbol{F} = \boldsymbol{F}_1 + \boldsymbol{F}_2 \tag{7.1.19}$$

其中，

$$\boldsymbol{F}_1 = \iiint\rho\mathrm{d}V\iiint\mathrm{d}\boldsymbol{E}_1,\qquad \boldsymbol{F}_2 = \iiint\rho\mathrm{d}V\iiint\mathrm{d}\boldsymbol{E}_2 \tag{7.1.20}$$

分别表示固有场和辐射场对粒子的作用力. 将式(7.1.17)和式(7.1.18)代入式(7.1.20)，可分别求得 $\boldsymbol{F}_1$ 和 $\boldsymbol{F}_2$，在推导中要用到下述恒等关系：

$$\iiint\iiint\rho\rho'\mathrm{d}V\mathrm{d}V' = e^2 \tag{7.1.21}$$

$$\iiint\iiint\frac{\rho\rho'}{R}\mathrm{d}V\mathrm{d}V' = 8\pi\varepsilon_0 W_0 \tag{7.1.22}$$

$$\iiint\iiint \frac{\rho\rho'}{R^3}\boldsymbol{R}\mathrm{d}V\mathrm{d}V' = 0 \tag{7.1.23}$$

$$\iiint\iiint \frac{\rho\rho'\boldsymbol{RR}}{R^n}\mathrm{d}V\mathrm{d}V' = \frac{1}{3}\overleftrightarrow{\boldsymbol{I}}\iiint\iiint \frac{\rho\rho'}{R^{n-2}}\mathrm{d}V\mathrm{d}V' \tag{7.1.24}$$

$$\iiint\iiint \frac{\rho\rho'}{R^n}\left(\overleftrightarrow{\boldsymbol{I}} - \frac{3\boldsymbol{RR}}{R^2}\right)\mathrm{d}V\mathrm{d}V' = 0 \tag{7.1.25}$$

式中,$W_0$ 为带电粒子的静电能;$\overleftrightarrow{\boldsymbol{I}}$ 为单位张量;$n$ 为任意常数. 式(7.1.21)和式(7.1.22)易于理解,无需赘述. 式(7.1.23)来自带电体内的静电合内力为零. 为证式(7.1.24),可利用电荷分布的球对称性,证明并矢 $\boldsymbol{RR}=(\boldsymbol{r}-\boldsymbol{r}')(\boldsymbol{r}-\boldsymbol{r}')$ 非对角分量对该式左边积分的贡献为零,三个对角分量

$$(x-x')^2\boldsymbol{e}_x\boldsymbol{e}_x, \qquad (y-y')^2\boldsymbol{e}_y\boldsymbol{e}_y, \qquad (z-z')^2\boldsymbol{e}_z\boldsymbol{e}_z$$

对积分的贡献数值相等,其和等于 $R^2\overleftrightarrow{\boldsymbol{I}}/3$ 对积分的贡献,据此推得式(7.1.24). 至于式(7.1.25),它直接来自式(7.1.24). $\boldsymbol{F}_1$ 和 $\boldsymbol{F}_2$ 的最终结果为

$$\boldsymbol{F}_1 = 0, \qquad \boldsymbol{F} = \boldsymbol{F}_2 = -m_{\mathrm{em}}\dot{\boldsymbol{v}} + \frac{e^2}{6\pi\varepsilon_0 c^3}\ddot{\boldsymbol{v}} \tag{7.1.26}$$

式中,

$$m_{\mathrm{em}} = \frac{4W_0}{3c^2} \tag{7.1.27}$$

上述结果表明,随粒子一道运动的固有场对粒子的作用力为零,只有辐射场对粒子有作用力. 该力包含两项:一项与粒子加速度成正比,方向与加速度方向相反,对应惯性力;另一项与加速度的时间导数成正比,对应辐射阻尼力.

### *7.1.2 能量分析

由能量守恒,电磁力对粒子所做的负功等于系统电磁能的增量. 从式(7.1.26)出发,可计算作用在粒子上的电磁力 $\boldsymbol{F}$ 在 $t_1$ 至 $t_2$ 期间($t_1<t_2$)所做的负功

$$-\int_{t_1}^{t_2}\boldsymbol{F}\cdot\boldsymbol{v}\,\mathrm{d}t = \frac{1}{2}m_{\mathrm{em}}v^2\Big|_{t_1}^{t_2} - \frac{e^2}{6\pi\varepsilon_0 c^3}(\boldsymbol{v}\cdot\dot{\boldsymbol{v}})\Big|_{t_1}^{t_2} + \int_{t_1}^{t_2}P\mathrm{d}t \tag{7.1.28}$$

式中,

$$P = \frac{e^2\dot{\boldsymbol{v}}^2}{6\pi\varepsilon_0 c^3} \tag{7.1.29}$$

为粒子的辐射功率(见式(6.4.8)). 式(7.1.28)右边第一项对应惯性力做的负功,后两项对应辐射阻尼力做的负功. 从能量角度来分析,第三项对应 $t_1$ 至 $t_2$ 期间的总辐射能;前两项对应粒子电磁能的增量.

在一般情况下,固有场和辐射场并存,粒子电磁能的计算相当困难. 但对做匀速运动的电荷,仅存在固有场,粒子电磁能的计算较为容易. 由第 6 章 6.2 节式(6.2.42),可写下位于 $\boldsymbol{r}'$ 的电荷元 $\rho'\mathrm{d}V'$ 在 $\boldsymbol{r}$ 处产生的元电场:

$$\mathrm{d}\boldsymbol{E}=\frac{(1-\beta^2)\boldsymbol{R}\rho'\mathrm{d}V'}{4\pi\varepsilon_0 R^3[1-\beta^2+(\boldsymbol{\beta}\cdot\boldsymbol{R})^2/R^2]^{3/2}} \tag{7.1.30}$$

式中 $\boldsymbol{\beta}=\boldsymbol{v}/c$. 在低速运动近似下，对小参数 $\beta$ 作泰勒展开得

$$\mathrm{d}\boldsymbol{E}=\mathrm{d}\boldsymbol{E}_0+\mathrm{d}\boldsymbol{E}_2$$

式中，

$$\mathrm{d}\boldsymbol{E}_0=\frac{\rho'\boldsymbol{R}\mathrm{d}V'}{4\pi\varepsilon_0 R^3},\qquad \mathrm{d}\boldsymbol{E}_2=\frac{\rho'\boldsymbol{R}\mathrm{d}V'}{8\pi\varepsilon_0 R^3}\boldsymbol{\beta\beta}:\left(\overleftrightarrow{\boldsymbol{I}}-\frac{3\boldsymbol{RR}}{R^2}\right)$$

下标 0 和 2 分别表示零级量和 $\beta$ 的二级小量，一级和三级小量为零，四级和更高级小量被略去. 对粒子体积积分，求得固有场(精确至 $\beta$ 的四级小量)

$$\boldsymbol{E}=\boldsymbol{E}_0+\boldsymbol{E}_2 \tag{7.1.31}$$

式中，

$$\boldsymbol{E}_0=\int\mathrm{d}\boldsymbol{E}_0=\frac{1}{4\pi\varepsilon_0}\iiint\frac{\rho'\boldsymbol{R}\mathrm{d}V'}{R^3}=f(r)\boldsymbol{r} \tag{7.1.32}$$

$$\boldsymbol{E}_2=\int\mathrm{d}\boldsymbol{E}_2=\frac{1}{8\pi\varepsilon_0}\iiint\frac{\rho'\boldsymbol{R}}{R^3}\boldsymbol{\beta\beta}:\left(\overleftrightarrow{\boldsymbol{I}}-\frac{3\boldsymbol{RR}}{R^2}\right)\mathrm{d}V' \tag{7.1.33}$$

$\boldsymbol{E}_0$ 为静止粒子的库仑场，构成固有电场的主项. 由电荷分布的球对称性，可推测 $\boldsymbol{E}_0$ 的表达式为(7.1.32)最右端的形式，其中 $f(r)$ 为待定函数，由电荷分布的具体形式决定. $\boldsymbol{E}_2$ 为修正项，与 $\beta^2$ 同级. 注意，电场的一级修正项为零. 下面计算电能 $W$，有

$$W=\frac{\varepsilon_0}{2}\iiint E^2\mathrm{d}V=\frac{\varepsilon_0}{2}\iiint E_0^2\mathrm{d}V+\varepsilon_0\iiint\boldsymbol{E}_0\cdot\boldsymbol{E}_2\mathrm{d}V+O(\beta^4) \tag{7.1.34}$$

式(7.1.34)右边第一项为电能的主项，等于前面提到的带电粒子的静电能 $W_0$. 利用式(7.1.32)和式(7.1.33)，可将式(7.1.34)右边第二项化为

$$W_2=\varepsilon_0\iiint\boldsymbol{E}_0\cdot\boldsymbol{E}_2\mathrm{d}V=\frac{\boldsymbol{\beta\beta}}{8\pi}:\iiint\iiint\frac{\rho' f(r)\boldsymbol{r}\cdot\boldsymbol{R}}{R^3}\left(\overleftrightarrow{\boldsymbol{I}}-\frac{3\boldsymbol{RR}}{R^2}\right)\mathrm{d}V\mathrm{d}V'$$

由 $\boldsymbol{r}\cdot\boldsymbol{R}=\boldsymbol{r}\cdot(\boldsymbol{r}-\boldsymbol{r}')=r^2-\boldsymbol{r}\cdot\boldsymbol{r}'$，其中 $r^2$ 项对积分的贡献，可由恒等式(7.1.25)证其消失(以 $f(r)r^2$ 取代 $\rho(r)$)，而($-\boldsymbol{r}\cdot\boldsymbol{r}'$)项对积分的贡献显然为零，于是有 $W_2=0$. 因此，在略去 $\beta$ 的四级小量的前提下，匀速运动电荷的电能等于静止电荷的静电能. 注意，该结论对非匀速运动电荷不再成立.

下面计算运动电荷的磁能. 由第 6 章 6.2 节的式(6.2.41)可以看出，磁场为 $\beta$ 的一级小量. 在略去 $\beta$ 的三级小量的前提下，只需保留式(7.1.31)中的零级量 $\boldsymbol{E}_0$. 于是，系统的磁能为

$$\begin{aligned}W_m&=\frac{1}{2\mu_0}\iiint B^2\mathrm{d}V=\frac{\varepsilon_0}{2c^2}\iiint(\boldsymbol{v}\times\boldsymbol{E}_0)^2\mathrm{d}V=\frac{\varepsilon_0}{2c^2}\iiint[v^2E_0^2-(\boldsymbol{v}\cdot\boldsymbol{E}_0)^2]\mathrm{d}V\\&=\frac{v^2W_0}{c^2}-\frac{\varepsilon_0}{2c^2}\boldsymbol{v}\boldsymbol{v}:\iiint\boldsymbol{E}_0\boldsymbol{E}_0\mathrm{d}V\end{aligned}$$

将式(7.1.32)代入上式，考虑到球对称性，可证右边第二项的贡献为

$$-\frac{\varepsilon_0}{2c^2}\boldsymbol{v}\boldsymbol{v}:\iiint\boldsymbol{E}_0\boldsymbol{E}_0\mathrm{d}V=-\frac{\varepsilon_0}{6c^2}\boldsymbol{v}\boldsymbol{v}:\overleftrightarrow{\boldsymbol{I}}\iiint E_0^2\mathrm{d}V=-\frac{v^2W_0}{3c^2}$$

于是有

$$W_m=\frac{2v^2W_0}{3c^2}=\frac{1}{2}m_{\mathrm{em}}v^2 \tag{7.1.35}$$

式(7.1.35)对应式(7.1.28)右边第一项.这说明，外界克服由辐射场产生的惯性力所做的功，全部转换为固有场的磁能.

当粒子在 $t_1$ 之前和 $t_2$ 之后均长期处于匀速运动状态，则上述关于电能和磁能的分析对始末态成立.这时，式(7.1.28)右边中间一项消失；第一项对应磁能的增加，来自外界克服惯性力做功；第三项对应辐射能，来自外界克服辐射阻尼力做功；系统电能不发生变化.至于对具有任意始、末态的运动电荷，式(7.1.28)右边第二项一般不消失.只要电磁波渡越粒子尺度的时间远小于粒子运动状态变化的时间尺度，就可认为式(7.1.35)代表磁能主项，上述结论近似成立.此时，式(7.1.28)右边第二项应当对应系统电能的变化.特别对做匀加速运动的粒子，辐射阻尼力等于零，即式(7.1.28)右边后两项互相抵消，说明辐射能全部来自粒子的电能.

### 7.1.3 电磁质量

通常将式(7.1.27)定义的质量称为电磁质量.只要将式(7.1.26)右边第一项与牛顿定律 $\boldsymbol{F}=m\dot{\boldsymbol{v}}$ 对比，就可看出这一定义是十分自然的.这时，如果将粒子的固有场类比成一个“虚拟粒子”的话，则其电能对应粒子的“静能”，其磁能对应粒子的“动能”.如前所述，粒子所受的电场力来自辐射场.因此，固有场给粒子增加的惯性，并非固有场对粒子的直接作用，而是固有场和粒子一道分享外力(克服辐射场阻力)做功的结果.

然而，上述对应关系并不理想.按式(7.1.27)，电磁质量 $m_{\mathrm{em}}$ 与静止粒子的静电能 $W_0$ 之间的比例系数为 $4/(3c^2)$，比爱因斯坦质能关系(见第8章8.6节)中出现的比例系数多出因子4/3.虽说这个问题可以通过更精细的分析加以解决①，但还存在其他更加棘手的问题.首先，经典电磁理论无法解释，电荷如何能稳定地维持在粒子之内；其次，我们无法得知关于粒子大小和电荷分布方面的具体信息，以至无法确定 $W_0$ 的数值.设想粒子的全部电荷均匀分布于某个半径为 $r_0$ 的球面上，则可算得 $W_0=e^2/(8\pi\varepsilon_0r_0)$，代入式(7.1.27)求得

$$m_{\mathrm{em}}=\frac{e^2}{6\pi\varepsilon_0r_0c^2}=\frac{2r_e}{3r_0}m \tag{7.1.36}$$

---

① J. D. Jackson，经典电动力学，高等教育出版社，北京，2004，第16章3～5节；蔡圣善，朱耘，徐建军，电动力学，高等教育出版社，北京，2002，第15章.

式中，

$$r_e = \frac{e^2}{4\pi\varepsilon_0 mc^2} = 2.82 \times 10^{-15}\,\text{m} \tag{7.1.37}$$

为电子经典半径. 若取 $r_0 = r_e$，则 $m_{em} = 2m/3$；若取 $r_0 < 2r_e/3$，则会出现 $m_{em} > m$ 的非物理结果($m$ 为电子质量的实测值，它应包含电磁质量). 实验表明，直到 $10^{-18}$m 范围内，电子仍像点粒子. 这说明，在小至 $r_e$ 的微观尺度内，经典电磁理论不再适用.

既然电子质量的实测值 $m$ 已经包含了电磁质量，在本章以后各节的分析中，将不另外计入惯性力，且对电子质量中究竟有多大比率来自电磁质量不予理会.

### 7.1.4 辐射阻尼

式(7.1.26)右边第二项为辐射阻尼力

$$\boldsymbol{F}_R = m\tau\ddot{\boldsymbol{v}} \tag{7.1.38}$$

式中，

$$\tau = \frac{e^2}{6\pi\varepsilon_0 mc^3} = \frac{2r_e}{3c} = 6.3 \times 10^{-24}\,\text{s} \tag{7.1.39}$$

之所以称为辐射阻尼力，是因为"$-\boldsymbol{F}_R$"做功与辐射电磁能直接相关. 与惯性力不同，辐射阻尼力与粒子静电能无关；仅仅要求粒子电荷分布球对称，不必涉及粒子的大小和电荷分布的细节. 在前面导出的式(7.1.28)中，后两项即对应在 $t_1$ 至 $t_2$ 时段 $-\boldsymbol{F}_R$ 做功

$$-\int_{t_1}^{t_2} \boldsymbol{F}_R \cdot \boldsymbol{v}\,\mathrm{d}t = -\frac{e^2}{6\pi\varepsilon_0 c^3}(\boldsymbol{v} \cdot \dot{\boldsymbol{v}})\Big|_{t_1}^{t_2} + \int_{t_1}^{t_2} P\,\mathrm{d}t \tag{7.1.40}$$

其中右边第二项为辐射电磁能. 至于第一项，主要反映了系统电能的变化，它一定程度上模糊了 $-\boldsymbol{F}_R$ 做功与辐射电磁能之间的简单关系. 然而这不影响辐射阻尼力表达式(7.1.38)的正确性. 特别地，对于匀加速运动电荷，辐射阻尼力消失，但电磁辐射依旧存在，这往往令人难以理解. 实际上，对于这种特例，式(7.1.40)右边两项互抵，即辐射电磁能全部来自系统电磁能.

如果

$$\frac{e^2}{6\pi\varepsilon_0 c^3}(\boldsymbol{v} \cdot \dot{\boldsymbol{v}})\Big|_{t_1}^{t_2} = 0 \tag{7.1.41}$$

则辐射阻尼力对粒子所做的负功等于辐射电磁能. 对于下列几种典型情况，式(7.1.41)满足：

(1) 粒子做匀速圆周运动，成立 $\boldsymbol{v} \cdot \dot{\boldsymbol{v}} = 0$，式(7.1.41)对任何时段成立，与 $t_1$ 和 $t_2$ 的选择无关.

(2) 粒子做周期运动，周期为 $T$，则当选择 $t_2 - t_1 = T$ 时，式(7.1.41)成立.

(3) 在 $t_1$ 至 $t_2$ 期间,粒子从一种匀速直线运动状态过渡到另一种匀速直线运动状态. 这时对始末态有 $\dot{\boldsymbol{v}}=0$,式(7.1.41)成立.

本章以下各节,将限于第二种情况,即粒子做周期运动的情况.

### *7.1.5 辐射阻尼力公式的修正

由式(7.1.38)可见,辐射阻尼力与加速度的时间导数成正比. 将它代入粒子的运动方程($\boldsymbol{F}$ 为外力)

$$m\dot{\boldsymbol{v}}=\boldsymbol{F}+m\tau\ddot{\boldsymbol{v}} \tag{7.1.42}$$

之后,将产生动力学困难. 按照经典力学,在给定外力的情况下,只需给定粒子的初始位置和初始速度,就可以完全确定粒子的运动规律. 可是,从式(7.1.42)出发,还需要给定粒子的初始加速度! 其实,辐射阻尼力来自粒子的加速运动,后者与外力有关. 因此,应当将辐射阻尼力与外力挂钩. 在低速运动近似下,$v\ll c$;粒子运动范围的尺度 $l$ 一般远远大于 $r_e$;故成立 $\tau=2r_e/3c\ll l/v\sim|\dot{\boldsymbol{v}}|/|\ddot{\boldsymbol{v}}|$,即辐射阻尼力很弱. 因此,作为近似,应有

$$m\dot{\boldsymbol{v}}\approx\boldsymbol{F}$$

将上式对时间求导数得 $m\ddot{\boldsymbol{v}}\approx\dot{\boldsymbol{F}}$,再代入式(7.1.38),得

$$\boldsymbol{F}_R=\tau\dot{\boldsymbol{F}}=\tau\left(\frac{\partial\boldsymbol{F}}{\partial t}+\boldsymbol{v}\cdot\nabla\boldsymbol{F}\right) \tag{7.1.43}$$

式中外力场 $\boldsymbol{F}$ 视为时间和空间的函数,$\dot{\boldsymbol{F}}$ 表示 $\boldsymbol{F}$ 在粒子参考系中的时间导数. 于是,式(7.1.42)化为

$$m\dot{\boldsymbol{v}}=\boldsymbol{F}+\tau\left(\frac{\partial\boldsymbol{F}}{\partial t}+\boldsymbol{v}\cdot\nabla\boldsymbol{F}\right) \tag{7.1.44}$$

从而避免了上述动力学困难. 对于粒子做缓慢、简谐周期运动的情况,$\boldsymbol{v}\cdot\nabla\boldsymbol{F}$ 与 $\partial\boldsymbol{F}/\partial t$ 之比 $\approx v/c\ll1$,前者可以忽略;时间偏导数算符 $\partial/\partial t$ 可替换为 $-\mathrm{i}\omega$. 这时若略去 $\omega\tau$ 的二级小量,则式(7.1.38)和式(7.1.42)将分别等效于式(7.1.43)和式(7.1.44). 在这种情况之下,使用式(7.1.38)和式(7.1.42)更为简便.

## 7.2 介质对电磁波的散射

从本节开始,我们分析介质与电磁波的相互作用,以及这一作用导致的电磁波的散射、色散和吸收现象. 本节先来讨论电磁波的散射.

### 7.2.1 散射的定义

在透明介质中,电子吸收入射电磁波的能量,向各个方向发出次波,称为散射. 例如,白天天空呈蔚蓝色,就是地球大气中的束缚电子主要散射太阳光中的蓝光所致. 在日全食期间,太阳光不能直接到达肉眼,但我们却能看到太阳周围的白光,这

是太阳大气中的自由电子散射太阳光所致.由于散射光的强度与电子密度成正比,人们常通过对散射光的测量来确定大气密度.

### 7.2.2 自由电子对电磁波的散射

前述太阳大气对太阳光的散射属于自由电子对电磁波的散射.为分析这种散射,我们需要建立自由电子大气模型.在大气中,不仅存在自由电子,而且存在电荷密度几乎相等的正离子,以维持整个大气的电中性.离子因其惯性较大,其运动速度和范围均远远小于电子.因此,作为一种常用近似,可认为离子不动,电子在其平衡位置附近运动.关于电子在入射电磁波作用下的运动分析,我们作如下几点补充假定:

(1) 气体足够稀薄,忽略电子与电子之间,以及电子与离子、中性粒子之间的相互作用.

(2) 电子的空间位置和周期运动的初始相位随机分布,可以在处理单个电子运动的基础上,将它们发出的散射波的功率进行简单叠加.

(3) 粒子运动速度远小于光速,可以采用低速运动近似.在该近似下,电磁波作用在电子上的电力远大于磁力;电子运动尺度远小于波长,可略去电子运动范围内电磁波电场的空间非均匀性;在计算电子的辐射功率时,可使用低速运动电荷近似.

(4) 忽略辐射阻尼力.在上述近似下,可写下单个电子的运动方程如下:

$$\ddot{\boldsymbol{\xi}} = \frac{e}{m}\boldsymbol{E}_0 \mathrm{e}^{-\mathrm{i}\omega t} \tag{7.2.1}$$

式中,$\boldsymbol{\xi}$ 为电子相对平衡位置的偏移;$e$ 为电子电量(负值,下同);$m$ 为电子质量;$\boldsymbol{E}_0$ 为入射电磁波的电场振幅;$\omega$ 为电磁波的角频率.式(7.2.1)的强迫振荡解为

$$\boldsymbol{\xi} = \boldsymbol{\xi}_0 \mathrm{e}^{-\mathrm{i}\omega t} \tag{7.2.2}$$

其中,

$$\boldsymbol{\xi}_0 = -\frac{e\boldsymbol{E}_0}{m\omega^2} \tag{7.2.3}$$

将式(7.2.3)代入式(7.2.2),得

$$\boldsymbol{\xi} = -\frac{e\boldsymbol{E}_0}{m\omega^2}\mathrm{e}^{-\mathrm{i}\omega t} \tag{7.2.4}$$

据此求得对应的电偶极矩的二阶时间导数为

$$\ddot{\boldsymbol{p}} = e\ddot{\boldsymbol{\xi}} = \frac{e^2\boldsymbol{E}_0}{m}\mathrm{e}^{-\mathrm{i}\omega t} \tag{7.2.5}$$

计算电子的辐射功率,需要用到如下电偶极辐射的角分布和辐射功率公式(见式(5.4.14)和式(5.4.15)):

$$\frac{\mathrm{d}P}{\mathrm{d}\Omega} = \frac{|\ddot{\boldsymbol{p}}|^2}{32\pi^2\varepsilon_0 c^3}\sin^2\alpha \tag{7.2.6}$$

$$P = \frac{|\ddot{\boldsymbol{p}}|^2}{12\pi\varepsilon_0 c^3} \tag{7.2.7}$$

其中,$\alpha$ 为入射波电场(即电偶极矩)与径向方向(散射波的传播方向)的夹角. 将式(7.2.5)代入式(7.2.6)和式(7.2.7),分别求得单个电子辐射的角分布和辐射功率:

$$\frac{\mathrm{d}P}{\mathrm{d}\Omega}=\frac{e^4E_0^2}{32\pi^2\varepsilon_0 m^2c^3}\sin^2\alpha=r_e^2I_0\sin^2\alpha \tag{7.2.8}$$

$$P=\frac{e^4E_0^2}{12\pi\varepsilon_0 m^2c^3}=\frac{8\pi}{3}r_e^2I_0 \tag{7.2.9}$$

其中,$r_e$ 为电子经典半径(见式(7.1.37));$I_0=\varepsilon_0E_0^2c/2$ 为入射波强度. 由式(7.2.9)可见,单个电子发出的散射波功率等于垂直穿越面积为 $8\pi r_e^2/3$ 的入射功率,该面积定义为电子的散射截面

$$\sigma=\frac{8\pi}{3}r_e^2 \tag{7.2.10}$$

对电子可算得 $\sigma=6.65\times10^{-29}\,\mathrm{m}^2$,称为汤姆孙散射截面.

从观测角度,我们需要确定散射波的角分布. 对入射波为线偏振光的情况,散射波的角分布由式(7.2.8)描述,相当于沿入射波电场方向的定向偶极子的辐射角分布. 对于非线偏振光,可以将其分解为若干线偏振光,分别计算各自的散射波电磁场,然后叠加求得合成场,在此基础上计算散射波的角分布. 如果各线偏振成分的相位随机分布,则各散射波成分的功率和角分布也可以进行简单叠加,计算将大大简化. 所谓自然光就属于这种情况. 对自然光来说,电场在与传播方向垂直的平面内随机等概率分布,各成分入射波和相应的散射波的功率满足叠加原理. 为计算散射波的角分布,选择如图 7.2 所示的直角坐标系:入射波沿 $z$ 轴方向传播;观测点 $P$ 位于 $xz$ 平面,位置矢量为 $\boldsymbol{r}$;电场 $\boldsymbol{E}_0$ 位于 $xy$ 平面,与 $x$ 轴的夹角 $\phi'$ 在 $(0,2\pi)$ 的范围内随机等概率分布;$\alpha$ 为 $\boldsymbol{r}$ 和 $\boldsymbol{E}_0$ 的夹角,与式(7.2.8)中出现的 $\alpha$ 的定义一致. 通过简单几何分析,有

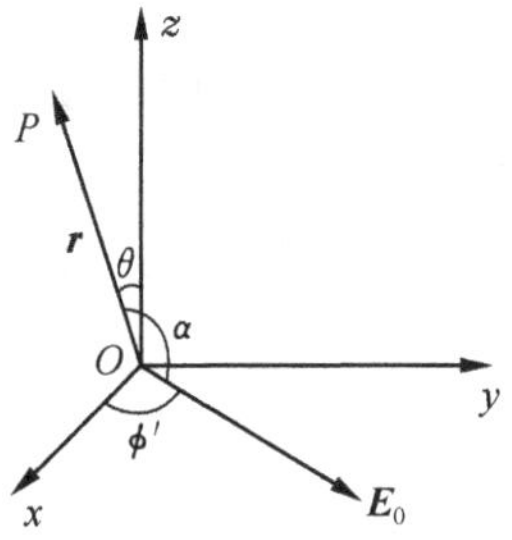

图 7.2

$$\cos\alpha=\boldsymbol{E}_0\cdot\boldsymbol{e}_r/E_0=(\cos\phi'\boldsymbol{e}_x+\sin\phi'\boldsymbol{e}_y)\cdot(\sin\theta\boldsymbol{e}_x+\cos\theta\boldsymbol{e}_z)$$
$$=\sin\theta\cos\phi'$$
$$\sin^2\alpha=1-\sin^2\theta\cos^2\phi'$$

将 $\sin^2\alpha$ 过 $(0,2\pi)$ 对 $\phi'$ 作积分平均得

$$\overline{\sin^2\alpha}=\frac{1}{2\pi}\int_0^{2\pi}(1-\sin^2\theta\cos^2\phi')\mathrm{d}\phi'=\frac{1}{2}(1+\cos^2\theta)$$

从而求得单个电子对自然光散射波的角分布如下:

$$\overline{\frac{\mathrm{d}P}{\mathrm{d}\Omega}}=I_0r_e^2\,\overline{\sin^2\alpha}=\frac{I_0r_e^2}{2}(1+\cos^2\theta) \tag{7.2.11}$$

由式(7.2.11)对立体角积分,求得的辐射功率与式(7.2.9)一致.定义微分散射截面:

$$\frac{d\sigma}{d\Omega} = \frac{1}{I_0}\overline{\frac{dP}{d\Omega}} = \frac{r_e^2}{2}(1+\cos^2\theta) \tag{7.2.12}$$

将微分散射截面对立体角积分,得散射截面,与式(7.2.10)给出的汤姆孙散射截面一致.

由上述结果可以看出,对自然光的汤姆孙散射具有如下特点:频率与入射波相同,强度与入射波频率无关,且强度角分布前后对称,在平行入射波方向最强,垂直方向最弱.上述性质在可见光散射的观测中得到证实.然而,实验发现,对于X射线这样的高频电磁波,散射波强度丧失前后对称性,前方的强度与式(7.2.12)的结果一致,后方的强度变弱.此外散射波的频率与散射角有关,散射波波长 $\lambda'$ 相对入射波波长 $\lambda$ 的偏移与 $\theta$ 的关系如下:

$$\lambda' - \lambda = \frac{h}{mc}(1-\cos\theta) = 0.02423(1-\cos\theta)\text{Å} \tag{7.2.13}$$

式中,$h = 6.626\times10^{-34}\,\text{J}\cdot\text{s}$ 为普朗克常量.对可见光波段,波长数千埃($1\text{Å}=10^{-10}\text{m}$),上述偏移不易察觉;可对波长位于0.1~100Å的X射线,上述偏移易于测量.1922年,康普顿和吴有训用实验研究了X射线的散射,发现上述规律,后人称之为康普顿散射.以上关于X射线散射的强度分布和频率漂移现象,只能用量子理论来解释.当 $h\nu \ll mc^2$($\nu$ 为电磁波频率),即光子能量远小于电子静能时,有 $\lambda'-\lambda\ll\lambda$,则量子效应可以忽略,经典电磁理论近似成立.因此,条件 $h\nu\ll mc^2$ 将作为经典电磁理论适用范围的重要判据.

### 7.2.3 束缚电子对电磁波的散射

地球大气对太阳光的散射属于束缚电子对电磁波的散射.为分析这种散射,我们需要建立以中性原子和分子为主体的大气模型.该模型与前述自由电子大气模型的有两点区别:第一,电子在原子或分子内部受到某种束缚力.采用原子的谐振子模型,该力被近似为指向原子中心的简谐力 $m\omega_0^2\boldsymbol{\xi}$,其中 $\omega_0$ 为振子的固有频率,$\boldsymbol{\xi}$ 为电子相对平衡位置的位移.第二,我们计入辐射阻尼力.粒子将在入射电磁波的作用下做强迫振荡周期运动,不妨采用式(7.1.38)作为辐射阻尼力的表达式.采用上述模型,可写下束缚电子的运动方程:

$$\ddot{\boldsymbol{\xi}} = \frac{e}{m}\boldsymbol{E}_0 e^{-i\omega t} - \omega_0^2\boldsymbol{\xi} + \tau\dddot{\boldsymbol{\xi}} \tag{7.2.14}$$

对形如 $\boldsymbol{\xi}=\boldsymbol{\xi}_0 e^{-i\omega t}$ 的强迫振荡解,可将式(7.2.14)化为

$$\ddot{\boldsymbol{\xi}} + \gamma\dot{\boldsymbol{\xi}} + \omega_0^2\boldsymbol{\xi} = \frac{e}{m}\boldsymbol{E}_0 e^{-i\omega t} \tag{7.2.15}$$

式中,

$$\gamma = \omega^2\tau = \frac{e^2\omega^2}{6\pi\varepsilon_0 mc^3} \tag{7.2.16}$$

经过改写之后，式(7.2.15)左边出现的辐射阻尼力与电子速度成正比，方向与速度方向相反，与通常意义下的阻力(如小球在流体中运动所受的黏滞阻力)相当，相应$\gamma$称为阻尼系数. 易求得式(7.2.15)的解为

$$\boldsymbol{\xi}=\frac{e\boldsymbol{E}_0}{m(\omega_0^2-\omega^2-\mathrm{i}\omega\gamma)}\mathrm{e}^{-\mathrm{i}\omega t} \tag{7.2.17}$$

相应的偶极矩的二阶时间导数为

$$\ddot{\boldsymbol{p}}=e\ddot{\boldsymbol{\xi}}=-\frac{e^2\omega^2\boldsymbol{E}_0}{m}\frac{\mathrm{e}^{-\mathrm{i}(\omega t-\delta)}}{\sqrt{(\omega_0^2-\omega^2)^2+\omega^2\gamma^2}} \tag{7.2.18}$$

式中相位角$\delta$满足

$$\tan\delta=\frac{\omega\gamma}{\omega_0^2-\omega^2} \tag{7.2.19}$$

将式(7.2.18)代入式(7.2.7)，求得单个电子辐射功率，即散射功率

$$P=\frac{8\pi}{3}r_e^2\frac{\omega^4}{(\omega_0^2-\omega^2)^2+\omega^2\gamma^2}I_0 \tag{7.2.20}$$

相应的散射截面为

$$\sigma=\frac{8\pi}{3}r_e^2\frac{\omega^4}{(\omega_0^2-\omega^2)^2+\omega^2\gamma^2} \tag{7.2.21}$$

与自由电子散射情况的区别在于，散射截面与入射波频率有关. 只有当入射波频率$\omega\gg\omega_0$(此时辐射损失也因$\gamma\ll\omega$可予忽略)时，$\sigma$才与频率无关，回到汤姆孙散射的结果. 当$\omega\ll\omega_0$时，式(7.2.21)化为

$$\sigma=\frac{8\pi}{3}r_e^2\left(\frac{\omega}{\omega_0}\right)^4 \tag{7.2.22}$$

即低频散射截面与入射波频率的四次方成正比，所对应的散射称为瑞利散射. 地球大气中性粒子的固有频率远大于可见光频率，式(7.2.22)近似成立. 因此，地球大气对蓝光(可见光的高频端)散射强，使得天空呈现蔚蓝颜色.

当$\omega=\omega_0$时，利用式(7.2.16)，可将式(7.2.21)化为

$$\sigma=\frac{8\pi}{3}r_e^2\left(\frac{\omega}{\gamma}\right)^2_{\omega=\omega_0}=\frac{8\pi r_e^2}{3\omega_0^2\tau^2} \tag{7.2.23}$$

一般$\omega_0\tau\ll1$，此时的散射截面远远大于汤姆孙散射截面，所对应的散射称为共振散射. 显然，对于共振散射来说，辐射阻尼起着关键作用，不能忽略.

## 7.3 介质对电磁波的色散和吸收

### 7.3.1 物理模型

在7.2节讨论束缚电子对电磁波的散射时，考虑了单个带电粒子的辐射场对粒子运动的阻尼作用，但忽略了粒子之间的相互作用. 此外，也忽略了粒子电磁场

对入射波的影响，以至于入射波在传播过程中维持不变. 这类结果只适用于十分稀薄的气体. 对比较稠密的气体，必须计入粒子之间的相互作用，同时要考虑粒子电磁场对入射波的影响. 这构成了真正意义上的介质和场的相互作用问题.

上述相互作用问题的困难在于粒子相互作用的处理. 带电粒子之间的相互作用一般划分为两种类型：一种是带碰撞性质的近距相互作用，这时单个粒子的作用力场(包括电磁场)起主要作用；另一种是远距相互作用，单个粒子受到周围与之相距甚远的大量粒子的集体作用. 作为简化，我们忽略这种带碰撞性质的近距相互作用，只考虑大量粒子的集体作用. 对不十分稠密的气体，这一近似还是可行的. 至于大量粒子的集体作用，从宏观上表现为大量施力粒子的合成作用力场对受力粒子的作用. 在这合成作用力场中，起主要作用的是电磁场. 其他粒子作用力场或为短程力(如分子力)，仅限于粒子附近；或虽然为长程力(如引力)，但远小于电磁力. 如果我们将上述大量粒子的合成电磁场计入总场，则这种相互作用被自动计入，无需另作考虑. 这样一来，问题重新归结为对单个粒子运动的分析. 但是，单粒子运动方程中出现的“外电场”，因计入所有粒子的贡献而不能随意给定；与此同时，麦克斯韦方程中涉及的宏观场源也不能随意给定，而是与粒子运动规律密切相关. 这种“你中有我、我中有你”的局面，使得单从粒子运动方程出发，或单从麦克斯韦方程出发，都无法解决问题；必须联立求解两组方程，同时确定粒子和电磁场的运动规律.

以下我们作进一步简化. 首先，我们只考虑气体中电子的运动，假定其他粒子成分静止不动. 这样，整个气体处于宏观静止状态，不受电子小范围振荡运动的影响. 进一步，我们假定气体中的电子密度均匀，该密度也不受电子振荡运动的影响.

### 7.3.2 求解步骤

在上述简化近似之下，我们遵循以下步骤进行求解：

(1) 求解单电子运动方程的“形式”解，其中电场待定.

(2) 由电子运动方程的形式解确定场源分布，实际上是给出电极化强度和电场的关系.

(3) 将场源代入麦克斯韦方程求定态电磁波解.

下面我们依次介绍各步的求解过程.

首先，电子运动方程与 7.2 节式(7.2.15)形式相同：

$$\ddot{\boldsymbol{\xi}}+\gamma\dot{\boldsymbol{\xi}}+\omega_0^2\boldsymbol{\xi}=\frac{e}{m}\boldsymbol{E}_0\mathrm{e}^{-\mathrm{i}\omega t} \tag{7.3.1}$$

只是时谐电场 $\boldsymbol{E}=\boldsymbol{E}_0\mathrm{e}^{-\mathrm{i}\omega t}$ 为待求的合成电场. 式(7.3.1)左边的 $\gamma\dot{\boldsymbol{\xi}}$ 描述对电子运动的阻力效应. 一般来说，这类阻力可以不限于 7.2 节提到的辐射阻尼. 当它的确代表辐射阻尼时，则电子机械能的损失将转换为散射波的辐射能. 既然散射波(即辐射场)对电子的作用力已被 $\gamma\dot{\boldsymbol{\xi}}$ 计入，电场 $\boldsymbol{E}$ 中将不包含散射波. 对于截面很小的一束光在介质中的传播问题，绝大部分散射光将脱离入射波传播方向，进入入射波方向的散射波可以忽略,上述处理方式基本合理.反之,若取式(7.3.1)中的 $r=0$,则等效于将散射波计入 $\boldsymbol{E}$ 中,以致最终求得的合成波将不会随距离衰减.式(7.3.1)的强迫振荡形式解为

$$\boldsymbol{\xi}=\frac{e\boldsymbol{E}_0}{m(\omega_0^2-\omega^2-\mathrm{i}\omega\gamma)}\mathrm{e}^{-\mathrm{i}\omega t} \tag{7.3.2}$$

其次,仿照电介质的处理方法,引入电极化强度 $\boldsymbol{P}$ 对大量电子诱导的场源进行宏观描述.注意 $\boldsymbol{\xi}$ 代表电子相对平衡位置的偏移,由此产生的偶极矩为 $\boldsymbol{p}=e\boldsymbol{\xi}$.设电子数密度为 $N$,则

$$\boldsymbol{P}=Ne\boldsymbol{\xi}=\frac{Ne^2\boldsymbol{E}}{m(\omega_0^2-\omega^2-\mathrm{i}\omega\gamma)} \tag{7.3.3}$$

这等效于引入如下介电常量($\boldsymbol{D}=\varepsilon\boldsymbol{E}=\varepsilon_0\boldsymbol{E}+\boldsymbol{P}$)

$$\varepsilon=\varepsilon_0+\frac{Ne^2}{m(\omega_0^2-\omega^2-\mathrm{i}\omega\gamma)}=\varepsilon_0\left(1+\frac{\omega_p^2}{\omega_0^2-\omega^2-\mathrm{i}\omega\gamma}\right) \tag{7.3.4}$$

式中,

$$\omega_p=\sqrt{\frac{Ne^2}{m\varepsilon_0}} \tag{7.3.5}$$

注意,介电常量为复数.

最后,将复介电常量代入电场波动方程

$$\nabla^2\boldsymbol{E}-\frac{\varepsilon}{\varepsilon_0c^2}\frac{\partial^2\boldsymbol{E}}{\partial t^2}=0 \tag{7.3.6}$$

求上述方程沿 $z$ 轴方向传播的平面电磁波解:

$$\boldsymbol{E}=\boldsymbol{E}_0\mathrm{e}^{\mathrm{i}(kz-\omega t)} \tag{7.3.7}$$

式中,

$$k=\frac{n\omega}{c},\qquad n=\sqrt{\frac{\varepsilon}{\varepsilon_0}} \tag{7.3.8}$$

分别为复波数和复折射率.将它们分解为实部和虚部,即

$$k=k_0+\mathrm{i}\kappa,\qquad n=n_0+\mathrm{i}n_1 \tag{7.3.9}$$

然后将式(7.3.4)和式(7.3.9)第二式代入式(7.3.8),可导出

$$n_0^2-n_1^2=1+\frac{\omega_p^2(\omega_0^2-\omega^2)}{(\omega_0^2-\omega^2)^2+\omega^2\gamma^2} \tag{7.3.10}$$

$$2n_0n_1=\frac{\omega_p^2\omega\gamma}{(\omega_0^2-\omega^2)^2+\omega^2\gamma^2} \tag{7.3.11}$$

$$k_0=\frac{n_0\omega}{c},\qquad \kappa=\frac{n_1\omega}{c} \tag{7.3.12}$$

电磁场和粒子运动方程的最终解如下:

$$\boldsymbol{E}=\boldsymbol{E}_0\mathrm{e}^{-\kappa z}\mathrm{e}^{\mathrm{i}(k_0z-\omega t)} \tag{7.3.13}$$

$$\boldsymbol{\xi}=\frac{e\boldsymbol{E}_0}{m(\omega_0^2-\omega^2-\mathrm{i}\omega\gamma)}\mathrm{e}^{-\kappa z}\mathrm{e}^{\mathrm{i}(k_0z-\omega t)} \tag{7.3.14}$$

下面我们分析电磁波的传播特性.

### 7.3.3 电磁波的色散和吸收

由式(7.3.10)和式(7.3.11)解出的折射率的实部 $n_0$ 和虚部 $n_1$ 均为 $\omega$ 的函数. 对于 $\omega_p=\omega_0$ 的特例,图 7.3 给出了 $\gamma=0.1\omega_0$ 和 $0.05\omega_0$ 两种情况下 $n_0^2-1$ 和 $n_1$ 与 $\omega$ 的函数关系的示意图. 当 $\omega\ll\omega_0$ 时,近似有 $n_0^2-1\approx(\omega_p/\omega_0)^2=1, n_1\approx 0$;当 $\omega\gg\omega_0$ 时,$n_0$ 趋于 1,$n_1$ 趋于零;在 $\omega=\omega_0$ 附近,$n_0$ 和 $n_1$ 随 $\omega$ 剧烈变化;随着 $\gamma$ 的减小,$n_0$ 和 $n_1$ 的峰值增加,变化梯度加大.

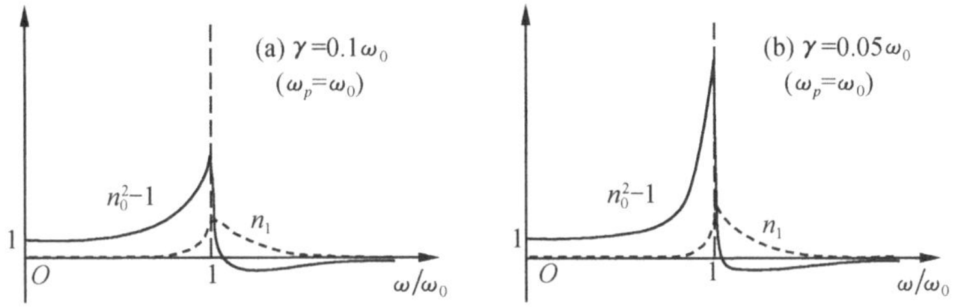


图 7.3

$n_0(\omega)$决定了电磁波的色散. 由式(7.3.13)和式(7.3.12)求得电磁波的相速度为

$$v=\frac{\omega}{k_0}=\frac{c}{n_0} \tag{7.3.15}$$

由于 $n_0$ 与 $\omega$ 有关,不同频率成分将具有不同的相速度,引发电磁波的色散现象.

$n_1(\omega)$与电磁波的吸收有关(见式(7.3.12)和式(7.3.13)). 不同频率的电磁波吸收程度不同. 由图 7.3 可见,在 $\omega_0$ 附近(稍靠右侧),$n_1$ 取峰值,电磁波受到强烈吸收. 与 7.2 节提到的共振散射对应,这里称为共振吸收. 对定态电磁波而言,吸收导致电磁波沿传播路径衰减,见式(7.3.13). 从能流密度角度分析电磁波的衰减更具有实际意义. 由平面电磁波关系式(见第 4 章 4.1 节)

$$\boldsymbol{k}\cdot\boldsymbol{E}=0,\qquad \boldsymbol{B}=\frac{1}{\omega}\boldsymbol{k}\times\boldsymbol{E},\qquad \bar{\boldsymbol{S}}=\frac{1}{2\mu_0}\mathrm{Re}(\boldsymbol{E}^*\times\boldsymbol{B})$$

式中,$\boldsymbol{k}=k\boldsymbol{e}_z$,可求得电磁波的能流密度为

$$\bar{\boldsymbol{S}}=\frac{k_0}{2\omega\mu_0}|\boldsymbol{E}|^2\boldsymbol{e}_z=\frac{k_0c}{\omega}I_0\mathrm{e}^{-2\kappa z}\boldsymbol{e}_z \tag{7.3.16}$$

式中,$I_0=\varepsilon_0E_0^2c/2$. 该能流密度沿传播路径按 $\mathrm{e}^{-2\kappa z}$ 指数衰减.

**例 7.1**

从式(7.2.20)和式(7.3.16)出发,证明吸收功率等于散射功率.

**解** 考察如图 7.4 所示截面积 $A$ 的薄层$(z,z+\Delta z)$,则单位时间进入该薄层的净电磁能量(单位:$\mathrm{J\cdot s^{-1}}$)为

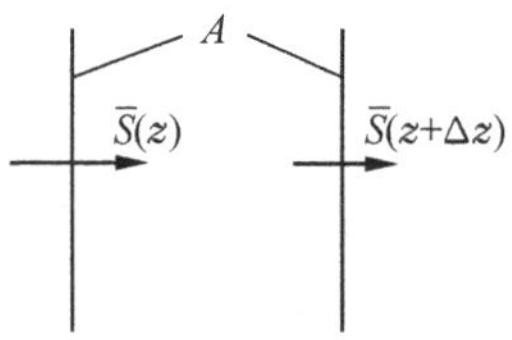


图 7.4

$$A[\overline{S}(z)-\overline{S}(z+\Delta z)]=-A\frac{\partial\overline{S}}{\partial z}\Delta z$$

其中,

$$\overline{S}=\frac{k_0 c}{\omega}I_0\mathrm{e}^{-2\kappa z},\qquad -\frac{\partial\overline{S}}{\partial z}=\frac{2k_0 c\kappa}{\omega}I_0\mathrm{e}^{-2\kappa z}$$

该电磁能量为电子所吸收,等于吸收功率.

在上述薄层中,共有 $NA\Delta z$ 个电子,每个电子的散射功率由式(7.2.20)表示,只是需要考虑入射波的衰减,将 $I_0$ 换成 $I_0\mathrm{e}^{-2\kappa z}$. 这些电子发出的总散射功率为

$$NPA\Delta z=\frac{8\pi r_e^2}{3}\frac{N\omega^4}{(\omega_0^2-\omega^2)^2+\omega^2\gamma^2}I_0\mathrm{e}^{-2\kappa z}A\Delta z$$

由式(7.3.11)和式(7.3.12)推得

$$k_0\kappa=\frac{k_0\omega n_1}{c}=\frac{k_0\omega}{2n_0 c}2n_0n_1=\frac{\omega^2}{2c^2}\frac{\omega_p^2\omega\gamma}{(\omega_0^2-\omega^2)^2+\omega^2\gamma^2}$$

再利用 $r_e$、$\gamma$ 和 $\omega_p$ 的定义式(7.1.37)、式(7.2.16)和式(7.3.5),可证

$$-\partial\overline{S}/\partial z=NP$$

从而吸收功率等于散射功率.

由例 7.1 的结论,我们可以从散射功率出发,计算单个电子对具连续谱的电磁波的吸收功率. 设入射波的强度谱密度为 $I_0(\omega)$,它表示单位(角)频率间隔的能流密度,则由式(7.2.20),单个电子散射的总功率为

$$P_{散射}=\frac{8\pi r_e^2}{3}\int_0^{\infty}\frac{\omega^4 I_0(\omega)\mathrm{d}\omega}{(\omega_0^2-\omega^2)^2+\omega^2\gamma^2}\tag{7.3.17}$$

考虑到 $\gamma\ll\omega_0$,上述积分可以简化. 考察函数

$$f(\omega)=\left[\frac{\omega\gamma}{(\omega_0^2-\omega^2)^2+\omega^2\gamma^2}\right]_{\gamma\to 0}\tag{7.3.18}$$

当 $\omega\neq\omega_0$ 时,显然有 $f(\omega)=0$;当 $\omega=\omega_0$ 时,$f(\omega)\to\infty$,具有类似于 $\delta(\omega-\omega_0)$ 函数的性质. 下面计算积分

$$\begin{aligned}\int_0^{\infty}\frac{\omega\gamma\mathrm{d}\omega}{(\omega_0^2-\omega^2)^2+\omega^2\gamma^2}&=\frac{\gamma}{2}\int_0^{\infty}\frac{\mathrm{d}u}{(\omega_0^2-u)^2+u\gamma^2}\\&=\frac{\gamma}{2}\int_0^{\infty}\frac{\mathrm{d}u}{\left(u-\omega_0^2+\frac{1}{2}\gamma^2\right)^2+\omega_0^2\gamma^2-\frac{1}{4}\gamma^4}\\&\approx\frac{\gamma}{2}\int_{-\omega_0^2}^{\infty}\frac{\mathrm{d}w}{w^2+\omega_0^2\gamma^2}=\frac{\gamma}{2\omega_0\gamma}\arctan\left(\frac{w}{\omega_0\gamma}\right)_{-\omega_0^2}^{\infty}\approx\frac{\pi}{2\omega_0}\end{aligned}$$

计算中用到条件 $\gamma \ll \omega_0$. 于是我们得出结论,由式(7.3.18)表示的函数 $f(\omega)=\pi\delta(\omega-\omega_0)/(2\omega_0)$,即

$$\left[\frac{\omega\gamma}{(\omega_0^2-\omega^2)^2+\omega^2\gamma^2}\right]_{\gamma\to 0}=\frac{\pi}{2\omega_0}\delta(\omega-\omega_0) \tag{7.3.19}$$

将式(7.3.19)代入式(7.3.17),得

$$P_{散射}=\frac{8\pi r_e^2}{3}\int_0^{\infty}\frac{\pi\omega^3}{2\omega_0\gamma}I_0(\omega)\delta(\omega-\omega_0)\mathrm{d}\omega=\frac{4\pi^2\omega_0^2 r_e^2}{3\gamma_0}I_0(\omega_0)$$

其中 $\gamma_0$ 可由式(7.2.16)和式(7.1.39)求得

$$\gamma_0=\omega_0^2\tau=\frac{2\omega_0^2 r_e}{3c}$$

从而最终求得单个电子的散射功率为

$$P_{散射}=2\pi^2 r_e c I_0(\omega_0) \tag{7.3.20}$$

按例 7.1 的结论,这也就是单个电子对电磁波的吸收功率. 式(7.3.20)表明,具连续谱的电磁波投射到束缚电子上时,只是 $\omega_0$ 附近的信号出现强吸收;与此相应,在信号频谱上,在 $\omega_0$ 处将出现向下的脉冲,这就是光谱分析中经常提到的吸收谱线.

# 第 8 章 狭义相对论

## 8.1 电磁理论与狭义相对论

截至目前为止，我们已就麦克斯韦方程蕴涵的电磁运动的一些特殊规律作了阐述. 然而，我们回避了一个基本问题，那就是与时间和空间坐标有关的参考系的选择问题. 也就是说，由麦克斯韦方程描述的电磁规律，是否在不同惯性参考系中具有同样的形式，即电磁规律是否和力学规律一样，满足相对性原理？爱因斯坦对这一问题作了明确回答：电磁规律和其他物理规律在一切惯性系中成立，在此基础上创立了狭义相对论.

### 8.1.1 电磁规律和相对性原理

伽利略最先提出一切惯性系彼此等价的重要概念，被后人称之为伽利略相对性原理. 牛顿在建立力学规律之后提出，为保证该规律满足伽利略相对性原理，表述惯性系的时空坐标必须满足如下变换关系：

$$\boldsymbol{r}' = \boldsymbol{r} - \boldsymbol{v}t, \qquad t' = t \tag{8.1.1}$$

式中，$(\boldsymbol{r},t)$和$(\boldsymbol{r}',t')$分别为惯性系 S 和 S′的时空坐标；$\boldsymbol{v}$ 为 S′相对 S 的运动速度. 后人因此将式(8.1.1)称为伽利略变换. 在伽利略变换下，两个事件的时间间隔和空间间隔彼此独立，且与参考系的选择无关. 这就是牛顿的绝对时空观念. 在建立狭义相对论之前，人们普遍相信伽利略变换的正确性，并接受这一变换所反映的牛顿的绝对时空观.

然而，电磁规律在伽利略变换下会发生变化. 为说明这一点，我们不直接从麦克斯韦方程本身出发，因为这会涉及电场和磁场的变换规律的棘手问题. 在第 4 章 4.1 节，我们曾由麦克斯韦方程导出真空中的电场波动方程

$$\left(\nabla^2 - \frac{1}{c^2}\frac{\partial^2}{\partial t^2}\right)\boldsymbol{E} = 0 \tag{8.1.2}$$

式中，$c=1/\sqrt{\varepsilon_0\mu_0}$为普适常数. 该方程仅涉及电场 $\boldsymbol{E}$ 一个因变量，作用在 $\boldsymbol{E}$ 上的算符为达朗贝尔算符. 由式(8.1.1)可证$\nabla=\nabla'$、$\partial/\partial t=\partial/\partial t'-\boldsymbol{v}\cdot\nabla'$，则

$$\nabla^2 - \frac{1}{c^2}\frac{\partial^2}{\partial t^2} = \nabla'^2 - \frac{1}{c^2}\frac{\partial^2}{\partial t'^2} + \frac{2}{c^2}\boldsymbol{v}\cdot\nabla'\frac{\partial}{\partial t'} - \frac{1}{c^2}(\boldsymbol{v}\cdot\nabla')(\boldsymbol{v}\cdot\nabla')$$

即伽利略变换使得达朗贝尔算符发生变化，从而导致波动方程的形式发生变化. 上述变化与真空中的光波（电磁波）传播规律直接相关. 按式(8.1.2)，光波在真空中的传播速度为 $c$. 如果按伽利略变换去实施惯性系之间的转换，则式(8.1.2)只可

能在一个特定的惯性系中成立，在其余惯性系中的形式将会发生变化. 换句话说，电磁规律不满足相对性原理.

如何理解这样的结果呢？一种方案是相信伽利略变换正确，认定电磁规律不满足相对性原理. 在力学中，与式(8.1.2)形式类似的声波方程，一样在不同参考系中具有不同的形式. 当然，人们并不会因此怀疑力学规律满足相对性原理的结论，因为声波总是在某种介质中传播的. 波相对静止介质中的传播速度由介质自身的物理特性所决定，在相对介质运动的参考系中，声波的传播行为将有所不同，属于正常现象. 在狭义相对论诞生之前，人们认为电磁波和声波一样，也需要介质，这种介质存在于真空和实物之中，称为“以太”. 电磁场被视为是以太的某种属性，电磁波则被看作是以太的波动. 如果以太果真存在的话，那么电磁规律只在相对以太静止的参考系中成立. 这样一来，电磁规律就不再满足相对性原理；从电磁现象出发，可以判断观测者参考系相对以太参考系的运动速度. 可是问题在于，基于以太假说的理论在解释运动介质中的光学现象时遇到种种困难，从实验上寻找以太和确定实物相对以太的运动的努力也都归于失败. 这使得 19 世纪的经典物理理论面临一场深刻的危机.

另一种可能是相信电磁规律也和力学规律一样，满足相对性原理. 为此，必须否定伽利略变换，代之以新的变换. 与此同时，在用新的变换取代伽利略变换之后，不仅要证明电磁规律满足相对性原理，而且要重新审视力学规律，看它是否仍然满足相对性原理. 这些问题为爱因斯坦提出的狭义相对论圆满解决.

狭义相对论以承认相对性原理为前提，实质上是关于时空的理论. 新的变换揭示了时间和空间的相对性，以及二者之间的密切关系. 掌握这一理论的关键在于学习和理解狭义相对论的时空观.

狭义相对论对物理学的发展起着重大作用. 一切物理规律都要符合狭义相对论提出的约束条件：在新的时空变换下，描述物理规律的数学方程的形式必须保持不变. 麦克斯韦方程被证明满足狭义相对论提出的约束条件. 但这并不表示狭义相对论对经典电磁规律没有贡献. 为实现经典电磁规律的不变性，要求所有电磁学物理量满足一定的变换关系，同时也从中找到新的不变量. 上述变换关系和不变量，往往构成新的物理规律. 这些规律原本隐含在经典电磁规律之中，但离开狭义相对论的时空变换，单从经典电磁规律自身很难揭示. 狭义相对论既以经典电磁理论为源头，又反过来丰富和发展了经典电磁理论. 这也就是人们将狭义相对论并入电动力学课程的重要原因.

相比之下，狭义相对论对经典力学的冲击要大得多. 经典力学中的许多观念和规律需要进行修改，以满足狭义相对论的约束条件. 将经典力学规律纳入狭义相对论的范畴，也同样导致新规律的诞生，其中最重要的是爱因斯坦质能关系.

### 8.1.2 狭义相对论的基本假设

爱因斯坦在创立狭义相对论时，提出以下两条基本假设：

(1) 相对性原理.所有惯性参考系等价，不同惯性系中的物理规律具有同样的形式.

(2) 光速不变原理.在任何惯性参考系中，真空中的光速为 $c$，与光波传播方向和光源的运动速度无关.

第一条原理排除了长期以来对电磁规律满足相对性原理的各种怀疑，明确提出一切物理规律均需满足相对性原理，电磁规律也不例外.第二条原理彻底否定了伽利略变换及其反映的牛顿绝对时空观，确立了时间和空间的相对性质和有机联系.在一个世纪之前，能提出这种违反"常规"的创新观念，的确需要巨大的智慧和勇气.光速不变原理有着广泛的实验基础，部分实验出现在提出光速不变原理之前，大量精密的实验一直延续至今.本书不打算罗列这些实验，感兴趣的读者可以查阅张元仲的专著①.一般教科书常把迈克耳孙-莫雷实验或其他相关实验视为光速不变的实验基础，但这些实验并不能就光速不变作出确定回答.正如胡宁在上述专著的序中所指出的："'光速不变原理'在它最初被提出时只是一个假设，而不是迈克耳孙(-莫雷)实验的结论.但它代表一个划时代的理论思维的飞跃.狭义相对论的真正实验基础，是半个世纪以来的大量实验事实.这些实验事实只能用相对论来解释和预见.只是在有了这些牢固的实验基础之后，人们才能回过头来说光速不变假设和相对性原理是反映客观现实的真理."

### 8.1.3 时空性质与物质运动

物质的存在和运动都以空间和时间为依托，空间和时间的测量离不开物质及其运动，二者之间存在密切的关系.时空性质体现在参考系(由 3 个空间坐标和 1 个时间坐标表征)的变换规律中，而物质运动则由一组物理规律所描述.物理学中被普遍接受的相对性原理，要求描述物质运动的基本物理规律与参考系选择无关，从而在时空性质和物质运动之间架起一座桥梁，将二者紧密联系起来.在狭义相对论提出之前，人们就已经认识到时空性质对物质运动的约束作用.例如，基于空间的均匀各向同性的纯空间坐标的变换，包括坐标原点平移和坐标轴旋转，以及在这类变换下物理规律不变，将分别导致物理系统的动量守恒和角动量守恒.基于时间均匀性的时间起点的选择不同，不应对物理规律造成任何影响，将导致物理系统的能量守恒.这些守恒定律来自时空特性对物质运动规律的约束，与系统的具体性质无关②.

---

① 张元仲，狭义相对论实验基础，科学出版社，北京，1979.

② 另有一些变换，如时间反演($t\to -t$)和空间反演($\boldsymbol{r}\to -\boldsymbol{r}$)，但相对性原理并不要求物理规律在这类变换下不变.如果某物理规律在时间反演和空间反演变换下也维持不变，将分别体现该规律及其代表的物理系统具有可逆性和宇称守恒性.当然，不是所有物理系统都具有可逆性和宇称守恒性，这些特性只为某些特定的系统所具有.

狭义相对论涉及惯性参考系之间的变换，将空间和时间坐标作为一个整体一起进行变换，要求物理规律保持不变. 可以预期，这将会给物质运动带来新的约束条件，产生新的重要影响，进一步体现时空性质对物质运动的作用. 不过，在狭义相对论的框架内，这种作用是单向的：时空性质影响物质及其运动，但后者对前者没有作用. 正因为如此，反映狭义相对论时空性质的洛伦兹变换的数学推导将在真空中进行，不直接涉及空间是否存在物质及其运动.

在提出狭义相对论之后不久，爱因斯坦将相对性原理推广到非惯性参考系，并提出惯性质量等于引力质量的假设，创立了广义相对论. 按广义相对论的时空观，物质引力的存在会改变时空性质，为时空和物质运动作用的相互性提供了重要依据.

下面我们将从光速不变原理出发导出洛伦兹变换，以及阐述该变换所反映的狭义相对论时空观. 在此基础上，将电磁规律表示为协变形式，从中找到电磁物理量的变换规律和相关不变性. 最后，对经典力学的基本观念和基本规律按狭义相对论的约束条件进行修正和推广.

## 8.2 洛伦兹变换

本节将推导惯性参考系的时空坐标的变换关系，该变换关系称为洛伦兹变换. 在推导过程中，除利用光速不变原理之外，还必须利用其他一些假定，依次涉及时空本身的物理性质、相对性原理和变换式的性质. 在正式推导之前，先来罗列全部相关假定.

### 8.2.1 导出洛伦兹变换的基本假定

1. 时空的物理性质

空间是均匀各向同性的，时间是均匀的. 这是在狭义相对论的框架下的一个先验假定，作为一条公理被普遍接受. 其实，这一假定并非狭义相对论所特有，牛顿的绝对时空观，以及反映这一时空观的伽利略变换，也包含着同样的假定. 基于这条假定，时空构成所谓“四维平直空间”，可引入惯性参考系，且相对某惯性参考系做匀速直线运动的任何参考系都是惯性参考系. 该四维平直空间中的点称为事件，由4个坐标描述，包括3个空间坐标和1个时间坐标. 其中，通常选择3个空间坐标轴交于一点且互相垂直，相应的空间坐标称为笛卡儿坐标；至于时间坐标，则需通过在位置空间处处摆放彼此校准的时钟进行确定. 任意两个事件沿3个空间坐标轴方向的间隔（以下简称为空间间隔分量）分别由相应空间坐标的差值表示，而它们的时间间隔则由相应时间坐标的差值表示. 按以上方式规定的四维坐标，通常被称为“伽利略坐标”. 对于两个惯性参考系S和S′，同一个事件的伽利略坐标分别记为$(x,y,z,t)$和$(x',y',z',t')$，它们互为对方的函数. 由时空的均匀性，可推断上述函数为线性函数，即两组坐标之间的变换为线性变换. 下面就这一结论做出简单解释. 考察 S 系中如下两个事件：$(x_1, y_1, z_1, t_1)$ 和 $(x_1 + \Delta x, y_1 + \Delta y, z_1 + \Delta z, t_1 + \Delta t)$，分别称为起点事件和终点事件；$\Delta x$，$\Delta y$ 和 $\Delta z$ 为两事件的空间间隔分量，$\Delta t$ 为时间间隔. 同样两个事件，在 S′系中的坐标为 $(x'_1, y'_1, z'_1, t'_1)$ 和 $(x'_1 + \Delta x', y'_1 + \Delta y', z'_1 + \Delta z', t'_1 + \Delta t')$，相应的空间间隔分量为 $\Delta x'$，$\Delta y'$ 和 $\Delta z'$，时间间隔为 $\Delta t'$. 由时空的均匀性，上述间隔，不管是 $(\Delta x, \Delta y, \Delta z, \Delta t)$ 还是 $(\Delta x', \Delta y', \Delta z', \Delta t')$，都应与起点事件的位置即坐标 $(x_1, y_1, z_1, t_1)$ 无关. 另一方面，从坐标变换式出发，使用泰勒展开，可求得两组间隔分量之间的如下近似关系：

$$\begin{pmatrix} \Delta x' \\ \Delta y' \\ \Delta z' \\ \Delta t' \end{pmatrix} \approx \begin{pmatrix} \partial x'/\partial x & \partial x'/\partial y & \partial x'/\partial z & \partial x'/\partial t \\ \partial y'/\partial x & \partial y'/\partial y & \partial y'/\partial z & \partial y'/\partial t \\ \partial z'/\partial x & \partial z'/\partial y & \partial z'/\partial z & \partial z'/\partial t \\ \partial t'/\partial x & \partial t'/\partial y & \partial t'/\partial z & \partial t'/\partial t \end{pmatrix}_1 \cdot \begin{pmatrix} \Delta x \\ \Delta y \\ \Delta z \\ \Delta t \end{pmatrix}$$

式中下标“1”表示相关偏导数在起点事件 $(x_1, y_1, z_1, t_1)$ 处取值. 在 $(\Delta x, \Delta y, \Delta z, \Delta t) \to 0$ 的极限下，上述近似式变为等式. 两组事件间隔分量的值均与起点位置无关，可推断 $(x', y', z', t')$ 关于 $(x, y, z, t)$ 的全部偏导数都应等于常数，与坐标 $(x, y, z, t)$ 无关. 换句话说，S 系与 S′系之间的坐标变换为线性变换. 提醒读者注意的是，变换的线性并非时空均匀性的必然结果，与惯性参考系的含义也无直接关系，而是来自四维时空坐标的特殊选择. 例如，如果不用伽利略坐标，将其中的空间坐标由笛卡儿坐标改为曲线坐标，空间照样是均匀的，所描述的参考系仍然是惯性系，但坐标变换显然不再线性. 当然，为简单起见，对于位置空间部分，我们仍采用笛卡儿坐标，亦即将四维时空坐标设定为伽利略坐标. 在这种情况下，两惯性参考系之间的时空坐标变换简化为线性变换.

原则上，位置空间坐标原点和坐标轴的取向可允许任意选择，时间的起点也可以任意选择. 为简单起见，我们可以选择 S 和 S′系的时空坐标原点重合，坐标轴相互平行，$x$ 轴与相对运动的方向平行，如图 8.1 所示. 在时空坐标原点重合的前提下，坐标变换将由非齐次化为齐次，即线性齐次变换. 顺便指出，上述时空的固有特性在广义相对论中受到质疑：物质的存在，破坏了空间的均匀各向同性和时间的均匀性.

2. 运动的相对性

对图 8.1 所示的两个惯性参考系，S′相对 S 的运动速度为 $\boldsymbol{v}$，则 S 相对 S′的运动速度为 $-\boldsymbol{v}$. 这里取 $\boldsymbol{v} = v\boldsymbol{e}_x$.

3. 光速不变原理

在任何惯性参考系中，真空中的光速为 $c$，与传播方向和光源的速度无关.

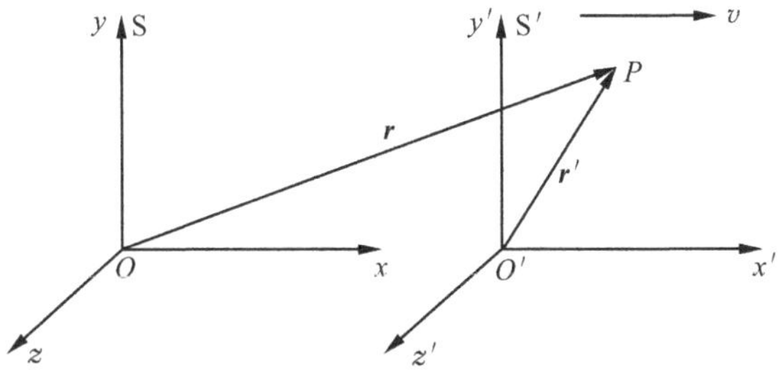


图 8.1

4. 变换的固有特性

由运动的相对性和惯性系之间的等效性，可直接推断变换的可倒易性，亦即从正变换公式出发，通过代换 $(x',y',z',t')\leftrightarrow(x,y,z,t)$ 和替换 $v\rightarrow -v$ 即可获得反变换公式. 此外，当相对速度 $v=0$ 时，两个参考系完全相同，相应的洛伦兹变换回到恒等变换. 注意，伽利略变换满足上述要求，洛伦兹变换也不例外.

### 8.2.2 简单洛伦兹变换

对如图 8.1 所示的参考系，变换具有如下特殊形式①：

$$y'=y,\qquad z'=z \tag{8.2.1}$$

$$x'=a_1x+a_2t,\qquad t'=b_1x+b_2t \tag{8.2.2}$$

式中系数 $a_1$、$a_2$、$b_1$ 和 $b_2$ 待定，它们是参考系相对速度的函数.

从式(8.2.2)第一式出发，可以写出坐标原点 $O'(x'=0)$ 在 S 中的运动方程如下：

$$a_1x+a_2t=0$$

该点在 S 中的运动速度为 $v=\mathrm{d}x/\mathrm{d}t$，据此导出

$$a_2=-a_1v \tag{8.2.3}$$

从式(8.2.2)出发，也可写出坐标原点 $O(x=0)$ 在 S′中的运动方程

$$x'=a_2t,\qquad t'=b_2t$$

该点在 S′中的运动速度为 $-v=\mathrm{d}x'/\mathrm{d}t'$，据此导出

$$a_2=-b_2v \tag{8.2.4}$$

由式(8.2.3)和式(8.2.4)可得

$$a_1=b_2\equiv\gamma,\qquad a_2=-\gamma v \tag{8.2.5}$$

式中 $\gamma$ 待定. 此外，需要确定系数的还有式(8.2.2)中的 $b_1$. 下面利用光速不变条件来确定 $\gamma$ 和 $b_1$.

① 式(8.2.1)表示垂直空间坐标维持不变，式(8.2.2)表示平行空间坐标和时间坐标的变换与垂直空间坐标无关. 尽管事后发现这些结论正确，但很难事先从狭义相对论的两条基本原理出发做出严格论证. 一种较为严谨的做法是从一般线性齐次变换出发，保留并最终确定 16 个待定系数. 详细推导过程参见附录 3.

设 $t=0$ 时，从坐标原点 $O$ 发出光信号，对应事件在 S 中的时空坐标为(0,0,0,0). 同一事件在 S′中的时空坐标也为(0,0,0,0)，即表示光信号于 $t'=0$ 时从坐标原点 $O'$ 发出. 在 S 中，$t$ 时刻的波阵面为球面，球心位于 $O$ 点，半径为 $ct$：

$$x^2+y^2+z^2-c^2t^2=0$$

根据光速不变原理，在 S′中的波阵面也为球面，球心位于 $O'$，半径为 $ct'$：

$$x'^2+y'^2+z'^2-c^2t'^2=0$$

上述两式互为充分必要条件，即

$$x^2+y^2+z^2-c^2t^2=0 \iff x'^2+y'^2+z'^2-c^2t'^2=0 \tag{8.2.6}$$

式(8.2.6)将作为光速不变原理的数学表述. 该表述可以转换成为更为简洁的形式. 为此，由变换式(8.2.1)和式(8.2.2)有

$$\begin{aligned}&x'^2+y'^2+z'^2-c^2t'^2\\&=(a_1^2-c^2b_1^2)x^2+y^2+z^2-(c^2b_2^2-a_2^2)t^2+2(a_1a_2-c^2b_1b_2)xt\end{aligned}$$

将式(8.2.5)代入上式，可推得

$$\begin{aligned}&x'^2+y'^2+z'^2-c^2t'^2\\&=x^2+y^2+z^2-c^2t^2+(\gamma^2-c^2b_1^2-1)x^2\\&\quad-[\gamma^2(1-\beta^2)-1]c^2t^2-2(\gamma^2v+\gamma c^2b_1)xt\end{aligned} \tag{8.2.7}$$

式中，

$$\beta=\frac{v}{c} \tag{8.2.8}$$

将光速不变条件(8.2.6)代入式(8.2.7)，得

$$(\gamma^2-c^2b_1^2-1)x^2-[\gamma^2(1-\beta^2)-1]c^2t^2-2(\gamma^2v+\gamma c^2b_1)xt=0 \tag{8.2.9}$$

再由 $x$ 和 $t$ 的任意性，上式成立的充分必要条件是左边各项的系数分别为零，亦即

$$\gamma^2-c^2b_1^2=1,\qquad \gamma^2(1-\beta^2)=1,\qquad \gamma v+c^2b_1=0$$

从这些等式可解得

$$b_1=-\frac{\gamma v}{c^2} \tag{8.2.10}$$

$$\gamma=\pm\frac{1}{\sqrt{1-\beta^2}} \tag{8.2.11}$$

至此，除了 $\gamma$ 的正负号待定之外，变换式(8.2.2)中的全部系数均已确定. 将式(8.2.9)代回式(8.2.7)，得

$$x'^2+y'^2+z'^2-c^2t'^2=x^2+y^2+z^2-c^2t^2 \tag{8.2.12}$$

我们原本用式(8.2.6)作为光速不变原理的数学表述，据此导出式(8.2.12)；反过来，由式(8.2.12)也可证明式(8.2.6). 因此，式(8.2.12)与式(8.2.6)等效，可视为光速不变原理的一种新的数学表述；它形式简洁，更加深刻地反映了光速不变原理

的物理内涵.若按下式定义S中事件$(x,y,z,t)$与时空坐标原点事件$(0,0,0,0)$之间的时空间隔$s$：

$$s^2=x^2+y^2+z^2-c^2t^2 \tag{8.2.13}$$

上述两个事件在S′中的相应时空间隔为

$$s'^2=x'^2+y'^2+z'^2-c^2t'^2 \tag{8.2.14}$$

则由式(8.2.12)得

$$s'^2=s^2 \tag{8.2.15}$$

式(8.2.15)表明,时空间隔$s$是绝对量,与参考系无关.

最后,由$v=0$时洛伦兹变换回到恒等变换的条件,式(8.2.11)中只能选正号,即

$$\gamma=\frac{1}{\sqrt{1-\beta^2}}=\frac{1}{\sqrt{1-(v/c)^2}} \tag{8.2.16}$$

至此,变换式(8.2.2)中的系数全部确定,最终求得洛伦兹变换为

$$\begin{aligned} x'&=\gamma(x-vt)\\ y'&=y\\ z'&=z\\ t'&=\gamma\left(t-\frac{vx}{c^2}\right) \end{aligned} \tag{8.2.17}$$

上述变换只对沿$x$轴做相对运动的惯性参考系成立,称为简单洛伦兹变换.容易看出,当$v\ll c$时,可取$\gamma\approx1$并略去小项$vx/c^2$,从而洛伦兹变换回到伽利略变换.这一结论表明,伽利略变换对于低速运动情况近似成立.变换式(8.2.17)要求$v<c$,否则由式(8.2.17)确定的$\gamma$变为虚数,失去物理意义.参考系的运动速度$v$来自参照物体的运动.以后我们将从运动学和动力学两个角度,证明光速为物体的极限速度,$v\geqslant c$的情况不会出现.洛伦兹变换具有"可倒易性",即通过简单代换$(x',y',z',t')\leftrightarrow(x,y,z,t)$和$v\rightarrow-v$,可求得式(8.2.17)的反变换公式：

$$\begin{aligned} x&=\gamma(x'+vt')\\ y&=y'\\ z&=z'\\ t&=\gamma\left(t'+\frac{vx'}{c^2}\right) \end{aligned} \tag{8.2.18}$$

这种变换的可倒易性,与相对性原理完全一致.在前述推导过程中,我们未曾直接使用变换的可倒易性条件,似乎所导出的洛伦兹变换"碰巧"具有可倒易性.其实,前面推导中曾经用到运动的相对性条件,即S′相对S的运动速度与S相对S′的运动速度等值反号的条件,它一定程度上体现了变换的可倒易性要求.之所以未曾直接使用可倒易性条件,是因为我们一开始选择式(8.2.1)和式(8.2.2)作为出发点,将待定系数

缩减至4个，它们的最终确定无须使用可倒易性条件. 在附录3中我们将会看到，若保留变换式的全部16个系数，则最终确定它们的值，必须使用变换的可倒易性条件.

### 8.2.3 一般洛伦兹变换

对任意相对运动速度的情形，可将空间位置矢量按运动方向分解为平行分量和垂直分量，即

$$\boldsymbol{r}=\boldsymbol{r}_{\parallel}+\boldsymbol{r}_{\perp},\qquad \boldsymbol{r}_{\parallel}=\frac{\boldsymbol{v}\cdot\boldsymbol{r}}{v^2}\boldsymbol{v}\tag{8.2.19}$$

然后以 $\boldsymbol{r}_{\parallel}$ 取代 $x$，以 $\boldsymbol{r}_{\perp}$ 取代 $(y,z)$，将式(8.2.17)改写为

$$\begin{aligned}&\boldsymbol{r}'_{\parallel}=\gamma(\boldsymbol{r}_{\parallel}-\boldsymbol{v}t),\qquad \boldsymbol{r}'_{\perp}=\boldsymbol{r}_{\perp}\\&t'=\gamma\left(t-\frac{\boldsymbol{v}\cdot\boldsymbol{r}}{c^2}\right)\end{aligned}\tag{8.2.20}$$

式(8.2.20)的空间坐标变换部分可以合并：

$$\boldsymbol{r}'=\boldsymbol{r}'_{\parallel}+\boldsymbol{r}'_{\perp}=\boldsymbol{r}+(\gamma-1)\boldsymbol{r}_{\parallel}-\gamma\boldsymbol{v}t=\boldsymbol{r}+(\gamma-1)\frac{\boldsymbol{v}\cdot\boldsymbol{r}}{v^2}\boldsymbol{v}-\gamma\boldsymbol{v}t$$

从而将式(8.2.20)写成更加致密且便于应用的形式：

$$\begin{aligned}&\boldsymbol{r}'=\boldsymbol{r}+(\gamma-1)\frac{\boldsymbol{v}\cdot\boldsymbol{r}}{v^2}\boldsymbol{v}-\gamma\boldsymbol{v}t\\&t'=\gamma\left(t-\frac{\boldsymbol{v}\cdot\boldsymbol{r}}{c^2}\right)\end{aligned}\tag{8.2.21}$$

要获得反变换公式，只需将 $(\boldsymbol{r}',t')$ 和 $(\boldsymbol{r},t)$ 互换，将 $\boldsymbol{v}$ 替换为 $-\boldsymbol{v}$.

以上由简单洛伦兹变换导出一般洛伦兹变换的过程表明，将参考系相对运动限于 $x$ 轴方向，是一种“不失一般”的技巧，它大大简化了洛伦兹变换的数学推导过程，且所得特殊结果可以毫不费力地推广至一般情况. 如果先要讨论一般情况，推导形如式(8.2.21)的普遍结果，所涉及的非零变换系数将为16个，处理过程将会复杂得多. 类似的技巧曾在第5章分析谐振荡电流和一般时变电流的电磁辐射中使用过.

## 8.3 狭义相对论的时空理论

牛顿的绝对时空观在人们头脑中根深蒂固，而狭义相对论的时空观与人们的日常生活经验格格不入，这使得后者自提出以来，较长时间受到一些人的怀疑，且不易为初学者所理解. 本节从洛伦兹变换出发，对狭义相对论时空观的特性作较为深入的定量分析，以期帮助读者加深对新时空观的理解. 在阅读本节内容的过程中，除了解新的时空特性之外，也要注意掌握运用洛伦兹变换解决实际问题的方法，其中的关键在于证认事件，正确写出事件的时空坐标.

### 8.3.1 时空间隔和事件的时空关系

既然时空间隔是洛伦兹变换下的不变量，就可以用它对事件之间的时空关系

进行分类.注意,由式(8.2.13)定义的时空间隔 $s$ 是针对事件$(x,y,z,t)$与$(0,0,0,0)$,该定义可以推广至任意两个事件,时空坐标分别设为$(x_1,y_1,z_1,t_1)$和$(x_2,y_2,z_2,t_2)$:

$$s_{12}^2=(x_2-x_1)^2+(y_2-y_1)^2+(z_2-z_1)^2-c^2(t_2-t_1)^2 \tag{8.3.1}$$

由 $s_{12}^2$ 的值,可将事件的时空间隔和时空关系分为三类:

(1) $s_{12}^2=0$,有 $s_{12}=0$,称为类光间隔.具有类光间隔的事件,可以(但不一定非得)通过光波相互联系.

(2) $s_{12}^2<0$,$s_{12}$ 为虚数,称为类时间隔.具有类时间隔的两个事件,无法通过参考系的选择实现 $t_1=t_2$,属于绝对异时事件;但可以通过参考系的选择实现$(x_1,y_1,z_1)=(x_2,y_2,z_2)$,化为同地事件.

(3) $s_{12}^2>0$,$s_{12}$ 为实数,称为类空间隔.具类空间隔的两个事件,无法通过参考系的选择实现同地发生,属于绝对异地事件;但可以通过参考系的选择化为同时事件.

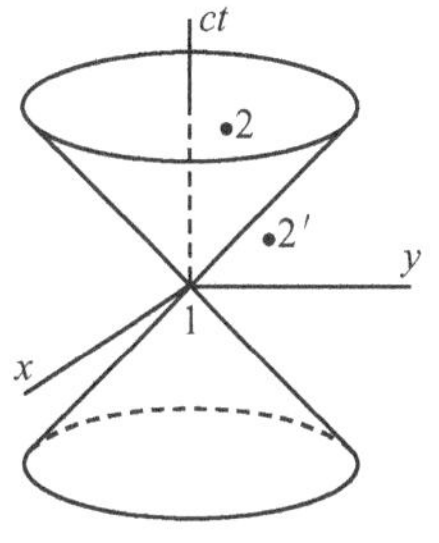

图 8.2

如果取事件 1 作为时空坐标原点,则其时空坐标为$(0,0,0,0)$,事件 2 的时空坐标设为$(x,y,z,t)$.与事件 1 时空间隔为零的所有事件构成一个以原点为顶点的四维锥面,称为光锥.为便于图示,我们考察该光锥($s_{12}^2=0$)与"四维平面"$z=0$(表示两事件具有相同的 $z$ 坐标)的交集,该交集为$(x,y,ct)$空间的三维光锥,如图 8.2 所示.上述锥面将空间划分为三部分:光锥上、光锥内和光锥外.在光锥上的事件,与原点事件的时空间隔为类光间隔;光锥内事件(图 8.2 中的 2 点)为类时间隔;光锥外的事件(图 8.2 中的 2′点)为类空间隔.由时空间隔的不变性,事件只能在所在区域内移动.例如,在某个参考系中位于光锥内的事件,在所有参考系中均保持在光锥之内.位于光锥内的区域,以顶点为界划分为上、下两部分.下面将会证明,在某个参考系中位于上(下)光锥内的事件,在所有参考系中均保持在上(下)光锥之内;据此可将上光锥内的事件称为绝对未来事件($t>0$),将下光锥内的事件称为绝对过去事件($t<0$).

### 8.3.2 同时性的相对性及事件时序

狭义相对论时空观与牛顿绝对时空观的重要区别之一是关于同时性的相对性,下面对此给出定量分析.我们从简单洛伦兹变换出发

$$\begin{aligned} x'&=\gamma(x-vt) \\ t'&=\gamma\left(t-\frac{vx}{c^2}\right) \end{aligned} \tag{8.3.2}$$

式中,

$$\gamma=\frac{1}{\sqrt{1-(v/c)^2}} \tag{8.3.3}$$

因垂直于运动方向上的空间坐标在洛伦兹变换下不变，我们只保留$(x,t)$坐标的变换式，并用这两个坐标标记事件.

设两事件在S中的时空坐标为$(x_1,t_1)$和$(x_2,t_2)$，不妨设$x_2\geqslant x_1$，则由式(8.3.2)求得两事件在S′中的空间间隔和时间间隔为

$$x_2'-x_1'=\gamma[x_2-x_1-v(t_2-t_1)] \tag{8.3.4}$$

$$t_2'-t_1'=\gamma\left[t_2-t_1-\frac{v}{c^2}(x_2-x_1)\right] \tag{8.3.5}$$

1. 同时性的相对性

当$t_1=t_2$时，两事件在S中同时异地发生，由式(8.3.5)得

$$t_2'-t_1'=-\frac{\gamma v}{c^2}(x_2-x_1) \tag{8.3.6}$$

以至于在S′中，两事件并非同时发生. 只有当$x_1=x_2$时，才有$t_1'=t_2'$，即对同一地点，或沿垂直于运动方向上不同地点的事件，同时性才是绝对的.

2. 异地运动时钟的读数对准问题

所谓时钟读数对准，指的是不同地点的时钟同时指示同一读数，如0点. 由于同时性的相对性，时钟的对准与否自然是相对的；对同一组时钟，不同参考系有不同的看法. 任何参考系中的观测者都有一套经过对准的静止时钟. 相对其他参考系来说，这些时钟处于运动状态，相应观测者会作出动钟没有对准的结论. 仍以上述S中的两个同时异地事件为例，由式(8.3.6)可知$t_2'<t_1'$. 此外，由式(8.3.4)得$x_2'-x_1'=\gamma(x_2-x_1)>0$，两座时钟空间位置的前后顺序在两参考系中一致. 于是S′观测者说："S中的两座时钟指示0点的时间先后不一，前方$(x=x_1)$的钟较晚$(t_1'>t_2'$，见图8.3(a)). 如果让我同时$(t_1'=t_2')$注视这两座动钟的话，前方的动钟指数偏小(图8.3(b)).”当然，S观测者也会对S′中的时钟作出类似的评述.

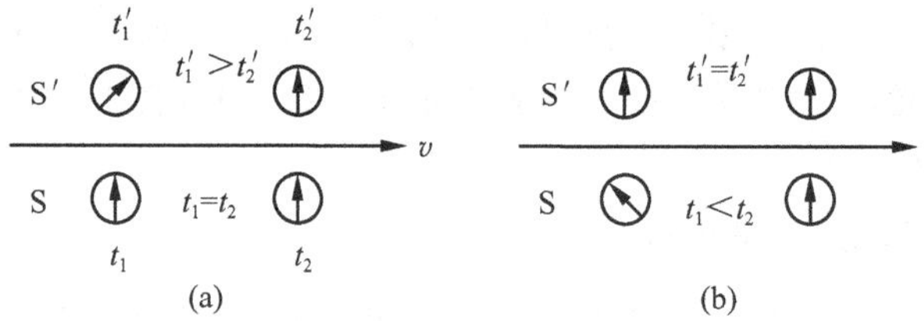


图8.3

3. 因果事件和非因果事件的时序问题

若两事件在S中一先一后，不妨设$t_2>t_1$. 如果这两个事件属于因果事件，则按因果律，原因事件早于结果事件，即事件1为原因，事件2为结果. 这一结论在S′中不应改变，即也应有$t_2'>t_1'$，否则违反因果律. 于是，由式(8.3.5)可导出不等式

$$\frac{x_2 - x_1}{t_2 - t_1} < \frac{c^2}{v} \tag{8.3.7}$$

由原因导致结果，是通过某种相互作用实现的. 设由 $x_1$ 至 $x_2$ 的作用传播速度为 $u=(x_2-x_1)/(t_2-t_1)$，则式(8.3.7)化为

$$uv < c^2 \tag{8.3.8}$$

真空光速是物体运动和相互作用传播的极限速度($v<c, u\leqslant c$)，故上述不等式成立，即式(8.3.7)成立. 于是，我们证明了因果事件时序和因果律的绝对性. 另外，只要 $u\leqslant c$，就成立

$$(x_2 - x_1)^2 - c^2(t_2 - t_1)^2 \leqslant (x_2 - x_1)^2 - u^2(t_2 - t_1)^2 = 0$$

即因果事件为类时间隔或类光间隔事件(逆命题不成立，即后两类事件不一定具有因果关系). 由因果事件时序的绝对性，上光锥内的事件将只能作为原点事件的结果，始终位于上光锥内；而下光锥内的事件则只能作为原点事件的原因，始终位于下光锥内，与参考系无关. 这也就证明了本节 8.3.1 小节末尾所作的结论.

如果不等式(8.3.7)反号，即

$$\frac{x_2 - x_1}{t_2 - t_1} > \frac{c^2}{v} \tag{8.3.9}$$

则由式(8.3.5)有 $t_2'-t_1'<0$，两事件的先后次序在 S′中被颠倒过来. 由式(8.3.9)得

$$c^2(t_2 - t_1)^2 < \frac{v^2}{c^2}(x_2 - x_1)^2 < (x_2 - x_1)^2$$

即 $(x_2-x_1)^2-c^2(t_2-t_1)^2>0$，两事件为类空间隔事件($s_{12}^2>0$)，事件 2 位于图 8.2 所示光锥之外. 因此，具有类空间隔的事件，一定属于非因果事件，它们的时序是相对的，与参考系有关.

### 8.3.3 时间间隔的相对性(动钟变慢)

迄今为止，我们只谈到不同时钟读数是否对准，未曾涉及时钟的走时速率. 按日常语言，也就是时钟的快慢问题. 不过，人们常将时钟读数过大也说成是“时钟快了”；为避免误解，我们以下将“快慢”一词限于描述时钟速率，而非指某时刻时钟的读数大小. 在狭义相对论中，时钟的速率也是相对的，与参考系有关.

1. 动钟变慢

设 S′观测者注视他携带的一座时钟，其读数自 $t_1'$ 逐渐移至 $t_2'$，经历的时间间隔为 $\tau=t_2'-t_1'$，称为固有时间. 时钟相对 S′静止，故有 $x_1'=x_2'$. 由式(8.3.5)的反变换公式

$$t_2 - t_1 = \gamma\left[t_2' - t_1' + \frac{v}{c^2}(x_2' - x_1')\right] \tag{8.3.10}$$

求得 S 观测者记录的时间间隔为

$$T = t_2 - t_1 = \gamma\tau > \tau \tag{8.3.11}$$

S 观测者也看到 S′的时钟读数变化等于 $\tau$，与 S′观测者读出的结果完全一致. 可实际上，S 观测者测得的时间为 $\gamma\tau$，比 $\tau$ 要大. S 观测者作出的解释只能是 S′的时钟走慢了，从而得出“动钟变慢”的结论.

2. 寿命的相对性

时钟指针的运动不过是物理过程的特例，动钟变慢的本质含义在于：运动物体内部的一切过程，包括物理过程、化学过程、生命过程等，都会变慢. 作为运动物体物理过程变慢的例子，是衰变粒子的寿命问题. 若粒子相对 S′静止，在 S′中测得的寿命为 $\tau$，称为静止寿命；按式(8.3.11)，在 S 中测得的寿命为 $\gamma\tau$，大于静止寿命. 这一结论已为大量衰变粒子的实验证实. 一个典型例子是 $\mu^-$ 介子的寿命. 实验室测得的平均静止寿命 $\tau=2.2\times10^{-6}$s. 当高能宇宙线轰击地球上层大气时，会产生速度高达 $0.9997c$ 的 $\mu^-$ 介子. 按静止寿命计算，它至多能在大气中飞越 660m，无法抵达地面. 可实际上，大部分 $\mu^-$ 介子均能穿越大气层到达地面，为仪器所记录. 用狭义相对论的结果对此作出了圆满解释：在地面观测者看来，$\mu^-$ 介子的寿命加长. 由 $\mu^-$ 介子速度算出为 $\gamma=41$，故寿命为 $T=\gamma\tau=9.0\times10^{-5}$s，相应飞行距离可达 $2.7\times10^4$m!

3. S 和 S′观测者互相评价对方对 $\mu^-$ 介子寿命的测量

S 观测者说 S′中的时钟变慢，以至于认为 S′观测者低估了 $\mu^-$ 介子的寿命. 可是，S′观测者同样会说 S 中的时钟（相对他来说是动钟）变慢，为何 S 观测者不是低估，反而是高估了 $\mu^-$ 介子的寿命呢？下面给出两位观测者就对方寿命测量结果作出的评价，可以解答上述疑惑.

S 观测者：自 $\mu^-$ 介子产生至衰变，S′用的是同一座钟，但钟走慢了，以至于记录的寿命由 $T$ 变短为 $\tau=T/\gamma$.

S′观测者：S 在测量 $\mu^-$ 介子的寿命时，用了两座钟，分别在 $\mu^-$ 介子产生和衰变时与之相遇. 这两座钟的空间距离为

$$\Delta x' = x'_2 - x'_1 = v\tau$$

它们沿负 $v$ 方向运动. 可是，当我们同时（$\Delta t'=0$）注视这两座钟的时候，它们没有对准，前方用来记录 $\mu^-$ 介子产生时间的时钟读数小于后方用来记录 $\mu^-$ 介子衰变时间的时钟读数，使得寿命测量值加大到 $T=\gamma\tau$. 由洛伦兹反变换公式(8.3.10)求得两座时钟的读数差为

$$\Delta t = \gamma\left(\Delta t' + \frac{v}{c^2}\Delta x'\right) = \frac{\gamma v}{c^2}\Delta x' = \frac{\gamma v^2}{c^2}\tau = \gamma\beta^2\tau$$

如果从 S 的寿命测量值 $T$ 中减去 $\Delta t$，以纠正时钟未曾对准带来的“差误”，则得到如下结果：

$$T - \Delta t = \gamma\tau(1-\beta^2) = \tau/\gamma$$

也就是说，如果S中用的两座时钟处于对准状态，测得的$\mu^-$介子寿命应该是$\tau/\gamma$，比我们测得的寿命短. 之所以如此，是因为S的时钟变慢的缘故.

如果两位观测者是狭义相对论者，他们会相信时钟对准(同时性)、走时速率和寿命(时间间隔)均是相对的，与参考系有关，从而彼此理解对方的测量结果. 回到前面提到的动钟变慢问题，我们的结论是：所谓动钟变慢是时间间隔和同时性的相对性带来的后果，不应误解为时钟在运动过程中发生了物理的变化.

4. 双生子佯谬

以上是两个惯性参考系对同一个物体进行寿命测量，说明了时间间隔的相对性. 但如果有两个同样的物体，A物体呆在惯性参考系S中静止不动，B物体做周期(变速)运动返回原处与A会合，然后由S观测者判断，究竟哪个物体显得"年轻"或寿命更长，就会导致绝对的物理效应. 这时，在某一瞬间，随B一起运动的参考系S′(非惯性系)可视为"瞬时"惯性系，应将式(8.3.11)写成如下微分形式：

$$dt = \gamma d\tau = \frac{d\tau}{\sqrt{1-\beta^2}} \tag{8.3.12}$$

其中，$\beta$为$\tau$或$t$的函数；$dt$为惯性系S中的微分时间间隔；$d\tau$为瞬时惯性系S′中的微分固有时间间隔. 设B物体出发事件和返回事件之间在S中的时间间隔为$T_A$，在S′中的(固有)时间间隔为$T_B$，则有

$$T_A = \int_0^{T_A} dt = \int_0^{T_B} \frac{d\tau}{\sqrt{1-\beta^2}} \tag{8.3.13}$$

$$T_B = \int_0^{T_B} d\tau = \int_0^{T_A} \sqrt{1-\beta^2}\, dt \tag{8.3.14}$$

显然有$T_A > T_B$，即做周期变速运动的物体B比静止物体A显得"年轻". 在20世纪60年代，人们在加速器中做了这样的实验：让$\mu^-$介子绕储存环运动，测得的运动寿命的确大于静止寿命，在实验误差范围内与式(8.3.13)、式(8.3.14)的预言值相符.

由运动的相对性，与B物体保持相对静止的观测者认为A物体在做周期运动. 这样，该观测者似乎会作出相反的结论：A物体显得年轻！上述似是而非的分析导致彼此矛盾的结论，称为"佯谬". 如果这两个物体换成一对双生子，相应的佯谬称为"双生子佯谬"：在地球上出生的一对双生子，其中一名留守地球，另一名乘坐高速飞船遨游太空，过若干年之后返回，与它的孪生兄弟会合，彼此都说对方年轻！他们之中谁更年轻，答案只有一个；两位孪生兄弟中必有一位出错.

问题的症结在于，要让两位孪生兄弟从离别到重逢，其中至少要有一位要做变速运动. 依据洛伦兹变换推得的式(8.3.12)～式(8.3.14)，要求S自始至终为惯性系，或近似程度足够高的惯性系；S′则可以是非惯性系，在每个瞬间被视为"瞬时"惯性系. 在加速器中的$\mu^-$介子飞行实验中，加速器可视为近似程度足够高的惯性

系，取为 S；式(8.3.13)和式(8.3.14)适用，飞行 $\mu^-$ 介子比静止 $\mu^-$ 介子显得“年轻”这一结论正确. 在前面提到的双生子假想实验中，地球自转效应一般不能忽略，地球不是一个“好”的惯性系. 我们可以选择太阳-恒星参考系作为 S. 然后，按式(8.3.14)分别计算两位双生子从离别到再相会所经历的时间 $T_{B1}$ 和 $T_{B2}$. 当然，他们在 S 中经历的时间同为 $T_A$，即在式(8.3.14)中，对 $t$ 的积分限同为 0 和 $T_A$. 结论是：谁在各自的局地参考系中经历的固有时间($T_B$)短，谁就显得年轻. 以上计算结果适合于飞船紧贴地面的情况，这时飞船起飞和降落时的飞行高度维持不变. 如果飞船不是紧贴地面而是在一定高度上飞行，则起飞和降落时会改变高度，这时由地球引力场引起的广义相对论效应不能忽略，必须计入①.

1971 年，人们做了这样的实验：用铯原子钟取代双生子，用飞机取代飞船；飞机绕行地球赤道一周之后，将地面铯原子钟和飞行铯原子钟的读数作了比较. 实验结果表明，飞行方向与地球自转方向相同(向东飞行)的铯原子钟的读数小于地面铯原子钟的读数，显得“年轻”；飞行方向与地球自转方向相反(向西飞行)的铯原子钟的读数大于地面铯原子钟的读数，显得“衰老”. 所测得的读数差别，在实验误差范围内与理论预言值相符. 注意，地球赤道面上向东飞行的铯原子钟的旋转方向与地球自转方向一致，向西飞行的铯原子钟则反之. 因此，向东飞行的铯原子钟具有较大的绝对旋转速度，显得比向西飞行的铯原子钟“年轻”. 粗略地说，谁相对整个宇宙(被认为是“最好”的惯性系)做更大、更长时间的加速运动，谁就会活得更长久. 可以预期，在未来的长时间高速宇宙航行中，上述物理效应将会产生十分有趣的结果.

综上所述，当考察一个物体的寿命，或一般来说，两个给定事件的时间间隔时，处于不同惯性参考系的观测者，会得出不同的结论. 从狭义相对论的角度，这两位观测者的结论都是正确的；他们得到不同的结果，恰好体现了时间间隔的相对性. 既然洛伦兹变换只限于惯性参考系之间，处于非惯性系的观测者就不能使用该变换，或者说，他一旦使用，将导致关于运动物体寿命的错误结论. 这也就是产生前述双生子佯谬的原因所在.

### 8.3.4 空间间隔的相对性(动尺缩短)

用于测量时间的时钟，它的走时速率的相对性体现了时间间隔的相对性. 在狭义相对论中，空间间隔也是相对的，因而测量长度的尺子的长度也是相对的，与参考系有关. 下面从洛伦兹变换出发，对这个问题进行定量分析. 事先请读者记住如下简单结论：时钟变慢会使时间间隔读数减小，而尺子缩短则导致长度读数增加.

1. *动尺缩短*

设在 S′ 中的一把静尺，沿 $x'$ 轴方向放置，长度为 $l_0=x_2'-x_1'$，称为固有长度或

① 张元仲，狭义相对论实验基础，科学出版社，北京，1979，3.1 节.

静止长度. S 观测者同时($\Delta t=t_2-t_1=0$)记下这把尺子两端的位置 $x_1$ 和 $x_2$，测得尺子的长度为 $l=x_2-x_1$. 由洛伦兹变换式(8.3.4)求得

$$l=l_0/\gamma=l_0\sqrt{1-\beta^2}<l_0 \tag{8.3.15}$$

于是，S 观测者认为 S′中的尺子缩短了. 反过来，S′观测者也认为 S 中的尺子缩短了. 他们的共同结论是动尺缩短.

2. 动体积元缩小

由动尺缩短，立即导出动体积元缩小的结论. 由垂直方向的空间间隔的绝对性和式(8.3.15)，可写出

$$\mathrm{d}V=\mathrm{d}x\mathrm{d}y\mathrm{d}z=\mathrm{d}x'\mathrm{d}y'\mathrm{d}z'/\gamma=\mathrm{d}V_0/\gamma \tag{8.3.16}$$

式中，$\mathrm{d}V_0$ 为 S′中体积元的静止体积. 将式(8.3.12)与式(8.3.16)左右两边分别相乘，得

$$\mathrm{d}t\,\mathrm{d}V=\mathrm{d}\tau\,\mathrm{d}V_0=\mathrm{d}t'\mathrm{d}V' \tag{8.3.17}$$

式(8.3.17)表明，时空体积元 $\mathrm{d}t\mathrm{d}V$ 为洛伦兹变换下的不变量，与参考系无关.

3. S 和 S′观测者互相评价对方对 $\mu^-$ 介子路程的测量

如前所述，高能宇宙线轰击地球高层大气，可产生速度高达 $0.9997c$ 的 $\mu^-$ 介子. 由产生至衰变，$\mu^-$ 介子在大气中走过一段路程. 下面考察 S 观测者和 S′观测者关于路程的测量结果和相互评价. 测量路程有两种方法：一种是测量飞行时间即粒子寿命，然后乘上粒子和大气的相对速度；另一种是用尺子直接测量粒子飞越过的大气柱的长度. 按第一种方法，S′观测者测得的寿命 $\tau=2.2\times10^{-6}$s，S 观测者测得寿命 $\gamma\tau=41\tau=9.0\times10^{-5}$s，分别算出路程为 660m 和 $2.7\times10^4$m. 路程的相对性归结为时间间隔的相对性. 对于后者，即用尺子直接测量 $\mu^-$ 介子飞越过的大气柱的长度，就会碰到类似于寿命测量中的疑问：S′观测者说 S 中的尺子缩短，以至认为 S 观测者高估了空气柱的长度即 $\mu^-$ 介子的路程. 可是，S 观测者同样会说 S′中的尺子(相对他来说是动尺)缩短，为何 S′观测者不是高估，反而是低估了空气柱的长度呢? 下面给出两位观测者就对方空气柱长度测量结果作出的评价，可以解答上述疑惑.

S′观测者：S 的尺子缩短，以至记录的空气柱长度读数增大至 $\gamma$ 倍，由 660m 变为$2.7\times10^4$m.

S 观测者：如图 8.4 所示，静止长度为 $l$ 的空气柱相对 S 静止，相对 S′向左运动，速度为 $v$. S′"同时"($\Delta t'=t_2'-t_1'=0$)记录 A、B 两端的位置$x_1'$和 $x_2'$，求得空气柱长度为 $\Delta x'=x_2'-x_1'=l/\gamma$. 可是，在 S 看来，S′的记录并不同时，因为不同地点的时钟没有对准. 时间差由反变换式(8.3.10)求得

$$\Delta t=t_2-t_1=\gamma\left(\Delta t'+\frac{v}{c^2}\Delta x'\right)=\frac{\gamma v}{c^2}\frac{l}{\gamma}=\frac{vl}{c^2}>0$$

记录 B 端的时间晚于 A 端，在这段时间内空气柱向左移动距离 $l_1=v\Delta t=v^2l/c^2$.

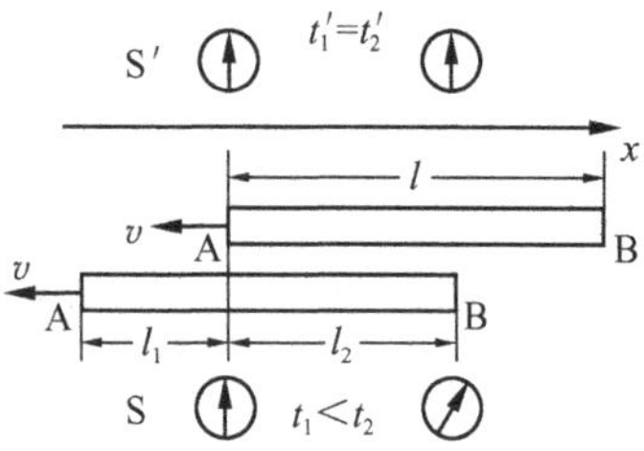

图 8.4

因此,S′实际记录的空气柱长度减小为 $l_2=l-l_1=l(1-\beta^2)=l/\gamma^2$. 对于该段空气柱,S′用了一把缩短的尺子去测量,导致读数增加到 $\gamma\cdot l/\gamma^2=l/\gamma$,后者正好是S′测得的空气柱长度读数.

如果两位观测者是狭义相对论者,他们会相信时钟对准(同时性)和长度(空间间隔)均是相对的,与参考系有关,从而彼此理解对方的测量结果. 回到前面提到的动尺缩短问题,我们的结论是:所谓动尺缩短是空间间隔和同时性的相对性带来的后果,不应误解为尺子在运动过程中发生了物理的收缩.

**例 8.1**

一列(静止)长度为 $l_0$、速度为 $v$ 的火车穿越(静止)长度为 $L_0$ 的隧道. 求地面观测者和乘客分别测得的车头刚好抵达隧道入口、车尾刚好抵达隧道出口所经历的时间.

**解** 定义车头抵达隧道入口为事件 1,车尾抵达隧道出口为事件 2. 设两事件在地面参考系中的时空坐标分别为 $(x_1,t_1)$ 和 $(x_2,t_2)$,则有 $\Delta x=x_2-x_1=L_0$,而 $\Delta t=t_2-t_1$ 则为待求的经历时间. 在这段时间内,车头运行的距离为隧道的长度 $L_0$ 和火车的长度 $l$ 之和. 由运动长度缩短效应,可知 $l=l_0/\gamma$,$\gamma=[1-(v/c)^2]^{-1/2}$. 于是有

$$\Delta t=\frac{L_0+l_0/\gamma}{v}$$

由洛伦兹变换公式求得乘客测得的经历时间为

$$\Delta t'=\gamma\left(\Delta t-\frac{v\Delta x}{c^2}\right)=\gamma\left(\Delta t-\frac{vL_0}{c^2}\right)=\frac{L_0/\gamma+l_0}{v}$$

注意,$\Delta t'\neq\Delta t/\gamma$,不能将 $\Delta t'$ 判定为"固有时间". 所谓固有时间,指的是火车坐标系中单座静钟记录的时间,而 $\Delta t'$ 则是两座静钟测得的时间差,一座置于车头,记录车头抵达隧道入口的时间;一座置于车尾,记录车尾抵达隧道出口的时间. 如果误以为 $\Delta t'=\Delta t/\gamma$,则将导致错误结果. 狭义相对论中不同事件之间的时间和空间间隔分析,常常会面临诸如此类的"陷阱",初学者应小心应付,避免掉入这类陷阱.

### 8.3.5 速度变换公式

在 S 中,用 $\boldsymbol{r}(x,y,z)$ 表示粒子位置,$\boldsymbol{u}(u_x,u_y,u_z)$ 表示粒子速度,它们均是时间 $t$ 的函数. 粒子的运动方程和速度表达式为

$$\boldsymbol{r}=\boldsymbol{r}(t),\qquad \boldsymbol{u}=\frac{\mathrm{d}\boldsymbol{r}}{\mathrm{d}t}$$

在 S′中，相应表达式为

$$\boldsymbol{r}' = \boldsymbol{r}'(t'), \qquad \boldsymbol{u}' = \frac{\mathrm{d}\boldsymbol{r}'}{\mathrm{d}t'}$$

其中，$(\boldsymbol{r}', t')$和$(\boldsymbol{r}, t)$满足洛伦兹变换关系

$$\begin{aligned} x' &= \gamma(x - vt) \\ y' &= y, \qquad z' = z \\ t' &= \gamma\left(t - \frac{vx}{c^2}\right) \end{aligned} \tag{8.3.18}$$

注意，$\boldsymbol{r}'$和$t'$之间为隐函数关系，要通过隐函数求导数法则确定$\boldsymbol{u}'$，步骤如下. 将式(8.3.18)对$t$求导数，结果为

$$\frac{\mathrm{d}x'}{\mathrm{d}t} = \gamma\left(\frac{\mathrm{d}x}{\mathrm{d}t} - v\right) = \gamma(u_x - v), \qquad \frac{\mathrm{d}y'}{\mathrm{d}t} = \frac{\mathrm{d}y}{\mathrm{d}t} = u_y, \qquad \frac{\mathrm{d}z'}{\mathrm{d}t} = \frac{\mathrm{d}z}{\mathrm{d}t} = u_z \tag{8.3.19}$$

$$\frac{\mathrm{d}t'}{\mathrm{d}t} = \gamma\left(1 - \frac{v}{c^2}\frac{\mathrm{d}x}{\mathrm{d}t}\right) = \gamma\left(1 - \frac{vu_x}{c^2}\right) \tag{8.3.20}$$

两式相除，得

$$u'_x = \frac{\mathrm{d}x'}{\mathrm{d}t'} = \frac{u_x - v}{1 - vu_x/c^2} \tag{8.3.21a}$$

$$u'_y = \frac{\mathrm{d}y'}{\mathrm{d}t'} = \frac{u_y}{\gamma(1 - vu_x/c^2)} \tag{8.3.21b}$$

$$u'_z = \frac{\mathrm{d}z'}{\mathrm{d}t'} = \frac{u_z}{\gamma(1 - vu_x/c^2)} \tag{8.3.21c}$$

式(8.3.21)即为相对论速度变换公式. 反变换公式通过如下替换关系求得

$$(u'_x, u'_y, u'_z) \leftrightarrow (u_x, u_y, u_z), \qquad v \to -v$$

下面对相对论速度变换公式的性质作些初步分析. 首先，在低速近似($v \ll c$)下，上述速度变换公式回到伽利略速度合成公式：

$$u'_x = u_x - v, \qquad u'_y = u_y, \qquad u'_z = u_z$$

其次，当$v < c$且

$$u = (u_x^2 + u_y^2 + u_z^2)^{1/2} \leqslant c \tag{8.3.22}$$

时，成立

$$u' = (u_x'^2 + u_y'^2 + u_z'^2)^{1/2} \leqslant c \tag{8.3.23}$$

其中等号仅当$u = c$时成立. 下面用倒叙法证明式(8.3.23). 设式(8.3.23)成立，则将式(8.3.21)代入该式推得

$$(u_x - v)^2 + u_y^2/\gamma^2 + u_z^2/\gamma^2 \leqslant c^2(1 - vu_x/c^2)^2$$

将上式左边第一项和右边的项展开，然后经过整理得

$$(c^2 - u^2)(c^2 - v^2) \geqslant 0$$

上式对 $u\leqslant c$ 显然成立,其中等号仅当 $u=c$ 成立,证毕. 这一结果从运动学角度证明光速为极限速度,同时也与光速不变原理相容:当在某个参考系中 $u=c$ 时,在任何参考系中都有 $u'=c$.

**例 8.2**

1818 年,菲涅耳假定"以太"被运动介质部分带动,导出运动介质(相对于以太)中光的传播速度公式

$$v_p=\frac{c}{n}+\left(1-\frac{1}{n^2}\right)v\cos\theta$$

式中 $n$ 为介质折射率,$v$ 为介质运动速率,$\theta$ 为介质运动速度与光传播方向的夹角. 视光的传播为光子运动,从速度反变换式出发,在忽略 $(v^2/c^2)$ 小量的近似下,证明上述菲涅耳公式.

**证** 取 S 为实验室坐标系,S′为随介质一道运动的坐标系;S′系相对 S 沿 $x$ 轴正向方向运动,速度大小为 $v$. 在 S′中光速为 $c/n$. 不妨设光沿 $x$-$y$ 平面传播,传播方向与 $x$ 轴的夹角为 $\theta'$. 则在 S′中,光的传播速度各分量为

$$u'_x=\frac{c}{n}\cos\theta',\quad u'_y=\frac{c}{n}\sin\theta',\quad u'_z=0$$

以下利用式(8.3.21)对应的反变换式计算光在 S 系中的传播速度 $\boldsymbol{u}$. 在略去 $(v^2/c^2)$ 小量的近似下,得

$$\frac{1}{1+vu'_x/c^2}\approx 1-\frac{vu'_x}{c^2}=1-\frac{v\cos\theta'}{nc},\quad \gamma\approx 1$$

$$u_x=\frac{u'_x+v}{1+vu'_x/c^2}\approx\left(\frac{c}{n}\cos\theta'+v\right)\left(1-\frac{v}{nc}\cos\theta'\right)\approx\frac{c}{n}\cos\theta'+v-\frac{v}{n^2}\cos^2\theta'$$

$$u_y=\frac{u'_y}{\gamma(1+vu'_x/c^2)}\approx\frac{c}{n}\sin\theta'\left(1-\frac{v}{nc}\cos\theta'\right)\approx\frac{c}{n}\sin\theta'-\frac{v}{n^2}\sin\theta'\cos\theta'$$

$$u_z=0,\quad u=\sqrt{u_x^2+u_y^2}\approx\frac{c}{n}+v\cos\theta'-\frac{1}{n^2}v\cos\theta'\approx\frac{c}{n}+\left(1-\frac{1}{n^2}\right)v\cos\theta$$

$\theta'$ 与 $\theta$ 的差别显然与 $(v/c)$ 同数量级,故在忽略 $(v^2/c^2)$ 小量的近似下,可在上式中取 $\theta'\approx\theta$,得菲涅耳公式,证毕.

### 8.3.6 加速度变换公式

将式(8.3.21)对 $t$ 求导数,再被式(8.3.20)除,求得加速度变换公式

$$a'_x=\frac{a_x}{[\gamma(1-vu_x/c^2)]^3}\tag{8.3.24a}$$

$$a'_y=\frac{1}{\gamma^2(1-vu_x/c^2)^3}[(1-vu_x/c^2)a_y+vu_ya_x/c^2]\tag{8.3.24b}$$

$$a'_z=\frac{1}{\gamma^2(1-vu_x/c^2)^3}[(1-vu_x/c^2)a_z+vu_za_x/c^2] \qquad (8.3.24c)$$

反变换公式通过如下替换关系求得

$$(a'_x,a'_y,a'_z)\leftrightarrow(a_x,a_y,a_z), \qquad (u_x,u_y,u_z)\rightarrow(u'_x,u'_y,u'_z), \qquad v\rightarrow -v$$

加速度变换公式表明,加速度已不再是绝对量,它与参考系有关.

**例 8.3**

火箭由静止状态加速到 $v=\sqrt{0.999}c$. 设火箭参考系中的加速度 $a'=20\text{m}\cdot\text{s}^{-2}$,求地面时钟和火箭时钟分别记录的加速时间.

**解** 取 $x$ 轴沿火箭加速方向,则由加速度反变换公式得

$$a=[\gamma(1+vu'_x/c^2)]^{-3}a'$$

在火箭参考系(瞬时惯性系)中,永远有 $u'_x=0$,于是上式简化为

$$a=\gamma^{-3}a'=(1-\beta^2)^{3/2}a'$$

其中,$\beta=v/c$,$v$ 为火箭在地面参考系中的瞬时速度,与时间有关. 由

$$\mathrm{d}v=a\mathrm{d}t, \qquad \mathrm{d}t=\gamma\mathrm{d}t'=\mathrm{d}t'(1-\beta^2)^{-1/2}$$

得

$$\mathrm{d}t'=\frac{\mathrm{d}v}{a'(1-\beta^2)}=\frac{c\mathrm{d}\beta}{a'(1-\beta^2)}$$

将上式积分求得火箭时钟记录的加速时间与火箭速度之间的关系

$$t'=\int\mathrm{d}t'=\int_0^\beta\frac{c\mathrm{d}\beta}{a'(1-\beta^2)}=\frac{c}{a'}\mathrm{arth}\beta$$

相应求得地面时钟记录的加速时间 $t$ 与 $t'$ 或 $\beta$ 之间的关系

$$t=\int\mathrm{d}t=\int_0^{t'}\frac{\mathrm{d}t'}{(1-\beta^2)^{1/2}}=\frac{c}{a'}\int_0^\beta\frac{\mathrm{d}\beta}{(1-\beta^2)^{3/2}}=\frac{c\beta}{a'(1-\beta^2)^{1/2}}$$

将 $a'=20\text{m}\cdot\text{s}^{-2}$ 和 $\beta=\sqrt{0.999}$ 代入,得 $t'=1.97$ 年,$t=15.0$ 年.

注意,不能将 $\mathrm{d}v'=a'\mathrm{d}t'$ 积分得 $v'=a't'$,这样会导致

$$v'=20t'=1.24\times10^9\text{m}\cdot\text{s}^{-1}=4.14c$$

的荒谬结果. 错误出在将 S′视为惯性系,而实际上它只是瞬时惯性系;在火箭加速过程中,S′属于非惯性系. 上述这类积分只能在惯性系 S 中对 $\mathrm{d}v=a\mathrm{d}t$ 进行,正如本题求解过程中所做过的那样.

## 8.4 相对性原理的四维表述

迄今为止,仅涉及狭义相对论的第二条假设,即光速不变原理,据此导出洛伦兹变换,以描述惯性参考系之间的时空坐标的变换规律. 下面要转入第一条假设,即相

对性原理：在洛伦兹变换下，一切物理规律保持不变，包括电磁规律和力学规律.

描述物理规律的数学方程通常写成关于时空坐标$(x,y,z,t)$的偏微分方程. 要验证方程在洛伦兹变换下形式不变，可从原始方程和洛伦兹变换出发，利用复合函数求偏导数的法则，将对$(x,y,z,t)$的偏导数改为对$(x',y',z',t')$的偏导数，最终将方程化成关于时空坐标$(x',y',z',t')$的偏微分方程. 通过比较，立即可以判断两组方程形式是否相同. 在8.1节我们曾经这样做过，不过针对的是伽利略变换. 如果形式相同，则判断物理规律满足相对性原理，同时导出因变量所满足的变换规律. 这类运算多少显得有点笨拙，但终归达到预期目的. 当初爱因斯坦提出狭义相对论时，就是采取这种方案去验证麦克斯韦方程的不变性，并找到电磁场的变换规律. 如果形式不同，则需要对原始方程进行适当修改. 究竟如何修改，一般很难从这类推导中作出合适的选择.

就在爱因斯坦创立狭义相对论后不久，闵柯夫斯基提出一种数学方法，专门处理这类变换问题. 他将空间和时间看成一个整体，引入四维"伪欧几里得空间"，后人称为闵柯夫斯基空间. 时空坐标的洛伦兹变换被视为该空间的正交线性变换；因变量和微分算符被写成四维张量，满足特定的变换法则；描述物理规律的偏微分方程被写成四维张量形式，自动具有洛伦兹变换下的不变性. 因此，闵柯夫斯基空间的张量分析，为狭义相对论提供了一种高雅、便捷、行之有效的数学方法. 在第1章1.1节我们已就多维空间的正交线性变换和张量分析做了必要的数学准备. 本节将落实到闵柯夫斯基空间的洛伦兹变换，给出相对性原理的四维表述，着重分析四维张量的构建方法.

### 8.4.1 闵柯夫斯基空间及洛伦兹变换

1. 闵柯夫斯基空间

如前所述，洛伦兹变换能维持时空间隔 $s$ 不变，即

$$s^2 = x^2 + y^2 + z^2 - c^2t^2 \tag{8.4.1}$$

不变，该不变性体现了光速不变原理. 将式(8.4.1)定义的 $s$ 和通常三维位置空间的距离相比，存在两点区别：一是间隔 $s$ 可能为虚数；二是时间平方项的系数为"$-c^2$"，而不是1. 这些区别从数学处理角度并非实质性的. 引入间隔的初衷在于它在坐标变换下的不变性，不必在乎它是否为实数；通过引入虚数坐标"$\mathrm{i}ct$"取代时间坐标，令

$$x_1 = x, \qquad x_2 = y, \qquad x_3 = z, \qquad x_4 = \mathrm{i}ct \tag{8.4.2}$$

将式(8.4.1)重写为

$$s^2 = x_1^2 + x_2^2 + x_3^2 + x_4^2 \tag{8.4.3}$$

就可实现全部坐标平方项系数为1的要求. 式(8.4.3)在形式上和普通三维位置空间(属于三维欧几里得空间)的距离平方表达式完全相同. 由于虚坐标的出现，间隔可能为虚数，通常称为"伪"欧几里得空间. 由式(8.4.2)定义的坐标和由式(8.4.3)

规定的度量性质的四维空间，称为闵柯夫斯基空间. 该空间的间隔不变，体现了光速不变原理.

2. 洛伦兹变换

由式(8.4.2)，可将8.2节导出的洛伦兹变换写成如下等效形式：

$$x_1'=\gamma x_1+\mathrm{i}\gamma\beta x_4,\qquad x_2'=x_2,\qquad x_3'=x_3,\qquad x_4'=-\mathrm{i}\gamma\beta x_1+\gamma x_4$$

或

$$x_\mu'=L_{\mu\nu}x_\nu\qquad(\mu=1,2,3,4)\tag{8.4.4}$$

式中等号右边采用同指标求和规则(下同)，

$$L_{\mu\nu}=\begin{pmatrix}\gamma & 0 & 0 & \mathrm{i}\gamma\beta\\ 0 & 1 & 0 & 0\\ 0 & 0 & 1 & 0\\ -\mathrm{i}\gamma\beta & 0 & 0 & \gamma\end{pmatrix}\tag{8.4.5}$$

以上将 $L_{\mu\nu}$ 写成矩阵形式，记为 $L$；第一个下标($\mu$)为行号，第二个下标($\nu$)为列号，横排为行，竖排为列. 例如，式(8.4.5)右边矩阵的第一行的元素为 $L_{11}=\gamma$，$L_{12}=L_{13}=0$，$L_{14}=\mathrm{i}\gamma\beta$.

由于洛伦兹变换能确保 $s^2$ 不变，故由第1章1.1节的结论，可知 $L_{\mu\nu}$ 对应的变换矩阵 $\boldsymbol{L}$ 为正交矩阵，即满足条件

$$L_{ki}L_{kj}=L_{ik}L_{jk}=\delta_{ij}\quad 或\quad \boldsymbol{L}^{\mathrm{T}}\boldsymbol{L}=\boldsymbol{L}\boldsymbol{L}^{\mathrm{T}}=\boldsymbol{I}\tag{8.4.6}$$

式中，T 表示矩阵转置；$\boldsymbol{I}$ 表示单位矩阵. 读者可自行对上式进行验证.

3. 相对性原理的四维表述

在闵柯夫斯基空间中，我们可以定义各阶张量，它们在时空坐标的洛伦兹变换下满足特定的变换关系(见第1章1.1节). 将物理规律的数学方程写成张量形式，就自动实现了方程形式在洛伦兹变换下不变，从而满足相对性原理. 为实现这一目标，必须将所有物理量和偏微分算符表示成四维张量(包括标量、矢量和二阶张量等).

### 8.4.2 四维张量构建举例

解决四维张量的构建问题，是相对性原理四维表述的关键步骤. 下面介绍各阶四维张量的构建方法. 以下为简便起见，四维标量简写为4-标量，四维矢量简写为4-矢量，四维二阶张量简写为4-张量.

1. 4-标量

4-标量即洛伦兹变换下的不变量. 我们不能凭想象或直觉，将以往碰到过的标量视为4-标量. 这些标量属于三维标量，其中有的是4-标量，有的则不是，要作具体分析.

(1) 由时空坐标构成4-标量. 时空间隔 $s$、4-体积元 $\mathrm{d}x\mathrm{d}y\mathrm{d}z\mathrm{d}t$ 和与之相关的真空物理常数：真空光速 $c$、真空磁导率 $\mu_0$ 和真空介电常量 $\varepsilon_0$.

(2) 相对参考系静止的物体的测量结果. 固有时间间隔 $\tau$、固有空间间隔 $l_0$ 和固有体积 $V_0$；静止介质的所有物理常数，如磁导率、介电常量、电导率、静止质量等. 由于 $\tau$ 为 4-标量，在狭义相对论中常用它取代 $t$(非 4-标量)作为时间变量. 特别，惯性系 S 中某个运动质点，在相对质点瞬间静止的惯性系中度过的时间元为固有时间元 $\mathrm{d}\tau$，它为 4-标量，与 S 中记录的时间元 $\mathrm{d}t$ 存在如下关系：

$$\mathrm{d}\tau = \mathrm{d}t/\gamma = \sqrt{1-\beta^2}\,\mathrm{d}t, \qquad \beta = u/c \tag{8.4.7}$$

式中，$u$ 为质点速率.

(3) 由电磁规律的不变性获得的 4-标量. 例如，前面提到的真空光速 $c$. 又例如，由真空中平面电磁波的波矢 $\boldsymbol{k}$ 和频率 $\omega$ 满足的关系(见第 4 章 4.1 节)

$$k^2 - \frac{\omega^2}{c^2} = 0 \tag{8.4.8}$$

在任何惯性系中成立，可推断 $k^2-(\omega/c)^2$ 为 4-标量.

(4) 4-矢量和 4-张量的不变量. 4-矢量的模、4-张量对应矩阵的本征值，或本征值所满足的代数方程中的系数(见第 1 章 1.1 节).

(5) 由四维张量运算获得的 4-标量. 若干 4-标量之间的四则代数运算、两个 4-矢量的标积、两个 4-张量的标积(双点乘)等.

2. 4-矢量

(1) 由时空坐标构成 4-矢量：

$$x_\mu = (x, y, z, \mathrm{i}ct) = (\boldsymbol{r}, \mathrm{i}ct) \tag{8.4.9}$$

$$\mathrm{d}x_\mu = (\mathrm{d}x, \mathrm{d}y, \mathrm{d}z, \mathrm{i}c\,\mathrm{d}t) = (\mathrm{d}\boldsymbol{r}, \mathrm{i}c\,\mathrm{d}t) \tag{8.4.10}$$

(2) 4-矢量与 4-标量的积或商. 例如，对单个运动质点，可引入

$$U_\mu = \frac{\mathrm{d}x_\mu}{\mathrm{d}\tau} = \gamma(\boldsymbol{u}, \mathrm{i}c), \qquad \gamma = \frac{1}{\sqrt{1-u^2/c^2}} \tag{8.4.11}$$

$U_\mu$称为质点的 4-速度矢量.

(3) 由 4-标量反推 4-矢量. 例如，作为 4-标量的平面电磁波的相位 $\boldsymbol{k}\cdot\boldsymbol{r}-\omega t$ 刚好就是

$$k_\mu = (k_x, k_y, k_z, \mathrm{i}\omega/c) = (\boldsymbol{k}, \mathrm{i}\omega/c) \tag{8.4.12}$$

与 4-矢量 $x_\mu$ 的标积，从而推断 $k_\mu$为 4-矢量，称为 4-波矢.

3. 4-张量

并 4-矢量、4-张量的转置和两个 4-张量点乘的结果均为 4-张量.

4. 4-矢量微分算符和 4-标量微分算符

对时空坐标的一阶偏导数构成 4-矢量微分算符

$$\partial_\mu \equiv \frac{\partial}{\partial x_\mu} = \left(\frac{\partial}{\partial x}, \frac{\partial}{\partial y}, \frac{\partial}{\partial z}, \frac{1}{\mathrm{i}c}\frac{\partial}{\partial t}\right) = \left(\boldsymbol{\nabla}, \frac{1}{\mathrm{i}c}\frac{\partial}{\partial t}\right) \tag{8.4.13}$$

4-矢量微分算符与自身的标积构成如下 4-标量微分算符

$$\Box \equiv \partial_\mu \partial_\mu = \nabla^2 - \frac{1}{c^2}\frac{\partial^2}{\partial t^2} \tag{8.4.14}$$

即达朗贝尔算符.算符□的不变性,保证了8.1节中提到的电场波动方程在洛伦兹变换下的不变性.

### 8.4.3 4-矢量和4-张量分量的变换关系

这些变换关系已在第1章1.1节中给出,现重述如下.4-矢量 $f_\mu$ 各分量的变换关系和时空位置矢量相同,为

$$f'_\mu = L_{\mu\nu} f_\nu \tag{8.4.15}$$

或

$$\begin{aligned} f'_1 &= \gamma(f_1 + \mathrm{i}\beta f_4) \\ f'_2 &= f_2, \qquad f'_3 = f_3 \\ f'_4 &= \gamma(f_4 - \mathrm{i}\beta f_1) \end{aligned} \tag{8.4.16}$$

在一般洛伦兹变换下,式(8.4.16)推广为

$$\begin{aligned} \boldsymbol{f}' &= \boldsymbol{f} + (\gamma - 1)\frac{\boldsymbol{v}\cdot\boldsymbol{f}}{v^2}\boldsymbol{v} + \frac{\mathrm{i}\gamma f_4}{c}\boldsymbol{v} \\ f'_4 &= \gamma\left(f_4 - \frac{\mathrm{i}\boldsymbol{f}\cdot\boldsymbol{v}}{c}\right) \end{aligned} \tag{8.4.17}$$

式中,$\boldsymbol{f}=(f_1,f_2,f_3)$.4-张量 $T_{\mu\nu}$ 各分量的变换关系为

$$T'_{\mu\nu} = L_{\mu\lambda} L_{\nu\tau} T_{\lambda\tau} \tag{8.4.18}$$

或写成对应的矩阵形式

$$\boldsymbol{T}' = \boldsymbol{L}\boldsymbol{T}\boldsymbol{L}^{\mathrm{T}} \tag{8.4.19}$$

**例 8.4**

由4-速度矢量的变换关系导出相对论速度变换公式.

**解** 由4-速度表达式(8.4.11)和4-矢量变换公式(8.4.16),可写出

$$\begin{aligned} U'_1 &= \gamma'_u u'_x = \gamma(U_1 + \mathrm{i}\beta U_4) = \gamma(\gamma_u u_x - \gamma_u v) = \gamma\gamma_u(u_x - v) \\ U'_2 &= \gamma'_u u'_y = U_2 = \gamma_u u_y, \qquad U'_3 = \gamma'_u u'_z = U_3 = \gamma_u u_z \\ U'_4 &= \mathrm{i}c\gamma'_u = \gamma(U_4 - \mathrm{i}\beta U_1) = \gamma(\mathrm{i}c\gamma_u - \mathrm{i}\beta u_x \gamma_u) \\ &= \mathrm{i}c\gamma\gamma_u(1 - vu_x/c^2) \end{aligned}$$

式中,

$$\beta = \frac{v}{c}, \qquad \gamma = \frac{1}{\sqrt{1-\beta^2}}, \qquad \gamma_u = \frac{1}{\sqrt{1-(u/c)^2}}, \qquad \gamma'_u = \frac{1}{\sqrt{1-(u'/c)^2}}$$

由变换关系的第4个分式解出 $\gamma'_u = \gamma\gamma_u(1 - vu_x/c^2)$,然后代入前3个分式,即得相对论速度变换关系(8.3.21).

## 例 8.5

写出 4-波矢分量的变换关系,据此推导真空中的多普勒频移公式、光行差公式和运动介质中光速的菲涅耳公式.

**解** 由 4-矢量变换公式(8.4.16)写出 4-波矢(8.4.12)的变换关系

$$k'_x=\gamma\left(k_x-\frac{v}{c^2}\omega\right),\qquad k'_y=k_y,\qquad k'_z=k_z,\qquad \omega'=\gamma(\omega-vk_x)$$

设在 S 中,波矢 $\boldsymbol{k}$ 与 $x$ 轴的夹角为 $\theta$,则 $k_x=k\cos\theta$,真空中成立 $k=\omega/c$;在 S′中,波矢 $\boldsymbol{k}'$与 $x'$轴的夹角为 $\theta'$,则 $k'_x=k'\cos\theta'$,真空中成立 $k'=\omega'/c$. 代入上述变换公式得

$$\frac{\omega'}{c}\cos\theta'=\gamma\left(\frac{\omega}{c}\cos\theta-\frac{v\omega}{c^2}\right)\tag{8.4.20}$$

$$\omega'=\gamma\omega\left(1-\frac{v}{c}\cos\theta\right)\tag{8.4.21}$$

将式(8.4.21)代入式(8.4.20),得

$$\cos\theta'=\frac{\cos\theta-v/c}{1-v\cos\theta/c},\qquad \sin\theta'=\sqrt{1-\cos^2\theta'}=\frac{\sin\theta}{\gamma(1-v\cos\theta/c)}$$

即

$$\tan\theta'=\frac{\sin\theta}{\gamma(\cos\theta-v/c)}\tag{8.4.22}$$

式(8.4.21)和式(8.4.22)分别为相对论多普勒频移公式和光行差公式. 注意,这两个公式具有可倒易性:将带撇量与不带撇量互换,将速度 $v$ 反号,即可获得反变换关系. 这些公式表明,当观测者和光源之间存在相对运动时,观测到的光波频率和传播方向会发生偏移,其偏移程度与相对运动速度有关. 在近似取 $\gamma=1$ 时,上述公式回到低速情况下的经典公式,这些公式均为实验和观测证实. 当考虑 $(v/c)$ 的二级小量时,狭义相对论的结果与经典公式之间存在差别. 例如,若沿着垂直于光源运动方向 $(\theta=\pi/2)$ 观测辐射,由式(8.4.21)得 $\omega=\omega'/\gamma<\omega'$,观测的辐射频率 $(\omega)$ 低于静止光源的辐射频率 $(\omega')$;按经典公式,则不会发生频移. 该结果为观测证实,称为横向多普勒效应.

我们曾在例 8.2 中利用速度变换公式导出菲涅耳公式. 下面从 4-波矢的变换公式出发,同样可以导出菲涅耳公式. 为此,取运动介质参考系为 S′,介质的折射率 $n=ck'/\omega'$. 4-波矢的反变换公式如下:

$$k_x=\gamma\left(k'_x+\frac{v}{c^2}\omega'\right),\qquad k_y=k'_y,\qquad k_z=k'_z,\qquad \omega=\gamma(\omega'+vk'_x)$$

在略去 $(v/c)^2$ 项的近似下,可导出波数和角频率的变换规律为

$$k_x^2=\gamma^2(k'_x+v\omega'/c^2)^2\approx k'^2_x+2k'_xv\omega'/c^2$$
$$k^2=k_x^2+k_y^2+k_z^2\approx k'^2(1+2v\cos\theta'/(nc))$$

$$k \approx k'(1 + v\cos\theta'/(nc))$$

$$\omega \approx \omega'(1 + nv\cos\theta'/c)$$

于是实验室参考系 S 中测得光在运动介质中的传播速度为

$$v_p = \frac{\omega}{k} \approx \frac{\omega'(1 + nv\cos\theta'/c)}{k'(1 + v\cos\theta'/(nc))} \approx \frac{c}{n}\left(1 + \frac{nv}{c}\cos\theta' - \frac{v}{nc}\cos\theta'\right)$$

考虑到 $\theta'$ 与 $\theta$ 的差别与 $v/c$ 同级，可近似用 $\theta$ 取代 $\theta'$，最终求得

$$v_p = \frac{c}{n} + v\cos\theta - \frac{1}{n^2}v\cos\theta \tag{8.4.23}$$

式(8.4.23)即为菲涅耳公式.

## 8.5 电磁规律的不变性

电磁规律和其他物理规律一样，通常被写成三维位置空间的张量形式，所涉及的物理量为三维张量. 若坐标变换仅限于三维位置空间，则方程形式保持不变，所有物理量也按三维张量方式进行变换. 至于这些方程在洛伦兹变换下形式是否发生变化，有待做具体分析. 如果判定电磁规律满足相对性原理，则所有写成三维张量形式的电磁学物理量将满足特定的变换关系. 如 8.4 节所述，为导出这些变换关系，以及验证电磁规律的不变性，最好的方法是将电磁学物理量和电磁规律写成四维张量形式，其中关键在于依据物理规律构建四维张量. 这些变换关系及其涉及的不变性，体现了时空特性对电磁场运动的作用，将会揭示出经典电磁规律所蕴涵的新的规律.

以下我们假设有两个惯性参考系 S 和 S′，时空坐标原点重合，空间坐标轴相互平行，S′相对 S 以速度 $v$ 沿着 $x$ 轴方向运动，或以速度 $\boldsymbol{v}$ 沿任意方向运动.

### 8.5.1 电荷守恒方程

电荷守恒方程作为电磁场源的约束条件，是一条独立规律，并被大量实验证实. 电荷守恒方程如下：

$$\nabla \cdot \boldsymbol{j} + \frac{\partial \rho}{\partial t} = 0 \tag{8.5.1}$$

式中，$\boldsymbol{j}$ 为电流密度；$\rho$ 为电荷密度. 如果定义

$$J_\mu = (j_x, j_y, j_z, \mathrm{i}c\rho) = (\boldsymbol{j}, \mathrm{i}c\rho) \tag{8.5.2}$$

则可将式(8.5.1)写成

$$\partial_\mu J_\mu = 0 \tag{8.5.3}$$

基于相对性原理，式(8.5.3)左边必定为 4-标量，于是由式(8.5.2)定义的 $J_\mu$ 必定为 4-矢量，称为 4-电流密度矢量. 据此，可确定 $\boldsymbol{j}$ 和 $\rho$ 满足的变换规律

$$J'_\mu = L_{\mu\nu} J_\nu$$

或

$$j'_x = \gamma(j_x - \rho v), \quad j'_y = j_y, \quad j'_z = j_z$$
$$\rho' = \gamma\left(\rho - \frac{v}{c^2} j_x\right) \tag{8.5.4}$$

对参考系相对速度沿任意方向的一般情况，可仿照 8.2 节由特殊洛伦兹变换推导一般洛伦兹变换的步骤，将变换式(8.5.4)推广为

$$\boldsymbol{j}' = \boldsymbol{j} + (\gamma - 1)\frac{\boldsymbol{v}\cdot\boldsymbol{j}}{c^2}\boldsymbol{v} - \gamma\rho\boldsymbol{v}, \quad \rho' = \gamma\left(\rho - \frac{1}{c^2}\boldsymbol{v}\cdot\boldsymbol{j}\right) \tag{8.5.5}$$

反变换公式可由互换 $\boldsymbol{j}', \rho' \leftrightarrow \boldsymbol{j}, \rho$ 和代换 $\boldsymbol{v} \to -\boldsymbol{v}$ 求得.

以上不仅给出了场源之间的变换关系，而且把电荷守恒规律和电量的不变性联系起来，即电量

$$e = \iiint \rho \mathrm{d}V$$

为 4-标量. 要证明这一结论，只需证明 $\rho \mathrm{d}V$ 为 4-标量即可. 为此，考察 S′中的一个静止电荷元，体积为 $\mathrm{d}V' = \mathrm{d}V_0$，电荷密度为 $\rho'$，电流密度 $\boldsymbol{j}' = 0$. 由式(8.5.5)第二式的反变换公式和体积元变换公式(8.3.16)得

$$\rho = \gamma\rho', \quad \mathrm{d}V = \mathrm{d}V'/\gamma$$

以至于有

$$\rho \mathrm{d}V = \rho' \mathrm{d}V' \tag{8.5.6}$$

$\rho \mathrm{d}V$ 为洛伦兹变换下的不变量，即电量为 4-标量.

### 8.5.2 洛伦茨条件

洛伦茨条件与电荷守恒方程的形式基本类似

$$\nabla \cdot \boldsymbol{A} + \frac{1}{c^2}\frac{\partial \varphi}{\partial t} = 0 \tag{8.5.7}$$

式中，$\boldsymbol{A}$ 为电磁矢势；$\varphi$ 为电磁标势. 如果定义

$$A_\mu = \left(A_x, A_y, A_z, \frac{\mathrm{i}}{c}\varphi\right) = \left(\boldsymbol{A}, \frac{\mathrm{i}}{c}\varphi\right) \tag{8.5.8}$$

则可将式(8.5.7)写成

$$\partial_\mu A_\mu = 0 \tag{8.5.9}$$

基于洛伦茨条件的不变性，式(8.5.9)左边必定为 4-标量，于是由式(8.5.8)定义的 $A_\mu$ 必定为 4-矢量，称为 4-电磁势矢量. 据此，可确定 $\boldsymbol{A}$ 和 $\varphi$ 满足的变换规律为

$$A'_\mu = L_{\mu\nu} A_\nu$$

或

$$A'_x = \gamma\left(A_x - \frac{v}{c^2}\varphi\right), \quad A'_y = A_y, \quad A'_z = A_z, \quad \varphi' = \gamma(\varphi - vA_x) \tag{8.5.10}$$

在一般洛伦兹变换下，变换式(8.5.10)化为

$$\boldsymbol{A}'=\boldsymbol{A}+(\gamma-1)\frac{\boldsymbol{v}\cdot\boldsymbol{A}}{v^2}\boldsymbol{v}-\frac{\gamma\varphi}{c^2}\boldsymbol{v},\qquad \varphi'=\gamma(\varphi-\boldsymbol{v}\cdot\boldsymbol{A}) \tag{8.5.11}$$

式(8.5.10)和式(8.5.11)的反变换公式可由互换 $\boldsymbol{A}',\varphi'\leftrightarrow\boldsymbol{A},\varphi$ 和代换 $\boldsymbol{v}\to-\boldsymbol{v}$求得.

### 8.5.3 达朗贝尔方程

电磁势满足的达朗贝尔方程如下：

$$\nabla^2\boldsymbol{A}-\frac{1}{c^2}\frac{\partial^2\boldsymbol{A}}{\partial t^2}=-\mu_0\boldsymbol{j},\qquad \nabla^2\varphi-\frac{1}{c^2}\frac{\partial^2\varphi}{\partial t^2}=-\frac{\rho}{\varepsilon_0} \tag{8.5.12}$$

由 8.4 节引入的 4-标量算符

$$\Box=\partial_\mu\partial_\mu=\nabla^2-\frac{1}{c^2}\frac{\partial^2}{\partial t^2} \tag{8.5.13}$$

以及 4-电流密度矢量，可将式(8.5.12)写成如下四维矢量形式：

$$\Box A_\mu=-\mu_0 J_\mu \tag{8.5.14}$$

注意，式(8.5.14)中真空磁导率 $\mu_0$ 为 4-标量.

### 8.5.4 电磁场张量

现在面对较难处理的问题：如何将电场 $\boldsymbol{E}$ 和磁场 $\boldsymbol{B}$ 两个三维矢量纳入四维张量表述.这两个三维矢量共有 6 个独立分量，而一个 4-反对称张量正好也有 6 个独立分量，因此表述电磁场的四维张量只能是 4-反对称张量.由电磁场与电磁势之间的微分关系

$$\boldsymbol{B}=\nabla\times\boldsymbol{A},\qquad \boldsymbol{E}=-\nabla\varphi-\frac{\partial\boldsymbol{A}}{\partial t} \tag{8.5.15}$$

电磁场张量应当由 4-矢量微分算符和 4-电磁势矢量构成.由 8.4 节介绍的构建规则，用上述两个 4-矢量构建 4-张量的唯一方式为并矢[①]，以及该并矢的转置；二者之差正好构成 4-反对称张量：

$$F_{\mu\nu}=\partial_\mu A_\nu-\partial_\nu A_\mu \tag{8.5.16}$$

下面将式(8.5.16)的 6 个独立分量一一写出：

$$F_{23}=-F_{32}=\frac{\partial A_3}{\partial x_2}-\frac{\partial A_2}{\partial x_3}=B_1$$

$$F_{31}=-F_{13}=\frac{\partial A_1}{\partial x_3}-\frac{\partial A_3}{\partial x_1}=B_2$$

---

① 由 4-矢量微分算符和普通矢量构成的“并矢”$\partial_\mu A_\nu$ 和由两个普通矢量构成的并矢 $f_\mu g_\nu$ 性质不同.例如，与前者对应的矩阵的行列式一般不为零，而与后者对应的矩阵的行列式恒等于零.

$$F_{12}=-F_{21}=\frac{\partial A_2}{\partial x_1}-\frac{\partial A_1}{\partial x_2}=B_3$$

$$F_{41}=-F_{14}=\frac{\partial A_1}{\partial x_4}-\frac{\partial A_4}{\partial x_1}=-\frac{\mathrm{i}}{c}\left(\frac{\partial \varphi}{\partial x_1}+\frac{\partial A_1}{\partial t}\right)=\frac{\mathrm{i}}{c}E_1$$

$$F_{42}=-F_{24}=\frac{\partial A_2}{\partial x_4}-\frac{\partial A_4}{\partial x_2}=-\frac{\mathrm{i}}{c}\left(\frac{\partial \varphi}{\partial x_2}+\frac{\partial A_2}{\partial t}\right)=\frac{\mathrm{i}}{c}E_2$$

$$F_{43}=-F_{34}=\frac{\partial A_3}{\partial x_4}-\frac{\partial A_4}{\partial x_3}=-\frac{\mathrm{i}}{c}\left(\frac{\partial \varphi}{\partial x_3}+\frac{\partial A_3}{\partial t}\right)=\frac{\mathrm{i}}{c}E_3$$

分别与磁场 $\boldsymbol{B}(B_1,B_2,B_3)$ 和电场 $\boldsymbol{E}(E_1,E_2,E_3)$ 的各个分量有关. 于是，$F_{\mu\nu}$ 被称为 4-电磁场张量. 按第一个下标 $\mu$ 表示行号、第二个下标 $\nu$ 表示列号和“横行竖列”的规则，可将 $F_{\mu\nu}$ 表示成如下矩阵形式：

$$F_{\mu\nu}=\begin{pmatrix} 0 & B_3 & -B_2 & -\mathrm{i}E_1/c \\ -B_3 & 0 & B_1 & -\mathrm{i}E_2/c \\ B_2 & -B_1 & 0 & -\mathrm{i}E_3/c \\ \mathrm{i}E_1/c & \mathrm{i}E_2/c & \mathrm{i}E_3/c & 0 \end{pmatrix} \tag{8.5.17}$$

4-张量 $F_{\mu\nu}$ 各分量的变换关系为

$$F'_{\mu\nu}=L_{\mu\lambda}L_{\nu\tau}F_{\lambda\tau} \tag{8.5.18}$$

或写成对应的矩阵形式

$$\boldsymbol{F}'=\boldsymbol{LFL}^{\mathrm{T}} \tag{8.5.19}$$

通过矩阵乘法不难求得分量之间的关系，最终落实到电场、磁场分量之间的关系，结果为

$$\begin{aligned} &E'_1=E_1, \qquad B'_1=B_1 \\ &E'_2=\gamma(E_2-vB_3), \qquad B'_2=\gamma\left(B_2+\frac{v}{c^2}E_3\right) \\ &E'_3=\gamma(E_3+vB_2), \qquad B'_3=\gamma\left(B_3-\frac{v}{c^2}E_2\right) \end{aligned} \tag{8.5.20}$$

在一般洛伦兹变换下，上述变换关系被推广为如下三维矢量形式

$$\begin{aligned} &\boldsymbol{E}'=\gamma(\boldsymbol{E}+\boldsymbol{v}\times\boldsymbol{B})-(\gamma-1)\boldsymbol{E}_{\parallel} \\ &\boldsymbol{B}'=\gamma\left(\boldsymbol{B}-\frac{1}{c^2}\boldsymbol{v}\times\boldsymbol{E}\right)-(\gamma-1)\boldsymbol{B}_{\parallel} \end{aligned} \tag{8.5.21}$$

式中，下标“$\parallel$”表示与速度 $\boldsymbol{v}$ 平行的分量. 当略去 $(v/c)^2$ 级小项时，可近似取 $\gamma\approx 1$，式(8.5.21)过渡到非相对论的电磁场变换公式：

$$\boldsymbol{E}'=\boldsymbol{E}+\boldsymbol{v}\times\boldsymbol{B}, \qquad \boldsymbol{B}'=\boldsymbol{B}-\frac{1}{c^2}\boldsymbol{v}\times\boldsymbol{E} \tag{8.5.22}$$

它们在狭义相对论提出之前就已经导出，适合于低速运动情况. 顺便指出，式(8.5.21)和式(8.5.22)的反变换公式可通过互换 $\boldsymbol{E}',\boldsymbol{B}'\leftrightarrow\boldsymbol{E},\boldsymbol{B}$ 和代换 $\boldsymbol{v}\rightarrow-\boldsymbol{v}$ 求得.

**例 8.6**

求电磁场张量的基本不变量.

**解** 根据第1章1.1节例1.1的一般分析，四维二阶反对称张量 $F_{\mu\nu}$ 至多存在2个基本不变量，其表达式可由与张量对应的矩阵的本征方程的非零系数求得

$$\eta^4+C_2\eta^2+C_0=0$$

式中，$\eta=-\lambda$（$\lambda$ 为本征值），

$$C_2=\begin{vmatrix}0 & -\mathrm{i}E_1/c\\ \mathrm{i}E_1/c & 0\end{vmatrix}+\begin{vmatrix}0 & -\mathrm{i}E_2/c\\ \mathrm{i}E_2/c & 0\end{vmatrix}+\begin{vmatrix}0 & -\mathrm{i}E_3/c\\ \mathrm{i}E_3/c & 0\end{vmatrix}$$
$$+\begin{vmatrix}0 & B_1\\ -B_1 & 0\end{vmatrix}+\begin{vmatrix}0 & -B_2\\ B_2 & 0\end{vmatrix}+\begin{vmatrix}0 & B_3\\ -B_3 & 0\end{vmatrix}=B^2-\frac{E^2}{c^2}$$

$$C_0=\det(\boldsymbol{F})=-(\boldsymbol{E}\cdot\boldsymbol{B})^2/c^2$$

于是所找到的两个基本不变量为

$$F_1=E^2-c^2B^2,\qquad F_2=\boldsymbol{E}\cdot\boldsymbol{B}\tag{8.5.23}$$

按 $F_1$ 的取值范围，可将电磁场分为三类：类电场（$F_1>0$）、类磁场（$F_1<0$）和电磁波（$F_1=0$）. 对空间均匀且互相垂直的电场和磁场，类电场可以通过洛伦兹变换转化为纯电场，但无法转化为纯磁场. 同样，类磁场可以通过洛伦兹变换转化为纯磁场，但无法转化为纯电场. 此外，对真空中的平面电磁波有 $F_1=F_2=0$，故在任何参考系中均有 $E=cB$ 和 $\boldsymbol{E}\perp\boldsymbol{B}$.

### 8.5.5 麦克斯韦方程

按是否显含场源，可将真空中的麦克斯韦方程分为两组

$$\nabla\cdot\boldsymbol{E}=\frac{\rho}{\varepsilon_0},\qquad \nabla\times\boldsymbol{B}-\varepsilon_0\mu_0\frac{\partial\boldsymbol{E}}{\partial t}=\mu_0\boldsymbol{j}\tag{8.5.24}$$

$$\nabla\cdot\boldsymbol{B}=0,\qquad \nabla\times\boldsymbol{E}+\frac{\partial\boldsymbol{B}}{\partial t}=0\tag{8.5.25}$$

容易验证，式(8.5.24)等效于

$$\partial_\nu F_{\mu\nu}=\mu_0 J_\mu\tag{8.5.26}$$

而式(8.5.25)则等效于

$$\partial_\lambda F_{\mu\nu}+\partial_\mu F_{\nu\lambda}+\partial_\nu F_{\lambda\mu}=0\tag{8.5.27}$$

均被写成四维张量形式，从而完成了麦克斯韦方程不变性之证明. 式(8.5.26)共有4个分量方程（$\mu=4,1,2,3$），与式(8.5.24)的分量方程依次对应. 式(8.5.27)等号左边各项为电磁场张量梯度及其下标偶置换构成的四维三阶张量，共有 $4^3=64$ 个分量方程. 其中，只有4个分量方程独立，它们分别对应$(\lambda,\mu,\nu)=(1,2,3),(1,2,4),(1,3,4)$和$(2,3,4)$，依次代表式(8.5.25)的各个分量方程.

应当强调的是，将麦克斯韦方程写成形如式(8.5.26)和式(8.5.27)的全部目的，在于验证电磁规律的不变性，并非真的要用它们来取代麦克斯韦方程. 实际上，在求解电磁学具体问题时，我们仍然从麦克斯韦方程的三维矢量形式出发，正如我们前面各章中所做过的那样.

### *8.5.6 辅助矢量 D 和 H

在讨论介质中的电磁场时，常引入所谓辅助矢量 $\boldsymbol{D}$ 和 $\boldsymbol{H}$，以达到简化数学处理之目的. 这时，含场源的方程(8.5.24)代之以

$$\nabla\cdot\boldsymbol{D}=\rho_0,\qquad \nabla\times\boldsymbol{H}-\frac{\partial\boldsymbol{D}}{\partial t}=\boldsymbol{j}_0 \tag{8.5.28}$$

将式(8.5.28)与式(8.5.24)对照，只需进行如下互换

$$\boldsymbol{E}\leftrightarrow c^2\boldsymbol{D},\qquad \boldsymbol{B}\leftrightarrow\boldsymbol{H},\qquad \mu_0\rho\leftrightarrow\rho_0,\qquad \mu_0\boldsymbol{j}\leftrightarrow\boldsymbol{j}_0 \tag{8.5.29}$$

就可由式(8.5.24)导出式(8.5.28)或反之. 于是，只要简单的将互换关系式(8.5.29)用于电磁场张量表达式(8.5.17)，求得

$$G_{\mu\nu}=\begin{pmatrix}0 & H_3 & -H_2 & -\mathrm{i}cD_1\\ -H_3 & 0 & H_1 & -\mathrm{i}cD_2\\ H_2 & -H_1 & 0 & -\mathrm{i}cD_3\\ \mathrm{i}cD_1 & \mathrm{i}cD_2 & \mathrm{i}cD_3 & 0\end{pmatrix} \tag{8.5.30}$$

就可将式(8.5.28)写成四维矢量形式

$$\partial_\nu G_{\mu\nu}=J_{0\mu},\quad J_{0\mu}=(\boldsymbol{j}_0,\ \mathrm{i}c\rho_0) \tag{8.5.31}$$

这意味着 $G_{\mu\nu}$ 正好就是由三维矢量 $\boldsymbol{D}$ 和 $\boldsymbol{H}$ 构成 4-反对称张量. 由该张量各分量的变换关系

$$G'_{\mu\nu}=L_{\mu\lambda}L_{\nu\tau}G_{\lambda\tau}$$

或

$$\boldsymbol{G}'=\boldsymbol{LGL}^{\mathrm{T}} \tag{8.5.32}$$

可求得辅助矢量的变换关系

$$\begin{aligned}\boldsymbol{D}'&=\gamma\left(\boldsymbol{D}+\frac{1}{c^2}\boldsymbol{v}\times\boldsymbol{H}\right)-(\gamma-1)\boldsymbol{D}_{\parallel}\\ \boldsymbol{H}'&=\gamma(\boldsymbol{H}-\boldsymbol{v}\times\boldsymbol{D})-(\gamma-1)\boldsymbol{H}_{\parallel}\end{aligned} \tag{8.5.33}$$

实际上，式(8.5.33)也可以由变换关系(8.5.21)通过互换关系式(8.5.29)求得. 当略去$(v/c)^2$ 级小项时，可取近似 $\gamma\approx1$，式(8.5.33)过渡到非相对论变换公式：

$$\boldsymbol{D}'=\boldsymbol{D}+\frac{1}{c^2}\boldsymbol{v}\times\boldsymbol{H},\qquad \boldsymbol{H}'=\boldsymbol{H}-\boldsymbol{v}\times\boldsymbol{D} \tag{8.5.34}$$

反变换公式可通过互换 $\boldsymbol{D}',\boldsymbol{H}'\leftrightarrow\boldsymbol{D},\boldsymbol{H}$ 和代换 $\boldsymbol{v}\to-\boldsymbol{v}$ 求得.

**例 8.7**

由静止介质中的电磁性能方程

$$\boldsymbol{D}=\varepsilon\boldsymbol{E},\qquad \boldsymbol{H}=\frac{1}{\mu}\boldsymbol{B}$$

导出缓慢运动介质中的电磁性能方程.

**解** 取参考系 S′随介质一道运动,则成立

$$\boldsymbol{D}'=\varepsilon\boldsymbol{E}',\qquad \boldsymbol{H}'=\frac{1}{\mu}\boldsymbol{B}'$$

将式(8.5.22)和式(8.5.34)代入上式,得

$$\boldsymbol{D}+\frac{1}{c^2}\boldsymbol{v}\times\boldsymbol{H}=\varepsilon(\boldsymbol{E}+\boldsymbol{v}\times\boldsymbol{B})$$

$$\boldsymbol{H}-\boldsymbol{v}\times\boldsymbol{D}=\frac{1}{\mu}\left(\boldsymbol{B}-\frac{1}{c^2}\boldsymbol{v}\times\boldsymbol{E}\right)$$

用 $\boldsymbol{v}$ 叉乘第二式,忽略 $(v/c)^2$ 级小项,得

$$\boldsymbol{v}\times\boldsymbol{H}\approx\boldsymbol{v}\times\boldsymbol{B}/\mu$$

将所得结果代入第一式,求得缓慢运动介质中的电位移矢量与电磁场的关系(即电磁性能方程)如下:

$$\boldsymbol{D}=\varepsilon\boldsymbol{E}+\left(\varepsilon-\frac{1}{\mu c^2}\right)\boldsymbol{v}\times\boldsymbol{B}$$

采取类似步骤,即用 $\boldsymbol{v}$ 叉乘第一式得

$$\boldsymbol{v}\times\boldsymbol{D}\approx\varepsilon\boldsymbol{v}\times\boldsymbol{E}$$

然后代入第二式,求得缓慢运动介质中的磁场强度与电磁场的关系(即电磁性能方程)如下:

$$\boldsymbol{H}=\frac{1}{\mu}\boldsymbol{B}+\left(\varepsilon-\frac{1}{\mu c^2}\right)\boldsymbol{v}\times\boldsymbol{E}$$

### 8.5.7 电磁力密度矢量和电磁能量动量张量

由

$$f_\mu=F_{\mu\nu}J_\nu \tag{8.5.35}$$

定义的4-矢量,称为4-电磁力密度矢量,其前3个分量($\mu=1,2,3$)恰好是洛伦兹公式

$$\boldsymbol{f}=\rho\boldsymbol{E}+\boldsymbol{j}\times\boldsymbol{B} \tag{8.5.36}$$

第4个分量为

$$f_4=F_{4\nu}J_\nu=\mathrm{i}W/c \tag{8.5.37}$$

式中,

$$W = \boldsymbol{j} \cdot \boldsymbol{E} \tag{8.5.38}$$

为电磁功率密度. 于是可将 4-电磁力密度矢量写为

$$f_\mu = \left(\boldsymbol{f}, \frac{\mathrm{i}W}{c}\right) \tag{8.5.39}$$

由第 1 章 1.4 节,电磁场的能量和动量守恒定理如下：

$$W = -\frac{\partial w}{\partial t} - \nabla \cdot \boldsymbol{S} \tag{8.5.40}$$

$$\boldsymbol{f} = -\frac{\partial \boldsymbol{g}}{\partial t} - \nabla \cdot \overleftrightarrow{\boldsymbol{T}} \tag{8.5.41}$$

式中,$w$、$\boldsymbol{S}$、$\boldsymbol{g}$ 和 $\overleftrightarrow{\boldsymbol{T}}$ 分别为电磁场的能量密度、能流密度、动量密度和动量流密度,其定义式参见式(1.4.10)、式(1.4.11)、式(1.4.18)和式(1.4.19). 这些守恒定理来自麦克斯韦方程和洛伦兹力公式. 既然麦克斯韦方程和洛伦兹力公式在洛伦兹变换下不变,上述守恒定理也应当如此,即可以将它们合写成四维张量形式. 注意,式(8.5.40)(乘以 $i/c$)和式(8.5.41)左边联合起来正好为 4-电磁力密度矢量 $f_\mu$,参见式(8.5.39);右边涉及 4-矢量微分算符. 于是,可将它们合写成如下四维张量形式:

$$f_\mu = \partial_\nu T_{\mu\nu} \tag{8.5.42}$$

式中,

$$T_{\mu\nu} = \begin{pmatrix} -\overleftrightarrow{\boldsymbol{T}} & -\mathrm{i}c\boldsymbol{g} \\ -\mathrm{i}\boldsymbol{S}/c & w \end{pmatrix} \tag{8.5.43}$$

它应当是 4-张量. 既然 $w$、$\boldsymbol{S}$、$\boldsymbol{g}$ 和 $\overleftrightarrow{\boldsymbol{T}}$ 均与电场和磁场相关,后者的变换关系已经确定(见式(8.5.21)),故由式(8.5.43)定义的 $T_{\mu\nu}$ 是否构成张量并非显而易见,需要进行验证. 为此,我们从电磁场张量 $F_{\mu\nu}$ 出发,构成如下张量:

$$X_{\mu\nu} = \frac{1}{\mu_0}\left(F_{\mu\alpha}F_{\alpha\nu} + \frac{1}{4}F_{\alpha\sigma}F_{\alpha\sigma}\delta_{\mu\nu}\right) \tag{8.5.44}$$

式(8.5.44)右边括弧内第一项为两电磁场张量之间的点乘,第二项为单位张量乘上一个标量,该标量等于电磁场张量及其转置之间的双点乘的 1/4. 将式(8.5.17)代入式(8.5.44),得

$$X_{\mu\nu} = \begin{pmatrix} -\overleftrightarrow{\boldsymbol{T}} & -\mathrm{i}c\boldsymbol{g} \\ -\mathrm{i}c\boldsymbol{g} & w \end{pmatrix} \tag{8.5.45}$$

比较式(8.5.43)可知,当

$$\boldsymbol{S} = c^2\boldsymbol{g} = \boldsymbol{E} \times \boldsymbol{B}/\mu_0 \tag{8.5.46}$$

时,有 $T_{\mu\nu} = X_{\mu\nu}$,即 $T_{\mu\nu}$ 为张量. 该张量称为 4-电磁能量动量张量. 显而易见,它为对称张量.

以上从能量守恒定理(8.5.40)在洛伦兹变换下形式不变的前提出发,或者说

从确保 $T_{\mu\nu}$ 为 4-张量的要求出发，导出电磁能流密度 $\boldsymbol{S}$ 和电磁动量密度 $\boldsymbol{g}$ 满足的关系式(8.5.46). 我们曾在 1.4 节说过，给 $\boldsymbol{S}$ 加上某个三维矢量的旋度，所构成的电磁能流密度同样满足式(8.5.40)，由此导致电磁能流密度的不唯一性. 然而，从能量守恒定理在洛伦兹变换下不变的要求出发，电磁能流密度唯一地被确定为 $\boldsymbol{S}$，不能随意加上任何别的散度为零的三维矢量. 基于类似的理由，动量流密度张量也被唯一地确定为 $\overleftrightarrow{\boldsymbol{T}}$，不能随意加上任何别的散度为零的三维张量. 电磁场能量动量张量还告诉我们，电磁场的能量密度、动量密度、能量流密度和动量流密度均是相对的，与参考系有关；它们作为 4-能量动量张量的“分量”，在洛伦兹变换下发生变化.

至此，我们证明，以往提到的电磁规律和某些基本导出关系式均能化成四维张量形式，相关电磁学物理量均能纳入四维张量表示. 前者表明，以洛伦兹变换取代伽利略变换，电磁规律满足相对性原理；后者则给出相关电磁学量的变换规律. 这些变换规律及其导出的新的不变性构成了新的物理规律. 这些规律原本蕴涵在经典电磁规律中；眼下被揭示出来，充分体现了时空性质对电磁运动的约束作用.

### *8.5.8 变换式的应用举例

如前所述，将电磁规律写成四维张量形式，在达到说明电磁规律满足相对性原理的目的后，基本上就失去应用价值；但留给我们的相关电磁学物理量的变换关系却具有十分重要的应用. 实际上，前面已陆续提到一些应用，如在 8.4 节例 8.5 中由 4-波矢的变换公式导出多普勒频移、光行差和菲涅耳公式，在本节例 8.7 中由电磁场变换关系导出缓慢运动介质的电磁性能方程等. 这些应用均涉及光源和介质的运动. 下面举两个处理运动电荷的电磁势和电磁场的例子. 与已经求解过的例题不同，所求的电磁学物理量是时空坐标的函数. 因此，在求解过程中，不仅要对物理量本身进行变换，还要对时空坐标进行变换，即将新参考系中的物理量写成新时空坐标的函数.

**例 8.8**

利用洛伦兹变换和 4-电磁势的变换公式，导出运动电荷的李纳-维谢尔势.

**解** 我们曾在第 6 章 6.1 节导出李纳-维谢尔势，其间涉及较为复杂的数学分析. 利用洛伦兹变换和 4-电磁势的变换公式，也可导出同样的结果，且数学分析大为简化.

在实验室参考系 S 中，考察两个具有类光间隔($s=0$)的事件. 事件 1：$t^*$ 时刻电荷位于 $\boldsymbol{r}^*$，速度为 $\boldsymbol{v}^*$，发出电磁波信号；事件 2：$t$ 时刻 $\boldsymbol{r}$ 处接收到该信号. 两事件的时空间隔为零. 令 $R^*$ 为两事件的空间间隔，则有 $R^*=c(t-t^*)$. 取参考系 S′，相对 S 运动速度为 $\boldsymbol{v}^*$. 在 S′ 中，上述两个事件的时空坐标分别为($\boldsymbol{r}'^*$，$t'^*$)和($\boldsymbol{r}'$，$t'$)，空间间隔为 $R'^*$. 由时空间隔不变即两事件的时空间隔为零的条件，可求得 $R'^*=c(t'-t'^*)$. 在 S′ 中，电荷在 $t'^*$ 时刻的瞬时速度为零.

由电磁势的推迟势公式(见第 5 章 5.2 节),事件 2 处的电磁势完全取决于事件 1 处的场源状态. 在 S′中,事件 1 处有一个电荷,电量为 $e$,速度为零. 于是,事件 2 处的电磁势等于空间距离为 $R'^*$ 的静止点电荷的电磁势,即

$$\varphi' = \frac{e}{4\pi\varepsilon_0 R'^*}, \qquad \boldsymbol{A}' = 0 \tag{8.5.47}$$

下面的任务有两个:一是将$(\varphi',\boldsymbol{A}')$变换为$(\varphi,\boldsymbol{A})$;二是将自变量$(\boldsymbol{r}',t')$转换为$(\boldsymbol{r},t)$. 前者要用到 4-电磁势的反变换公式;后者要用到洛伦兹变换公式. 首先,从式(8.5.47)出发,利用式(8.5.11)的反变换公式,求得 S 中的电磁势为

$$\varphi = \gamma\varphi' = \frac{\gamma e}{4\pi\varepsilon_0 R'^*}, \qquad \boldsymbol{A} = \frac{\gamma\varphi'}{c^2}\boldsymbol{v}^* = \frac{\gamma\mu_0 e\boldsymbol{v}^*}{4\pi R'^*} \tag{8.5.48}$$

然后,利用洛伦兹变换公式(8.2.21)第二式得

$$\begin{aligned} R'^* &= c(t'-t'^*) = \gamma c\left[t-t^*-\frac{1}{c^2}\boldsymbol{v}^*\cdot(\boldsymbol{r}-\boldsymbol{r}^*)\right] \\ &= \gamma\left(R^*-\frac{1}{c}\boldsymbol{v}^*\cdot\boldsymbol{R}^*\right) \end{aligned}$$

代回式(8.5.48),即求得李纳-维谢尔势.

## 例 8.9

求匀速运动电荷的电磁场.

**解** 在相对电荷静止的参考系 S′中,电荷的电场为静电场,磁场为零,即

$$\boldsymbol{E}' = \frac{e\boldsymbol{r}'}{4\pi\varepsilon_0 r'^3}, \qquad \boldsymbol{B}' = 0 \tag{8.5.49}$$

下面的任务有两个:一是将$(\boldsymbol{E}',\boldsymbol{B}')$变换为实验室坐标系 S 中的$(\boldsymbol{E},\boldsymbol{B})$;二是将自变量$(\boldsymbol{r}',t')$转换为$(\boldsymbol{r},t)$. 前者要用到电磁场的反变换公式;后者要用到洛伦兹变换公式. 首先,从式(8.5.49)出发,利用式(8.5.21)的反变换公式得

$$\begin{aligned} \boldsymbol{E} &= \gamma(\boldsymbol{E}'-\boldsymbol{v}\times\boldsymbol{B}')-(\gamma-1)\boldsymbol{E}'_{\parallel} = \gamma\boldsymbol{E}'_{\perp}+\boldsymbol{E}'_{\parallel} \\ \boldsymbol{B} &= \gamma\left(\boldsymbol{B}'+\frac{1}{c^2}\boldsymbol{v}\times\boldsymbol{E}'\right)-(\gamma-1)\boldsymbol{B}'_{\parallel} = \frac{\gamma}{c^2}\boldsymbol{v}\times\boldsymbol{E}'_{\perp} \end{aligned} \tag{8.5.50}$$

其中,

$$\boldsymbol{E}'_{\parallel} = \frac{e\boldsymbol{r}'_{\parallel}}{4\pi\varepsilon_0 r'^3}, \qquad \boldsymbol{E}'_{\perp} = \frac{e\boldsymbol{r}'_{\perp}}{4\pi\varepsilon_0 r'^3}$$

然后,利用洛伦兹变换公式(8.2.20)得

$$\boldsymbol{r}'_{\parallel} = \gamma(\boldsymbol{r}_{\parallel}-\boldsymbol{v}t), \qquad \boldsymbol{r}'_{\perp} = \boldsymbol{r}_{\perp}$$

$$r'^3 = [r'^2_{\perp}+r'^2_{/\!/}]^{3/2} = [r^2_{\perp}+\gamma^2(\boldsymbol{r}_{\parallel}-\boldsymbol{v}t)^2]^{3/2}$$

代回式(8.5.50),求得S中的电磁场为

$$\boldsymbol{E}_{\parallel}=\boldsymbol{E}'_{\parallel}=\frac{\gamma e(\boldsymbol{r}_{\parallel}-\boldsymbol{v}t)}{4\pi\varepsilon_0[r_{\perp}^2+\gamma^2(\boldsymbol{r}_{\parallel}-\boldsymbol{v}t)^2]^{3/2}}$$

$$\boldsymbol{E}_{\perp}=\gamma\boldsymbol{E}'_{\perp}=\frac{\gamma e\boldsymbol{r}_{\perp}}{4\pi\varepsilon_0[r_{\perp}^2+\gamma^2(\boldsymbol{r}_{\parallel}-\boldsymbol{v}t)^2]^{3/2}}$$

$$\boldsymbol{B}=\frac{\gamma}{c^2}\boldsymbol{v}\times E'_{\perp}=\frac{1}{c^2}\boldsymbol{v}\times\boldsymbol{E}_{\perp}=\frac{1}{c^2}\boldsymbol{v}\times\boldsymbol{E}$$

若将S的坐标原点移至$t$时刻电荷所在位置,则可将$\boldsymbol{r}_{\parallel}-\boldsymbol{v}t$换为$\boldsymbol{r}_{\parallel}$,上述公式将回到式(6.2.40)和式(6.2.41).

对比例8.8和例8.9,前者从电磁势出发,相关电场和磁场的表达式需通过变换后的电磁势的微分关系导出(见第6章6.2节);后者则从电磁场出发,通过洛伦兹变换直接求得运动电荷的电磁场.这里给我们提出一个问题:当应用洛伦兹变换计算运动场源的电磁场时,究竟该选择电磁势还是电磁场呢?对这个问题的回答是:谁在相对场源静止的参考系中计算简单就选择谁.在二者计算均十分简便的情况下,我们应当优先选择电磁场.在例8.8中之所以选择电磁势而不选择电磁场,是因为电磁势与粒子加速度无关,可按静止电荷的电磁势公式简单写出;电磁场则同时取决于粒子速度和加速度(见式(6.2.32)和式(6.2.33)),给计算增加难度.从逻辑上讲,我们不能使用式(6.2.32)和式(6.2.33),因为它们正是我们需要推导的结果.我们也不能从式(8.5.47)给出的电磁势出发,去计算S′系中的电磁场,因为S′系本质上属于非惯性参考系,电磁场和电磁势之间的微分关系不再成立.即便我们通过其他途径算得了S′系中的电磁场,结果将是电场和磁场同在,且粒子加速度出现在电场和磁场的表达式中,使得这些量的反变换的计算量大大增加.因此,我们在例8.8中选择的是电磁势,而非电磁场.在例8.9中,粒子做匀速运动,电磁势和电磁场都只与粒子速度有关.因此,在粒子参考系中,二者都可通过点电荷静电场公式进行简单计算.本着电磁场优先的原则,我们选择电磁场进行相关计算和变换.

## 8.6 相对论力学

我们知道,在伽利略变换下,惯性质量、力和加速度等基本力学量维持不变,经典力学规律的形式不变,满足相对性原理.在洛伦兹变换下,要满足相对性原理,必须对经典力学规律加以修改,相应惯性质量、力和加速度等力学量均变为相对量,与参考系有关.由于洛伦兹变换在略去$(v/c)^2$小量的近似下回到伽利略变换,则修改后的力学规律必然在低速近似下回到经典力学规律,相应力学量的绝对性也得

以恢复.因此，经典力学中的基本概念和基本规律将合理地作为相对论力学的低速近似.将经典力学纳入狭义相对论的范畴，会导致一系列新的结果，其中最重要的是爱因斯坦质能关系.

经典力学假定任意质点的惯性质量 $m$ 和加速度 $\boldsymbol{a}$，以及作用在质点上的外力 $\boldsymbol{F}$ 均与参考系无关，它们之间满足牛顿第二定律

$$\boldsymbol{F} = m\boldsymbol{a} = m\frac{\mathrm{d}\boldsymbol{u}}{\mathrm{d}t} \tag{8.6.1}$$

式中，$\boldsymbol{u}$ 为质点速度.牛顿最初以动量形式给出牛顿第二定律

$$\boldsymbol{F} = \frac{\mathrm{d}\boldsymbol{p}}{\mathrm{d}t}, \qquad \boldsymbol{p} = m\boldsymbol{u} \tag{8.6.2}$$

既然 $m$ 被视为“标量”即不变量，上述两种形式在经典力学范围内完全等效.从物理上分析，两式具有不同的含义.式(8.6.1)表示质点的加速度与外力成正比.据此可以推论：在一恒定外力的作用下，质点的速度随时间线性增加，最终会超过真空光速.这显然与狭义相对论的真空光速为极限速度的要求相矛盾.式(8.6.2)则表示质点动量的时间变化率等于外力.下面将会证明该式与参考系选择无关，因此将作为牛顿第二定律的相对论形式.下面的分析遵循与上节类似的步骤：先将经典力学量纳入四维张量表述，然后将形如式(8.6.2)的牛顿定律写成 4-矢量形式.

### 8.6.1　4-动量矢量

由 8.4 节定义的 4-速度矢量 $U_\mu$ 和 4-标量 $m_0$（质点的静止质量），可构建如下 4-矢量：

$$p_\mu = m_0 U_\mu = \gamma m_0(\boldsymbol{u}, \mathrm{i}c), \qquad \gamma = 1/\sqrt{1-(u/c)^2} \tag{8.6.3}$$

称为 4-动量矢量.将式(8.6.3)改写为

$$p_\mu = \left(\boldsymbol{p}, \frac{\mathrm{i}}{c}W\right) \tag{8.6.4}$$

式中，

$$\boldsymbol{p} = \gamma m_0 \boldsymbol{u} = m\boldsymbol{u} \tag{8.6.5}$$

$$m = \gamma m_0 = \frac{m_0}{\sqrt{1-(u/c)^2}} \tag{8.6.6}$$

$$W = mc^2 \tag{8.6.7}$$

由式(8.6.5)表示的 $\boldsymbol{p}$ 为质点的相对论动量，与经典力学动量的区别在于质点的惯性质量 $m$ 不是常数，而是按式(8.6.6)与质点速度有关，称为运动质量.关于 $W$ 的物理含义，下一小节将作出解释.4-动量矢量的模为 4-标量，即 $p^2 - W^2/c^2$ 为 4-标量.在相对质点瞬时静止的参考系中，$W = m_0c^2$，$p=0$，于是有

$$p^2 - \frac{W^2}{c^2} = -m_0^2c^2$$

据此求得 $W$ 与 $p$ 的如下关系：

$$W=\sqrt{p^2c^2+m_0^2c^4} \tag{8.6.8}$$

式(8.6.8)表明，作为4-动量矢量的第4个分量是不独立的，它由前三个分量确定.

### 8.6.2 相对论动力学方程

为将牛顿定律(8.6.2)写成4-矢量形式，我们由4-标量 $\mathrm{d}\tau$(固有时间微分)构建4-矢量 $\mathrm{d}p_\mu/\mathrm{d}\tau$，据此定义4-力矢量

$$K_\mu=\frac{\mathrm{d}p_\mu}{\mathrm{d}\tau} \tag{8.6.9}$$

写出

$$K_\mu=(\boldsymbol{K},K_4) \tag{8.6.10}$$

则式(8.6.9)分解为如下两个方程：

$$\boldsymbol{K}=\frac{\mathrm{d}\boldsymbol{p}}{\mathrm{d}\tau} \tag{8.6.11}$$

$$K_4=\frac{\mathrm{i}}{c}\frac{\mathrm{d}W}{\mathrm{d}\tau} \tag{8.6.12}$$

由 $p_\mu$ 的第4分量的不独立性，可推断 $K_4$ 也是不独立的，它由 $K_\mu$ 的前三个分量确定. 为导出 $K_4$ 与 $\boldsymbol{K}$ 之间的关系，将式(8.6.8)代入式(8.6.12)，得

$$K_4=\frac{\mathrm{i}}{c}\frac{\mathrm{d}}{\mathrm{d}\tau}\sqrt{p^2c^2+m_0^2c^4}=\frac{\mathrm{i}c}{2W}\frac{\mathrm{d}}{\mathrm{d}\tau}(\boldsymbol{p}\cdot\boldsymbol{p})=\frac{\mathrm{i}c}{W}\boldsymbol{K}\cdot\boldsymbol{p}=\frac{\mathrm{i}}{c}\boldsymbol{K}\cdot\boldsymbol{u}$$

推导中用到式(8.6.11)和式(8.6.7). 于是，式(8.6.10)化为

$$K_\mu=\left(\boldsymbol{K},\frac{\mathrm{i}}{c}\boldsymbol{K}\cdot\boldsymbol{u}\right) \tag{8.6.13}$$

下面分析 $\boldsymbol{K}$ 和外力 $\boldsymbol{F}$ 之间的关系. 为此，将式(8.6.11)中的固有时间化为普通时间，即 $\mathrm{d}\tau=\mathrm{d}t/\gamma$，再与式(8.6.2)比较得

$$\boldsymbol{F}=\frac{\boldsymbol{K}}{\gamma}=\sqrt{1-\frac{u^2}{c^2}}\boldsymbol{K} \tag{8.6.14}$$

于是，式(8.6.13)化为

$$K_\mu=\gamma\left(\boldsymbol{F},\frac{\mathrm{i}}{c}\boldsymbol{F}\cdot\boldsymbol{u}\right) \tag{8.6.15}$$

将它代回式(8.6.9)，求得相对论力学方程的三维形式如下：

$$\boldsymbol{F}=\frac{\mathrm{d}\boldsymbol{p}}{\mathrm{d}t} \tag{8.6.16}$$

$$\boldsymbol{F}\cdot\boldsymbol{u}=\frac{\mathrm{d}W}{\mathrm{d}t} \tag{8.6.17}$$

方程(8.6.16)为牛顿定律(8.6.2)，体现了动量守恒，它在洛伦兹变换下不变. 方程(8.6.17)在洛伦兹变换下也维持不变，对应能量方程：左边表示外力做功的功率，

右边应当表示质点能量的时间变化率. 因此，由式(8.6.7)表示的 $W$ 代表质点的能量，它与惯性质量成正比，比例系数为普适常数 $c^2$. 相应，式(8.6.7)称为质能关系. 由式(8.6.16)和式(8.6.17)可见，当外力为零时，质点的动量和能量守恒；对于存在相互作用的质点系，其总动量和能量也守恒，与经典力学结果一致.

### 8.6.3 质能关系

在相对质点静止的参考系中，$W=W_0$，其中

$$W_0 = m_0 c^2 \tag{8.6.18}$$

为质点的静能；式(8.6.18)属于普遍质能关系的特例，也称质能关系. 我们十分自然地将

$$T = W - m_0 c^2 \tag{8.6.19}$$

定义为质点的动能. 在低速近似下，将 $\gamma=(1-u^2/c^2)^{-1/2}$ 对 $u/c$ 作泰勒展开，得

$$T = m_0 c^2 + \frac{1}{2} m_0 u^2 + \cdots - m_0 c^2 \approx \frac{1}{2} m_0 u^2$$

与经典力学动能表达式一致. 将式(8.6.19)改写为

$$W = T + W_0 \tag{8.6.20}$$

表示质点能量 $W$ 为动能和静能之和. 现在的问题是，$W_0$ 是否会发生变化，从而导致静能和其他形式能量之间的转换？如果 $W_0$ 仅仅是质点能量的一个无关紧要的相加常数的话，就没有任何实质性意义了. 在爱因斯坦得到式(8.6.18)的时候，尚没有静能变化的任何实验证据. 但是他敏锐地觉察到该关系的重要意义. 在他创立狭义相对论的第二篇题为“物体的惯性和它的能量有关吗?”的论文(1905 年)中，首次导出质能关系(8.6.18)，并用如下假想实验进行论证：当物体通过电磁辐射释放能量，它的惯性质量将会减小. 爱因斯坦这一天才预言，揭示了作为惯性量度的质量和作为运动量度的能量之间的等效性，并被尔后的大量核物理实验证实，成为原子能的开发和利用的理论依据. 质能关系是原力学规律(8.6.2)所隐含的结果；在创立狭义相对论的过程中，这一结果为爱因斯坦正确地揭示出来.

下面以氘氚聚变为例，说明爱因斯坦质能关系的应用. 聚变反应式如下：

$$^{2}\mathrm{H} + {}^{3}\mathrm{H} \longrightarrow {}^{4}\mathrm{He} + \mathrm{n}$$

一个氘核与一个氚核聚变为氦核，同时释放一个中子. 它们的静止质量分别为 2.0147u(u 为原子质量单位，$1\mathrm{u}=1.66\times10^{-27}$ kg)、3.0170u、4.0039u 和 1.0090u，据此求得反应前后的静止质量分别为 5.0317u 和 5.0129u，出现 0.0188u 的质量亏损. 按质能关系，这部分质量亏损相当于 $2.81\times10^{-12}$J 的能量，换算为兆电子伏特(MeV，$1\mathrm{MeV}=1.6\times10^{-13}$J)为 17.5MeV，这一结果为实验所证实.

质能关系不仅适用于有限静止质量的基本粒子，也适用于静止质量为零、以光速运动的基本粒子，如光子和中微子. 以频率为 $\nu(=\omega/(2\pi))$、波矢为 $\boldsymbol{k}$ 的光子为

例，其静止质量为零，动量为 $h\boldsymbol{k}/(2\pi)$，$h$ 为普朗克常量. 由式(8.6.8)求得其能量为 $W=pc=h\nu$. 按质能关系(8.6.7)，光子的运动质量为 $m=p/c=h\nu/c^2$.

**例 8.10**

将自由电子对光的散射视为光子与自由电子的碰撞，解释康普顿效应.

**解** 如图 8.5 所示，设碰前电子处于静止状态，动量 $\boldsymbol{p}_e=0$；动量为 $\boldsymbol{p}_\gamma$ 的光子与电子发生碰撞，碰后的电子和光子的动量分别为 $\boldsymbol{p}'_e$ 和 $\boldsymbol{p}'_\gamma$，二者与 $\boldsymbol{p}_\gamma$ 的夹角分别为 $\phi$ 和 $\theta$. 由碰撞前后的动量守恒，可知上述 3 个动量共面. 分别列出动量和能量守恒关系

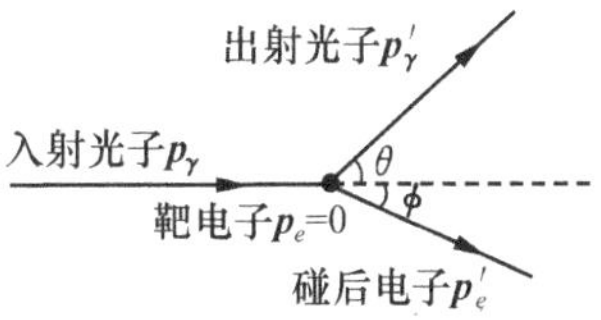


图 8.5

$$p_\gamma = p'_\gamma\cos\theta + p'_e\cos\phi$$

$$0 = p'_\gamma\sin\theta - p'_e\sin\phi$$

$$p_\gamma c + m_0c^2 = p'_\gamma c + \sqrt{p'^2_e c^2 + m_0^2c^4}$$

其中，$m_0$ 为电子静止质量. 由前两个式子消去 $\phi$ 得

$$p'^2_e = p_\gamma^2 - 2p_\gamma p'_\gamma\cos\theta + p'^2_\gamma$$

再将其代入第三式，求得出射和入射光子的能量比

$$\frac{W'}{W} = \frac{p'_\gamma}{p_\gamma} = \frac{1}{1+\dfrac{W}{m_0c^2}(1-\cos\theta)} = \frac{\nu'}{\nu} = \frac{\lambda}{\lambda'}$$

式中，$\lambda$ 和 $\nu$ 分别为入射光子的波长和频率；$\lambda'$ 和 $\nu'$ 分别为出射光子的波长和频率. 由上式求得碰撞后光子的波长变化量

$$\Delta\lambda = \lambda'-\lambda = \frac{W\lambda}{m_0c^2}(1-\cos\theta) = \frac{h}{m_0c}(1-\cos\theta)$$

上式即为康普顿效应的数学表述(见式(7.2.13)).

### 8.6.4 力的变换关系

对于经典力学中的质量、加速度和力，我们已经指出前两个力学量的相对性，并分别给出运动质量的表达式和加速度的变换关系. 与此同时，我们将力纳入 4-力矢量表述，据此可导出力的变换关系. 设参考系 S′相对 S 沿 $x$ 方向的运动速度为 $v$，令

$$\gamma_v = \frac{1}{\sqrt{1-(v/c)^2}} \tag{8.6.21}$$

以与式(8.6.15)中的 $\gamma$ 相区别. 由式(8.6.15)和 4-矢量变换式(8.4.16)，4-力矢量的前 3 个分量满足以下关系：

$$K'_1 = \gamma' F'_x = \gamma_v\left(K_1 - \frac{v}{c^2}\boldsymbol{K}\cdot\boldsymbol{u}\right) = \gamma_v\gamma\left(F_x - \frac{v}{c^2}\boldsymbol{F}\cdot\boldsymbol{u}\right)$$

$$K'_2 = \gamma' F'_y = K_2 = \gamma F_y, \qquad K'_3 = \gamma' F'_z = K_3 = \gamma F_z$$

由这些关系，可导出力的变换关系

$$F'_x = \frac{\gamma\gamma_v}{\gamma'}\left(F_x - \frac{v}{c^2}\boldsymbol{F}\cdot\boldsymbol{u}\right), \qquad F'_y = \frac{\gamma}{\gamma'}F_y, \qquad F'_z = \frac{\gamma}{\gamma'}F_z \tag{8.6.22}$$

式中，

$$\gamma = \frac{1}{\sqrt{1-(u/c)^2}}, \qquad \gamma' = \frac{1}{\sqrt{1-(u'/c)^2}} \tag{8.6.23}$$

反变换公式通过如下替换关系求得

$$(\gamma', u'_x, u'_y, u'_z, F'_x, F'_y, F'_z) \leftrightarrow (\gamma, u_x, u_y, u_z, F_x, F_y, F_z), \qquad v \to -v$$

**例 8.11**

电量同为 $e$ 的两点电荷的间距为 $a$，一道做匀速直线运动，速度大小为 $v$，方向与它们之间的连线垂直. 求相互作用力.

**解** 选择参考系 S 和 S′，$x$ 轴与电荷运动方向一致，$y$ 轴与两点电荷的连线平行，S′相对 S 沿 $x$ 方向的运动，速度为 $\boldsymbol{v}$. 在 S 中，两个点电荷的速度均为 $\boldsymbol{v}$，$\gamma = \gamma_v = [1-(v/c)^2]^{-1/2}$. 在 S′ 中，两个点电荷均处于静止状态，$\boldsymbol{u}' = 0$，$\gamma' = 1$；它们之间的作用力为库仑力，大小相等，方向相反，满足牛顿第三定律. 可写出作用力的各分量如下：

$$F'_y = \frac{e^2}{4\pi\varepsilon_0 a^2}, \qquad F'_x = F'_z = 0$$

由式(8.6.22)的反变换公式得

$$F_x = \frac{\gamma'\gamma_v}{\gamma}\left(F'_x + \frac{v}{c^2}\boldsymbol{F}'\cdot\boldsymbol{u}'\right) = 0$$

$$F_y = \frac{\gamma'}{\gamma}F'_y = \frac{e^2}{4\pi\varepsilon_0 a^2}\sqrt{1-\frac{v^2}{c^2}}, \qquad F_z = \frac{\gamma'}{\gamma}F'_z = 0$$

注意，在上述推导中，我们用到垂直间隔的不变性，即两点电荷的距离在两个参考系中均为 $a$. 值得注意的是，当两电荷的速度出现差别时，它们各自所受的电磁力不一定满足牛顿第三定律. 最后，在本例求解过程中曾默认点电荷所受的洛伦兹力 $\boldsymbol{F}$ 可以纳入形如式(8.6.15)的 4 维矢量表示，下面将证明这一结论.

### 8.6.5 洛伦兹力

为保证相对论动力学方程(8.6.9)的不变性，关键在于能将外力纳入 4-矢量表示 $K_\mu$. 很不幸，经典力学中引入的大部分力，都无法满足这一要求，如引力就是如此. 涉及引力场的问题必须用广义相对论来描述. 其他经常碰到的力，虽然本质上属于电磁力，但一经宏观表述之后，也无法纳入四维矢量表述. 因此，一旦涉及这些力，动力学方程的形式及其导出的结果均随参考系的不同而改变.我们曾经常提到并反复使用的介质电磁性能方程就属于这种情况.从本质上讲,这些方程来自介质内部的力平衡方程;在假定介质的微观结构之后,可由平衡条件分析导出这些方程.我们总是在相对介质静止的参考系中推导电磁性能方程.即便借助实验来确定这些方程中出现的物理参数(如介电常量、磁导率、电导率等),相关的物理实验也是在相对介质静止的参考系中进行的.因此,所有宏观电磁性能方程均只在这一特定参考系中成立,在别的参考系中将具有不同形式.这一点可以通过重温8.5节的例8.7得到确认.

有趣的是,电磁场对电荷的洛伦兹力可以纳入四维表述,从而使得电磁场中运动的带电体的动力学方程具有不变性.现在,我们来讨论点电荷的情况.电量为 $e$、速度为 $\boldsymbol{u}$ 的点电荷在电磁场中所受的力由洛伦兹公式描述

$$\boldsymbol{F}=e(\boldsymbol{E}+\boldsymbol{u}\times\boldsymbol{B}) \tag{8.6.24}$$

为证明它的不变性,设法将其纳入4-矢量表述.为此,尝试由4-标量 $e$、电磁场张量 $F_{\mu\nu}$ 和4-速度矢量 $U_\nu$ 构成如下4-矢量:

$$K_\mu=eF_{\mu\nu}U_\nu \tag{8.6.25}$$

将其展开之后得

$$K_\mu=(\boldsymbol{K},K_4)=[\gamma e(\boldsymbol{E}+\boldsymbol{u}\times\boldsymbol{B}),\mathrm{i}\gamma e\boldsymbol{E}\cdot\boldsymbol{u}/c]=\gamma(\boldsymbol{F},\mathrm{i}\boldsymbol{F}\cdot\boldsymbol{u}/c)$$

与式(8.6.15)形式完全相同,式中的 $\boldsymbol{F}$ 由式(8.6.24)表示.于是,我们得出结论:洛伦兹力可以纳入4-维矢量表示,亦即洛伦兹公式(8.6.24)在洛伦兹变换下形式不变.相应地,带电粒子在电磁场中的运动方程和能量方程

$$\frac{\mathrm{d}\boldsymbol{p}}{\mathrm{d}t}=e(\boldsymbol{E}+\boldsymbol{u}\times\boldsymbol{B}),\qquad \frac{\mathrm{d}W}{\mathrm{d}t}=e\boldsymbol{E}\cdot\boldsymbol{u} \tag{8.6.26}$$

在洛伦兹变换下也保持形式不变.

**例8.12**

分析带电粒子在恒定均匀磁场中的运动规律.

**解** 设粒子电量为 $e$,磁场为 $\boldsymbol{B}$.由式(8.6.26),粒子的运动方程和能量方程为

$$\frac{\mathrm{d}\boldsymbol{p}}{\mathrm{d}t}=e\boldsymbol{u}\times\boldsymbol{B},\qquad \frac{\mathrm{d}W}{\mathrm{d}t}=e\boldsymbol{E}\cdot\boldsymbol{u}=0$$

该能量方程表明粒子能量守恒,即 $W$ 为常数.由 $W^2=p^2c^2+m_0^2c^4$ 为常数,可推得 $p$、$u$ 和 $m$ 均为常数.于是运动方程可简化为

$$\frac{\mathrm{d}\boldsymbol{u}}{\mathrm{d}t}=\frac{e}{m}\boldsymbol{u}\times\boldsymbol{B},\qquad \frac{\mathrm{d}\boldsymbol{u}_\parallel}{\mathrm{d}t}=0,\qquad \frac{\mathrm{d}\boldsymbol{u}_\perp}{\mathrm{d}t}=\frac{e}{m}\boldsymbol{u}_\perp\times\boldsymbol{B}$$

从上述方程出发,可进一步导出平行于磁场的速度 $u_\parallel$ 和垂直于磁场的速度 $u_\perp$ 为常数,且粒子绕磁场做螺旋式运动,旋转角频率、旋转周期和轨道半径分别为

$$\omega=\frac{eB}{m},\qquad T=\frac{2\pi}{\omega}=\frac{2\pi m}{eB},\qquad R=\frac{u_{\perp}}{\omega}=\frac{mu_{\perp}}{eB}$$

分别称为回旋频率、回旋周期和回旋半径.上述公式与非相对论情况下的结果形式上完全相同,区别仅在于公式中出现的 $m$ 为运动质量,与粒子运动速度有关.

**例 8.13**

由洛伦兹公式直接计算例 8.11 中两点电荷之间的作用力.

**解** 不妨设施力电荷位于坐标原点,受力电荷位于 $y=a$ 处,电荷速度 $\boldsymbol{u}=v\boldsymbol{e}_x$.由第 6 章 6.2 节的结果式(6.2.40)和式(6.2.41),位于原点的施力电荷产生的电磁场的表达式如下:

$$\boldsymbol{E}=\frac{\gamma e\boldsymbol{r}}{4\pi\varepsilon_0(r_{\perp}^2+\gamma^2r_{\parallel}^2)^{3/2}},\qquad \boldsymbol{B}=\frac{\gamma e\boldsymbol{u}\times\boldsymbol{r}}{4\pi\varepsilon_0c^2(r_{\perp}^2+\gamma^2r_{\parallel}^2)^{3/2}}$$

将受力电荷所在位置矢量 $\boldsymbol{r}=a\boldsymbol{e}_y(r_{\parallel}=0,r_{\perp}=a)$ 和 $\boldsymbol{u}=v\boldsymbol{e}_x$ 代入上式,得

$$\boldsymbol{E}=\frac{\gamma e}{4\pi\varepsilon_0a^2}\boldsymbol{e}_y,\qquad \boldsymbol{B}=\frac{\gamma ev}{4\pi\varepsilon_0c^2a^2}\boldsymbol{e}_z$$

再由洛伦兹公式求得

$$\boldsymbol{F}=e(\boldsymbol{E}+\boldsymbol{u}\times\boldsymbol{B})=\frac{\gamma e^2}{4\pi\varepsilon_0a^2}\left(1-\frac{v^2}{c^2}\right)\boldsymbol{e}_y=\frac{e^2}{4\pi\varepsilon_0a^2}\sqrt{1-\frac{v^2}{c^2}}\boldsymbol{e}_y$$

与例 8.11 的结果一致.对于匀速直线运动的带电粒子之间的作用力计算问题,特别是两个粒子的位置和速度任意的情况,采用本方法比较简便.如果仿照例 8.11 的方法,在施力粒子参考系 S′中算力,然后转换到静止参考系 S 中,计算量相对较大.启用 S′的唯一好处在于施力场为纯静电场,其表达式可直接写出.但要得到静止参考系 S 中的最终结果,将不得不实施时空坐标、速度和力的变换,这使得计算过程变得十分复杂.只有对例 8.11 这类简单情况,两种方法的计算量才基本相当.因此,对于匀速直线运动的带电粒子之间的作用力问题,我们建议优先考虑使用本例给出的计算方法.

### *8.6.6 相对论分析力学

经典力学中的分析力学,将粒子在势场中的运动问题转化为泛函极值问题,该问题对应的拉格朗日方程即为牛顿第二定律.将经典力学规律由牛顿定律写成分析力学形式,便于分析复杂系统的整体性质和普遍规律,便于引入广义坐标变换,从而实现复杂问题的简化处理.此外,这种分析方法可由粒子推广至连续介质,可由实物推广到场.进一步,在量子力学中,粒子的力学性质由拉格朗日量和哈密顿

量表述.因此,将带电粒子在电磁场中的经典力学规律写成分析力学形式,求出粒子的拉格朗日量和哈密顿量,便于从经典力学过渡到量子力学.

1. 经典分析力学的主要内容

我们先简单回顾经典分析力学的主要内容.经典分析力学的基本出发点是哈密顿原理,或称最小作用量原理,其数学表述如下:

$$\delta S = 0 \tag{8.6.27}$$

$$S = \int_{t_1}^{t_2} L \mathrm{d}t \tag{8.6.28}$$

$$\delta q_i \big|_{t_1} = \delta q_i \big|_{t_2} = 0 \tag{8.6.29}$$

式中,$\delta$ 为变分算符;$S$ 为作用量;被积函数 $L$ 称为拉格朗日量,它是广义坐标 $q_i$(允许有多个坐标,个数设为 $N$,则 $i=1,2,\cdots,N$)、广义速度 $\dot{q}_i(i=1,2,\cdots,N)$和时间 $t$ 的函数;积分限 $t_1$ 和 $t_2$ 为适当选择的常数,在该两个时间点处广义坐标的变分为零,即式(8.6.29)满足.由于 $q_i$ 是时间的待定函数,而作用量则是这些待定函数的函数,故称为泛函数,简称泛函.于是,由式(8.6.27)和式(8.6.29)表示的数学问题称为泛函极值问题.

对于势场中运动的粒子,其拉格朗日量确定为粒子动能和势能之差,即

$$L = T - V \tag{8.6.30}$$

相应式(8.6.27)的拉格朗日方程为

$$\frac{\mathrm{d}}{\mathrm{d}t}\left(\frac{\partial L}{\partial \dot{q}_i}\right) = \frac{\partial L}{\partial q_i} \qquad (i = 1,2,\cdots,N) \tag{8.6.31}$$

为澄清式(8.6.31)与牛顿第二定律的关系,不妨取直角坐标 $q_i=(x,y,z)$,相应速度为 $\dot{q}_i=(u_x,u_y,u_z)$,动能 $T=mu^2/2$,势能 $V$ 的负梯度表示外力 $\boldsymbol{F}$.这时,式(8.6.31)左边括弧内的量为动量,右边为外力,从而该式正好就是牛顿第二定律.

拉格朗日方程可以化成其他形式.例如,若按下式定义广义动量(又称为正则动量)

$$P_i = \frac{\partial L}{\partial \dot{q}_i} \qquad (i = 1,2,\cdots,N) \tag{8.6.32}$$

并引入哈密顿量

$$H = \sum_i P_i \dot{q}_i - L \tag{8.6.33}$$

视 $H$ 为 $q_i$、$P_i(i=1,2,\cdots,N)$和 $t$ 的函数,则拉格朗日方程等效地转换为哈密顿方程(又称为正则方程)

$$\frac{\partial H}{\partial P_i} = \dot{q}_i, \qquad \frac{\partial H}{\partial q_i} = -\dot{P}_i \qquad (i = 1,2,\cdots,N) \tag{8.6.34}$$

2. 相对论拉格朗日量

下面设法将上述拉格朗日量和哈密顿量进行修改,以便将经典分析力学推广

至相对论分析力学. 注意，分析力学的一切结果立足于最小作用量原理；只要能将作用量写成4-标量形式，上述推广便可实现. 为此，将式(8.6.28)改写为

$$S=\int_{\tau_1}^{\tau_2}\gamma L\,\mathrm{d}\tau \tag{8.6.35}$$

式中，$\tau$为固有时间，属于4-标量；$\gamma=[1-(u/c)^2]^{-1/2}$. 为保证$S$为4-标量，必须保证$\gamma L$为4-标量，这给寻找拉格朗日量提供了重要依据.

我们先来讨论自由粒子的拉格朗日量. 由经典力学结果，该拉格朗日量$L$即为粒子动能. 尝试取

$$\gamma L=-m_0c^2 \tag{8.6.36}$$

即

$$L=-m_0c^2\sqrt{1-\frac{u^2}{c^2}} \tag{8.6.37}$$

对低速情况($u\ll c$)，有

$$L\approx -m_0c^2+\frac{1}{2}m_0u^2$$

除一个无关紧要的相加常数之外，与经典力学结果一致.

现在我们考虑电磁场中的运动带电粒子. 受经典力学结果的启发，我们应当在式(8.6.36)右边减去一项粒子在电磁场中的“势能”；特别对静电场，该势能为电量$e$与电势$\varphi$的乘积. 因此，我们尝试由电量、4-电磁势和4-速度来表示这一“势能”，将式(8.6.36)改写为

$$\gamma L=-m_0c^2+eA_\mu U_\mu=-m_0c^2+\gamma e(\boldsymbol{u}\cdot\boldsymbol{A}-\varphi) \tag{8.6.38}$$

或

$$L=-m_0c^2\sqrt{1-\frac{u^2}{c^2}}-e(\varphi-\boldsymbol{u}\cdot\boldsymbol{A}) \tag{8.6.39}$$

上述带尝试性的选择需要进行验证. 首先，与式(8.6.39)对应的拉格朗日方程

$$\frac{\mathrm{d}}{\mathrm{d}t}(\nabla_u L)=\nabla L \tag{8.6.40}$$

应与粒子在电磁场中的运动方程

$$\frac{\mathrm{d}\boldsymbol{p}}{\mathrm{d}t}=e(\boldsymbol{E}+\boldsymbol{u}\times\boldsymbol{B}) \tag{8.6.41}$$

一致. 式(8.6.40)中的$\nabla_u$和$\nabla$分别表示速度空间和位置空间的矢量微分算符. 下面我们给出证明. 由式(8.6.39)得

$$\nabla_u L=\frac{\gamma m_0}{2}\nabla_u u^2+e\nabla_u(\boldsymbol{u}\cdot\boldsymbol{A})=m\boldsymbol{u}+e\boldsymbol{A} \tag{8.6.42}$$

$$\nabla L=-e\nabla\varphi+e\nabla(\boldsymbol{u}\cdot\boldsymbol{A}) \tag{8.6.43}$$

其中，

$$\nabla(\boldsymbol{u}\cdot\boldsymbol{A})=\boldsymbol{u}\times(\nabla\times\boldsymbol{A})+\boldsymbol{u}\cdot\nabla\boldsymbol{A}=\boldsymbol{u}\times\boldsymbol{B}+\boldsymbol{u}\cdot\nabla\boldsymbol{A} \tag{8.6.44}$$

将式(8.6.42)代入式(8.6.40)左边,求得

$$\frac{\mathrm{d}}{\mathrm{d}t}(\nabla_u L)=\frac{\mathrm{d}\boldsymbol{p}}{\mathrm{d}t}+e\frac{\mathrm{d}\boldsymbol{A}}{\mathrm{d}t}=\frac{\mathrm{d}\boldsymbol{p}}{\mathrm{d}t}+e\frac{\partial\boldsymbol{A}}{\partial t}+e\boldsymbol{u}\cdot\nabla\boldsymbol{A} \tag{8.6.45}$$

然后,将式(8.6.43)~式(8.6.45)代入式(8.6.40),得式(8.6.41),其中

$$\boldsymbol{E}=-\nabla\varphi-\frac{\partial\boldsymbol{A}}{\partial t}$$

证毕.

其次,由式(8.6.39)表示的 $L$ 与电磁势有关,显然不是规范不变量;作为 $L$ 的时间积分,$S$ 也不是规范不变量.但作用量的变分 $\delta S$ 是规范不变量,证明如下.由第 5 章 5.1 节给出的电磁势的规范变换

$$\varphi'=\varphi-\frac{\partial\psi}{\partial t},\qquad \boldsymbol{A}'=\boldsymbol{A}+\nabla\psi$$

式中,$\psi$ 为任意标函数,可导出 $L$ 的改变量为

$$\Delta L=L'-L=-e(\varphi'-\varphi)+e\boldsymbol{u}\cdot(\boldsymbol{A}'-\boldsymbol{A})=\frac{\mathrm{d}(e\psi)}{\mathrm{d}t}$$

由它引起的作用量变化为

$$\Delta S=\int_{t_1}^{t_2}\Delta L\mathrm{d}t=e\psi\mid_{t_2}-e\psi\mid_{t_1}$$

由约束条件(8.6.29),可知 $t_1$ 和 $t_2$ 时刻的 $\delta\psi=\sum\limits_i(\partial\psi/\partial q_i)\delta q_i$ 为零,亦即 $\Delta S$ 的变分为零,以至作用量的变分不受影响.与此相应,拉格朗日方程(8.6.40)也具有规范不变性.实际上,已经证明式(8.6.40)即为式(8.6.41),其中仅出现 $\boldsymbol{E}$ 和 $\boldsymbol{B}$,不出现 $\boldsymbol{A}$ 和 $\varphi$,显然满足规范不变条件.

3. 相对论哈密顿量

将式(8.6.39)代入式(8.6.32)和式(8.6.33),求得正则动量和哈密顿量

$$\boldsymbol{P}=\nabla_u L=\boldsymbol{p}+e\boldsymbol{A} \tag{8.6.46}$$

$$H=\boldsymbol{P}\cdot\boldsymbol{u}-L=mc^2+e\varphi \tag{8.6.47}$$

通常将 $H$ 写成正则动量和广义坐标的函数.利用式(8.6.7)、式(8.6.8)和式(8.6.46),将式(8.6.47)改写为

$$H=\sqrt{(\boldsymbol{P}-e\boldsymbol{A})^2c^2+m_0^2c^4}+e\varphi \tag{8.6.48}$$

将式(8.6.48)代入哈密顿方程(8.6.34),将求得粒子运动方程(8.6.41).

4. 4-正则动量矢量

由正则动量的表达式(8.6.46),不难将其纳入四维表述,所对应的 4-矢量

$$P_\mu=p_\mu+eA_\mu=\left(\boldsymbol{P},\frac{\mathrm{i}}{c}H\right) \tag{8.6.49}$$

称为4-正则动量. 有趣的是，哈密顿量与 $P_4$ 对应. 由4-正则动量矢量，我们立刻可证 $P^2c^2-H^2$ 为4-标量，并直接写出正则动量 $\boldsymbol{P}$ 和哈密顿量的变换关系.

5. 非相对论的拉格朗日量和哈密顿量

在低速近似下，拉格朗日量和哈密顿量回到非相对论的结果. 为此，将式(8.6.39)右边第一项作泰勒展开，略去高阶小项，去掉无关紧要的常数 $-m_0c^2$，得

$$L=\frac{1}{2}m_0u^2-e(\varphi-\boldsymbol{u}\cdot\boldsymbol{A}) \tag{8.6.50}$$

在 $(\boldsymbol{P}-e\boldsymbol{A})^2\ll m_0^2c^2$ 的近似下，将式(8.6.48)右边第一项作泰勒展开，略去高阶小项，去掉无关紧要的常数 $m_0c^2$，得

$$H=\frac{1}{2m_0}(\boldsymbol{P}-e\boldsymbol{A})^2+e\varphi \tag{8.6.51}$$

易证 $H$ 和 $L$ 仍然满足关系式(8.6.33)或式(8.6.47)，即

$$H=\boldsymbol{P}\cdot\boldsymbol{u}-L$$

# 习题与参考答案[①]

## 第1章　电磁现象的基本规律

1.1　证明$\nabla \cdot \boldsymbol{e}_r = 2/r$.

1.2　根据算符$\nabla$具有微分、矢量运算的两重性,证明

$$\nabla(\boldsymbol{A}\cdot\boldsymbol{B}) = \boldsymbol{A}\times(\nabla\times\boldsymbol{B}) + (\boldsymbol{A}\cdot\nabla)\boldsymbol{B} + \boldsymbol{B}\times(\nabla\times\boldsymbol{A}) + (\boldsymbol{B}\cdot\nabla)\boldsymbol{A}$$

1.3　证明恒等式

$$(\nabla\times\boldsymbol{B})\times\boldsymbol{B} = \nabla\cdot\left(\boldsymbol{B}\boldsymbol{B} - \frac{1}{2}B^2\overleftrightarrow{\boldsymbol{I}}\right) - (\nabla\cdot\boldsymbol{B})\boldsymbol{B}$$

1.4　证明恒等式

$$\boldsymbol{r}\cdot[(\nabla\times\boldsymbol{B})\times\boldsymbol{B}] = \nabla\cdot[(\boldsymbol{B}\boldsymbol{B} - B^2\overleftrightarrow{\boldsymbol{I}}/2)\cdot\boldsymbol{r}] + B^2/2$$

式中,$\boldsymbol{r}$为位置矢量;$\boldsymbol{B}$散度为零.

1.5　证明恒等式

$$\iiint\{\boldsymbol{A}\cdot[\nabla\times(\nabla\times\boldsymbol{B})] - \boldsymbol{B}\cdot[\nabla\times(\nabla\times\boldsymbol{A})]\}\mathrm{d}V$$

$$= \oiint[\boldsymbol{B}\times(\nabla\times\boldsymbol{A}) - \boldsymbol{A}\times(\nabla\times\boldsymbol{B})]\cdot\mathrm{d}\boldsymbol{\sigma}$$

式中,$\boldsymbol{A}$和$\boldsymbol{B}$为矢量.

1.6　对任意矢量$\boldsymbol{A}$,从高斯定理出发,用常矢量点乘法证明

$$\oiint_S \mathrm{d}\boldsymbol{\sigma}\times\boldsymbol{A} = \iiint_V \nabla\times\boldsymbol{A}\mathrm{d}V,\qquad \oint_C \mathrm{d}\boldsymbol{l}\times\boldsymbol{A} = \iint_\Sigma(\mathrm{d}\boldsymbol{\sigma}\times\nabla)\times\boldsymbol{A}$$

1.7　证明恒等式

$$\iiint\boldsymbol{j}\mathrm{d}V = \oiint\boldsymbol{r}\boldsymbol{j}\cdot\mathrm{d}\boldsymbol{\sigma}$$

式中,$\boldsymbol{r}$为位置矢量;$\boldsymbol{j}$为散度为零的矢量场.

1.8　计算如下$\delta$函数的积分:$\int_{-\infty}^{\infty}x\delta(x^2 - 11x + 24)\mathrm{d}x$.

答案:11/5.

1.9　在直角坐标$(x,y,z)$系中,三维$\delta$函数为

$$\delta(\boldsymbol{r} - \boldsymbol{r}_0) = \delta(x - x_0)\delta(y - y_0)\delta(z - z_0)$$

当转换到某正交曲线坐标$(u,v,w)$系,证明

$$\delta(\boldsymbol{r} - \boldsymbol{r}_0) = \delta(u - u_0)\delta(v - v_0)\delta(w - w_0)/h_1h_2h_3$$

式中,$h_1$、$h_2$和$h_3$为拉美系数,$(u_0,v_0,w_0)$为$\boldsymbol{r}_0$的曲线坐标.

---

① 疑难习题冠以 * 号.

*1.10 选择合适坐标系下的 $\delta$ 函数，写出下述电荷分布的电荷密度 $\rho(\boldsymbol{r})$：

(1) 电荷 $q$ 均匀分布于半径为 $a$ 的球面上；

(2) 电荷均匀分布于半径为 $a$ 的圆柱面上，沿轴向单位长度电量为 $\lambda$；

(3) 电荷 $q$ 均匀分布于半径为 $a$ 的薄圆盘上，分别用圆柱坐标 $(R,\phi,z)$ 和球坐标 $(r,\theta,\phi)$.

答案：(1) $\rho(r)=\dfrac{q}{4\pi a^2}\delta(r-a)$；(2) $\rho(R)=\dfrac{\lambda}{2\pi a}\delta(R-a)$；

(3) $\rho(R,z)=\dfrac{q}{\pi a^2}\Theta(a-R)\delta(z)$，$\Theta$ 为阶跃函数；$\rho(r,\theta)=\dfrac{q}{\pi a^2 r}\Theta(a-r)\delta(\cos\theta)$.

1.11 考虑自由空间中下列形式的电磁波

$$\boldsymbol{E}(x,y,z,t)=\boldsymbol{E}_0(x,y)\mathrm{e}^{\mathrm{i}(kz-\omega t)}$$
$$\boldsymbol{B}(x,y,z,t)=\boldsymbol{B}_0(x,y)\mathrm{e}^{\mathrm{i}(kz-\omega t)}$$

式中，$\boldsymbol{E}_0$ 和 $\boldsymbol{B}_0$ 位于 $x$-$y$ 平面内. 求出 $k$ 和 $\omega$ 之间的关系，以及 $\boldsymbol{E}_0(x,y)$ 和 $\boldsymbol{B}_0(x,y)$ 之间的关系，证明 $\boldsymbol{E}_0(x,y)$ 和 $\boldsymbol{B}_0(x,y)$ 满足自由空间中静电场和静磁场方程.

答案：$k=\omega/c$，$|\boldsymbol{E}_0(x,y)|=c|\boldsymbol{B}_0(x,y)|$.

1.12 有人对分区均匀介质导出两侧电场均满足 $\nabla\cdot\boldsymbol{E}=0$，据此作出两侧电场法向分量连续的结论，对此你有何评论？

1.13 在各向同性电介质界面上，电力线会出现转折. 设两侧介质的介电常量分别为 $\varepsilon_1$ 和 $\varepsilon_2$，电力线与界面法线的夹角分别为 $\theta_1$ 和 $\theta_2$，证明 $\varepsilon_1\tan\theta_2=\varepsilon_2\tan\theta_1$. 设界面电位移矢量的法向分量为 $D_n$，计算界面上束缚面电荷密度 $\sigma'$.

答案：$\sigma'=\varepsilon_0(\varepsilon_1-\varepsilon_2)D_n/(\varepsilon_1\varepsilon_2)$.

1.14 设各向同性导体界面有传导电流通过，电流密度的法向分量为 $j_n$；两侧导体的电导率和介电常量分别为 $\sigma_1$、$\varepsilon_1$ 和 $\sigma_2$、$\varepsilon_2$，求界面上的自由面电荷密度 $\sigma_0$ 和束缚面电荷密度 $\sigma'$.

答案：$\sigma_0=\dfrac{\sigma_1\varepsilon_2-\sigma_2\varepsilon_1}{\sigma_1\sigma_2}j_n$，　$\sigma'=\dfrac{\sigma_2(\varepsilon_1-\varepsilon_0)-\sigma_1(\varepsilon_2-\varepsilon_0)}{\sigma_1\sigma_2}j_n$.

*1.15 电场 $\boldsymbol{E}=-\nabla\varphi$ 由局域电荷分布产生. 将小的局域电流移入场中，其电流密度为 $\boldsymbol{j}$，磁场强度为 $\boldsymbol{H}$. 证明系统电磁动量可表为

$$\boldsymbol{G}=c^{-2}\iiint\varphi\boldsymbol{j}\,\mathrm{d}V$$

并指出 $\varphi\boldsymbol{H}$ 随距离的衰减快到何种程度才能获得上述结果.

*1.16 从推广了的电磁动量守恒定律

$$\boldsymbol{f}_0-\frac{1}{2}E^2\nabla\varepsilon+\frac{1}{2}B^2\nabla\frac{1}{\mu}=-\frac{\partial\boldsymbol{g}_0}{\partial t}-\nabla\cdot\vec{\boldsymbol{T}}_0$$

出发，证明对非均匀线性各向同性介质有如下角动量守恒关系

$$\boldsymbol{r}\times\left(\boldsymbol{f}_0-\frac{E^2}{2}\nabla\varepsilon+\frac{B^2}{2}\nabla\frac{1}{\mu}\right)=-\frac{\partial\boldsymbol{l}_0}{\partial t}-\nabla\cdot\vec{\boldsymbol{R}}_0$$

式中，$\boldsymbol{l}_0=\boldsymbol{r}\times\boldsymbol{g}_0$ 和 $\vec{\boldsymbol{R}}_0=-\vec{\boldsymbol{T}}_0\times\boldsymbol{r}$ 分别为电磁角动量密度和电磁角动量流密度.

1.17 球形电容器位于均匀外磁场 $B_0$ 中，内外半径分别为 $R_1$ 和 $R_2$，内球壳带电为 $Q$，自转转动惯量为 $I$. 求将电容器短路使之全部放电之后电容器的自转角速度的大小和方向.

答案：$\omega=-QB_0(R_2^2-R_1^2)/(3I)$.

1.18 对于线性无色散、无损耗介质，给定自由电荷和传导电流，以及初始条件和边界电场强度或磁场强度的切向分量，证明电磁场解的唯一性(参见 1.5 节提示).

# 第2章 静电场

2.1 利用高斯定理证明：半径为 $R$ 的导体球面外侧的电场强度法向导数与电场强度之比为

$$\frac{1}{E}\frac{\partial E}{\partial n}=-\frac{2}{R}$$

式中，法向指向球面外部.

*2.2 证明位于 $\boldsymbol{r}_0$、偶极矩为 $\boldsymbol{p}$ 的电偶极子的电荷密度可写为

$$\rho(\boldsymbol{r})=-\boldsymbol{p}\cdot\nabla\delta(\boldsymbol{r}-\boldsymbol{r}_0)$$

从上述电荷密度出发，积分求出偶极子的电势表达式.

答案：$\varphi=\dfrac{\boldsymbol{p}\cdot(\boldsymbol{r}-\boldsymbol{r}_0)}{4\pi\varepsilon_0|\boldsymbol{r}-\boldsymbol{r}_0|^3}$.

*2.3 证明对任何局域电荷分布所产生的电场 $\boldsymbol{E}$，具有如下性质：当全部电荷位于某球体之内，则 $\boldsymbol{E}$ 在该球体内的体积分等于 $-\boldsymbol{p}/(3\varepsilon_0)$，$\boldsymbol{p}$ 为局域电荷分布的偶极矩；当全部电荷位于球体之外，则相应电场体积分等于球心电场和球体体积的乘积.(提示：由均匀电荷密度球内外的电场公式，可归纳出如下体积分公式：

$$\iiint_{r\leqslant a}\frac{\boldsymbol{r}'-\boldsymbol{r}}{|\boldsymbol{r}'-\boldsymbol{r}|^3}\mathrm{d}V=\begin{cases}4\pi a^3\boldsymbol{r}'/(3r'^3), & (r'>a)\\ 4\pi\boldsymbol{r}'/3, & (r'<a)\end{cases}$$

式中，$a$ 为球体半径；应用该公式完成本题之证明.)

2.4 将半径为 $a$ 的无限长导体圆柱壳，过轴线切成两半，电势分别为 $\pm V$(习题 2.4 图)，求柱内外空间的电势分布.(提示：用圆柱坐标系下的分离变量法求解，利用傅里叶级数

$$f(\phi)=\frac{a_0}{2}+\sum_{n=1}^{\infty}(a_n\cos n\phi+b_n\sin n\phi)$$

的系数计算公式

$$a_n=\frac{1}{\pi}\int_0^{2\pi}f(\phi)\cos n\phi\,\mathrm{d}\phi,\qquad b_n=\frac{1}{\pi}\int_0^{2\pi}f(\phi)\sin n\phi\,\mathrm{d}\phi$$

确定展开系数.)

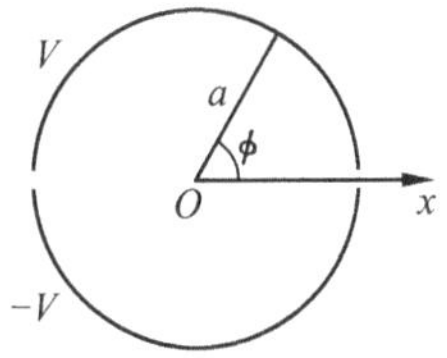

习题 2.4 图

答案：$\varphi_1=\dfrac{4V}{\pi}\displaystyle\sum_{n=0}^{\infty}\frac{1}{2n+1}\left(\frac{\rho}{a}\right)^{2n+1}\sin[(2n+1)\phi]\quad(\rho<a)$；

$$\varphi_2=\frac{4V}{\pi}\sum_{n=0}^{\infty}\frac{1}{2n+1}\left(\frac{a}{\rho}\right)^{2n+1}\sin[(2n+1)\phi]\quad(\rho>a).$$

2.5 半径为 $a$、带电量为 $Q$ 的导体球壳位于均匀外电场 $\boldsymbol{E}_0$ 中.若将球壳沿垂直外电场方向切成两半，两半球通过导线彼此接通，计算上半球受到的静电力的大小及方向.(提示：先用分离变量法求解球外空间电场 $\boldsymbol{E}$，并计算球壳表面的自由面电荷密度 $\sigma_0$，然后由

$$\boldsymbol{F}=\iint\sigma_0(\boldsymbol{E}-\boldsymbol{E}')\mathrm{d}\sigma,\qquad \boldsymbol{E}=\sigma_0\boldsymbol{n}/\varepsilon_0,\qquad \boldsymbol{E}'=\boldsymbol{E}/2$$

过半球壳积分算力，式中 $\boldsymbol{E}'$ 为面电荷元 $\sigma_0 d\sigma$ 的贡献.)

答案：$\frac{9}{4}\pi a^2\varepsilon_0 E_0^2+\frac{1}{2}E_0Q+\frac{Q^2}{32\pi\varepsilon_0 a^2}$，方向背离下半球.

2.6 介电常量为 $\varepsilon_1$ 的均匀介质球的球心置一偶极矩为 $\boldsymbol{p}_0$ 的电偶极子，球外填满介电常量为 $\varepsilon_2$ 的均匀介质，求球内外的电势分布.（提示：从球内总电势中减去偶极子在介电常量为 $\varepsilon_1$ 的介质中的电势，所余部分满足拉普拉斯方程.）

答案：$\varphi_1=\frac{p_0\cos\theta}{4\pi\varepsilon_1 r^2}+\frac{(\varepsilon_1-\varepsilon_2)p_0 r\cos\theta}{2\pi\varepsilon_1(\varepsilon_1+2\varepsilon_2)a^3}\quad(r\leqslant a)$；

$\varphi_2=\frac{3p_0\cos\theta}{4\pi(\varepsilon_1+2\varepsilon_2)r^2}\quad(r>a)$，极轴沿 $\boldsymbol{p}_0$ 方向.

2.7 在一烟尘沉淀器中，有一半径为 $R$、单位长度带电量为 $\lambda$ 的长直导线. 现有一颗不带电的球状烟尘，介电常量为 $\varepsilon$，半径为 $a$，$a\ll R$. 求该烟尘刚好与导线接触时所受到的吸力，并讨论该力产生的物理机制.（提示：利用第 2 章 2.2 节例 2.3 的结果.）

答案：$\boldsymbol{F}=-\frac{(\varepsilon-\varepsilon_0)a^3\lambda^2}{\pi\varepsilon_0(\varepsilon+2\varepsilon_0)\rho^3}\boldsymbol{e}_\rho$.

2.8 一个闭合正多面体形状的区域，有 $n$ 个侧面（$n=4,6,8,12,20$），电势分别为 $V_i$（$i=1,2,\cdots,n$）. 利用第一类边值问题的格林函数解，证明区域中心的电势等于 $n$ 个侧面电势的平均值.

2.9 如习题 2.9 图所示，位于 $y=0$ 的无限导体平面沿 $x=\pm a$ 切成 3 部分，左、右部电势为零，中间部分电势为 $V$，$y\to\infty$ 处电势也为零. 求上半无限空间（$y>0$）的电势和电场强度分布.（提示：使用格林函数法，必要时要用到以下不定积分公式

$$\int\frac{\mathrm{d}u}{b^2+u^2}=\frac{1}{b}\arctan\frac{u}{b},\ \int\frac{\mathrm{d}u}{(b^2+u^2)^{3/2}}=\frac{u}{b^2(b^2+u^2)^{1/2}}$$

计算积分.）

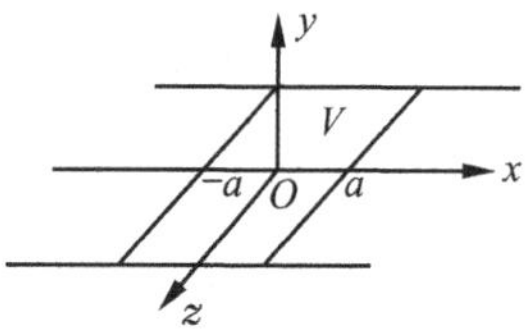

习题 2.9 图

答案：$\varphi=\frac{V}{\pi}\arctan\left(\frac{2ay}{x^2+y^2-a^2}\right)$，　$E_x=\frac{4aVxy}{\pi[(x^2+y^2-a^2)^2+4a^2y^2]}$，

$E_y=\frac{2aV(a^2-x^2+y^2)}{\pi[(x^2+y^2-a^2)^2+4a^2y^2]}$.

2.10 给定两个电荷系统：(1)点电荷 $-2q$ 位于 $(x,y,z)=(0,0,0)$，另一个点电荷 $+q$ 位于 $(x,y,z)=(l_1,0,0)$，第三个点电荷 $+q$ 位于 $(x,y,z)=(0,l_2,0)$；(2)前两个电荷不动，第三个电荷挪至 $(x,y,z)=(l_1,l_2,0)$. 以原点为参考点，分别计算它们的总电量、电偶极矩和电四极矩，以及它们在远处的电势的主项.

答案：(1) $\boldsymbol{p}=ql_1\boldsymbol{e}_x+ql_2\boldsymbol{e}_y$，

$\overleftrightarrow{\boldsymbol{D}}=q(2l_1^2-l_2^2)\boldsymbol{e}_x\boldsymbol{e}_x+q(2l_2^2-l_1^2)\boldsymbol{e}_y\boldsymbol{e}_y-q(l_1^2+l_2^2)\boldsymbol{e}_z\boldsymbol{e}_z$，　$\varphi=\frac{q(l_1x+l_2y)}{4\pi\varepsilon_0 r^3}$；

(2) $\boldsymbol{p}=2ql_1\boldsymbol{e}_x+ql_2\boldsymbol{e}_y$，

$\overleftrightarrow{\boldsymbol{D}}=q(4l_1^2-l_2^2)\boldsymbol{e}_x\boldsymbol{e}_x+2q(l_2^2-l_1^2)\boldsymbol{e}_y\boldsymbol{e}_y-q(2l_1^2+l_2^2)\boldsymbol{e}_z\boldsymbol{e}_z+3ql_1l_2(\boldsymbol{e}_x\boldsymbol{e}_y+\boldsymbol{e}_y\boldsymbol{e}_x)$，

$\varphi=\frac{q(2l_1x+l_2y)}{4\pi\varepsilon_0 r^3}$.

2.11　计算半径 $a$、电量 $Q$ 的均匀带电圆环的电四极矩及其电势.

答案：$\overleftrightarrow{\boldsymbol{D}}=\dfrac{Qa^2}{2}(\overleftrightarrow{\boldsymbol{I}}-3\boldsymbol{e}_z\boldsymbol{e}_z)$，　$\varphi_2=\dfrac{Qa^2}{16\pi\varepsilon_0 r^3}(1-3\cos^2\theta)$.

2.12　计算半径 $a$、电量 $Q$ 的均匀带电圆盘的电四极矩及其电势.

答案：$\overleftrightarrow{\boldsymbol{D}}=\dfrac{Qa^2}{4}(\overleftrightarrow{\boldsymbol{I}}-3\boldsymbol{e}_z\boldsymbol{e}_z)$，　$\varphi_2=\dfrac{Qa^2}{32\pi\varepsilon_0 r^3}(1-3\cos^2\theta)$.

2.13　对电偶极子丛，证明二阶矩可表为

$$\overleftrightarrow{\boldsymbol{D}}'=\sum_i(\boldsymbol{r}_i\boldsymbol{p}_i+\boldsymbol{p}_i\boldsymbol{r}_i)$$

式中，$\boldsymbol{p}_i$ 和 $\boldsymbol{r}_i$ 为第 $i$ 个电偶极子的偶极矩和位置矢量.（提示：设第 $i$ 个电偶极子由位于 $\boldsymbol{r}_i\pm\boldsymbol{d}$、电量分别为 $\pm q_i$ 的两个点电荷构成，成立 $\boldsymbol{p}_i=2q_i\boldsymbol{d}$.）

2.14　将电量 $q$ 的带电粒子从无穷远移至半径 $R$、带电 $Q$ 的导体附近，与球心的距离为 $b$（$>R$），求外力所做的功.要求用两种方法进行计算：一是计算系统的末态静电能和初态静电能，然后相减；一是直接计算静电力对带电粒子所做的负功.（提示：用电像法.）

答案：$A=-\dfrac{q^2R}{8\pi\varepsilon_0(b^2-R^2)}+\dfrac{qQ}{4\pi\varepsilon_0 b}+\dfrac{q^2R}{8\pi\varepsilon_0 b^2}$.

## 第3章　静　磁　场

3.1　对均匀磁场 $\boldsymbol{B}_0$，构建两个满足规范条件 $\nabla\cdot\boldsymbol{A}=0$ 的矢势 $\boldsymbol{A}$，并证明二者之差的旋度为零.

*3.2　证明对任何局域电流分布所产生的磁场 $\boldsymbol{B}$，具有如下性质：当全部电流位于某球体之内，则 $\boldsymbol{B}$ 在该球体内的体积分等于 $2\mu_0\boldsymbol{m}/3$，$\boldsymbol{m}$ 为局域电流分布的磁矩；当全部电流位于球体之外，则相应磁场体积分等于球心磁场和球体体积的乘积.（见 2.3 题的提示.）

3.3　一半径为 $a$ 的圆柱壳，电流沿轴向方向流动，电流面密度为 $i=i_0(1+\alpha\cos\phi)$（$i_0$ 和 $\alpha$ 为常数），求柱内外磁场分布.（提示：从磁矢势 $\boldsymbol{A}=A\boldsymbol{e}_z$ 出发求解.）

答案：$A_1=A_0+\dfrac{\mu_0 i_0\alpha}{2}\rho\cos\phi$　$(\rho<a)$.

$$A_2=A_0-\mu_0 i_0 a\ln\left(\frac{\rho}{a}\right)+\frac{\mu_0 i_0\alpha a^2}{2\rho}\cos\phi\quad(\rho>a);$$

$$\boldsymbol{B}_1=-\frac{\mu_0 i_0\alpha}{2}(\sin\phi\boldsymbol{e}_\rho+\cos\phi\boldsymbol{e}_\phi),$$

$$\boldsymbol{B}_2=-\frac{\mu_0 i_0\alpha a^2}{2\rho^2}\sin\phi\boldsymbol{e}_\rho+\frac{\mu_0 i_0 a}{\rho}\left(1+\frac{\alpha a}{2\rho}\cos\phi\right)e_\phi.$$

3.4　半径为 $a$ 的长直圆柱导体，均匀地沿轴方向通过恒定电流 $I$，导体的磁导率为 $\mu_1$，周围介质的磁导率为 $\mu_2$，如习题 3.4 图所示，求矢势 $\boldsymbol{A}$.（提示：用柱坐标求解.）

答案：$\boldsymbol{A}=[c_1-\mu_1 I\rho^2/(4\pi a^2)]\boldsymbol{e}_z$　$(\rho\leqslant a)$，

$\boldsymbol{A}=[c_1-\mu_1 I/(4\pi)-\mu_2 I\ln(\rho/a)/(2\pi)]\boldsymbol{e}_z$　$(\rho>a)$.

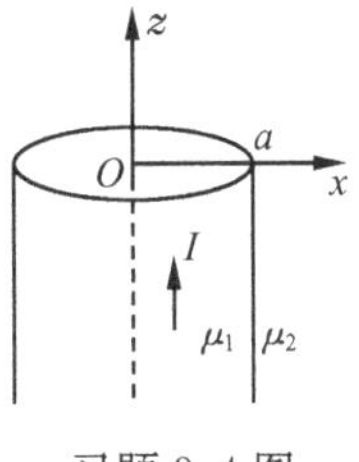

习题 3.4 图

*3.5　对于直角坐标下的二维二分量静磁场问题，可引入磁矢势 $\boldsymbol{A}=A(x,y)\boldsymbol{e}_z$.给定解域（可以是多连通域）中的电流分布 $\boldsymbol{j}=j(x,$

$y)\boldsymbol{e}_z$ 和各导体柱(与 $z$ 轴平行)的电流强度,证明:如果静磁场解存在,则一定唯一(提示:利用如下第三格林公式:

$$\oiint_S A\nabla A \cdot d\boldsymbol{\sigma} = \iiint_V [A\nabla^2 A + (\nabla A)^2] dV$$

式中 $V$ 沿 $z$ 轴方向的高度设为 $dz$.)

3.6 电荷和物质均匀分布的球以角速度 $\omega$ 自转,其半径为 $a$,电量为 $Q$,质量为 $M$,求它的磁矩和角动量,以及二者的比值.

答案:$m=Q\omega a^2/5, I=2Ma^2/5$,比值为 $Q/(2M)$.

3.7 从毕奥-萨伐尔定律出发,证明电流强度为 $I$ 的闭合线圈的磁场可表为 $\boldsymbol{B}=-\mu_0 I\nabla\Omega/(4\pi)$,其中

$$\Omega = \iint_\Sigma \frac{(\boldsymbol{r}-\boldsymbol{r}')\cdot d\boldsymbol{\sigma}'}{|\boldsymbol{r}-\boldsymbol{r}'|^3}$$

为线圈相对考察点所张的立体角,$\Sigma$ 为以线圈为边界的任意曲面.当线圈法向(与电流方向成右手关系)背离考察点时,上述立体角为负,指向考察点时,上述立体角为正.

3.8 设铁磁体的磁化规律为 $\boldsymbol{B}=\mu\boldsymbol{H}+\mu_0\boldsymbol{M}_0$,式中 $\mu$ 和 $\boldsymbol{M}_0$ 为常量.计算由该铁磁体制成的半径为 $a$ 的球内外的磁感应强度.

答案:$\boldsymbol{B}_1=\mu\boldsymbol{H}_1+\mu_0\boldsymbol{M}_0=\dfrac{2\mu_0^2\boldsymbol{M}_0}{2\mu_0+\mu} \quad (r<a)$;

$$\boldsymbol{B}_2=\mu_0\boldsymbol{H}_2=\frac{\mu_0^2 a^3}{(2\mu_0+\mu)r^5}[3(\boldsymbol{M}_0\cdot\boldsymbol{r})\boldsymbol{r}-\boldsymbol{r}^2\boldsymbol{M}_0] \quad (r>a).$$

3.9 地球磁场可近似视为位于地球中心、磁矩为 $8\times10^{22}\,\mathrm{A\cdot m^2}$ 所产生的偶极子磁场,沿磁矩方向的直线与地面的交点称为磁极.设地球半径为 6400km.将一磁矩为 $1.5\times10^{-23}\,\mathrm{A\cdot m^2}$ 的粒子从无穷远移至磁极处,粒子磁矩与地磁场方向一致,求外界做功.

答案:外界做负功,数值为 $9.16\times10^{-28}$ J.

*3.10 设半无限理想导体内初始磁场为零,导体表面为平面.外部为真空.将电流固定为 $I$、面积为 $S$ 的小载流线圈从无穷远移至该平面上方,高度为 $h$,求下列两种情况下外力做功:(1)线圈平面与导体平面平行;(2)线圈平面与导体平面交角为45°.(提示:按相对导体平面成镜像关系置放反向电流线圈,然后求力、求功.)

答案:(1) $A=\dfrac{\mu_0 S^2 I^2}{32\pi h^3}$,(2) $A=\dfrac{3\mu_0 S^2 I^2}{128\pi h^3}$.

3.11 两个共轴的圆形电流线圈,半径分别为 $a$ 和 $b$,电流强度分别为 $I_a$ 和 $I_b$,电流方向如习题3.11图所示.两线圈平面相互平行,其圆心之间的距离为 $d, d\gg b$.求两线圈的相互作用能、互感系数和相互作用力.

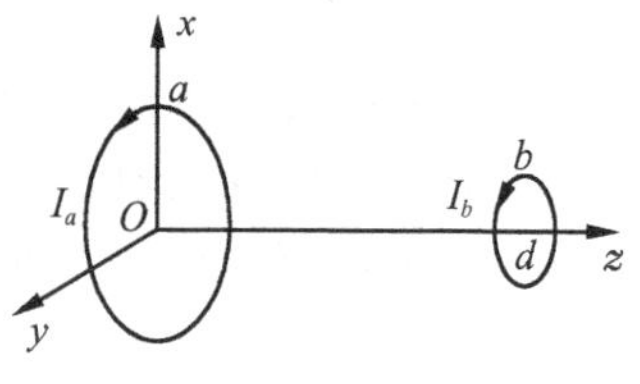


习题3.11图

答案:$W=MI_aI_b, \qquad M=\dfrac{1}{2}\mu_0\pi a^2b^2/(a^2+d^2)^{3/2}$,

$$\boldsymbol{F}=-\frac{3\mu_0\pi a^2b^2 dI_aI_b}{2(a^2+d^2)^{5/2}}\boldsymbol{e}_z.$$

# 第4章 电磁波的传播

4.1 设两平面电磁波的电矢量分别表示为如下复数形式：

$$\boldsymbol{E}_1 = E_0(\boldsymbol{e}_x + \mathrm{i}\boldsymbol{e}_y)\mathrm{e}^{\mathrm{i}(kz-\omega t)}, \qquad \boldsymbol{E}_2 = E_0(\boldsymbol{e}_x - \mathrm{i}\boldsymbol{e}_y)\mathrm{e}^{\mathrm{i}(kz-\omega t)}$$

分析它们的偏振特性.

*4.2 两相距 $d$ 的无限平面将介质1、2和3分开，磁导率同为 $\mu_0$，折射率分别为 $n_1$、$n_2$ 和 $n_3$. 频率为 $\omega$ 的平面电磁波从介质1垂直入射，依次进入介质2和3，并在两个界面上发生反射和折射.

(1) 计算反射系数(针对1侧的反射波)和透射系数(针对3侧的透射波)，验证二者之和为1.(提示：分别写下介质1中的入射波和反射波，介质2中的透射波和反射波，以及介质3中的透射波的复数形式，列出两个界面上的边值关系并求解各反射波和透射波.)

(2) 设介质1为某光学系统(如透镜)，介质2为系统表面一层镀膜，介质3为空气($n_3=1$). 为保证电磁波在光学系统和镀膜间的界面上不出现任何反射，$d$ 和 $n_2$ 应满足什么条件?

答案：(1) $R=\dfrac{|E_{1r0}|^2}{|E_{1i0}|^2}=\dfrac{n_2^2\,(n_1-n_3)^2\cos^2(k_2 d)+(n_2^2-n_1 n_3)^2\sin^2(k_2 d)}{n_2^2\,(n_1+n_3)^2\cos^2(k_2 d)+(n_2^2+n_1 n_3)^2\sin^2(k_2 d)}$,

$$T=\frac{4n_2^2 n_1 n_3}{n_2^2(n_1+n_3)^2\cos^2(k_2 d)+(n_2^2+n_1 n_3)^2\sin^2(k_2 d)}.$$

(2) $d=(2m+1)\lambda_2/4$，$n_2=\sqrt{n_1}$，$m$ 为非负整数.

4.3 一无限平面($z=0$)将真空($z<0$)和理想导体隔开，平面电磁波从真空一侧垂直入射并发生全反射. 设入射波电场的表达式为 $\boldsymbol{E}=E_0\exp(\mathrm{i}kz-\mathrm{i}\omega t)\boldsymbol{e}_x$，求反射波的电场和导体表面感应电流面密度的矢量复数表达式.

答案：$\boldsymbol{E}'=-E_0\,\mathrm{e}^{-\mathrm{i}(kz+\omega t)}\boldsymbol{e}_x$，  $\boldsymbol{i}=2E_0\sqrt{\varepsilon_0/\mu_0}\,\mathrm{e}^{-\mathrm{i}\omega t}\boldsymbol{e}_x$.

4.4 对无限电介质平面的电磁波的反射和折射问题，当入射波电场与入射面垂直时，成立

$$\frac{E'}{E}=\frac{\sqrt{\varepsilon_1}\cos\theta-\sqrt{\varepsilon_2}\cos\theta''}{\sqrt{\varepsilon_1}\cos\theta+\sqrt{\varepsilon_2}\cos\theta''}, \qquad \frac{E''}{E}=\frac{2\sqrt{\varepsilon_1}\cos\theta}{\sqrt{\varepsilon_1}\cos\theta+\sqrt{\varepsilon_2}\cos\theta''}$$

式中，$E$、$E'$ 和 $E''$ 分别为入射波、反射波和折射波的电场强度，$\varepsilon_1$ 和 $\varepsilon_2$ 为介电常量，$\theta$ 和 $\theta''$ 为入射角和折射角. 电磁波从1侧入射，两侧介质的磁导率均设为 $\mu_0$.

(1)计算能流密度 $\boldsymbol{S}$、$\boldsymbol{S}'$ 和 $\boldsymbol{S}''$，证明 $\boldsymbol{n}\cdot\boldsymbol{S}+\boldsymbol{n}\cdot\boldsymbol{S}'=\boldsymbol{n}\cdot\boldsymbol{S}''$，$\boldsymbol{n}$ 为界面法向矢量. (2)确定反射系数.

答案：(1) $\boldsymbol{S}=EH(\cos\theta\boldsymbol{n}+\sin\theta\boldsymbol{\tau})$,

$\boldsymbol{S}'=E'H'(-\cos\theta\boldsymbol{n}+\sin\theta\boldsymbol{\tau})$,

$\boldsymbol{S}''=E''H''(\cos\theta''\boldsymbol{n}+\sin\theta''\boldsymbol{\tau})$,

式中，$\boldsymbol{\tau}$ 为界面切向方向.

(2) $R=\left|\dfrac{E'}{E}\right|^2=\left(\dfrac{\sqrt{\varepsilon_1}\cos\theta-\sqrt{\varepsilon_2}\cos\theta''}{\sqrt{\varepsilon_1}\cos\theta+\sqrt{\varepsilon_2}\cos\theta''}\right)^2$.

*4.5 证明

$$\boldsymbol{n}\cdot(\boldsymbol{E}'\times\boldsymbol{H}+\boldsymbol{E}\times\boldsymbol{H}')=0$$

式中，$\boldsymbol{E}$ 和 $\boldsymbol{H}$ 为入射波电磁场，$\boldsymbol{E}'$ 和 $\boldsymbol{H}'$ 为反射波电磁场，$\boldsymbol{n}$ 为介质界面法向矢量.（见 4.2 节提示.）

*4.6 对线性各向同性介质，证明

$$\boldsymbol{nn}:\frac{1}{2}(\boldsymbol{D}\cdot\boldsymbol{E}'+\boldsymbol{D}'\cdot\boldsymbol{E}+\boldsymbol{B}\cdot\boldsymbol{H}'+\boldsymbol{B}'\cdot\boldsymbol{H})\overleftrightarrow{I}-\boldsymbol{nn}:(\boldsymbol{DE}'+\boldsymbol{D}'\boldsymbol{E}+\boldsymbol{BH}'+\boldsymbol{B}'\boldsymbol{H})=0$$

式中，$\boldsymbol{E}$ 和 $\boldsymbol{H}$ 为入射波电磁场；$\boldsymbol{E}'$ 和 $\boldsymbol{H}'$ 为反射波电磁场；$\boldsymbol{n}$ 为介质界面法向矢量（参见 4.2 节提示）.

4.7 已知海水介电常量为 $\varepsilon=10\varepsilon_0$，磁导率为 $\mu_0$，电导率为 $1\mathrm{S\cdot m^{-1}}$. 对频率为 50Hz 的电磁波，证明良导体近似满足，并计算该电磁波在海水中的透入深度.

答案：71m.

4.8 设微波炉使用的电磁波频率为 2.5GHz($1\mathrm{GHz}=10^9\mathrm{Hz}$)，食品的介电常量为 $\varepsilon=50\varepsilon_0$，电导率为 $\sigma=2\mathrm{S\cdot m^{-1}}$，计算比值 $\sigma/(\varepsilon\omega)$，回答是否可使用良导体近似并确定电磁波透入食品的深度.

答案：1.9cm.

4.9 证明电磁波透入良导体表面单位面积的能流等于导体表面单位面积的平均损耗功率.

4.10 给出波长为 4.5cm 的微波在 4cm×3cm 的波导管中传播的波模.

答案：$\mathrm{TE_{10}}$，$\mathrm{TE_{01}}$，$\mathrm{TE_{11}}$，$\mathrm{TM_{11}}$.

*4.11 如习题 4.11 图所示的波导管，截面为直角三角形，两直角边边长同为 $a$，管壁可视为理想导体. 确定可能传播的波模及下截止频率.

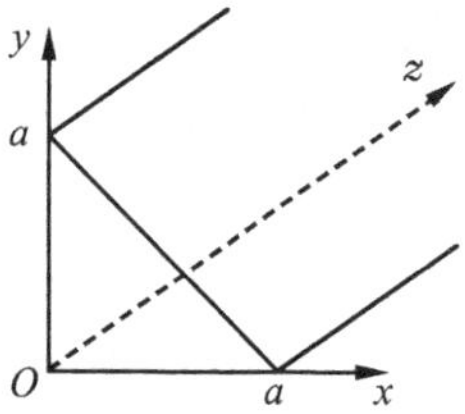

习题 4.11 图

答案：$E_x=A\cos(n\pi x/a)\sin(n\pi y/a)\mathrm{e}^{\mathrm{i}(k_3z-\omega t)}$，

$E_y=-A\sin(n\pi x/a)\cos(n\pi y/a)\mathrm{e}^{\mathrm{i}(k_3z-\omega t)}$，

$E_z=0$；

$$H_{0x}=\frac{k_3A}{\omega\mu_0}\sin(n\pi x/a)\cos(n\pi y/a)\mathrm{e}^{\mathrm{i}(k_3z-\omega t)},$$

$$H_{0y}=\frac{k_3A}{\omega\mu_0}\cos(n\pi x/a)\sin(n\pi y/a)\mathrm{e}^{\mathrm{i}(k_3z-\omega t)},$$

$$H_{0z}=\frac{2\mathrm{i}n\pi A}{\omega\mu_0 a}\cos(n\pi x/a)\cos(n\pi y/a)\mathrm{e}^{\mathrm{i}(k_3z-\omega t)}.$$

式中，$n$ 为正整数，$k_3=[(\omega/c)^2-2(n\pi/a)^2]^{1/2}$，属于横电波；下截止频率为 $\omega_{\min}=\sqrt{2}\pi c/a$.

*4.12 设有一长方形导体盒，其尺寸如习题 4.12 图所示. (a)分析波长位于$(4/\sqrt{5},8/\sqrt{13})$cm 之间的电磁波有多少个模式？(b)求出每个波模的波长. (c)求每个波模的电场. (d)波长位于(0.01, 0.011)cm 之间的电磁波约有多少个模式？

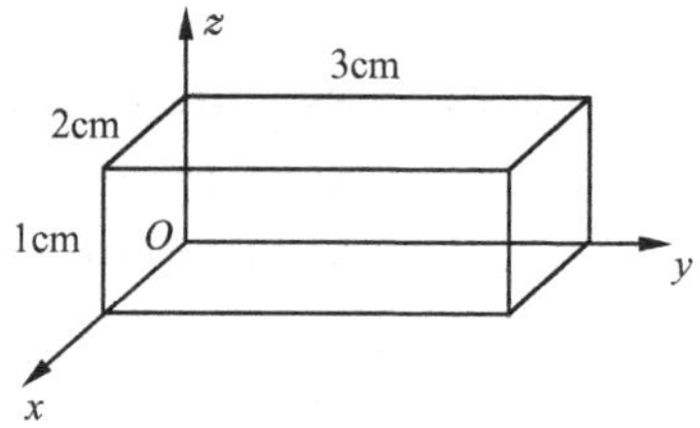

习题 4.12 图

答案：(a)有四种波动模式：(1,3,0)，(2,1,0)，(0,1,1)，(1,0,1).

(b) 四种模式的波长依次为 $4/\sqrt{5}$cm，$6/\sqrt{10}$cm，$6/\sqrt{10}$cm 和 $4/\sqrt{5}$cm.

(c) 波模(1,3,0):$E_x=E_y=0, E_z=A_3\sin(\pi x/2)\sin(\pi y)$;

波模(2,1,0):$E_x=E_y=0, E_z=A_3\sin(\pi x)\sin(\pi y/3)$;

波模(0,1,1):$E_x=A_1\sin(\pi y/3)\sin(\pi z), E_y=E_z=0$;

波模(1,0,1):$E_x=0, E_y=A_2\sin(\pi x/2)\sin(\pi z), E_z=0$;

(d) 约有 $6.3\times10^6$ 个模式.

4.13 对边长为 $a$ 和 $b$ 的矩形截面波导管,频率为 $\omega$(大于截止频率)、振幅为 $E_0$ 的 $\mathrm{TE}_{10}$ 波沿波导管传播,管壁材料的电导率为 $\sigma$,求单位长度波导管的平均耗散功率.

答案:$P=\dfrac{\pi^2E_0^2}{(2\omega^3\mu_0^3\sigma)^{1/2}a^2}\left[b+\dfrac{a}{2}\left(\dfrac{\omega a}{\pi c}\right)^2\right]$.

## 第5章 电磁波的辐射

5.1 考虑麦克斯韦方程组的一个可能解 $\boldsymbol{A}(\boldsymbol{r},t)=\boldsymbol{A}_0\mathrm{e}^{\mathrm{i}(\boldsymbol{k}\cdot\boldsymbol{r}-\omega t)}$,$\varphi(\boldsymbol{r},t)=0$,$\boldsymbol{A}$ 和 $\varphi$ 分别为矢势和标势. 设 $\boldsymbol{A}_0$、$\boldsymbol{k}$ 和 $\omega$ 为常量,试给出真空中的麦克斯韦方程组对 $\boldsymbol{A}_0$、$\boldsymbol{k}$ 和 $\omega$ 的约束条件.

答案:$\boldsymbol{k}\cdot\boldsymbol{A}_0=0, k=\omega/c$.

5.2 对时谐场($\sim\mathrm{e}^{-\mathrm{i}\omega t}$),证明电场的计算公式 $\boldsymbol{E}=\mathrm{i}\omega\boldsymbol{A}-\nabla\varphi$ 和 $\boldsymbol{E}=\mathrm{i}c^2(\nabla\times\boldsymbol{B}-\mu_0\boldsymbol{j})/\omega$ 等效.

*5.3 从三维波动方程

$$\nabla^2\psi-\frac{1}{c^2}\frac{\partial^2\psi}{\partial t^2}=-4\pi f(\boldsymbol{r},t)$$

的推迟势解

$$\psi(\boldsymbol{r},t)=\int\frac{f(\boldsymbol{r}',t')}{|\boldsymbol{r}-\boldsymbol{r}'|}\mathrm{d}V',\qquad t'=t-\frac{|\boldsymbol{r}-\boldsymbol{r}'|}{c}$$

出发,计算脉冲式点激发源 $f(\boldsymbol{r}',t')=\delta(x')\delta(y')\delta(z')\delta(t')$、无穷长直线脉冲式激发源 $f(\boldsymbol{r}',t')=\delta(x')\delta(y')\delta(t')$ 和无限大平面脉冲式激发源 $f(\boldsymbol{r}',t')=\delta(x')\delta(t')$ 的推迟势解. 你会发现,三维推迟势解的扰动仅限于半径为 $ct$ 的球面,而二维和一维解则在波前下游长期维持扰动状态. 试对此作出物理解释.

答案:$\dfrac{1}{r}\delta\left(t-\dfrac{r}{c}\right)$; $\dfrac{2c\Theta(ct-\rho)}{(c^2t^2-\rho^2)^{1/2}}$; $2\pi c\Theta(ct-|x|)$,其中,$\Theta$ 为阶跃函数.

5.4 从电偶极辐射功率角分布 $\mathrm{d}P/\mathrm{d}\Omega=\mu_0|\ddot{\boldsymbol{p}}\times\boldsymbol{e}_r|^2/(32\pi^2c)$ 出发,就电偶极矩 $\boldsymbol{p}$ 非定向的一般情况证明辐射功率 $P=\mu_0|\ddot{\boldsymbol{p}}|^2/(12\pi c)$. (见 5.4 节提示.)

5.5 半径为 $R$ 的理想导电球壳,为过球心的平面切成两半,分别加上交变电势 $\pm V\cos\omega t$. 在小场源近似($R\ll\lambda$ 或 $\omega R\ll c$)下,求辐射功率角分布和辐射功率. (提示:利用第 2 章 2.3 节例 2.5 的结果.)

答案:$\dfrac{\mathrm{d}P}{\mathrm{d}\Omega}=\dfrac{9\varepsilon_0\omega^4a^4V^2}{8c^3}\sin^2\theta$, $P=\dfrac{3\pi\varepsilon_0\omega^4a^4V^2}{c^3}$.

*5.6 在远场和长波双重近似下,位于坐标原点、电偶极矩为 $\boldsymbol{p}(t)$ 的电荷系统的矢势为

$$\boldsymbol{A}(\boldsymbol{r},t)=\frac{\mu_0\dot{\boldsymbol{p}}(t-r/c)}{4\pi r},\qquad \dot{\boldsymbol{p}}(t-r/c)=\frac{\partial\boldsymbol{p}(t-r/c)}{\partial t}$$

(1)证明在坐标原点之外($\boldsymbol{r}\neq 0$)$\boldsymbol{A}$满足波动方程：$\nabla^2\boldsymbol{A}-\partial^2\boldsymbol{A}/c^2\partial t^2=0$；

(2)由洛伦茨规范条件求对应的标势$\varphi$(不作任何近似)；

(3)计算对应的磁场和电场(不作任何近似)；

(4)求时谐偶极子$\boldsymbol{p}(t)=\boldsymbol{p}_0\mathrm{e}^{-\mathrm{i}\omega t}$的矢势、磁场和电场表达式.

答案：(2) $\varphi=\dfrac{1}{4\pi\varepsilon_0}\boldsymbol{e}_r\cdot\left[\dfrac{1}{r^2}\boldsymbol{p}\left(t-\dfrac{r}{c}\right)+\dfrac{1}{cr}\dot{\boldsymbol{p}}\left(t-\dfrac{r}{c}\right)\right]$.

(3) $\boldsymbol{B}=\dfrac{\mu_0}{4\pi}\left(\dfrac{\dot{\boldsymbol{p}}}{r^2}+\dfrac{\ddot{\boldsymbol{p}}}{cr}\right)\times\boldsymbol{e}_r$，其中$\boldsymbol{p}(t-r/c)$略写为$\boldsymbol{p}$，下同.

$$\boldsymbol{E}=\frac{1}{4\pi\varepsilon_0}\left[\left(1+\frac{r}{c}\frac{\partial}{\partial t}\right)\frac{3(\boldsymbol{e}_r\cdot\boldsymbol{p})\boldsymbol{e}_r-\boldsymbol{p}}{r^3}+\frac{1}{c^2r}\boldsymbol{e}_r\times(\boldsymbol{e}_r\times\ddot{\boldsymbol{p}})\right].$$

(4) $\boldsymbol{A}(\boldsymbol{r},t)=\dfrac{-\mathrm{i}\omega\mu_0\,\mathrm{e}^{\mathrm{i}kr}}{4\pi r}\boldsymbol{p}$, $\boldsymbol{B}=\dfrac{\mu_0ck^2\mathrm{e}^{\mathrm{i}kr}}{4\pi r}(\boldsymbol{e}_r\times\boldsymbol{p})\left(1-\dfrac{1}{\mathrm{i}kr}\right)$,

$$\boldsymbol{E}=\frac{\mathrm{e}^{\mathrm{i}kr}}{4\pi\varepsilon_0}\left[(1-\mathrm{i}kr)\frac{3(\boldsymbol{e}_r\cdot\boldsymbol{p})\boldsymbol{e}_r-\boldsymbol{p}}{r^3}-\frac{k^2}{r}\boldsymbol{e}_r\times(\boldsymbol{e}_r\times\boldsymbol{p})\right].$$

*5.7 利用5.6题的结果，证明时谐偶极子的电磁角动量的平均辐射率为

$$\frac{\mathrm{d}\boldsymbol{L}}{\mathrm{d}t}=\frac{k^3}{12\pi\varepsilon_0}\mathrm{Im}(\boldsymbol{p}^*\times\boldsymbol{p})$$

式中，$k=\omega/c$，Im表示虚部，*号表示共轭.(提示：利用恒等式

$$\int_0^{2\pi}\mathrm{d}\phi\int_0^{\pi}\boldsymbol{nn}\sin\theta\mathrm{d}\theta=\frac{4\pi}{3}\overleftrightarrow{\boldsymbol{I}}$$

式中，$\boldsymbol{n}=\boldsymbol{e}_r=\boldsymbol{r}/r$，$\overleftrightarrow{\boldsymbol{I}}$为单位张量；电场应保留$r^{-2}$级项.)

5.8 绕$z$轴做匀速圆周运动电荷的电偶极矩可表为如下复数形式：

$$\boldsymbol{p}=qa_0(\boldsymbol{e}_x+\mathrm{i}\boldsymbol{e}_y)\mathrm{e}^{-\mathrm{i}\omega t}$$

式中，$q$为粒子电量，$a_0$为轨道半径，$\omega$为转动角频率.由5.7题的结果，计算电磁角动量的平均辐射率，证明它的数值与平均辐射功率之比为$1/\omega$.

答案：$\dfrac{\mathrm{d}\boldsymbol{L}}{\mathrm{d}t}=\dfrac{\mu_0\omega^3q^2a_0^2}{6\pi c}\boldsymbol{e}_z$（平均辐射功率$P=\dfrac{\mu_0\omega^4q^2a_0^2}{6\pi c}$）.

5.9 载有恒定电流的圆线圈绕其直径匀速旋转，半径为$a$，电流强度为$I$，角速度为$\omega$，满足$\omega a\ll c$，求辐射场和辐射功率.

答案：$\boldsymbol{B}=\dfrac{\mu_0\omega^2Ia^2}{4c^2r}\mathrm{e}^{\mathrm{i}(kr-\omega t+\phi)}(\cos\theta\boldsymbol{e}_\theta+\mathrm{i}\boldsymbol{e}_\phi)$, $\boldsymbol{E}=\dfrac{\mu_0\omega^2Ia^2}{4cr}\mathrm{e}^{\mathrm{i}(kr-\omega t+\phi)}(\mathrm{i}\boldsymbol{e}_\theta-\cos\theta\boldsymbol{e}_\phi)$,

$$P=\frac{\mu_0\pi\omega^4I^2a^4}{6c^3}.$$

5.10 如习题5.10图所示，两个偶极矩$\boldsymbol{p}=\pm p_0\mathrm{e}^{-\mathrm{i}\omega t}\boldsymbol{e}_z$的时谐电偶极子分别位于$x=\pm a$，$a$远小于波长，求辐射电磁场和辐射功率.(提示：分别计算各电偶极子的矢势后叠加.)

答案：$\boldsymbol{A}=-\dfrac{\mu_0\omega^2ap_0}{2\pi cr}\sin\theta\cos\varphi\mathrm{e}^{\mathrm{i}(kr-\omega t)}\boldsymbol{e}_z$,

$$\boldsymbol{B}=\mathrm{i}\boldsymbol{k}\times\boldsymbol{A}=\frac{\mathrm{i}\mu_0ka\omega^2p_0}{2\pi cr}\sin^2\theta\cos\varphi\mathrm{e}^{\mathrm{i}(kr-\omega t)}\boldsymbol{e}_\varphi,$$

$$\begin{aligned}\boldsymbol{E} &= c\boldsymbol{B}\times\boldsymbol{e}_r\\ &= \frac{\mathrm{i}\mu_0 ka\omega^2 p_0}{2\pi r}\sin^2\theta\cos^2\varphi \mathrm{e}^{\mathrm{i}(kr-\omega t)}\boldsymbol{e}_\theta,\end{aligned}$$

$$P = \frac{2\mu_0\omega^6 a^2 p_0^2}{15\pi c^3}.$$

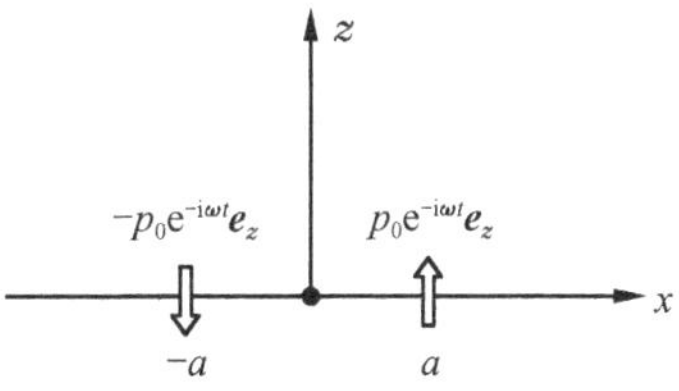


习题 5.10 图

*5.11 证明电四极子的平均辐射功率为

$$P = \frac{\mu_0\omega^6}{1440\pi c^3}\overset{\leftrightarrow}{\boldsymbol{D}}{}^* : \overset{\leftrightarrow}{\boldsymbol{D}}$$

式中,$\overset{\leftrightarrow}{\boldsymbol{D}}$ 为四极矩.(见 5.4 节提示.)

5.12 对时谐变化($\sim\mathrm{e}^{-\mathrm{i}\omega t}$)的电偶极子丛,证明磁矩的表达式为

$$\boldsymbol{m} = \frac{1}{2}\sum_i \boldsymbol{r}_i\times\dot{\boldsymbol{p}}_i$$

式中,$\boldsymbol{p}_i$ 和 $\boldsymbol{r}_i$ 为第 $i$ 个电偶极子的偶极矩和位置矢量,$\dot{\boldsymbol{p}}_i=\mathrm{d}\boldsymbol{p}_i/\mathrm{d}t$.(提示:利用式(5.4.8).)

*5.13 利用 5.12 题和 2.13 题的结果,计算 5.10 题给定的时谐电偶极子系统的磁矩和电二阶矩,以及二者产生的合成电磁矢势,并验证所得到的结果与 5.10 题的答案一致.分别计算磁矩和电四极矩各自的辐射功率,证明二者之和恰好等于系统的总辐射功率.

答案:$\boldsymbol{m} = \mathrm{i}\omega a p_0\mathrm{e}^{-\mathrm{i}\omega t}\boldsymbol{e}_y$

$$\overset{\leftrightarrow}{\boldsymbol{D}}{}' = 2a(\boldsymbol{e}_x\boldsymbol{e}_z+\boldsymbol{e}_z\boldsymbol{e}_x)p_0\mathrm{e}^{-\mathrm{i}\omega t},$$

$$\boldsymbol{A} = -\frac{\mu_0\omega^2 ap_0}{2\pi cr}\sin\theta\cos\phi\mathrm{e}^{\mathrm{i}(kr-\omega t)}\boldsymbol{e}_z,$$

$$P_m = \frac{\mu_0\omega^6 a^2 p_0^2}{12\pi c^3},\quad P_D = \frac{\mu_0\omega^6 a^2 p_0^2}{20\pi c^3},$$

$$P = P_m + P_D = \frac{2\mu_0\omega^6 a^2 p_0^2}{15\pi c^3}.$$

5.14 如习题 5.14 图所示:一长为 $d$ 的线状细天线,以下述方式被激发:其内部通以全波正弦电流,频率为 $\omega=2\pi c/d$,电流分布为

$$I = I_0\sin(2\pi z/d)\mathrm{e}^{-\mathrm{i}\omega t}$$

求辐射功率的角分布.(提示:首先求推迟势 $\boldsymbol{A}$.)

答案:$\dfrac{\mathrm{d}P}{\mathrm{d}\Omega}=\dfrac{c\mu_0 I_0^2\sin^2(\pi\cos\theta)}{8\pi^2\sin^2\theta}$.

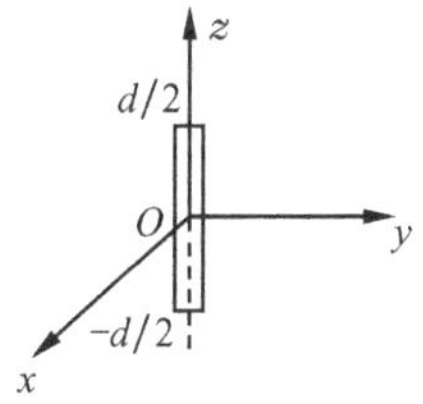


习题 5.14 图

5.15 给定半波天线电流强度分布 $I=I_0\sin[k(0.25\lambda-|z|)]\mathrm{e}^{-\mathrm{i}\omega t}$,计算它的电偶极矩及电偶极辐射总功率.将得到的结果与半波天线的辐射功率 $P=2.44\mu_0 cI_0^2/(8\pi)$ 比较并作出解释.

答案:$P=\mu_0 cI_0^2/(3\pi)$.

## 第 6 章 运动电荷的辐射

6.1 电子速度为 $v$,静止能量为 $m_0c^2=0.511\mathrm{MeV}$,动能等于总能 $mc^2$ 与静能之差,$m=m_0[1-(v/c)^2]^{-1/2}$ 为电子的运动质量.一个大气压的氢气在 20℃时,折射率为 $n=1+1.35\times$

$10^{-4}$.为使电子穿过这样的氢气能发出切伦科夫辐射,所需的最小动能是多少(以 MeV 表示)?

答案:$T=30.6$(MeV).

6.2 从运动电荷的辐射场公式(与加速度相关项)出发,证明:

(1) $\boldsymbol{E}=c\boldsymbol{B}\times\boldsymbol{n}$,式中 $\boldsymbol{n}=\boldsymbol{R}^*/R^*$;

(2) 在非相对论近似下,运动电荷的辐射场可表为

$$\boldsymbol{B}=\frac{\mu_0 e}{4\pi cR^*}\boldsymbol{a}^*\times\boldsymbol{n},\qquad \boldsymbol{E}=c\boldsymbol{B}\times\boldsymbol{n}$$

*6.3 电荷 $q$、质量 $m$ 的非相对论粒子,在势为 $V(r)$ 的有心排斥力场中做径向运动,自无穷远出发,运动至 $r_{\min}$(该处粒子速度为零)发生反射,再返回至无穷远处.

(1) 证明在上述过程中,粒子发出的总辐射能为

$$W=\frac{q^2}{3\pi\varepsilon_0 m^2c^3}\sqrt{\frac{m}{2}}\int_{r_{\min}}^{\infty}\left(\frac{\mathrm{d}V}{\mathrm{d}r}\right)^2\frac{\mathrm{d}r}{\sqrt{V(r_{\min})-V(r)}}$$

(提示:利用势场中粒子运动方程和能量守恒关系计算粒子的加速度和速度.)

(2) 设有心排斥力场为库仑场,其势为 $V(r)=qQ/(4\pi\varepsilon_0 r)$,证明总辐射能为 $W=8qmv_0^5/(45Qc^3)$,式中 $v_0$ 为无穷远处粒子速度.(提示:用到不定积分公式:

$$\int\frac{x^2\mathrm{d}x}{\sqrt{1-x}}=-\frac{2}{15}(8+4x+3x^2)\sqrt{1-x}$$

计算定积分.)

*6.4 质量为 $m$、电量为 $q$ 的粒子,受到简谐力 $-m\omega_0^2\boldsymbol{r}$ 和均匀外磁场的磁力 $q\boldsymbol{v}\times\boldsymbol{B}$.取 $z$ 轴与 $\boldsymbol{B}$ 平行,在低速($v\ll c$)和粒子回旋频率 $\omega_c=qB/m$ 远小于粒子固有频率 $\omega_0$ 的近似下,给出粒子的运动规律,确定沿磁场和垂直磁场方向上的辐射场的频率和偏振特性.(提示:求粒子运动方程形如$(x,y,z)\propto \mathrm{e}^{-\mathrm{i}\omega t}$的强迫振荡解,由非零解条件确定频率和振幅.)

答案:$\boldsymbol{r}=C_1\mathrm{e}^{-\mathrm{i}\omega_0 t}\boldsymbol{e}_z+C_2(\boldsymbol{e}_x-\mathrm{i}\boldsymbol{e}_y)\mathrm{e}^{-\mathrm{i}(\omega_0+0.5\omega_c)t}+C_3(\boldsymbol{e}_x+\mathrm{i}\boldsymbol{e}_y)\mathrm{e}^{-\mathrm{i}(\omega_0-0.5\omega_c)t}$.

沿磁场方向:$\omega_0+0.5\omega_c$(右旋圆偏振),$\omega_0-0.5\omega_c$(左旋圆偏振);垂直磁场方向:$\omega_0$,$\omega_0\pm 0.5\omega_c$,全为线偏振.

6.5 如习题 6.5 图所示:质量为 $m$、电荷为 $q$ 的粒子以速度 $v$ 从静止电荷 $q_1$ 的旁边飞过,瞄准距离为 $a$.设运动粒子的速度很大(但仍远低于光速),可以认为粒子近似沿 $x$ 轴方向做直线运动,其速度大小近似不变.试计算运动粒子在整个飞行过程中因电磁辐射损失的能量.

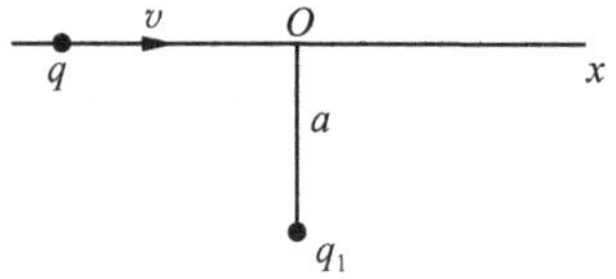


习题 6.5 图

答案:$W=\dfrac{q^4q_1^2}{192\pi^2\varepsilon_0^3m^2c^3a^3v}$.

*6.6 两带电粒子电荷同号,电量和质量分别为 $e_1$、$e_2$ 和 $m_1$、$m_2$,从较远的距离相互靠近,至某个最近距离相对速度为零,然后在斥力的作用下远离.设初始相对速度为 $v_0(\ll c)$,沿粒子的连线方向.证明在上述过程中,两粒子发出的总辐射能为

$$W=\frac{8\bar{m}^3v_0^5}{45c^3e_1e_2}\left(\frac{e_1}{m_1}-\frac{e_2}{m_2}\right)^2$$

式中，$\bar{m}=\dfrac{m_1m_2}{m_1+m_2}$.（提示：解题思路与 6.3 题类似，需利用经典力学有心力场中两体问题的分析结果，在质心参考系中进行计算比较方便.）

6.7 对于运动电荷的加速度与速度平行的情况，证明最强辐射方向与粒子运动方向的夹角为

$$\theta_{\max}=\arccos[(\sqrt{1+15\beta^2}-1)/(3\beta)]$$

式中，$\beta=v/c$，$v$ 为粒子速度. 进一步，对相对论粒子（$\beta\approx1$），证明 $\theta_{\max}\approx1/(2\gamma)$，式中 $\gamma=(1-\beta^2)^{-1/2}$.

6.8 静止质量为 $m$、电荷为 $q$、速度为 $v$ 的粒子在垂直于均匀磁场 $B$ 的平面中运动.

(1) 计算辐射功率，将其表为 $m$、$q$、$\gamma(=(1-v^2/c^2)^{-1/2})$ 和 $B$ 的函数.（提示：外磁场中粒子的回旋频率为 $eB/(\gamma m)$.）

(2) 对相对论性粒子，如果粒子的初始能量为 $E_0=\gamma_0mc^2$，证明能量通过辐射损失衰减至 $E=\gamma mc^2<E_0$ 所需要的时间为

$$t\approx\frac{6\pi\varepsilon_0m^3c^3}{q^4B^2}\left(\frac{1}{\gamma}-\frac{1}{\gamma_0}\right)$$

(3) 对非相对论性粒子（$v\ll c$），零时刻粒子动能为 $T_0$，计算粒子动能降至 $T$ 所花费的时间.

(4) 如果粒子被捕获在地磁场中，沿着某条磁力线旋转，并在南北两个磁镜点之间来回振荡，试比较在磁镜点处（粒子在该处反射）和赤道处粒子的辐射功率的相对大小.（提示：利用在随空间缓慢变化的磁场中粒子磁矩 $mv_\perp^2/(2B)$ 守恒的条件.）

答案：(1) $P=\dfrac{\gamma^2q^4B^2}{6\pi\varepsilon_0m^2c}\left(1-\dfrac{1}{\gamma^2}\right)$；

(3) $t=\dfrac{3\pi\varepsilon_0m^3c^3}{q^4B^2}\ln\left(\dfrac{T_0}{T}\right)$；

(4) 磁镜点处辐射功率大.

## 第 7 章　电磁波的散射、色散和吸收

7.1 对于做非相对论性周期运动的带电粒子，证明一个运动周期内辐射阻尼力所做的负功等于辐射电磁能.

7.2 在平面电磁波电场 $\boldsymbol{E}=\boldsymbol{E}_0\mathrm{e}^{-\mathrm{i}\omega t}$ 的作用下，自由电子的运动方程为

$$\ddot{\boldsymbol{\xi}}=\frac{e\boldsymbol{E}_0}{m}\mathrm{e}^{-\mathrm{i}\omega t}-\gamma\dot{\boldsymbol{\xi}},\qquad\gamma=\frac{e^2\omega^2}{6\pi\varepsilon_0mc^3}$$

式中，右边第一项为电场力，第二项为辐射阻尼力. 证明电场力对电子做功的平均功率为正，辐射阻尼力对电子做功的平均功率为负，二者的数值相等；当略去$(\gamma/\omega)$的二级小量时，该功率正好等于电子的平均散射功率.（提示：平均功率的计算公式为 $\bar{P}=\mathrm{Re}(\dot{\boldsymbol{\xi}}^*\cdot\boldsymbol{F})/2$.）

7.3 在地球大气外的宇宙飞船上看地球和天空，各是什么颜色？为什么？在地球上观看日出，太阳是什么颜色？为什么？

答案：蓝色，黑色；红色.

7.4 椭圆偏振光的电矢量为 $\boldsymbol{E}=\boldsymbol{E}_1\cos\omega t+\boldsymbol{E}_2\sin\omega t$,证明自由电子的微分散射截面为

$$\frac{\mathrm{d}\sigma}{\mathrm{d}\Omega}=\frac{e^4}{16\pi^2\varepsilon_0^2m^2c^4}\cdot\frac{|\boldsymbol{E}_1\times\boldsymbol{e}_r|^2+|\boldsymbol{E}_2\times\boldsymbol{e}_r|^2}{E_1^2+E_2^2}$$

7.5 单个无极分子在外电场作用下会出现极化,其偶极矩正比于外电场,比例系数设为 $\varepsilon_0\alpha$,$\varepsilon_0$ 为真空介电常量,$\alpha$ 被称为分子极化率(有量纲常数). 设入射电磁波为频率 $\omega$ 的平面线偏振波,电矢量振幅为 $\boldsymbol{E}_0$,按经典理论计算单个分子发出的散射波的电磁场及单个分子的散射截面.

答案:$\boldsymbol{B}=-\dfrac{\alpha\omega^2\mathrm{e}^{\mathrm{i}(kr-\omega t)}}{4\pi c^3r}\boldsymbol{E}_0\times\boldsymbol{e}_r$, $\boldsymbol{E}=-\dfrac{\alpha\omega^2\mathrm{e}^{\mathrm{i}(kr-\omega t)}}{4\pi c^2r}(\boldsymbol{E}_0\times\boldsymbol{e}_r)\times\boldsymbol{e}_r$, $\sigma=\dfrac{\alpha^2\omega^4}{6\pi c^4}$

7.6 完全电离气体属于等离子体,其正负电荷密度接近相等. 对高频电磁波而言,只需考虑电子的运动. 假定电子的数密度为 $N$,只考虑电磁波对电子的作用力,求等离子体的等效折射率.

答案:$n=\sqrt{1-\dfrac{Ne^2}{\varepsilon_0m\omega^2}}$.

*7.7 处于外磁场中的等离子体呈现出各向异性,其等效介电常量为张量. 设外磁场均匀,$\boldsymbol{B}=B_0\boldsymbol{e}_z$,仅考虑电子的运动,确定等离子体的等效介电常量张量.

答案:
$$\overleftrightarrow{\boldsymbol{\varepsilon}}=\varepsilon_0\begin{pmatrix}1-\dfrac{\omega_p^2}{\omega^2-\omega_c^2} & \dfrac{\mathrm{i}\omega_p^2\omega_c}{(\omega^2-\omega_c^2)\omega} & 0\\ -\dfrac{\mathrm{i}\omega_p^2\omega_c}{(\omega^2-\omega_c^2)\omega} & 1-\dfrac{\omega_p^2}{\omega^2-\omega_c^2} & 0\\ 0 & 0 & 1-\dfrac{\omega_p^2}{\omega^2}\end{pmatrix}$$

式中,$\omega_p=[Ne^2/(m\varepsilon_0)]^{1/2}$,$\omega_c=eB_0/m$.

# 第8章 狭义相对论

8.1 一节长为20m的列车车厢,以 $0.6c$ 相对地面高速运行. 车厢内一观测者看到运行前方一端的乘客A和位于后方一端的乘客B彼此朝对方开枪射击,A开枪在先,领先时间为 $10^{-8}$ s. 在地面观测者看来,是谁先开枪? 领先多长时间?

答案:B领先 $3.75\times10^{-8}$ s.

8.2 静止长度为 $l$ 的车厢,以速度 $v$ 相对地面运行. 一小球以速度 $u$ 相对车厢运动,方向与车厢运动方向一致. 在地面观测者看来,小球自车厢后端到车厢前端经历的时间是多少?

答案:$t=\dfrac{l(c^2+uv)}{uc^2\sqrt{1-(v/c)^2}}$.

8.3 两条静止长度同为 $l_0$ 的尺子相互平行,各自相对地面以相同速率 $v$ 沿尺子方向运动,运动方向彼此相反. 如果某观测者相对其中一条尺子静止,他测得的另一条尺子的长度等于多少?(提示:先求出两条尺子之间的相对速度.)

答案:$l=\dfrac{l_0(c^2-v^2)}{c^2+v^2}$.

*8.4 生于2080年的一对双生子,其中一位一直留在地球,另一位于2100年乘坐火箭离开地

球作宇宙旅行. 乘客在火箭内感受到的加速度自始至终为 $g=10\text{m}\cdot\text{s}^{-1}$，和在地球上的感觉相同. 头 3 年内(用火箭内的静钟计时，下同)火箭做加速运动，第二个 3 年做减速运动；然后反转方向，先做 3 年加速运动，后做 3 年减速运动，最终返回地球与他的同胞兄弟会面. 此时，乘坐火箭的那位的年龄为 32 岁. 试问：

(1) 留在地球的那位是多大年龄？

(2) 火箭飞离地球的最远距离是多少(用光年作长度单位)？

(提示：由加速度变换公式确定火箭在地面参考系中的加速度.)

答案：(1) 64.5 岁；(2) 20.4 光年.

8.5 设宇宙飞船以匀速度离开地球，朝着一颗发光的星球飞去. 在地面的观测者，测得星球发出的光波长为 6400Å，而宇航员测得该星球发出的光波长为 6300Å，求飞船相对于地球的速度.

答案：$4.72\times10^3\text{km}\cdot\text{s}^{-1}$.

8.6 狭义相对论的光行差公式为

$$\tan\theta'=\frac{\sin\theta}{\gamma(\cos\theta-\beta)},\qquad \gamma=\frac{1}{\sqrt{1-\beta^2}},\qquad \beta=\frac{v}{c}$$

式中，$v$ 为地球公转速度，$\theta$ 和 $\theta'$ 分别为太阳参考系和地球参考系中波矢与地球运动方向之间的夹角. (1)在非相对论近似下，证明 $\alpha\equiv\theta'-\theta=\beta\sin\theta$；(2)设 $\theta=90°$，地球公转速度为 $30\text{km}\cdot\text{s}^{-1}$，计算 $\alpha$(以角秒为单位，$1°=3600$ 角秒).

答案：$\alpha=\beta=v/c=10^{-4}\,\text{rad}=20.6$ 角秒.

*8.7 从相对论速度变换公式和多普勒频移公式出发，证明：在实验室参考系 S 中，光在运动流体(运动参考系 S′)中的光速为(流速 $v\ll c$，保留至 $v/c$ 级小量)

$$u=\frac{c}{n(\omega)}\pm v\left[1-\frac{1}{n^2}+\frac{\omega}{n^2}\frac{\mathrm{d}n(\omega)}{\mathrm{d}\omega}\right]$$

式中，$\omega$ 为频率，$n(\omega)$ 为流体折射率，± 号对应光传播方向与流体运动方向平行和反平行. (提示：光相对运动流体的传播速度为 $c/n(\omega')$，$\omega'$ 表示运动参考系中的光波频率.)

8.8 S′系相对 S 系以速度 $v$ 沿 $x$ 轴方向运动，一束光的传播方向在 S 系中的方向余弦为 $(\cos\phi, \cos\psi, \cos\chi)$，在 S′ 系中的方向余弦为 $(\cos\phi', \cos\psi', \cos\chi')$，推导二者之间的变换关系.

答案：$\cos\phi'=\dfrac{c\cos\phi-v}{c-v\cos\phi}$，　$\cos\psi'=\dfrac{c\cos\psi}{\gamma(c-v\cos\phi)}$，

$$\cos\chi'=\frac{c\cos\chi}{\gamma(c-v\cos\phi)},\quad \gamma=(1-v^2/c^2)^{-1/2}.$$

*8.9 一双面镜沿垂直镜面的方向以速率 $v$ 相对 S 系运动. 在 S 系中，入射至该镜面的电磁波的入射角为 $\theta_0$，求该参考系测得的反射角 $\theta$. 对于从镜子前方和后方入射两种情况，分别进行讨论. (提示：利用 8.8 题的结果.)

答案：$\cos\theta=\dfrac{(1+\beta^2)\cos\theta_0\pm2\beta}{1+\beta^2\pm2\beta\cos\theta_0}$，± 号分别对应前、后方入射，$\beta=v/c$.

8.10 两个非导电的大平行板，彼此相距为 $d$，如习题 8.10 图所示那样放置. 它们一道以速度 $v$ 沿 $x$ 轴运动. 在相对平行板静止的参考系中，上下板面电荷密度均匀，分别为 $+\sigma$ 和 $-\sigma$. 求二板之间的电场与磁场的大小和方向(忽略边缘效应).

答案：$E_x=E_y=B_x=B_z=0$， $E_z=-\gamma\sigma/\varepsilon_0$，

$B_y=\mu_0\gamma v\sigma$.

8.11 一半径为 $R$ 的理想导体球，以常速度 $\boldsymbol{v}=v\boldsymbol{e}_x(v\ll c)$ 在均匀磁场 $\boldsymbol{B}=B\boldsymbol{e}_y$ 中运动，如习题 8.11 图所示. 在 $v/c$ 的最低阶近似下，在相对导体球静止的参考系中，求导体球面上的感应面电荷分布.(提示：参考习题 2.5.)

答案：$\sigma'=3\varepsilon_0 vB\cos\theta'$，式中 $\theta'$ 为位置矢量与 $z$ 轴的夹角.

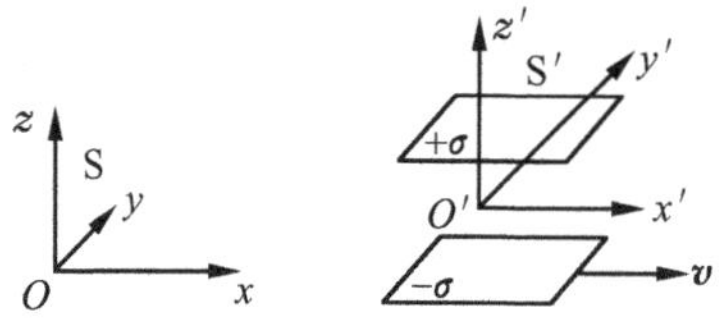

习题 8.10 图

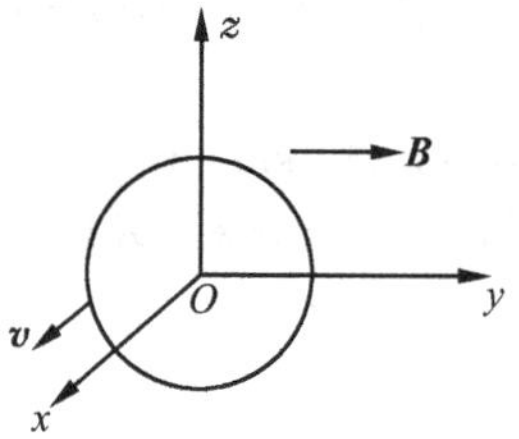

习题 8.11 图

8.12 电偶极子的静止偶极矩为 $\boldsymbol{p}$，以速度 $\boldsymbol{v}$ 做匀速直线运动，求它产生的电磁势和电磁场.(提示：设电偶极子位于运动参考系的坐标原点，初始时刻静止参考系和运动参考系原点重合.)

答案：$\varphi'=\dfrac{\boldsymbol{p}\cdot\boldsymbol{r}'}{4\pi\varepsilon_0 r'^3}$， $\boldsymbol{A}'=0$；

$$\boldsymbol{E}'=\frac{1}{4\pi\varepsilon_0}\left[\frac{3(\boldsymbol{p}\cdot\boldsymbol{r}')\boldsymbol{r}'}{r'^5}-\frac{\boldsymbol{p}}{r'^3}\right],\quad \boldsymbol{B}'=0;$$

$$\varphi=\gamma\varphi',\quad \boldsymbol{A}=\frac{\gamma\varphi'}{c^2}\boldsymbol{v},$$

$$\boldsymbol{E}=\gamma\boldsymbol{E}'-(\gamma-1)\boldsymbol{E}'_{\parallel},\quad \boldsymbol{B}=\frac{\gamma}{c^2}\boldsymbol{v}\times\boldsymbol{E}';$$

$$\boldsymbol{r}'_{\parallel}=\gamma(\boldsymbol{r}_{\parallel}-\boldsymbol{v}t),\quad \boldsymbol{r}'_{\perp}=\boldsymbol{r}_{\perp},\quad r'=[\gamma^2(\boldsymbol{r}_{\parallel}-\boldsymbol{v}t)^2+r_{\perp}^2]^{1/2}.$$

*8.13 电量 $e$、静止质量 $m_0$ 的带电粒子的在外电场 $\boldsymbol{E}$ 和外磁场 $\boldsymbol{B}$ 中运动. 从运动电荷的辐射功率公式

$$P=\frac{e^2}{6\pi\varepsilon_0 c^3}(\gamma^6 a_{\parallel}^2+\gamma^4 a_{\perp}^2)$$

出发，证明辐射功率为

$$P=\frac{\gamma^2 e^4}{6\pi\varepsilon_0 m_0^2 c^3}[(\boldsymbol{E}+c\boldsymbol{\beta}\times\boldsymbol{B})^2-(\boldsymbol{\beta}\cdot\boldsymbol{E})^2]$$

式中，$\boldsymbol{\beta}=\boldsymbol{v}/c$. 进一步，证明该功率可写成如下四维协变形式：

$$P=\frac{e^4}{6\pi\varepsilon_0 m_0^4 c^3}F_{\mu\nu}p_{\nu}F_{\mu\lambda}p_{\lambda}$$

式中，$F_{\mu\nu}$ 为 4-电磁场张量，$p_{\nu}$ 为 4-动量矢量；同指标求和. 因此，电磁场中运动带电粒

子的辐射功率为洛伦兹变换下的不变量.

8.14 如习题 8.14 图所示，位于 $x$ 轴上的两个带电粒子：粒子 1 位于坐标原点，沿 $x$ 向做匀速直线运动，速率为 $v_1$，电量为 $q_1$；粒子 2 位于 $x=a$ 处，沿 $y$ 向做匀速直线运动，速率为 $v_2$，电量为 $q_2$. 求粒子 1 和粒子 2 所受的电磁力.

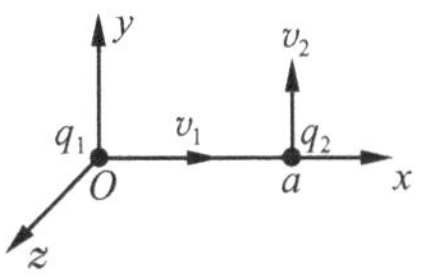

习题 8.14 图

答案：$\boldsymbol{F}_1=-\dfrac{q_1q_2}{4\pi\varepsilon_0a^2\sqrt{1-(v_2/c)^2}}\boldsymbol{e}_x-\dfrac{q_1q_2v_1v_2}{4\pi\varepsilon_0c^2a^2\sqrt{1-(v_2/c)^2}}\boldsymbol{e}_y$,

$\boldsymbol{F}_2=\dfrac{q_1q_2[1-(v_1/c)^2]}{4\pi\varepsilon_0a^2}\boldsymbol{e}_x$.

8.15 一个静止质量为 $m_0$、速率为 $0.6c$ 的粒子，与另一个处于静止的相同粒子碰撞形成复合粒子，求该复合粒子的静止质量和速率.

答案：$m=3\sqrt{2}m_0/2$，　$v=c/3$.

8.16 质量为 $M$ 的静止粒子衰变为静止质量分别为 $m_1$ 和 $m_2$ 的两个粒子，求静止质量为 $m_1$ 的粒子的动量和能量.

答案：$p_1=\dfrac{c}{2M}\sqrt{[M^2-(m_1+m_2)^2][M^2-(m_1-m_2)^2]}$,

$E_1=\dfrac{c^2}{2M}(M^2+m_1^2-m_2^2)$.

8.17 当光子与电子碰撞时，证明若电子完全吸收光子，将无法同时满足动量和能量守恒定律.

# 参考书目


蔡圣善，朱耘，徐建军. 2002. 电动力学. 第二版. 北京：高等教育出版社

曹昌祺. 1962. 电动力学. 北京：人民教育出版社

陈秉乾，舒幼生，胡望雨. 2001. 电磁学专题研究. 北京：高等教育出版社

程稼夫，胡友秋，尤峻汉. 1990. 高等物理精编(第一分册). 合肥：中国科学技术大学出版社

富拉索夫 A A. 1959. 宏观电动力学. 罗零译. 北京：人民教育出版社

郭硕鸿. 1997. 电动力学. 第二版. 北京：高等教育出版社

林璇英，张之翔. 1999. 电动力学题解. 北京：科学出版社

阮图南等. 1994. 大学物理解题法诠释. 合肥：安徽教育出版社

尹真. 2005. 电动力学. 第二版. 北京：科学出版社

俞允强. 1999. 电动力学简明教程. 北京大学出版社

虞福春，郑春开. 2004. 电动力学. 修订版. 北京大学出版社

张元仲. 1979. 狭义相对论实验基础. 北京：科学出版社

Jackson J D. 1999. Classical Electrodynamics. 3rd ed. Singapore: John Wiley & Sons Inc

Landau L D, Lifshitz E M, Pitaevskii L P. 1984. Electrodynamics of Continuous Media. 2nd ed. Oxford: Butterworth Heinemann

# 名词索引

（按拼音字母顺序排列，括号内的数字为所在页码）

B



C

D

**F**

**G**



**H**

## J



## K



## L



## M



## N



## P

**S**

**T**



**W**



**X**



**Y**

**Z**

# 教学进度和作业布置

| 章 | 节　名 | 课　时 | 题　次 |
| --- | --- | --- | --- |
| 1 | 1.1　场论和张量分析 | 6 | 1～7，8～10 |
| | 1.2　电磁场的数学描述 | 1 | 11 |
| | 1.3　边值关系 | 1 | 12～14 |
| | 1.4　电磁场的能量、动量和角动量 | 3 | 15～17 |
| | 1.5　麦克斯韦方程组的完备性 | 1(**12**) | (**18**) |
| 2 | 2.1　基本方程和唯一性定理 | 1 | 1～3 |
| | 2.2　分离变量法 | 2 | 4～7 |
| | *2.3　格林函数法 | 2.5 | 8～9 |
| | 2.4　多极子电场 | 2 | 10～13 |
| | *2.5　静电能 | 1.5(**9**) | (**14**) |
| 3 | 3.1　基本方程和唯一性定理 | 1 | 1,2 |
| | *3.2　二维二分量问题 | 1 | 3～5 |
| | 3.3　从磁矢势出发计算磁场 | 2 | 6 |
| | 3.4　磁标势法 | 1.5 | 7,8 |
| | *3.5　磁能 | 1.5(**7**) | 9～(**11**) |
| 4 | 4.1　电磁场波动方程和时谐电磁场 | 3 | 1 |
| | 4.2　电磁波在绝缘介质界面上的反射和折射 | 2.5 | 2～6 |
| | 4.3　导体中的电磁波 | 1.5 | 7～9 |
| | 4.4　谐振腔和波导管 | 2(**9**) | 10～(**13**) |
| 5 | 5.1　电磁势及其方程 | 1 | 1,2 |
| | 5.2　推迟势 | 1.5 | 3 |
| | 5.3　谐振荡电流的电磁场 | 1.5 | |
| | 5.4　电偶极、磁偶极和电四极辐射 | 3.5 | 4～13 |
| | 5.5　天线的辐射 | 1.5(**9**) | 14,(**15**) |
| 6 | 6.1　李纳-维谢尔势 | 1.5 | |
| | 6.2　运动电荷的电磁场 | 2 | 1 |
| | 6.3　运动电荷的辐射场和辐射功率 | 1 | 2 |
| | 6.4　低速运动带电粒子的辐射 | 1 | 3～4 |
| | 6.5　高速运动带电粒子的辐射 | 1.5(**7**) | 5～(**8**) |

续表

| 章 | 节　　名 | 课　　时 | 题　　次 |
|---|---|---|---|
| 7 | 7.1　电磁质量和辐射阻尼 | 3 | 1 |
| | 7.2　介质对电磁波的散射 | 1.5 | 2～5 |
| | 7.3　介质对电磁波的色散和吸收 | 1.5(**6**) | 6,(**7**) |
| 8 | 8.1　电磁理论与狭义相对论 | 1 | |
| | 8.2　洛伦兹变换 | 1.5 | |
| | 8.3　狭义相对论的时空理论 | 3 | 1～4 |
| | 8.4　相对性原理的四维表述 | 1.5 | 5～8 |
| | 8.5　电磁规律的不变性 | 3 | 9～13 |
| | 8.6　相对论力学 | 3(**13**) | 14～(**17**) |
| 合　　计 | | 72时 | 103题 |

注:1. 所提供的教学进度,供主讲老师安排教学和学生课前预习参考(括号内的黑体数字表示相应章的总课时).

2. 作业题共103道,除带*号的疑难习题(计26道)可以视具体情况安排学生选做之外,一般要求全做(括号内的黑体数字表示相应章的习题总数).

# 附录Ⅰ 中英文人名对照

（按书中首次出现的页码排序）

| | |
|---|---|
| 麦克斯韦 | Maxwell, J. C., 1831～1879, 英国 |
| 洛伦兹 | Lorentz, H. A., 1853～1928, 荷兰 |
| 克罗内克 | Kronecker, L., 1823～1891, 德国 |
| 拉梅 | Lame, C., 1795～1870, 法国 |
| 高斯 | Gauss, K. F., 1777～1855, 德国 |
| 斯托克斯 | Stokes, G. G., 1819～1903, 英国 |
| 格林 | Green, G., 1793～1841, 英国 |
| 赫兹 | Hertz, H. R., 1857～1894, 德国 |
| 列别捷夫 | Lebedev, P. N., 1866～1911, 俄国 |
| 傅里叶 | Fourier, J. B. J., 1768～1830, 法国 |
| 欧姆 | Ohm, G. S., 1789～1854, 德国 |
| 坡印亭 | Poynting, J. H., 1852～1914, 英国 |
| 库仑 | Coulomb, C. A., 1736～1806, 法国 |
| 毕奥 | Biot, J. B., 1774～1862, 法国 |
| 萨伐尔 | Savart, F., 1791～1841, 法国 |
| 泊松 | Poisson, S. D., 1781～1840, 法国 |
| 拉普拉斯 | Laplace, P. S., 1749～1827, 法国 |
| 泰勒 | Taylor, B., 1685～1731, 英国 |
| 勒让德 | Legendre, A. M., 1752～1833, 法国 |
| 亥姆霍兹 | Helmholtz, H. V., 1821～1894, 德国 |
| 安培 | Ampere, A. M., 1775～1836, 法国 |
| 菲涅耳 | Fresnel, A. J., 1788～1827, 法国 |
| 布儒斯特 | Brewster, D., 1781～1868, 英国 |
| 焦耳 | Joule, J. P., 1818～1889, 英国 |
| 洛伦茨 | Lorenz, L. V., 1829～1891, 丹麦 |
| 达朗贝尔 | d'Alembert, J. R., 1717～1783, 法国 |
| 雅可比 | Jacobi, C., 1804～1851, 德国 |
| 李纳 | Lienard, A. M., 1869～1958, 法国 |
| 维谢尔 | Wiechert, E. J., 1861～1928, 德国 |
| 切连科夫 | Cerenkov, P. A., 1904～1990, 苏联 |
| 瓦维洛夫 | Вавилоb, С. и, 1891～1951, 苏联 |

| | |
|---|---|
| 弗朗克 | Frank,I. M. ,1908～1990,苏联 |
| 塔姆 | Tamm,I. E. ,1895～1971,苏联 |
| 拉莫尔 | Larmor,J. ,1857～1942,爱尔兰 |
| 汤姆孙 | Thomson,J. J. ,1856～1940,英国 |
| 普朗克 | Planck,M. ,1858～1947,德国 |
| 康普顿 | Compton,A. H. ,1892～1962,美国 |
| 吴有训 | 1897～1977,中国 |
| 瑞利 | Rayleigh,L. ,1842～1919,英国 |
| 伽利略 | Galileo,G. ,1564～1642,意大利 |
| 牛顿 | Newton,I. ,1642～1727,英国 |
| 爱因斯坦 | Einstein,A. ,1879～1955,德国 |
| 迈克耳孙 | Michelson,A. A. ,1852～1931,美国 |
| 莫雷 | Morley,E. W. ,1838～1923,美国 |
| 闵柯夫斯基 | Minkowski,H. ,1864～1909,德国 |
| 多普勒 | Doppler,J. C. ,1803～1853,奥地利 |
| 拉格朗日 | Lagrange,J. L. ,1736～1813,法国 |
| 哈密顿 | Hamilton,W. R. ,1805～1865,英国 |

# 附录Ⅱ　圆柱坐标和球坐标下的微分运算公式

**1.** 圆柱坐标$(\rho,\phi,z)$

$$\nabla\varphi=\frac{\partial\varphi}{\partial\rho}\boldsymbol{e}_\rho+\frac{1}{\rho}\frac{\partial\varphi}{\partial\phi}\boldsymbol{e}_\phi+\frac{\partial\varphi}{\partial z}\boldsymbol{e}_z \tag{1}$$

$$\nabla\cdot\boldsymbol{f}=\frac{1}{\rho}\frac{\partial(\rho f_\rho)}{\partial\rho}+\frac{1}{\rho}\frac{\partial f_\phi}{\partial\phi}+\frac{\partial f_z}{\partial z} \tag{2}$$

$$\nabla\times\boldsymbol{f}=\left(\frac{1}{\rho}\frac{\partial f_z}{\partial\phi}-\frac{\partial f_\phi}{\partial z}\right)\boldsymbol{e}_\rho+\left(\frac{\partial f_\rho}{\partial z}-\frac{\partial f_z}{\partial\rho}\right)\boldsymbol{e}_\phi+\left(\frac{1}{\rho}\frac{\partial(\rho f_\phi)}{\partial\rho}-\frac{1}{\rho}\frac{\partial f_\rho}{\partial\phi}\right)\boldsymbol{e}_z \tag{3}$$

$$\nabla^2\varphi=\frac{1}{\rho}\frac{\partial}{\partial\rho}\left(\rho\frac{\partial\varphi}{\partial\rho}\right)+\frac{1}{\rho^2}\frac{\partial^2\varphi}{\partial\phi^2}+\frac{\partial^2\varphi}{\partial z^2} \tag{4}$$

**2.** 球坐标$(r,\theta,\phi)$

$$\nabla\varphi=\frac{\partial\varphi}{\partial r}\boldsymbol{e}_r+\frac{1}{r}\frac{\partial\varphi}{\partial\theta}\boldsymbol{e}_\theta+\frac{1}{r\sin\theta}\frac{\partial\varphi}{\partial\phi}\boldsymbol{e}_\phi \tag{5}$$

$$\nabla\cdot\boldsymbol{f}=\frac{1}{r^2}\frac{\partial(r^2 f_r)}{\partial r}+\frac{1}{r\sin\theta}\frac{\partial(\sin\theta f_\theta)}{\partial\theta}+\frac{1}{r\sin\theta}\frac{\partial f_\phi}{\partial\phi} \tag{6}$$

$$\nabla\times\boldsymbol{f}=\frac{1}{r\sin\theta}\left(\frac{\partial(\sin\theta f_\phi)}{\partial\theta}-\frac{\partial f_\theta}{\partial\phi}\right)\boldsymbol{e}_r+\frac{1}{r}\left(\frac{1}{\sin\theta}\frac{\partial f_r}{\partial\phi}-\frac{\partial(rf_\phi)}{\partial r}\right)\boldsymbol{e}_\theta$$

$$+\frac{1}{r}\left(\frac{\partial(rf_\theta)}{\partial r}-\frac{\partial f_r}{\partial\theta}\right)\boldsymbol{e}_\phi \tag{7}$$

$$\nabla^2\varphi=\frac{1}{r^2}\frac{\partial}{\partial r}\left(r^2\frac{\partial\varphi}{\partial r}\right)+\frac{1}{r^2\sin\theta}\frac{\partial}{\partial\theta}\left(\sin\theta\frac{\partial\varphi}{\partial\theta}\right)+\frac{1}{r^2\sin^2\theta}\frac{\partial^2\varphi}{\partial\phi^2} \tag{8}$$

# 附录Ⅲ　洛伦兹变换的一种推导方法

我们从时空坐标的一般变换式出发

$$
\begin{aligned}
x' &= a_{11}x + a_{12}y + a_{13}z + a_{14}t \\
y' &= a_{21}x + a_{22}y + a_{23}z + a_{24}t \\
z' &= a_{31}x + a_{32}y + a_{33}z + a_{34}t \\
t' &= a_{41}x + a_{42}y + a_{43}z + a_{44}t
\end{aligned}
\tag{1}
$$

共涉及 16 个待定系数,它们是参考系相对速度的函数.

从式(1)出发,可以写下坐标原点 $O(x=y=z=0)$在 $S'$中的运动方程如下:

$$x' = a_{14}t,\quad y' = a_{24}t,\quad z' = a_{34}t,\quad t' = a_{44}t$$

该点在 $S'$中的运动速度为

$$v'_x = \mathrm{d}x'/\mathrm{d}t' = -v,\quad v'_y = \mathrm{d}y'/\mathrm{d}t' = 0,\quad v'_z = \mathrm{d}z'/\mathrm{d}t' = 0$$

据此导出

$$a_{44} \equiv \gamma,\quad a_{14} = -\gamma v,\quad a_{24} = a_{34} = 0 \tag{2}$$

式中 $\gamma$ 取代系数 $a_{44}$ 作为待定系数.

从式(1)出发,也可写下坐标原点 $O'(x'=y'=z'=0)$在 S 中的运动方程

$$
\begin{aligned}
a_{11}x + a_{12}y + a_{13}z + a_{14}t &= 0 \\
a_{21}x + a_{22}y + a_{23}z + a_{24}t &= 0 \\
a_{31}x + a_{32}y + a_{33}z + a_{34}t &= 0
\end{aligned}
$$

将该运动方程对时间微分,求得该点在 S 中的运动速度关系如下:

$$
\begin{aligned}
a_{11}v_x + a_{12}v_y + a_{13}v_z + a_{14} &= 0 \\
a_{21}v_x + a_{22}v_y + a_{23}v_z + a_{24} &= 0 \\
a_{31}v_x + a_{32}v_y + a_{33}v_z + a_{34} &= 0
\end{aligned}
$$

坐标原点 $O'$ 的实际速度为 $v_x = v, v_y = v_z = 0$,于是成立

$$a_{11}v + a_{14} = 0,\quad a_{21}v + a_{24} = 0,\quad a_{31}v + a_{34} = 0$$

将式(2)代入上式得

$$a_{11} = \gamma,\quad a_{21} = a_{31} = 0 \tag{3}$$

由式(2)和式(3),可将变换式(1)写为

$$
\begin{aligned}
x' &= \gamma x + a_{12}y + a_{13}z - \gamma vt \\
y' &= a_{22}y + a_{23}z \\
z' &= a_{32}y + a_{33}z \\
t' &= a_{41}x + a_{42}y + a_{43}z + \gamma t
\end{aligned}
\tag{4}
$$

下面利用光速不变条件. 设 $t=0$ 时，从坐标原点 $O$ 发出光信号，所对应的事件在 S 中的时空坐标为(0,0,0,0). 同一事件在 S′中的时空坐标也为(0,0,0,0)，即表示光信号于 $t'=0$ 时从坐标原点 $O'$ 发出. 在 S 中，$t$ 时刻的波阵面为球面，球心位于 $O$ 点，半径为 $ct$ ：

$$x^2+y^2+z^2-c^2t^2=0$$

根据光速不变原理，在 S′中的波阵面也为球面，球心位于 $O'$，半径为 $ct'$ ：

$$x'^2+y'^2+z'^2-c^2t'^2=0$$

上述两式互为充分必要条件，即

$$x^2+y^2+z^2-c^2t^2=0 \Leftrightarrow x'^2+y'^2+z'^2-c^2t'^2=0 \tag{5}$$

该式将作为光速不变原理的数学表述. 该表述可以转换成为更为简洁的形式. 为此，由变换式(4)有

$$\begin{aligned}
&x'^2+y'^2+z'^2-c^2t'^2\\
=&(\gamma x+a_{12}y+a_{13}z-\gamma vt)^2+(a_{22}y+a_{23}z)^2+(a_{32}y+a_{33}z)^2\\
&-c^2(a_{41}x+a_{42}y+a_{43}z+\gamma t)^2\\
=&\alpha(x^2+y^2+z^2-c^2t^2)+(a_{12}^2+a_{22}^2+a_{32}^2-c^2a_{42}^2-\alpha)y^2\\
&+(a_{13}^2+a_{23}^2+a_{33}^2-c^2a_{43}^2-\alpha)z^2\\
&+(\gamma^2v^2-\gamma^2c^2+\alpha c^2)t^2+2(\gamma a_{12}-c^2a_{41}a_{42})xy+2(\gamma a_{13}-c^2a_{41}a_{43})xz\\
&+2(a_{12}a_{13}+a_{22}a_{23}+a_{32}a_{33}-c^2a_{42}a_{43})yz-2(\gamma^2v+\gamma c^2a_{41})xt\\
&-2(\gamma va_{12}+\gamma c^2a_{42})yt-2(\gamma va_{13}+\gamma c^2a_{43})zt
\end{aligned} \tag{6}$$

式中

$$\alpha\equiv\gamma^2-c^2a_{41}^2 \tag{7}$$

为展开式(6)右边 $x^2$ 项的系数. 将光速不变条件式(5)代入式(6)，得该式右边第 2 项至末项之和为零. 进一步，这些项不含 $x^2$ ，因而将不受条件式(5)的任何约束. 换句话说，这些项彼此独立，其中每一项应分别为零，即

$$a_{12}^2+a_{22}^2+a_{32}^2-c^2a_{42}^2-\alpha=0 \tag{8}$$

$$a_{13}^2+a_{23}^2+a_{33}^2-c^2a_{43}^2-\alpha=0 \tag{9}$$

$$-\gamma^2(c^2-v^2)+\alpha c^2=0 \tag{10}$$

$$\gamma a_{12}-c^2a_{41}a_{42}=0 \tag{11}$$

$$\gamma a_{13}-c^2a_{41}a_{43}=0 \tag{12}$$

$$a_{12}a_{13}+a_{22}a_{23}+a_{32}a_{33}-c^2a_{42}a_{43}=0 \tag{13}$$

$$\gamma^2v+\gamma c^2a_{41}=0 \tag{14}$$

$$\gamma va_{12}+\gamma c^2a_{42}=0 \tag{15}$$

$$\gamma va_{13}+\gamma c^2a_{43}=0 \tag{16}$$

将式(8)～式(16)代回式(6)得

$$x'^2+y'^2+z'^2-c^2t'^2=\alpha(v)(x^2+y^2+z^2-c^2t^2) \tag{17}$$

它显然与光速不变条件式(5)等效. 由位置空间各向同性，$\alpha$ 应与速度的符号无关，即成立 $\alpha(v)=\alpha(-v)$，对此说明如下. 将 $x$ 和 $y$ 轴反向，同时将 $x'$ 和 $y'$ 轴反向. 在这一操作之下，坐标 $(x,y)$ 转换为 $(-x,-y)$，坐标 $(x',y')$ 转换为 $(-x',-y')$，S′系相对 S 系的速度为 $-v$；由位置空间各向同性，在该操作之后，式(17)照样成立，亦即

$$(-x')^2+(-y')^2+z'^2-c^2t'^2=\alpha(-v)[(-x)^2+(-y)^2+z^2-c^2t^2]$$

或

$$x'^2+y'^2+z'^2-c^2t'^2=\alpha(-v)(x^2+y^2+z^2-c^2t^2)$$

将上式与式(17)比较，证得 $\alpha(-v)=\alpha(v)$ . $\alpha$ 的值由变换式可倒易的条件确定. 将式(17)作代换 $(x',y',z',t')\leftrightarrow(x,y,z,t)$ 和替换 $v\to -v$ 得

$$x^2+y^2+z^2-c^2t^2=\alpha(-v)(x'^2+y'^2+z'^2-c^2t'^2)$$

由变换的可倒易性，上式应与由式(17)直接获得的反变换式

$$(x^2+y^2+z^2-c^2t^2)=\frac{1}{\alpha(v)}(x'^2+y'^2+z'^2-c^2t'^2)$$

相同，于是有

$$\alpha(v)\alpha(-v)=1 \quad 即 \quad \alpha=1 \tag{18}$$

这里用到式(10)和条件 $v<c$，从中可判断 $\alpha$ 为正. 将上式代入式(17)得

$$x'^2+y'^2+z'^2-c^2t'^2=x^2+y^2+z^2-c^2t^2 \tag{19}$$

我们原本用式(5)作为光速不变原理的数学表述，据此导出式(19)；反过来，由式(19)也可证明式(5)成立. 因此，式(19)与式(5)等效，可视为光速不变原理的一种新的数学表述；它形式简洁，更加深刻地反映了光速不变原理的物理内涵. 若按下式定义 S 中事件$(x,y,z,t)$与时空坐标原点事件(0,0,0,0)之间的时空间隔 $s$：

$$s^2=x^2+y^2+z^2-c^2t^2 \tag{20}$$

上述两个事件在 S′中的相应时空间隔为

$$s'^2=x'^2+y'^2+z'^2-c^2t'^2 \tag{21}$$

则由式(19)得

$$s'^2=s^2 \tag{22}$$

上式表明，时空间隔 $s$ 是绝对量，与参考系无关.

现在我们回到变换式(4)中 10 个系数的确定问题. 由 $\alpha=1$，式(7)～式(10)化为

$$\gamma^2-c^2a_{41}^2=1 \tag{7a}$$

$$a_{12}^2+a_{22}^2+a_{32}^2-c^2a_{42}^2=1 \tag{8a}$$

$$a_{13}^2+a_{23}^2+a_{33}^2-c^2a_{43}^2=1 \tag{9a}$$

$$-\gamma^2(c^2-v^2)+c^2=0 \tag{10a}$$

由式(10a)立即解得

$$\gamma=\pm\frac{1}{\sqrt{1-\beta^2}},\ \beta=\frac{v}{c} \tag{23}$$

由式(14)得

$$a_{41}=-\frac{\gamma v}{c^2} \tag{24}$$

将式(23)和式(24)代入式(7a),可证该式自动满足.由式(15)和式(16)得

$$a_{42}=-\frac{v}{c^2}a_{12},\qquad a_{43}=-\frac{v}{c^2}a_{13}$$

将上述结果分别代入式(11)和式(12),可证

$$a_{12}=a_{13}=a_{42}=a_{43}=0 \tag{25}$$

将式(25)分别代入式(8a)、式(9a)和式(13)得

$$a_{22}^2+a_{32}^2=a_{23}^2+a_{33}^2=1,\quad a_{22}a_{23}+a_{32}a_{33}=0$$

上式表明,$y$-$z$ 空间的变换矩阵为二维正交矩阵(参见式(4)),这相当于 $y$-$z$ 空间的旋转变换.在该变换之下,$y$-$z$ 空间的长度不变,也就是垂直于参考系相对运动方向的空间间隔不变.对于目前情况,S′和 S 的两个垂直坐标轴相互平行,不存在旋转,故 $y$-$z$ 空间的变换化为恒等变换,亦即

$$a_{22}=a_{33}=1,\quad a_{23}=a_{32}=0 \tag{26}$$

至此,除了 $\gamma$ 的正负号待定之外,变换式(1)中的全部系数均已确定.由 $v=0$ 时相应变换为恒等变换的条件,$\gamma$ 只能取正值,即

$$\gamma=\frac{1}{\sqrt{1-\beta^2}}=\frac{1}{\sqrt{1-(v/c)^2}} \tag{27}$$

于是最终求得洛伦兹变换为

$$x'=\gamma(x-vt),\quad y'=y,\quad z'=z,\quad t'=\gamma\left(t-\frac{vx}{c^2}\right) \tag{28}$$

上述变换只对沿 $x$ 轴做相对运动的惯性参考系成立,称为简单洛伦兹变换.容易看出,当 $v\ll c$ 时,可取 $\gamma\approx 1$ 并略去小项 $vx/c^2$ ,从而洛伦兹变换回到伽利略变换.这一结论表明,伽利略变换在低速运动情况下近似成立.从式(28)可解出 $x$、$y$、$z$、和 $t$ 与 $x'$、$y'$、$z'$、和 $t'$ 的关系,即所谓反变换公式,结果如下:

$$x=\gamma(x'+vt'),\quad y=y',\quad z=z',\quad t=\gamma\left(t'+\frac{vx'}{c^2}\right) \tag{29}$$

容易看出,从式(28)出发,通过代换 $(x',y',z',t')\leftrightarrow(x,y,z,t)$ 和 $v\to -v$,即可简单地获得反变换公式(29),即正变换和反变换公式具有预期的可倒易性.

通过上述推导我们得出结论:

(1)时空间隔不变式(19)是光速不变原理的必然结果,因此它代表光速不变原理的数学表述.

(2)垂直空间间隔不变,水平空间间隔与时间间隔协变,共同维持时空间隔的不变性,这一结论也来自光速不变原理,不需要也不应当从其他角度做出解释.

(3)洛伦兹变换具可倒易性,这与参考系运动的相对性一致.

(4)在低速限下回到伽利略变换,说明洛伦兹变换具有预期的继承性.

# 附录Ⅳ 物理常数[①]

| | |
|---|---|
| 真空中光速 | $c=2.99792458\times10^{8}\,\mathrm{m\cdot s^{-1}}$ |
| 真空介电常量 | $\varepsilon_0=8.854187817\cdots\times10^{-12}\,\mathrm{F\cdot m^{-1}}$ |
| 真空磁导率 | $\mu_0=4\pi\times10^{-7}=1.2566370614\cdots\times10^{-6}\,\mathrm{H\cdot m^{-1}}$ |
| 元电荷 | $e=1.60217653(14)\times10^{-19}\,\mathrm{C}$ |
| 电子静止质量 | $m_e=9.1093826(16)\times10^{-31}\,\mathrm{kg}$ |
| 质子静止质量 | $m_p=1.672621171(29)\times10^{-27}\,\mathrm{kg}$ |
| 原子质量单位 | $1u=m_u=1.66053886(28)\times10^{-27}\,\mathrm{kg}$ |
| 经典的电子半径 | $r_e=e^2/4\pi\varepsilon_0 m_e c^2=2.817940325(28)\times10^{-15}\,\mathrm{m}$ |
| 玻尔半径 | $a_0=5.291772108(18)\times10^{-11}\,\mathrm{m}$ |
| 玻尔磁子 | $\mu_B=9.27400949(80)\times10^{-24}\,\mathrm{J\cdot T^{-1}}$ |
| 电子磁矩 | $\mu_e=-9.28476412(80)\times10^{-24}\,\mathrm{J\cdot T^{-1}}$ |
| 质子磁矩 | $\mu_p=1.41060671(12)\times10^{-26}\,\mathrm{J\cdot T^{-1}}$ |
| 核磁子 | $\mu_N=5.05078343(43)\times10^{-27}\,\mathrm{J\cdot T^{-1}}$ |
| 电子伏(特) | $1\mathrm{eV}=1.60217653(14)\times10^{-19}\,\mathrm{J}$ |
| 与1电子伏相当的温度 | $1\mathrm{eV}/k=1.1604505(20)\times10^{4}\,\mathrm{K}$ |
| 与1电子伏相当的频率 | $1\mathrm{eV}/h=2.41798940(21)\times10^{14}\,\mathrm{Hz}$ |
| 与1电子伏相当的波长 | $hc/1\mathrm{eV}=1.239841\cdots\times10^{-6}\,\mathrm{m}$ |
| 引力常量 | $G=6.6742(10)\times10^{-11}\,\mathrm{m^3\cdot kg^{-1}\cdot s^{-2}}$ |
| 普朗克常量 | $h=6.6260693(11)\times10^{-34}\,\mathrm{J\cdot s}$ |
| 玻尔兹曼常量 | $k=1.3806505(24)\times10^{-23}\,\mathrm{J\cdot K^{-1}}$ |
| 阿伏伽德罗常量 | $N_A=6.0221415(10)\times10^{23}\,\mathrm{mol^{-1}}$ |
| 斯特藩-玻尔兹曼常量 | $\sigma=5.670400(40)\times10^{-8}\,\mathrm{W\cdot m^{-2}\cdot K^{-4}}$ |

---

① CODATA(国际科学技术数据委员会)的基本物理常数推荐值,摘自 P. J. Mohr and B. N. Taylor, Rev. Mod. Phys. 77,1(2005). 在括号内的数是给定值最后两位的标准偏差. "…"表示计算时按 4 舍 5 入的近似.